제2판

General Code of Civil Law

민법총칙

· 박영목 ·

박영사

머리말

　이 책은 필자의 강의안을 수정·보완한 것으로 학술서나 수험서가 아니라 입문서를 목표로 한다. 이를 위해 간단한 사례를 먼저 제시하고, 이에 관한 민법이론과 그 이론이 실제로 적용된 판례를 살펴보는 구성을 취했다. 이론에 따라 사례(소송)에서의 결과가 달라지는 과정을 보다 보면 법이론이 좀 더 친숙해질 것이라고 생각했기 때문이다. 본문 내용도 최대한 이해하기 쉽게 서술하려고 노력했지만 그 성공 여부에는 자신이 없다. 글을 쓰면서 항상 느끼는 어려움은 정확성과 가독성이 서로 충돌한다는 것이다. 문장을 간결하게 쓰면 가독성은 높아지지만, 법리를 정확하게 설명할 수 없다. 한편 법리를 정확히 설명하려면 문장이 번잡해지고 가독성을 떨어뜨린다. 필자는 가독성을 위해 (학문의 엄밀성을 강조하신 스승님께는 죄송스럽지만) 정확성에서 약간의 희생을 감수했다. 나무(세부내용)보다는 숲(전체체계)을 봐야 한다고 믿기 때문이다. 이 글로 부족한 책에 대한 변명을 대신한다.

　언제부턴가 작가들이 부러워졌다. 작가는 못 되지만 저자는 될 수 있게 해준 박영사 이영조 팀장님과 정수정 편집자님께 감사드린다.

박 영 목

개정판 머리말

이 초판 발간 후 책에서 발견한 여러 문제들과 아쉬운 점들을 수정 · 보완하고, 새로 나온 중요판결들을 반영하여 개정판을 출간하게 되었다.

개정판 출간의 기회를 준 박영사에 감사드린다.

박 영 목

차 례

제1장 서론

제2장 법률행위

제5장 주소, 부재와 실종

제6장 법인

참고문헌

곽윤직 편집대표, 민법주해, 박영사(1992~)

곽윤직 · 김재형, 민법총칙, 박영사, 제9판(2013)

김증한 · 김학동, 민법총칙, 박영사, 제9판(1995)

명순구, 민법총칙, 법문사(2007)

백경일, 알기 쉽게 풀어쓴 민법총칙, 고래시대, 제2판(2017)

송덕수, 민법강의, 박영사, 제7판(2014)

양창수, 민법입문, 박영사, 제6판(2015)

이병준, 민법사례연습 I [민법총칙], 세창출판사, 제5판(2016)

지원림, 민법강의, 홍문사, 제20판(2023)

Medicus, Allgemeiner Teil des BGB, C.F.Müller, 9. Aufl.(2006)

CHAPTER 1
서론

I. 계약성립과정을 통해 본 민법총칙의 기본구조

[표 1] 매매계약의 진행과정과 관련된 민법총칙의 내용

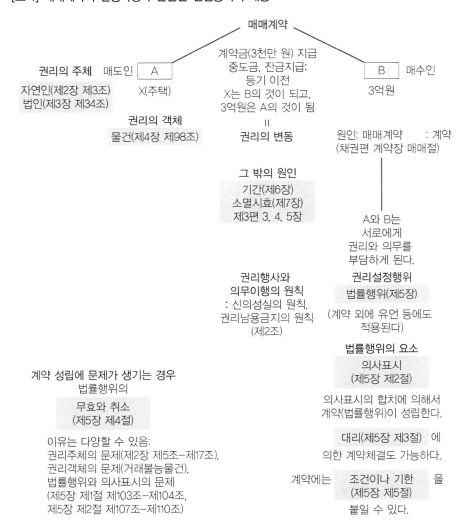

A와 B는 A의 X주택을 3억원에 사고팔기로 합의했다. 계약금 3천만원은 계약 당일 주고받았으며, 계약의 최종 이행은 한 달 뒤에 하기로 했다.

제563조 (매매의 의의) 매매는 당사자일방이 재산권을 상대방에게 이전할 것을 약정하고 상대방이 그 대금을 지급할 것을 약정함으로써 그 효력이 생긴다.

[1]   앞의 표는 A와 B가 A의 X주택을 3억원에 사고파는 경우를 상정한 것이다. 이 계약의 진행과정을 통해 민법총칙이 어떤 것을 다루는지 보자. 거래의 과정을 시간 순으로 나열하면 다음과 같다. 당사자 간에 매매계약을 체결한다. 계약체결시에 매수인인 B가 계약금 3천만원(매매대금의 10%)을 매도인 A에게 준다. 나머지 매매대금 2억7천만원은 B가 한 달 후에 지불한다. B가 잔금을 지급할 때에 A는 B에게 소유권이전등기에 필요한 서류를 건네준다.1 B가 A로부터 이 서류를 받으면 혼자(혹은 법무사와 함께) 등기소에 가서 자기명의로 소유권이전등기를 하고 이때부터 B가 X주택의 소유자로 된다.

[2]   거래가 순조롭게 이뤄지면 법원에 소송을 제기할 일도 없고, 민법을 찾을 일도 별로 없을 것이다. 그러나 수많은 거래 중에는 문제가 생기는 경우도 있게 마련이다. 가령 A가 B의 협박에 의해 억지로 집을 팔기로 했을 수도 있고, 약속과 달리 5억원을 받고 싶어졌을 수도 있다. 아니면 B가 속아서 그 집을 샀을 수도 있고, 돈을 마련하지 못했을 수도 있다. 이런 경우에 A 혹은 B가 계약의 이행을 거절하거나, 상대방에게 계약에서 정한 것 이상을 요구하여 분쟁이 생기면 그 최종해결은 법원에 맡겨진다. 이런 문제들은 크게 계약의 체결과정과 이행과정에서 발생하는 문제로 나눌 수 있다. 민법은 이런 문제들에 대해 미리 모범답안을 정해놓아 분쟁해결의 기준을 제시하는 것이다. 특히 민법총칙은 계약체결과정의 문제를 집중적으로 다루고 있다. 그 상세는 다음과 같다.

1. 거래의 당사자: 권리의 주체

[3]   A와 B는 계약체결의 당사자이다. 계약을 체결하면 A와 B는 서로에게 권리와

---

1 원래 소유권이전등기는 매도인과 매수인이 공동으로 신청해야 하지만, 이들이 함께 등기소에 가야 하는 것은 아니다. 그래서 매도인이 자신의 등기신청을 매수인에게 맡기는 것이 일반적이다(등기신청의 위임). 이때 필요한 서류를 통상 '소유권이전등기서류'라고 한다. 이에는 A가 B에게 등기신청을 맡긴다는 위임장, 위임장이 진짜임을 확인해 주는 인감증명서, 자신이 주택의 소유자임을 증명하는 등기필증(등기필정보) 등이 있다.

의무를 부담한다. 이렇게 계약체결의 당사자가 될 수 있으려면, 권리의 주체가 될 수 있어야 한다. 권리의 주체가 될 수 있는 능력을 권리능력이라고 한다. 우리 민법은 자연인(사람)과 법인에게 권리능력을 인정하고 있다. 권리능력이 없으면 계약의 당사자가 될 수 없다. 또 권리능력이 있더라도 행위능력이 부족하면 계약을 취소할 수 있다.

2. 거래의 대상: 권리의 객체

사례 1에서는 X라는 주택과 3억원이라는 금액이 거래의 대상이다. 건물은 부동산으로 물건에 속한다(금전은 특수한 동산이라고 한다). 민법총칙은 이 물건에 대해 규정하고 있다. 그러나 물건만 거래의 대상인 것은 아니다. 가령 고용계약은 물건 없이도 성립한다. 혼인계약도 마찬가지이다. 이는 사람의 행위를 거래의 대상으로 한다(이와 달리 사람 자체는 거래의 대상이 될 수 없다). 권리의 대상이 되는 것을 권리의 객체라고 한다. [4]

3. 거래의 목적: 권리·의무의 발생

사례 1에서 두 사람은 약속에 구속될 의도로 거래를 했다. 즉, 각자의 약속이행을 법적으로 강제할 수 있다는 점을 알면서 그리고 이를 의욕하면서 거래를 한 것이다. 가령 매도인이 집을 주지 않겠다고 하면 매수인은 소송을 해서 집을 넘겨받을 수 있다. 이렇게 자신의 주장을 법(국가의 강제력)을 통해서 관철시킬 수 있는 힘을 권리라고 한다. 그리고 이 경우에 매도인은 싫어도 집을 넘겨줄 수밖에 없는데,2 이를 의무라고 한다. 위의 거래에서 당사자들은 이와 같은 권리와 의무를 발생시킬 의도로 약속을 한 것이다. 그리고 이러한 권리·의무를 발생시키는 것이 계약(법률행위)의 목적이다. [5]

위 사례에서 A는 3억원짜리 집을 팔아 2억원짜리 전세로 옮기고, 남은 1억원으로 작은 가게를 차릴 생각을 가지고 있다고 하자. 그리고 B는 여윳돈이 많아 집을 사둔 후 값이 오르면 팔 생각을 하고 있다고 하자. 통상적으로 우리는 이것을 목적이라고 한다.3 그러나 민법에서 계약(법률행위)의 '목적'을 말할 때에 [6]

---

2 다만 계약금을 주고받은 경우에 중도금 지급 전까지는 이에 해당하는 금액의 손해를 감수하고 계약을 해제할 수 있다(제565조).
3 다른 학문 분야에서는 이런 목적들에 관심을 가진다. 가령 사회학이나 경제학은 실직으로 인한 양극화, 부동산으로의 자금유입 등에 관심을 가질 것이다. 그러나 민법은 오로지 A와 B가 물건을 사고 팔기로 합의했다는 점에만 주목한다. 그들의 동기나 사회적 영향은 (거의) 고려하지 않는다. 가령 경기가 좋아져서 A가 다시 취직을 했다 하더라도 이는 A와 B 사이에 체결된 매매계약의 효력에 영향을 미치지 않는다.

는 당사자들이 거래를 통해 취득한 것으로 무엇을 하려는지(이는 통상 2차적 목적이라고 한다)보다는, 거래를 통해서 얻으려고 하는 것 자체를 말하는 것이 일반적이다. 위 사례에서는 A가 B로부터 3억원을 받는 것(받을 권리 포함), B가 A로부터 X의 소유권을 넘겨받는 것(받을 권리 포함)이 '계약의 목적'이다. 이러한 권리 · 의무의 발생을 목적으로 하지 않는 것은 계약이 아니다.

┃법률관계와 호의관계의 구별

사례 2

A는 B로부터 저녁 초대를 받고 대학 기숙사의 저녁을 포기한 채 연락을 기다렸다. 그런데 B는 연락도 없었고, A는 식당에서 음식을 사먹게 되었다.

사례 1의 A와 B처럼 서로 간에 권리와 의무를 부담하는 관계를 법률관계라고 한다. 하지만 일정한 약속을 했더라도 권리 · 의무의 발생을 목적으로 하지 않을 수 있다. 가령, 사례 2에서는 B가 A와의 약속을 지키지 않아서 A가 손해를 입었지만, 이들이 약속을 법적으로 관철시킬 의도는 없었다고 봐야 한다. 즉, 누군가가 약속을 이행하지 않더라도 법제도를 통해서 약속을 관철시키거나 약속불이행에 대해 제재를 가하려는 의도는 없었다. 이런 약속은 계약이 아니고, 이런 약속을 했다고 해서 서로 간에 (민법에서 말하는) 권리와 의무가 생기지는 않는다. 따라서 A가 B에게 손해배상을 청구하지도 않을 것이고, 청구하더라도 법원이 이를 받아들이지 않을 것이다. 이러한 관계를 호의관계라고 한다. 다만 이는 법률행위와 구별되는 개념일 뿐이며 이 경우에도 불법행위는 성립할 수 있다(가령, 위 사례에서 B가 음식을 대접했는데 그것이 상한 것이어서 A가 치료를 받게 되었다면 B는 손해배상책임을 법적으로 부담한다).

4. 계약과 법률행위

[7]   A와 B가 체결한 매매계약은 계약으로 법률행위의 일종이다. 계약에 관해서는 채권편에서 규율하고 있지만, 이를 포함한 법률행위에 적용되는 일반이론은 민법총칙에서 규율하고 있다. 민법총칙에서는 거래의 목적에 관한 조문(그중에서 사회질서에 반하는 경우와 폭리행위가 있는 경우만 규정)을 시작으로 해서 계약의 해석, 의사표시, 대리, 조건과 기한 등에 관해 규정하고 있다.

5. 의사표시의 합치

[8]   의사표시가 서로 합치되면 계약이 성립한다. 그런데 의사표시의 합치과정에 문제가 생기기도 한다. 가령 A가 B를 속였을 수도 있고, B가 A를 협박했을 수도 있다. 이런 문제의 해결이 민법총칙에 규율되어 있다. 의사표시가 합치되면 대체로 계약서가 작성된다. 계약서 작성 없이 말로만 오간 것에 대해서는 법적 구속력이 없다고 생각하는 경우도 있다. 그러나 일정한 예외(보증계약 등)를 제외하고는 계약서의 작성

이 없더라도 의사표시만 합치하면 계약(내용)으로 인정된다. 다만, 계약서가 없을 경우 소송에서 증명이 곤란할 수 있고, 계약내용을 둘러싸고 복잡한 분쟁이 발생할 수 있다.

6. 조건과 기한

사례 1에서 A가 실직을 해서 집을 파는 것인데 3개월 이내에 취직을 하면 집을 [9] 팔지 않겠다는 조건을 제시하고 이 조건을 B가 수락했다면, 계약은 이러한 조건이 붙은 채로 성립한다(해제조건). 그리고 위에서 보았듯이 이러한 조건을 꼭 계약서에 적어야만 효력이 생기는 것은 아니다. 법정에서 위 합의의 존재가 증명되면, 이러한 조건이 계약서에 적혀있지 않더라도 법적 구속력이 인정된다.

A가 6월 30일까지 집의 소유권을 넘기기로 약속했다면, 6월 30일이 이행기가 [10] 된다. 의무이행을 위해 정해진 기일을 이행기라고 하며 기한의 일종이다.4

7. 대리

B는 자금이 많은 사람으로 부동산을 여기저기에서 사 두려고 할 경우, 혼자 [11] 서 이것을 하기에는 곤란할 수 있다. 따라서 C에게 5억원의 범위 내에서 부동산 매수를 맡길 수 있다. 이때 C는 B의 대리인이 된다. C가 B의 대리인으로서 체결한 계약은 B에게 효력이 발생하고, B가 권리·의무의 당사자가 된다.

8. 무효와 취소

민법총칙에서 주로 규율하고 있는 것은 법률행위의 '무효와 취소'이다. 무효·취 [12] 소의 이유는 다양한데, 위에서 본 '권리의 주체, 권리의 객체, 의사표시의 합치, 조건, 대리' 등에서 모두 문제될 수 있다.

9. 기간과 소멸시효

민법은 주로 당사자의 행위에 의해 권리가 변동되는 것을 규율하지만, 기간의 [13] 경과에 의해 권리가 변동되는 경우도 있고 그 대표적인 것이 소멸시효(권리의 소멸)이다.

---

4 부관으로서의 기한은 법률행위(계약) 효력의 발생 혹은 소멸시점으로, 채무의 이행기는 부관에 해당하지 않는다. 다만 우리 민법은 총칙에서 부관으로서의 기한과 이행기한을 함께 규정하고 있다.

II. 민법총칙에 대한 기본적 이해

1. 민법이란 무엇인가

[14]   사례 1에서 A와 B는 계약을 통해 자신이 소유하고 있던 것들을 넘겨주었다. 이와 같이 개인(시민) 사이의 거래를 통한 권리의무의 변동을 규율하는 법이 민법(시민법)이다.[5] 이러한 거래관계는 사적인 거래로 '민사'에 속하며, 변동된 권리는 '실체'적 권리에 속한다. 민법은 이러한 민사상의 실체적 권리에 대한 일반적 규율이다. 즉, 민법은 민사에 관한 일반법이자 실체법이다.

▮ 실질적 민법과 형식적 민법

> 민법을 공부하려면 국회에서 제정한 「민법」을 봐야 할 것이다. 그러나 우리 「민법」은 생략이 너무 많아 이것만 봐서는 민법을 이해할 수 없다. 그래서 민법을 공부하기 위해 먼저 민법 교과서를 보는 것이 일반적이다. 그렇다면 우리가 공부하고자 하는 민법은 무엇이고, 국회에서 제정한 「민법」은 무엇인가? 보통, 국회에서 제정한 「민법」을 형식적 의미의 민법이라고 한다. 그런데 「민법」은 민사상의 실체적 권리에 관한 일반적 규율을 모두 담고 있지 않다. 이러한 규율을 제대로 알기 위해서는 「민법」만이 아니라 민사 관련 특별법이나 법원의 판결 및 일반적으로 승인된 법리까지 함께 알아야 한다. 이런 규율들을 모두 담고 있는 것을 실질적 의미의 민법이라고 한다. 이는 대체로 학술서인 교과서나 주석서에 체계적으로 서술되어 있다.

2. 민사에 관한 법률

[15]   민사란 상사를 포함한 넓은 의미의 사법관계(私法關係)를 말한다. 이는 국가가 개인에게 강제력을 행사하는 공법관계(형벌, 세금, 영업정지, 과태료 등)와는 구분된다. 공법관계가 수직적 관계라면 사법관계는 서로 평등한 주체로서 맺는 관계를 말한다. 사법관계는 통상적으로는 개인(시민) 사이의 관계에서 발생하지만, 국가나 공공단체가 일방 당사자라 하더라도 수평적 관계로 다뤄야 할 경우라면 마찬가지이다(例 국가가 기업으로부터 물건을 사는 경우 등).

판례 1 │ 대법원 1993. 10. 26. 선고 93다6409 판결 [주주확인등]

수용이라 함은 공권력의 행사에 의한 행정처분의 일종인데, 비록 증여계약의 체결과정에서 국가공무원의 강박행위가 있었다 하더라도 그것만으로는 증여계약의 체결이나 그에 따른 주식의

---

5 민법에는 가족관계에 대한 규율도 포함되지만 지금부터는 이해의 편의를 위해 거래생활, 그중에서도 개인 사이의 거래생활을 중심으로 설명하고자 한다.

취득이 국가의 공권력의 행사에 의한 행정처분에 해당한다고 볼 수는 없고 <u>어떤 법률관계가 불평등한 것이어서 민법의 규정이 배제되는 공법적 법률관계라고 하기 위하여는 그 불평등이 법률에 근거한 것이라야 할 것이고, 당사자 간의 불평등이 공무원의 위법한 강박행위에 기인한 것일 때에는 이러한 불평등은 사실상 문제에 불과하여 이러한 점만을 이유로 당사자 사이의 관계가 민법의 규정에 배제되는 공법적 법률관계라고 할 수는 없다.</u>

• 정리: 1980년 언론통폐합과정에서 원고가 소유한 문화방송 주식 15만주를 국가가 강압적으로 증여받았다. 원고는 증여계약의 무효를 주장하며 주주확인을 구했다. 원심은 해당 사안이 공법관계라면서 주식은 수용에 의해 국가에 귀속되었다고 보았고, 다만 수용유사적 침해에 따른 손해배상을 인정했다. 대법원은 해당사안이 증여계약관계라면서 공법관계를 전제로 한 수용이나 수용유사적 침해에 따른 손해배상을 인정하지 않았다. 그리고 증여계약을 취소할 수 있는 기간도 지났다고 하였다.

3. 민법의 특징: 사법의 일반법, 실체법

민법은 수평적 거래생활에 적용되는 모든 법률에 대해서 '일반법'으로서의 성격 [16] 을 가진다. 거래생활이 다양하고 복잡해짐에 따라 다양한 특별법들이 생겼으며, 특별법은 일반법인 민법보다 먼저 적용된다. 따라서 실생활에서 접하는 사례에서 민법만으로는 답을 줄 수 없는 경우가 많다. 그러나 민법은 특별법들이 적용될 때의 기본 바탕을 제공한다. 민법은 특별법이 서 있는 판이라고 볼 수 있다. 따라서 특별법을 보더라도 민법에 대한 이해가 없다면 그 조문이 어떻게 적용될지 정확히 파악할 수 없다.

예 "민법은 특별법인 상법에 대한 원칙법이므로 구 상법 제577조에 의한 손해배상청구권의 경우에도 민법의 과실상계에 관한 규정이 적용된다"(62다102).

민법은 시민 사이에 어떠한 권리가 있는지를 정하는 법이고, 이때의 권리를 실 [17] 체적 권리라고 한다. 「민사소송법」은 민법에 따라 정해진 실체적 권리를 법원에서 확인하는 절차에 관한 법이고, 「민사집행법」은 이렇게 확인된 권리를 집행하는 절차에 관한 법이다.

4. 총칙이란 무엇인가

총칙은 그 자체로 적용대상을 갖는 것이 아니며, 각론(채권, 물권, 친족, 상속)6이 [18] 규율하는 구체적 생활관계에 공통적으로 적용되는 내용을 뽑아 놓은 것이다(그러나 가족관계에 대해서는 상당한 예외가 있다). 가령 매매계약이든, 임대차계약이든 그 계약

---

6 총·각론 체계를 판덱텐 시스템이라고 한다. 로마법의 주요 문헌인 학설서(디제스타 혹은 판덱텐)는 실제 사례에 대한 다양한 견해들을 묶은 책이었는데, 유럽 보통법학자들이 이를 이론적 체계에 따라 총·각론으로 나누었던 데서 시작된 이름이다.

의 당사자가 어떠해야 하는지는 마찬가지이므로 이는 총칙에 규정되어 있다. 총칙은 개별 법률관계에 두루 적용될 수 있는 일반적 내용을 담고 있기 때문에 추상적이고 난해한 경우가 많다. 그래서 총칙을 공부할 때는 개별적 거래관계를 염두에 둘 필요가 있다. 이때는 부동산에 대한 매매를 상정하는 것이 좋다. 먼저 전형적인 것을 중심으로 익히고, 이것을 다른 것에 적용시키는 것이 수고를 줄이기 때문이다. 또한 교과서나 강의안의 서술에서 '법률행위'라고 적힌 것은 '계약'으로 바꿔 읽는 것이 이해에 도움을 준다.

5. 민법총칙의 위치

[19]   민법의 이해에서 핵심적인 것은 계약(을 포함한 법률행위)이다. 따라서 계약의 성립과 이로 인한 권리·의무의 발생, 이행에 의한 권리의 변동과 계약불이행의 효과 등, 계약의 진행이라는 관점에서 민법 조문들을 연결시키면서 이해할 필요가 있다. 계약과 관련하여 민법총칙은 주로 무효·취소사유를 규정하고 있다. 계약의 무효·취소란 계약의 성립에도 불구하고 권리의무가 발생하지 않는 경우를 말한다. 한편, 계약의 성립은 채권각론에, 이행은 물권편과 채권총론에, 불이행은 채권총론에 주로 규정되어 있다.

Ⅲ. 민법의 기본원리

[20]   사례 1에서처럼 계약이 성립하면, A는 B에게 3억원을 달라고 할 수 있으며, B는 A에게 집의 소유권과 점유를 이전해 달라고 요구할 수 있다. 그리고 권리와 의무가 발생하면 당사자들은 나중에 마음이 바뀌더라도 이전에 했던 약속에 구속된다. 가령 A가 실직 때문에 집을 팔기로 했는데 다시 취직을 해서 이제 집을 팔기 싫어졌더라도 A는 B에게 집의 소유권을 넘겨줄 의무를 부담한다. 이러한 것을 계약의 구속력이라고 한다. 계약구속이란 계약을 지켜야 한다는 것, 계약을 지키지 않으면 이행청구, 손해배상, 강제집행 등의 법적 제재가 뒤따른다는 것을 의미한다.

[21]   이렇듯 시민은 자기 스스로 자유롭게 권리와 의무를 설정할 수 있고, 이렇게 설정된 권리와 의무는 법제도를 통해서 관철된다. 시민이 자유롭게 법적 구속력 있는 계약을 체결할 수 있는 것을 계약자유의 원칙이라고 한다.[7] 이는 사적자치원칙의 한

---

7 위의 예에서 보듯이 계약을 체결하는 것은 자유지만, 이를 지키는 것은 자유가 아니다. '자유주의'를

측면이다.

사적자치(Privatautonomie)란 시민이 국가의 간섭 없이 자유롭게 자신의 생 [22]
활을 설계하고 실행해 갈 권리가 있다는 것이다. 이를 위해서는 우선 시민에게
자신의 생활터전과 필요한 물건에 대한 소유권이 보장되어야 하고, 이들을 자유
롭고 평등하게 교환할 수 있어야 한다. 이를 표현하는 것이 인격평등의 원칙, 소유권
절대의 원칙, 계약자유의 원칙이다.8

그리고 시민이 자유롭게 자신의 생활을 설계하고 실행한다는 것은, 시민에게는 [23]
그러한 능력과 자격이 있다는 것을 전제로 한다. 이것이 민법이 전제하고 있는 인간
상·시민상이다. 즉, 자유롭고 평등하게, 합리적이고 이성적으로, 자신의 삶을 설계
할 수 있는 인간이 우리 민법이 상정하고 있는 인간이다(자기의 이익을 주체적으로 도
모하는 성숙한 시민). 이러한 인간상에 따르면 계약의 내용은 '깊이 생각하고 분명
하게 표현된 것'으로 추정된다. 따라서 계약의 내용은 자기 자신의 이익을 가장
잘 반영한 것이며, 이에 사용된 표현도 자신의 이익을 최대한으로 관철하기 위
해 선택했을 것으로 추정된다.

한편 이러한 능력(깊이 생각하고 분명하게 표현하는 능력)을 갖추지 못한 경우에는 [24]
'구속력'을 인정하지 않거나 완화하고 있다. 이에 따라 행위능력제도를 두고 있으며,
의사무능력 상태의 거래를 무효로 하고 있다. 미성년자는 자신의 거래에 대해
합리적으로 결정할 능력이 부족하다고 여겨지며, 피성년후견인이나 피한정후견
인은 그러한 능력이 부족하다는 심판을 법원에 의해 받는다. 이러한 사람의 계
약(법률행위)에 대해서는 구속력이 제한된다(제5조 이하).

또한 민법은 시민들끼리 자유롭고 평등하게 계약을 체결할 수 있다는 것을 전제 [25]
로 하고 있으며, 일단 계약이 성립하면 이 계약은 자유롭고 평등한 상황에서 체결한
것으로 추정된다. 그러나 당사자들 사이에 힘의 격차가 너무나 분명하고, 강자가 약자
의 처지를 이용해 폭리를 취한 경우에 대해서는 계약의 구속력을 부정한다(제104조).

다음으로 사적자치의 원칙은 당사자들이 합리적이고 이성적으로 자신의 거래를 [26]
계획한다는 전제하에 구속력을 인정하는 것이기 때문에, 합리적·이성적 결정이라
고 할 수 없는 것에 대해서는 구속력을 제한한다. 가령 착각에 빠져서 계약을 체결했
거나, 상대방이 사기를 쳐서 혹은 겁을 줘서 계약을 한 경우에 대해서까지 무조건적

일관한다면 이런 자유도 인정할 수 있을 것이다. 그래도 약속을 지키는 자가 장기적으로 우위를 점
하게 될 것이고, 따라서 신뢰를 지키는 행동이 일반화될 것이다. 그러나 법적인 제재가 없으므로 기
회주의적 행동(받기만 하고 주지 않는 것, 성능을 속이는 것)을 할 위험은 늘 있다. 이런 점에서 계
약구속력의 경제적인 기능은 기회주의적 행동을 억제하여 경제적 효율성을 높이고, 신뢰할 필요가
없는 사람들 사이에서도 거래가 가능하고 쉬워지도록 해서 거래비용을 낮추는 것이다.
8 그리고 잘못이 있어야만 책임을 진다는 과실책임의 원칙도 사적자치의 원칙에 속한다.

으로 구속력을 인정하는 것은 사적자치의 이념에 반한다. 따라서 이러한 경우에 대해서는 구속력을 제한한다(제109조, 제110조). 이처럼 민법총칙상의 무효취소사유는 '사적자치'라는 관점에서 설명된다. 가령 계약체결의 당사자끼리 짜고 진의와 다른 의사표시를 하는 경우(허위표시)에 이를 무효로 하는 것(제108조)은 당사자의 의사를 고려해서이지 어떤 제재를 하려는 것은 아니다.

[27]   마지막으로, 당사자들이 자율적으로 설정한 권리와 의무라 하더라도 결국은 법제도를 통해서 관철된다. 계약내용의 최종 관철은 국가기관(집행법원과 집행관)을 통할 수밖에 없고(자력구제의 금지),9 이를 위해서는 계약내용의 유·무효가 법원에 의해 검토될 수밖에 없다. 그런데 법제도가 용인할 수 없는 내용을 가진 계약의 실행을 국가가 조력할 수는 없다. 따라서 이러한 계약에 대해서는 유효성을 인정할 수 없다(제103조). 가령 신체포기각서는 당사자들이 아무리 자유롭고 평등한 상황에서 작성했다 하더라도 법제도는 이에 대해 효력을 인정하지 않는다. 인간의 존엄에 반하는 약속이기 때문이다.

[28]   이처럼 민법총칙에서 규율하고 있는 여러 법리(특히 무효·취소사유)는 민법의 기본원리인 사적자치의 원칙을 통해 일관된 설명을 할 수 있다. 민법총칙의 기본구조에서는 계약의 성립과정 중에 문제가 생기는 곳이 어디인지를 알아봤다면, 기본원리에서는 거기에 왜 그런 규율을 두고 있는지를 본 것이다. 즉, 계약(법률행위)에 대해 효력을 부정하거나 제한하는 이유들을 사적자치의 원칙에 비추어 살펴본 것이다.

---

9 이는 법치국가원리에서 당연히 도출되는 것이다. 민사적 정의(계약의 이행)든 형사적 정의(범죄자에 대한 처벌)든 사적 집행은 불허되고, 그 모든 권한을 국가에 집중하는 것이 법치국가의 제1단계라고 할 수 있다.

CHAPTER 2
법률행위

제1절　기본개념

　　민법총칙에서 가장 중요한 개념은 법률행위이다. 이 용어는 일상에서는 사용하 [29] 지 않는 말이며, 단어만 보아서는 무슨 뜻인지도 알 수 없다. 여기에서는 법률행위라는 용어와 이를 이해하기 위한 기본개념들을 소개한다. 법률행위는 '법률효과를 발생시키는 법률요건 중에서 의사표시를 본질적 요소로 하는 것'이라는 점에서 이에 속하는 각 개념들을 살펴볼 것이다.

1. 법률효과

> 제568조 (매매의 효력) ① 매도인은 매수인에 대하여 매매의 목적이 된 권리를 이전하여야 하며 매수인은 매도인에게 그 대금을 지급하여야 한다.

　　매매계약이 성립하면 매도인은 소유권이전의무를 부담하고 매수인은 대금지급 [30] 의무를 부담한다. 또한 그 이행으로 물건의 소유권이 매도인에게서 매수인에게로 이전된다(금전의 경우는 반대). 이와 같이 일정한 요건하에서 권리의무가 변동하는 것을 법률효과라고 한다. 권리의 발생, 변경, 소멸을 줄여서 '권리변동'이라고도 하는데, 권리변동이 일어나는 원인을 법률요건이라고 한다.

2. 권리변동의 모습

　　권리변동이란 권리의 발생, 변경, 소멸을 총칭하는 개념이다. 권리의 주체, 내 [31] 용, 범위 모든 면에서 변동이 일어날 수 있다. 이를 구분하는 방식은 표 2와 같다.

　　표 2에 나와 있는 것 중에서 원시취득과 승계취득의 구분, 특정승계와 포괄승계 [32] 의 구분은 자주 쓰이면서도 중요한 개념이다(나머지는 기억할 필요가 별로 없다). 원시취득은 기존 권리자의 권리에 기초하지 않는 취득을 말하고, 승계취득은 기존 권리자의 권리에 기초한 취득을 말한다. 승계취득에서는 기존 권리자가 가진 권리 이상을 취득할 수 없다. 승계취득 중에서 특정승계는 기존 권리자가 가진 특정한 권리(물권이나 채권)만을 이어받는 것을 말하고, 포괄승계는 기존 권리자의 모든 법적 지위를 이어받는 것을 말한다. 가령, 상속의 경우에 상속인은 피상속인이 가진 모든 물권과 채권, 계약상의 지위 등을 이어받게 된다(상속되지 않는 권리나 사망으로 종료되는 법적 지위는 제외).

[표 2] 권리변동의 분류

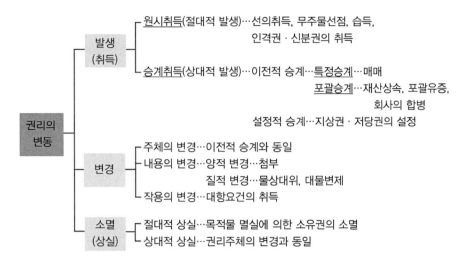

▌권리의 구분 1 - 물권과 채권

> 물권이란 물건에 대한 권리(예 소유권)를 말하고, 채권이란 특정인에게 일정한 행위를 요구할 수
> 있는 권리(예 대여금 반환채권)를 말한다. 자유로운 삶을 위해서는 타인의 도움 없이 자신의 생활
> 터전과 물건을 직접 지배할 수 있어야 하고(직접지배성), 이러한 지배를 누구로부터도 방해받지
> 않아야 한다(배타성). 이렇게 물건에 대한 직접지배와 방해금지를 누구에게나 주장할 수 있는 권리
> 를 물권이라고 한다. 물권(물건에 대한 권리)이란 모든 사람에 대한 권리를 줄여서 표현한 것이다.
> 이 때문에 물권을 '대세권', '절대권'이라고 한다. 이와 달리 채권은 특정인에게만 요구할 수 있고,
> 그 사람의 행위를 통해서만 이익을 누릴 수 있다. 어떤 물건에 대해 채권이 있으면, 그 물건으로부
> 터 직접 이익을 누리는 것이 아니라 채무자의 행위를 통해서 이익을 누리는 것이다(간접지배). 이
> 런 점에서 채권을 '대인권', '상대권'이라고 한다. 물권과 채권은 재산적 권리의 대표적인 것이다.
> '물권과 채권'의 구분은 권리의 내용에 따라 이름을 붙인 것이고, '대세권·대인권', '절대권·상대
> 권'의 구분은 의무자의 범위에 따라 이름을 붙인 것이다.

3. 법률요건

[33]   법률효과가 주어지려면 법률요건이 갖추어져야 한다. 민법에서 권리변동의
가장 중요한 원인은 계약이다. 사례 1에서 A가 B에게 "X를 3억원에 팔겠다"라
고 하고 B는 "그렇게 하겠다"라고 합의를 하면 매매계약이 성립하고 그에 따른
권리의무가 발생한다. 이때 '합의를 하면'에 해당하는 것이 법률요건이다. 법률
요건에는 여러 가지가 있는데, 법률요건 중에서 의사표시가 본질적 요소로 되는
경우를 법률행위라고 한다.

4. 의사표시

사례 1에서 A가 B에게 "X를 3억원에 팔겠다"라고 하는 것과 B가 "그렇게 [34]
하겠다"라고 하는 것은 모두 권리변동(법률효과의 발생)을 의욕하는 의사를 표현
하는 행위이다. 이를 '의사표시'라고 한다. 여기서 A의 의사표시는 '청약'이고, B
의 의사표시는 '승낙'이다.

5. 법률행위

사례 1에서 A와 B가 청약과 승낙의 의사표시를 하면 그 합치된 의사표시의 내 [35]
용대로 법률효과가 발생한다. 그런데 의사표시의 합치 없이 하나의 의사표시만으로
권리변동이 일어나는 경우도 있다. 가령 유언의 경우에는 하나의 의사표시(유언)에
적힌 내용대로 법률효과가 발생한다. 이렇게 하나의 의사표시만으로 권리의무가 변
동되기도 하고, 두 개의 의사표시가 합치되어야 권리의무가 변동되기도 하는데(계
약), 이들을 포괄해서 표현하는 용어가 '법률행위'이다. 따라서 법률행위는 하나의 집
합으로, 의사표시의 내용대로 법률효과가 발생하는 모든 것을 원소로 한다. 이에 속
하는 대표적인 것이 계약과 유언이다.

법률행위란 말은 일상어와는 괴리된 법학 전문용어이며, 독일어 레히츠게쉐프트
(Rechtsgeschäft)의 번역어이다. 그러나 이는 잘못된 번역이라는 것이 일반적 견해이다.
독일어의 레히트(Recht)는 옳다는 뜻의 형용사인 recht의 명사형으로 '옳음'이란 의미이
다. 분쟁이 발생했을 때 어느 누구의 주장이 옳다는 것은 그에게 그러한 주장을 할 권리
가 있다는 말이다. 그리고 이러한 옳음은 이를 주장하는 개인에게는 권리가 되고, 사회
전체적으로 보면 법이 된다. 독일어에서 Recht는 권리라는 뜻과 법이라는 뜻을 동시에
지닌다. 그리고 Rechtsgeschäft는 권리(와 의무)를 설정하는 행위를 말한다. 따라서 그
의미에 가까운 번역은 '권리설정행위'이다(또는 최소한 법적 행위). 그러나 일본법학이 법
과 법률을 혼동하여 이를 법률행위로 잘못 번역하는 바람에 우리도 이를 따르게 된 것이
다.[10] 이러한 오류는 법률행위 외에, '법률관계, 법률요건, 법률효과, 법률사실' 등에서도
마찬가지이다.

---

10 신유철, "21세기한국민사법학의 과제", 안암법학 13호, 2001.

제2절 권리능력과 행위능력

[36]   계약(법률행위)은 당사자 사이에 권리의무의 변동을 목적으로 하는 의사표시의 합치가 있을 때 성립한다. 즉, 당사자, 목적, 의사표시의 합치가 계약의 성립요건이다. 그리고 성립요건을 갖추었다 하더라도 무효사유나 취소사유가 있으면 계약의 효력에 장애가 발생한다. 이러한 장애사유는 성립요건의 각 항목별로 있다. 가령, 미성년자가 당사자인 계약, 목적이 불법적인 계약, 착오 있는 의사표시에 의한 계약 등에서는 그 유효성에 장애사유가 있다. 민법총칙은 그중 당사자에 대해 먼저 규율하고 있다. 당사자와 관련해서는 권리능력과 행위능력이 문제된다.

I. 권리능력

사례 3

A는 B가 키우는 강아지(X)가 예뻐서 멋진 개집을 선물했다. 그런데 B는 X를 C에게 주고 자신은 다른 강아지를 이 개집에서 키우기 시작했다. A는 자신이 선물한 개집이 X의 것이라면서 B에게 이를 X에게 주라고 요구한다. 이 개집은 누구의 것인가?

[37]   권리능력이란 권리·의무의 주체가 될 수 있는 법률상의 지위 내지 능력을 말한다. 권리의무의 주체가 될 수 있어야 계약을 체결할 수 있으므로, 권리능력이 없으면 계약의 당사자가 될 수 없다. 민법상 권리능력자는 자연인(사람)과 법인이다. 위 사례에서 강아지인 X는 개집을 소유할 수도 없고 계약의 당사자가 될 수도 없으므로, A는 X가 아니라 B에게 개집을 준 것으로 봐야 한다. 따라서 위 개집은 B의 소유이다. 다만 X를 B가 키우는 것이 개집을 주는 조건이었다면 A는 개집을 돌려받아 C에게 줄 수 있다.

1. 사람의 권리능력 취득시기

제3조(권리능력의 존속기간) 사람은 생존한 동안 권리와 의무의 주체가 된다.

[38]   모든 사람이 권리주체라는 점에는 이견이 없고, 다만 언제부터 언제까지가 사람인지에 대한 논의만 있다. 자연인으로서 권리능력을 갖는 시기에 관해서는 진통설(분만개시설), 일부노출설, 전부노출설, 독립호흡설 등으로 견해가 나뉘어 있다. 전부

노출설이 통설이다. 권리능력 소멸시점인 사망의 시기는 호흡과 심장박동이 영구적으로 정지한 때이다(심장정지설: 통설).11 사망이 불확실한 경우에는 '인정사망'이나 '실종선고' 등의 제도를 두어 처리하고 있다. 사람이 되기 전의 태아는 권리능력이 있는지, 사망한 사람은 어떻게 다루어야 하는지가 문제된다.

2. 태아의 권리능력

사례 4

– A는 B가 임신하고 있는 태아 C에게 자신의 부동산 X를 사인증여했다.
– 태아 C를 임신 중인 B는 A로부터 교통사고를 당하였고, 이로 인하여 C는 기형아로 태어났다.
– 태아 C를 임신 중인 B는 A로부터 교통사고를 당하였고, 이로 인하여 C는 유산되고 말았다.

2.1. 원칙적 부정

민법 제3조에 따르면 출생 전의 태아는 원칙적으로 권리능력이 없다. 그러나 [39] 태아는 인격체의 전신으로서 보호의 필요성이 있다. 우리 민법은 개별주의를 취하여 일부 중요한 법률관계에만 국한하여 태아의 권리능력을 인정하고 있다.

2.2. 현행 민법의 보호규정

(1) 불법행위에 의한 손해배상청구(제762조)

태아인 채로도 불법행위로 인한 침해(정신적 손해 포함)를 받지 않을 권리는 있 [40] 고, 불법행위를 당한 경우 손해배상청구권을 취득한다.

판례 2 | 대법원 1993. 4. 27. 선고 93다4663 판결 [손해배상(자)]

태아도 손해배상청구권에 관하여는 이미 출생한 것으로 보는바, 부가 교통사고로 상해를 입을 당시 태아가 출생하지 아니하였다고 하더라도 그 뒤에 출생한 이상 부의 부상으로 인하여 입게 될 정신적 고통에 대한 위자료를 청구할 수 있다.

판례 3 | 대법원 2019. 3. 28. 선고 2016다211224 판결 [채무부존재확인]

계약자유의 원칙상 태아를 피보험자로 하는 상해보험계약은 유효하고, 그 보험계약이 정한 바에 따라 보험기간이 개시된 이상 출생 전이라도 태아가 보험계약에서 정한 우연한 사고로 상

---

11 「장기이식 등에 관한 법률」에 따르면 뇌사의 경우에는 장기이식을 할 수 있다. 이 경우 장기이식으로 인해 종국적으로 사망하더라도(심정지) 뇌사를 일으킨 사유로 인해 사망한 것으로 본다(장기이식법 제21조). 이 법률에서 뇌사시를 사망시로 보는 것은 아니다. 통설과 달리 뇌사설은 뇌파가 일정 기간 계속하여 정지한 때에는 비록 심장이 살아 있다고 할지라도 사망한 것으로 본다.

해를 입었다면 이는 보험기간 중에 발생한 보험사고에 해당한다.

원고가 피고와 사이에 피고의 자녀가 출생하기 5개월 전 시점에 어린이 CI보험계약을 체결하면서 청약서 피보험자란에 '태아'라고 명시적으로 기재[한 경우], … 보험계약 당사자 사이에 태아를 피보험자로 삼기로 하는 개별 약정이 있다고 보고 피보험자의 지위에 있는 태아가 분만 과정에서 뇌손상으로 장해진단을 받은 경우 원고에게 보험금 지급의무가 인정된다고 한 … 사안.

• 정리: 사람이 되는 시점에 대한 통설(전부노출설)에 따르면 분만 중에는 아직 태아이고, 이 과정에서 상해를 입었다면 '사람'이 상해를 입은 것은 아니다. 원고(보험회사)는 상해보험이 사람의 신체손상을 전제로 하는데, 태아를 피보험자(보험사고의 객체)로 하는 것은 이에 반한다면서 위 보험계약이 무효라고 주장했다. 그러나 법원은 태아도 보험보호의 대상이 될 수 있다면서 위 보험계약의 유효성 및 원고의 보험금지급의무를 인정했다.

(2) 인지

[41] 태아도 아버지로부터 인지(자신의 자녀임을 인정하는 것)를 받을 수 있다(제858조).

(3) 상속과 유증

[42] 태아는 상속순위에 관해 출생한 것으로 본다(제1000조 3항). 따라서 대습상속(제1001조)도 받을 수 있고, 유류분(제1112조)에 대해서도 권리가 있다. 태아의 상속능력에 관한 제1000조 3항은 유증에도 준용되기 때문에(제1064조) 태아는 유증을 받을 권리도 있다.

(4) 사인증여에 있어서 수증능력의 여부

[43] 다수의 학설은 사인증여에 유증의 규정이 준용되므로(제562조) 사인증여에 대해서도 태아의 권리능력 및 수증능력을 인정한다. 그러나 판례는 이를 긍정할 법률상의 근거가 없으며, 실익이 없다고 하여 부정한다.

판례 4 | **대법원 1982. 2. 9. 선고 81다534 판결 [토지소유권이전등기말소등기등]**

• 사실관계: B는 사망하기 전에 자신의 아들 C, D, E, F와 당시 태아이던 A(원고)에게 대지를 증여하였다. C, D, E, F는 위 대지를 자신들의 명의로만 등기하였다. 이후 태어난 A는 C, D, E, F를 상대로 위 대지에 대한 자신의 지분을 이전해 달라고 소송을 제기했다.

• 법원의 판단: 원심(2심법원)은 태아도 그 어머니의 대리행위를 통하여 증여를 받을 (권리)능력이 있다고 하면서, 대지의 1/5지분에 대한 원고의 지분이전등기청구를 인용하였다. 그러나 대법원은 태아는 권리능력이 없어 증여계약을 체결할 수 없다면서 원심을 파기했다. "개별적으로 태아의 권리능력이 인정되는 경우에도 그 권리능력은 태아인 동안에는 없고 살아서 출생하면 문제된 사건의 시기까지 소급하여 그때에 출생한 것과 같이 법률상 간주되었던 것이므로(위 당원 판결 참조), 태아인 동안에는 법정대리인이 있을 수 없고, 따라서 법정대리인에 의한 수증행위도 불가능한 것이어서 증여와 같은 쌍방행위가 아닌 손해배상청구권의 취득이나 상속 또는

유증의 경우를 유추하여 태아의 수증능력을 인정할 수 없는 것이다."
· 정리: B가 원고에게 유증을 하고자 하였으나 유증의 요건을 갖추지 못하여 원고가 증여계약
의 성립을 주장한 사안. 원고는 태아였으며, 태아는 증여계약의 당사자가 되지 못하므로 계약
의 성립도 부정되었다.

2.3. 개별적으로 보호되는 경우에 태아가 그 권리능력을 취득하는 시기

태아의 권리능력이 인정되는 개별적인 경우에도, 그 태아는 살아서 태어나야만   [44]
한다. 사산되면 권리능력은 처음부터 인정되지 않는다. 다만 태아인 상태로도 권리
능력이 있되 사산되면 소급해서 권리능력이 없는 것으로 다룰 것인지(해제조건설),
태아인 상태에서는 권리능력이 없고 살아서 태어나면 소급해서 권리능력이 있는 것
으로 취급할 것인지(정지조건설)에 대해서 학설의 다툼이 있다. 판례는 후자로 본다.
판례에 따르면 태아인 상태에서는 상속에 기초한 소유권이나 불법행위로 인한 손해
배상청구권과 같은 권리가 (아직은) 없고, 소송을 제기할 수도 없다. 다수의 학설은
사산의 확률이 낮고, 어머니를 법정대리인으로 하여 권리주장을 할 수 있다는 점에
서 해제조건설을 따른다.

| 판례 5 | 대법원 1976. 9. 14. 선고 76다1365 판결 [손해배상] |

설사 태아가 권리를 취득한다 하더라도 현행법상 이를 대행할 기관이 없으니 <u>태아로 있는 동안
은 권리능력을 취득할 수 없으니 살아서 출생한 때에 출생시기가 문제의 사건의 시기까지 소급
하여 그 때에 태아가 출생한 것과 같이 법률상 보아준다고 해석하여야</u> 상당하므로(1949. 4. 9.
선고 4281민상197 당원 판결참조, 법정정지조건설, 인격소급설) 원심이 이와같은 취지에서 원
고의 처 소외 정○○가 사고로 사망할 당시 임신 8개월된 태아가 있었음과 그가 모체와 같이
사망하여 출생의 기회를 못가진 사실을 인정하고 살아서 태어나지 않은 이상 배상청구권을 논
할 여지없다는 취의로 판단하여 이 청구를 배척한 조치는 정당하다. 또 설사 태아를 위한 법률
관계의 보존을 위한 목적에서 태아중에도 출생한 것으로 인정되는 범위에서 제한적 권리능력을
주고 따라서 법정대리인에 의한 권리보전수단을 쓸 수 있으며 살아서 태어나지 않을 때엔 그
권리능력이 소급적으로 소멸한다고 보는 견해(법정해제조건설, 제한적인격설)에 따른다고 하
더라도 태아가 사산한 경우인 본건에 있어서는 결론은 달라지지 아니한다.
논지는 태아가 태아중에 얻은 권리는 태아가 불법행위로 사산될 경우는 그 권리가 상속된다고
주장하고 또 이런 경우는 그 유족은 민법상 위자료청구를 할 수 있다고 주장하나 당원이 따르
기를 꺼리는 바이다.

3. 외국인의 권리능력

외국인은 우리나라의 국적을 가지지 않은 자를 말한다(국적법 참조). 모든 자연   [45]
인은 국적 여하를 묻지 않고 평등하게 권리능력을 갖는다(권리능력에 있어서 평등주

의). 그러나 개별 법률에서 외국인의 권리능력은 제한되고 있다. 이에 관한 법규는 강행규정이다.

Ⅱ. 의사능력

[46]   자신이 한 행위의 내용대로 법률효과가 발생한다는 점(권리의무의 변동 등)을 인식할 수 있는 정신능력을 의사능력이라고 한다. 의사능력이 없는 상태에서 한 법률행위는 무효이다. 의사능력의 유무는 구체적인 법률행위와 관련하여 개별적으로 판단한다(2001다10113).

판례 6 | 대법원 2006. 9. 22. 선고 2006다29358 판결 [구상금등]

• 사실관계: 원고(신용보증기금)는 피고 1이 은행으로부터 대출을 받을 때 신용보증을 했고, 이 신용보증계약에 기한 피고 1의 원고에 대한 채무에 대해서 피고 2가 연대보증을 했다. 피고 1이 은행에 대출금을 갚지 못하여 원고가 대출금을 변제했고(보증계약의 효과), 피고 1, 2에 대해서 이 금액을 지불할 것을 청구했다. 피고 1도 의사무능력 항변을 했으나 이는 무시되었다.
• 피고 2의 항변: 연대보증계약을 체결할 당시에 의사무능력 상태에 있었다.
• 피고 2의 상태: 2000. 3. 6. 정신지체 3급의 장애인으로 등록되었고, 정신감정 결과 지능지수가 58로서 경도의 정신지체 수준에 해당하여 보증이나 대출의 의미를 대부분 이해하지 못한다는 등의 진단을 받았다.
• 대법원의 판단: 연대보증계약 체결 당시의 피고 2의 지능지수 및 사회적 성숙도, 장애인복지법상 지능지수 70 이하의 사람을 정신지체인으로서 보호의 대상으로 삼고 있는 점, 위 연대보증계약에 기하여 부담하게 되는 채무액이 2,000만원이 넘어 결코 소액이라고 할 수 없는 점 등을 보태어 보면, 위 피고가 위 연대보증계약 당시 그 계약의 법률적 의미와 효과를 이해할 수 있는 의사능력을 갖추고 있었다고는 볼 수 없고, 따라서 이러한 계약은 의사능력을 흠결한 상태에서 체결된 것으로서 무효라고 보아야 할 것이다.

Ⅲ. 행위능력

[47]   법률행위를 할 수 있는 능력, 가령 계약을 체결할 수 있는 능력을 행위능력이라고 한다. 민법은 미성년자, 성년후견개시나 한정후견개시의 심판을 받은 자의 행위능력을 제한하고 있다(제5조 이하). 이들의 법률행위는 취소할 수 있으며, 취소되면 그 법률행위는 무효로 된다. 의사무능력과 제한능력의 경합시에는 무효 또는 취소의 법률효과를 선택적으로 주장할 수 있다(통설).

행위능력제도는 행위자와 상대방을 모두 보호한다. 제한능력자는 계약시에 의 [48]
사능력이 불완전한 상태였다는 것을 증명하지 않고도 이를 취소할 수 있으며, 상대
방도 이런 사정만 확인하고 거래하면 되기 때문이다. 그리고 이러한 목표를 달
성하기 위해서 행위능력은 객관적·획일적으로 정해진다. 따라서 사무처리능력
이 부족하더라도 제한능력자가 아니라면 행위능력의 부족을 이유로 한 취소가
인정될 수 없다(92다6433). 또한 제한능력제도의 취지를 위해서는 의사무능력으
로 인한 무효가 극히 예외적인 경우에만 인정되어야 한다. 그래야 거래 상대방이 관
련 등기부12만 확인하고 거래했을 때도 보호받을 수 있다.

제한능력제도는 사적자치 원칙의 전제를 이루는 것이므로 강행규정이다. [49]

1. 미성년자의 행위능력

1.1. 미성년자의 법률행위

> 제4조(성년) 사람은 19세로 성년에 이르게 된다.

미성년자란 만 19세에 달하지 않은 자를 말한다. 미성년자라도 혼인을 하면 성 [50]
년으로 의제된다(제826조의2). 여기서 혼인은 법률혼에 한정된다. 이런 의제는 민법에
만 영향을 미친다. 민법 이외의 분야(청소년 보호법 등)에서는 여전히 미성년자이다.

사례 5

- 17세의 A는 할아버지로부터 증여받은 200만원으로 오토바이를 구입했다.
- 17세의 A는 학원비로 받은 30만원으로 명품가방을 샀다.
- 17세의 A는 부모의 허락을 받고 인터넷 쇼핑몰을 운영하고 있다. A의 부모는 A 명의
  로 B로부터 인터넷 쇼핑몰의 운영에 필요한 물품을 500만원에 구매하였다. B는 A에게
  이 물건을 인도하면서 500만원의 지급을 요구할 수 있는가?

> 제5조 (미성년자의 능력) ① 미성년자가 법률행위를 함에는 법정대리인의 동의를 얻어야 한
> 다. 그러나 권리만을 얻거나 의무만을 면하는 행위는 그러하지 아니하다.
> ② 전항의 규정에 위반한 행위는 취소할 수 있다.

[51]
법정대리인의 동의 없이 미성년자가 단독으로 한 법률행위는 취소할 수 있다.
취소하지 않는 한 미성년자의 법률행위라도 유효하다. 이 조문은 미성년자 스스로

---

12 미성년인지 여부는 가족관계등록부나 주민등록증으로, 성년후견이나 한정후견의 개시 여부는 후견등
  기부를 통해 알 수 있다. 후자의 경우 '후견등기사항부존재증명서'를 통해 후견이 개시되지 않았음을
  확인하면 된다.

법률행위를 하는 경우의 동의권만을 규정하고 있고, 법정대리인에게 대리권이 있다는 것은 친족편에 규정되어 있다(제920조, 제949조).

[52]　　취소 여부를 미성년자 측이 선택할 수 있다는 점에서 이는 미성년자를 보호하는 규정이다.

> **판례 7**　대법원 2007. 11. 16. 선고 2005다71659,71666,71673 판결 [채무부존재확인 등·부당이득반환청구] – 19세 미성년자 신용구매 사례
>
> 행위무능력자 제도는 사적자치의 원칙이라는 민법의 기본이념, 특히, 자기책임 원칙의 구현을 가능케 하는 도구로서 인정되는 것이고, 거래의 안전을 희생시키더라도 행위무능력자를 보호하고자 함에 근본적인 입법 취지가 있는바, … 미성년자의 법률행위에 법정대리인의 동의를 요하도록 하는 것은 강행규정인데, 위 규정에 반하여 이루어진 신용구매계약을 미성년자 스스로 취소하는 것을 신의칙 위반을 이유로 배척한다면, 이는 오히려 위 규정에 의해 배제하려는 결과를 실현시키는 셈이 되어 미성년자 제도의 입법 취지를 몰각시킬 우려가 있으므로, 법정대리인의 동의 없이 신용구매계약을 체결한 미성년자가 사후에 법정대리인의 동의 없음을 사유로 들어 이를 취소하는 것이 신의칙에 위배된 것이라고 할 수 없다.

[53]　　계약이 취소되면 그 체결시부터 무효인 것으로 되므로, 그 계약에 의해 취득한 재화나 금전은 반환해야 한다. 이 경우에는 부당이득의 반환범위에 관한 규정(제748조)이 적용되지만, 미성년자가 반환하는 경우에는 특칙인 제141조가 적용되어 그 이익이 현존하는 한도에서 상환할 책임이 있다.

▌부당이득

> 법률상 원인없이 이득을 얻거나 비용을 면하는 것을 부당이득이라고 한다. 이득을 얻는 법률상 원인으로는 계약이 대표적이며, 그 밖에 다수의 법률규정(상속, 세금부과규정 등)이 있다. 가령 A가 10만원으로 B의 자전거를 사서 인도받았다면, 이러한 각 이득(A의 자전거와 B의 10만원)의 원인이 매매계약인 것이다. 그런데 매매계약이 무효이면, 각자가 받은 10만원과 자전거에 대해 '법률상 원인'이 사라진다. 이 경우 B와 A는 각각 10만원과 자전거를 반환해야 한다(B가 받은 10만원은 부당이득이므로 A에게 반환해야 하며, 자전거는 여전히 B의 소유이므로 A가 B에게 반환해야 한다).

1.2. 유효한 법률행위를 하는 방법

(1) 법정대리인에 의한 대리나 동의가 있는 경우

[54]　　미성년자도 계약체결의 필요성은 있다. 작게는 자전거를 사거나 휴대폰을 개통할 수도 있고, 크게는 부동산을 사고팔 수도 있다. 이때는 두 가지 방법이 있는데, 하나는 법정대리인(친권자나 미성년후견인)이 미성년자를 대리하여 계약을 체결하는 것이고, 다른 하나는 법정대리인의 동의하에 미성년자가 직접 법률행위를 하는 것이

다. 법정대리인의 동의 없이 미성년자가 직접 한 법률행위는 미성년자 본인 또는 법정대리인이 이를 취소할 수 있다. 다만, 법정대리인이 추인하면 법률행위는 확정적으로 유효하게 된다. 따라서 미성년자의 법정대리인은 대리권, 동의권, 취소권, 추인권이 있다.

가. 대리에 의한 경우

ㄱ. 원칙

미성년자는 법정대리인의 대리를 통해서 법률행위를 할 수 있다. 법정대리인이 [55] 미성년자를 위해서 한 행위는 미성년자에게 법률효과가 발생한다. 가령 후견인이 미성년자의 재산을 처분하면 이는 후견인이 미성년자를 대리하여 한 행위로 추정되고, 미성년자에 대하여 그 효과가 발생한다(94다1302). 부모라 하더라도, 자녀가 성인이라면 법정대리는 인정되지 않고, 임의대리권이 수여되어야만 본인에게 효력이 미치는 대리행위를 할 수 있다(83다카1409: 성인인 아들의 어머니가 아들의 법정대리인 자격으로 아들 소유의 토지를 매도한 계약은 무권대리라고 한 사례).

ㄴ. 대리권의 제한

대리권의 행사에는 일정한 제한이 있다. 부모는 원칙적으로 공동으로 대리한다 [56] (제909조 1항). 후견인이 일정한 사항에 대하여 피후견인을 대리할 때는, 후견감독인이 있으면 후견감독인의 동의를 받아야 한다(개정 전에는 친족회의 동의). 후견감독인의 동의가 없다면 후견감독인이나 피후견인(미성년자)은 그 법률행위를 취소할 수 있다.

판례 8 | 대법원 1994. 4. 29. 선고 94다1302 판결 [소유권이전등기]

• 사실관계: 원고의 부모가 이혼하여 아버지가 원고를 키웠고, 어머니는 친권을 상실했다(1990년 개정 전의 민법). 아버지가 사망하여 그 재산을 원고가 상속했다. 친권자가 없으므로 원고의 할아버지가 후견인이 되었다. 할아버지가 원고의 재산을 제3자에게 팔았다. 1990년 민법 개정으로 어머니에게 친권이 인정되었고, 후견은 종료되었다. 어머니가 할아버지의 재산처분행위를 문제삼았다. 어머니가 할아버지와 제3자를 고소했다가, 양육비 명목으로 1200만원을 받기로 약정한 후 고소를 취하했다.
• 쟁점
1. 할아버지의 재산처분행위의 효과가 원고에게 귀속될 수 있는가: 대리의 여부
2. 법률행위는 취소될 수 있는가: 취소요건 구비와 추인 여부
• 법원의 판단
1. 법정대리인이 대리로서 한 것이라면 본인에게 법률효과가 귀속된다.
2. 후견인이 친족회의 동의를 받지 않고 한 것이라면 여전히 취소할 수 있다. 그러나 친권을 회

복한 엄마가 이를 추인했으므로 법률행위가 확정적으로 유효하게 되었다.

[57]   법정대리인과 미성년자의 이익이 상반되는 행위(이해상반행위)에 있어서는 법정대리인의 대리권이 제한된다. 이해상반의 경우에 법정대리인이 친권자이면 특별대리인을 선임해야 하고(제921조), 법정대리인이 후견인이면 후견감독인이 피후견인을 대리한다(제940조의6). 미성년자에게 재산을 증여한 제3자가 친권자의 관리를 배제하는 의사를 표시한 경우에도 친권자의 대리권이 배제된다(제918조).

| 판례 9 | 대법원 2001. 6. 29. 선고 2001다28299 판결 [소유권이전등기] |

• 사실관계: 원고(며느리)는 소외 1(시아버지)의 전처 소생인 소외 2(아들)와 결혼하였는데, 소외 2가 1988년 사망하고 소외 1도 1995년 사망함에 따라 1999년 망 소외 1의 소유였던 이 사건 부동산에 관하여 상속을 원인으로 하여 그 상속지분에 따라 피고(시어머니) 25분의 15, 원고 25분의 3, 원고의 아들들인 소외 3, 4, 5 각 25분의 2의 지분으로 소유권이전등기가 경료되었다. 망 소외 1은 1995년 자신의 재산을 정리하면서 며느리(원고)와 손자들의 생계를 걱정하여 이 사건 부동산을 원고에게 증여하고, 등기권리증을 위 소외 3에게 교부하여 주었다. 피고는 위와 같은 취지대로 1998. 3. 27. 원고와 이 사건 부동산 중 피고의 상속지분에 해당하는 25분의 15지분을 원고에게 이전하여 주기로 약정하였다.
• 원고의 청구: 위 약정대로 25분의 15지분 등기를 이전하라.
• 피고의 항변: 위 약정이 증여라면 서면에 의하지 않았으므로 해제한다.
• 원심의 판단: 망 소외 1의 증여행위는 상속재산의 분할방법을 지정한 것이고, 피고가 원고에게 위의 분할방법에 따라 상속지분을 이전해 주기로 한 약정은 그 실질이 상속재산의 협의분할에 해당하므로. 피고는 이대로 이행할 의무가 있다.
• 대법원의 판단: 청구기각취지로 파기환송.
• 근거: 소외 1이 상속재산 분할방법을 지시했다 하더라도(유언이 아니었음), 상속인들은 이 의사에 구속되지 않는다. 원고와 피고는 자신들끼리만 약정했고, 상속재산 협의분할이라면 이해상반행위에 해당하는데 소외 3,4,5(미성년자)를 위한 특별대리인 선임이 없었으므로 상속재산 협의분할로 볼 수는 없다.
• 정리: 사실적으로는 모(원고)와 그 자는 이해관계가 일치하고, 피고(시어머니)와 이해관계가 상반되므로 소외인(미성년자)에 대해 특별대리인이 선임되지 않았더라도 상속재산 분할합의를 유효로 보는 것이 미성년자에게 더 이익이지만, 법원은 이해상반 여부를 법률행위의 성질에 따라 획일적으로 판단하여 이를 무효로 보았다.

[58]   법정대리인이 미성년자 본인의 행위를 목적으로 하는 계약(⑩ 트로트 신동의 공연계약)을 대리하는 경우에는 미성년자 본인의 동의가 있어야 한다(제920조 단서, 제949조 2항). 미성년자의 근로계약은 법정대리인이 대리할 수 없으므로(근로기준법 제67조 1항), 친권자 등의 동의하에 미성년자가 직접 계약을 체결해야 한다. 또한 미성년자

는 독자적으로 임금을 청구할 수 있다(근로기준법 제68조).

| 판례 10 | 대법원 1981. 8. 25. 선고 80다3149 판결 [노임금] |

미성년자는 원칙적으로 법정대리인에 의하여서만 소송행위를 할 수 있으나 미성년자 자신의 노무제공에 따른 임금의 청구는 근로기준법 제54조의 규정에 의하여 미성년자가 독자적으로 할 수 있다.

나. 동의가 있는 경우

미성년자 본인이 직접 법률행위를 하려면 법정대리인의 동의를 받아야 한다. 동의란 행위 전에 승인하는 것이다. 법정대리인이 후견인이라면 동의권은 제한되며 (제950조), 일정 법률행위에 대하여는 후견감독인(개정 전에는 친족회)의 '동의'가 있어야 한다. 후견감독인의 동의가 없었다면 후견감독인이나 피후견인(미성년자)이 이를 취소할 수 있다. [59]

| 판례 11 | 대법원 1989. 10. 10. 선고 89다카1602, 89다카1619(병합) 판결 [보관금반환] |

갑과 그의 생모인 을이 병과의 사이에 계쟁부동산 지분에 관하여 민·형사상의 이의를 제기하지 않기로 하는 취지의 약정을 하였더라도 약정 당시 갑은 미성년자로서 행위무능력자이고 을은 이미 재혼하여 친권을 상실한 자였다면 설사 을이 갑에 대한 후견인의 지위에서 피후견인인 갑의 위 부동산지분에 관한 권리의 득실변경을 목적으로 하는 행위를 동의하거나 대리한 취지로 위 부제소합의를 하게 된 것이더라도 이에 관하여 친족회의 동의를 얻지 못한 이상 갑이 성년에 달한 후 3년 이내에 위 부제소합의를 취소한 것은 적법하다.

---

(2) 권리만을 얻거나 의무만을 면하는 행위(제5조 1항 단서)

미성년자가 권리만을 얻는 경우에는 혼자서 법률행위를 할 수 있다. 가령, 친권자에 대한 부양료청구, 부담 없는 증여의 청약에 대한 승낙 등은 직접 할 수 있다. 그러나 경제적으로 유리하지만 의무를 부담하는 계약의 체결은 단독으로 할 수 없다. [60]

| 판례 12 | 대법원 1972. 7. 11. 선고 72므5 판결 [인지등] |

미성년자라 하더라도 권리만을 얻는 행위는 법정대리인의 동의가 필요 없으며 친권자와 자 사이에 이해상반되는 행위를 함에는 그 자의 특별대리인을 선임하도록 하는 규정이 있는 점에 비추어 볼 때, 청구인(미성년자인 혼인외의 자)은 피청구인(생부)이 인지를 함으로써 청구인의 친권자가 되어 법정대리인이 된다 하더라도 피청구인이 청구인을 부양하고 있지 않은 이상 그 부양료를 피청구인에게 직접 청구할 수 있다 할 것이다.

---

(3) 처분이 허락된 재산

[61]

> 제6조(처분을 허락한 재산) 법정대리인이 범위를 정하여 처분을 허락한 재산은 미성년자가 임의로 처분할 수 있다.

법정대리인이 범위를 정하여 처분을 허락한 재산은 미성년자가 임의로 처분할 수 있다. 이러한 허락은 묵시적으로도 할 수 있다.

판례 13 | 대법원 2007. 11. 16. 선고 2005다71659,71666,71673 판결 – 19세 미성년자 신용구매 사례

원고는 이 사건 각 신용구매계약 당시 성년에 거의 근접한 만 19세 2개월 내지 4개월에 이르는 나이였고, 당시 경제활동을 통해 월 60만원 이상의 소득을 얻고 있었으며, 이 사건 각 신용구매계약은 대부분 식료품·의류·화장품·문구 등 비교적 소규모의 일상적인 거래행위였을 뿐만 아니라, 그 대부분이 할부구매라는 점을 감안하면 <u>월 사용액이 원고의 소득범위를 벗어나지 않는 것으로 볼 수 있는바, 이러한 제반 사정을 종합하면, 원고가 당시 스스로 얻고 있던 소득에 대하여는 법정대리인의 묵시적 처분허락이 있었고, 이 사건 각 신용구매계약은 위와 같이 처분허락을 받은 재산범위 내의 처분행위에 해당한다고 볼 수 있다</u> 할 것이다.

---

[62]
사용목적을 정하고 일정규모의 돈에 대해 처분을 허락한 경우, 이 사용목적을 벗어나면 어떻게 되는가? 이는 이 규정의 "범위"가 무엇을 말하는지에 대한 해석에 따라 달라진다. 이에 대해서는 학설상 다툼이 있다. 소수설은 '사용목적의 범위'도 여기에 들어간다고 본다. 따라서 사용목적에 반하는 계약은 취소할 수 있다. 다수설은 사용목적을 정했다 하더라도 이에 상관없이 처분이 허락된 재산의 범위 내에서는 자유로이 처분할 수 있다고 한다. 즉, 위 조문의 '범위'를 재산의 범위로만 보는 것이다. 다만 이 경우에도 미성년자의 전 재산에 대해 처분의 허락을 할 수는 없다고 본다. 처분이 허락된 재산으로 취득한 재산을 다시 처분하는 경우에는 허락을 받을 필요가 없다(통설).

[63]
법정대리인은 미성년자가 아직 법률행위를 하기 전에는 제5조의 동의와 제6조의 허락을 취소할 수 있다(제7조). 이 취소(법적 성질은 철회)는 동의나 허락을 받은 미성년자나 그 상대방에게 해야 한다. 미성년자에게만 할 경우 이를 가지고 선의의 상대방 기타 제3자에 대하여 대항할 수 없다(제8조 2항의 유추). 동의가 있었는가에 관한 증명은 상대방이 부담한다.

(4) 영업의 허락

제8조(영업의 허락) ① 미성년자가 법정대리인으로부터 허락을 얻은 특정한 영업에 관하여는 성년자와 동일한 행위능력이 있다.
② 법정대리인은 전항의 허락을 취소 또는 제한할 수 있다. 그러나 선의의 제3자에게 대항하지 못한다.

미성년자가 법정대리인으로부터 허락을 얻은 특정한 영업에 관하여는 성년자와 [64] 동일한 행위능력이 있다. 종류를 정하여 특정한 영업에 대해서만 허락할 수 있고, 포괄적으로 모든 영업에 대한 허락은 안 된다. 묵시적 허락도 가능하다. "성년자와 동일한 행위능력이 있"으므로 허락을 받은 영업과 관련된 법률행위에 관해서는 법정대리인의 대리권이 소멸된다.

법정대리인은 영업의 허락을 취소 또는 제한할 수 있다(제8조 2항 본문). 친권자가 [65] 허락한 영업을 후견인이 취소 또는 제한하는 때에는 미성년후견감독인의 동의를 얻어야 한다(제945조). 취소나 제한은 선의의 제3자에게 대항하지 못한다(제8조 2항 단서).

(5) 그 밖의 경우

제한능력자도 대리인은 될 수 있으며(제117조), 미성년이라 하더라도 만 17세에 [66] 달하면 단독으로 유효한 유언을 할 수 있다(제1061조 반대해석). 법정대리인의 허락을 얻어 회사의 무한책임사원이 된 미성년자가 그 사원자격에 기하여 한 행위도 확정적으로 유효하다(상법 제7조).

1.3. 소송능력과의 관계

민사소송법상의 소송능력은 민법상의 행위능력에 대응한다. 다만 민사소송에서 [67] 미성년자는 법정대리인의 동의하에 스스로 소송행위를 할 수 없으며(소송무능력), 법정대리인의 대리를 통해야만 한다. 다만 단독으로 유효한 법률행위를 할 수 있는 경우에는 소송능력도 인정된다(민사소송법 제55조). 그러나 범위를 정해 처분을 허락한 경우에 대해서는 소송능력을 부정하는 견해도 있다. 그 범위가 불확실하여 절차의 안정을 해치기 때문이다.

2. 피한정후견인의 행위능력

제12조(한정후견개시의 심판) ① 가정법원은 질병, 장애, 노령, 그 밖의 사유로 인한 정신적 제약으로 사무를 처리할 능력이 부족한 사람에 대하여 본인, 배우자, 4촌 이내의 친족, 미

성년후견인, 미성년후견감독인, 성년후견인, 성년후견감독인, 특정후견인, 특정후견감독인, 검사 또는 지방자치단체의 장의 청구에 의하여 한정후견개시의 심판을 한다.

② 한정후견개시의 경우에 제9조제2항을 준용한다.

제13조(피한정후견인의 행위와 동의) ① 가정법원은 피한정후견인이 한정후견인의 동의를 받아야 하는 행위의 범위를 정할 수 있다.

② 가정법원은 본인, 배우자, 4촌 이내의 친족, 한정후견인, 한정후견감독인, 검사 또는 지방자치단체의 장의 청구에 의하여 제1항에 따른 한정후견인의 동의를 받아야만 할 수 있는 행위의 범위를 변경할 수 있다.

③ 한정후견인의 동의를 필요로 하는 행위에 대하여 한정후견인이 피한정후견인의 이익이 침해될 염려가 있음에도 그 동의를 하지 아니하는 때에는 가정법원은 피한정후견인의 청구에 의하여 한정후견인의 동의를 갈음하는 허가를 할 수 있다.

④ 한정후견인의 동의가 필요한 법률행위를 피한정후견인이 한정후견인의 동의 없이 하였을 때에는 그 법률행위를 취소할 수 있다. 다만, 일용품의 구입 등 일상생활에 필요하고 그 대가가 과도하지 아니한 법률행위에 대하여는 그러하지 아니하다.

제14조(한정후견종료의 심판) 한정후견개시의 원인이 소멸된 경우에는 가정법원은 본인, 배우자, 4촌 이내의 친족, 한정후견인, 한정후견감독인, 검사 또는 지방자치단체의 장의 청구에 의하여 한정후견종료의 심판을 한다.

[68]   성인이라 하더라도 질병, 장애, 노령, 그 밖의 사유로 인한 정신적 제약으로 사무를 처리할 능력이 부족하면 일정한 사람의 청구에 의해 법원이 한정후견개시의 심판을 한다(제12조). 정신적 제약이란 판단력이 불완전한 것을 말한다.

[69]   2013년 민법 개정 전에는 정신적 제약에 상응하는 '심신미약(心神微弱)'이란 표현을 사용했고, 이에는 재산낭비가 포함되어 있었다. 이런 입장이 계속 유지될지는 아직 불확실하다. 기존 학설상 "재산 낭비"의 경우 그 목적은 묻지 않는다고 보았다. 자선 등의 목적으로 낭비하는 경우도 "자기나 가족의 생활을 궁박하게 할 염려"가 있을 정도면 포함되었다.

판례 14 │ **서울가정법원 2000. 11. 29.자 99브130 결정 : 재항고취하 [금치산선고]**

금치산 선고의 요건으로서 '심신상실의 상태에 있는 자'라고 함은 자기행위의 결과에 대하여 합리적인 판단을 할 능력 즉 의사능력이 없는 자를 의미하고, 한정치산 선고의 요건으로서 '심신이 박약하거나 재산의 낭비로 자기나 가족의 생활을 궁박하게 할 염려가 있는 자'라고 함은 정신장애의 정도가 심신상실자와 같이 의사능력을 완전히 상실한 정도에는 이르지 아니하지만 그 판단능력이 불완전한 자나 사려 없이 재산을 낭비하는 성벽이 있는 자를 의미한다고 할 것이며, 금치산선고나 한정치산선고는 정신적 능력이 불충분한 자의 법률행위를 제한하기 위한 법률제도로서, 금치산선고를 받은 자는 그의 법률행위를 취소할 수 있게 되고, 한정치산을 선고받은 자는 미성년자와 같은 행위능력을 갖게 되는바, 이와 같은 금치산이나 한정치산의 선고 여부를 결정함에 있어서는 의학적 견해를 기초로 하여 앞서 본 바와 같은 법률제도의 취지에 따라 결정하여야 한다.

가정법원은 후견인의 동의가 필요한 법률행위를 정할 수 있다(제13조 1항). 법원 [70] 이 정하지 않은 행위는 스스로 할 수 있다. 동의가 필요한 행위를 동의 없이 혼자서 하면 취소할 수 있다. 다만 일용품의 구입 등 일상생활에 필요하고 그 대가가 과도하지 아니한 법률행위는 취소할 수 없다(제13조 4항).

피한정후견인의 법정대리인은 한정후견인이다. 이때도 미성년자와 마찬가지로 [71] 대리권, 동의권, 취소권, 추인권을 갖는다.[13] 피한정후견인의 이익이 침해될 염려가 있음에도 한정후견인이 동의를 하지 않으면 가정법원은 피한정후견인의 청구에 의하여 한정후견인의 동의를 갈음하는 허가를 할 수 있다(제13조 3항).

한정후견종료의 심판이 내려지면 완전한 행위능력자가 된다. 소급효는 없다. [72]

3. 피성년후견인의 행위능력

제9조(성년후견개시의 심판) ① 가정법원은 질병, 장애, 노령, 그 밖의 사유로 인한 정신적 제약으로 사무를 처리할 능력이 지속적으로 결여된 사람에 대하여 본인, 배우자, 4촌 이내의 친족, 미성년후견인, 미성년후견감독인, 한정후견인, 한정후견감독인, 특정후견인, 특정후견감독인, 검사 또는 지방자치단체의 장의 청구에 의하여 성년후견개시의 심판을 한다.
② 가정법원은 성년후견개시의 심판을 할 때 본인의 의사를 고려하여야 한다.
제10조(피성년후견인의 행위와 취소) ① 피성년후견인의 법률행위는 취소할 수 있다.
② 제1항에도 불구하고 가정법원은 취소할 수 없는 피성년후견인의 법률행위의 범위를 정할 수 있다.
③ 가정법원은 본인, 배우자, 4촌 이내의 친족, 성년후견인, 성년후견감독인, 검사 또는 지방자치단체의 장의 청구에 의하여 제2항의 범위를 변경할 수 있다.
④ 제1항에도 불구하고 일용품의 구입 등 일상생활에 필요하고 그 대가가 과도하지 아니한 법률행위는 성년후견인이 취소할 수 없다.
제11조(성년후견종료의 심판) 성년후견개시의 원인이 소멸된 경우에는 가정법원은 본인, 배우자, 4촌 이내의 친족, 성년후견인, 성년후견감독인, 검사 또는 지방자치단체의 장의 청구에 의하여 성년후견종료의 심판을 한다.

---

13 단, 대리권이 당연히 인정되지는 않으며 가정법원에서 대리권을 수여하는 심판을 해야 대리권이 인정된다(제959조의4 1항).

[73] 정신적 제약으로 인해 사무처리 능력이 지속적으로 결여된 경우에는 성년후견개시의 심판을 하고 이로 인해 '피성년후견인'이 된다(제9조). 이때는 본인의 의사를 고려해야 한다.

[74] 피한정후견의 경우에는 단독으로 할 수 없는 법률행위를 가정법원이 정하는 반면, 피성년후견에서는 본인이 할 수 있는 법률행위를 가정법원이 정한다. 따라서 정하지 않은 법률행위를 피성년후견인이 하면 취소할 수 있다(제10조). 동의 여부는 상관없다. 다만 일용품의 구입 등 일상생활에 필요하고 그 대가가 과도하지 아니한 법률행위는 성년후견인이 취소할 수 없다(제10조 4항).

[75] 단독으로 할 수 없는 법률행위의 경우 피성년후견인이 법률행위의 당사자가 되는 것은 법정대리인의 대리에 의해서만 가능하다. 다만 신분행위(약혼, 혼인, 인지, 입양, 파양)는 법정대리인의 동의를 얻어서 본인이 할 수 있다. 이 한도에서는 후견인에게 동의권이 있다. 또한 피성년후견인이라 하더라도 의사능력이 회복된 상태에서는 유언을 할 수 있다(제1063조).

4. 특정후견

[76] 정신적 제약으로 인해 일시적 후원이나 특정 사무에 대한 후원이 필요하면 특정후견심판을 한다. 이는 본인의 의사에 반해서는 할 수 없으며, 심판시에 후견의 기간과 사무의 범위를 정해야 한다. 특정후견인이 피특정후견인을 대리하기 위해서는 가정법원의 대리권수여심판이 있어야 한다.

5. 제한능력자의 상대방 보호

[77] 제한능력자가 단독으로 한 법률행위는 일방적으로 취소될 수 있고, 이때의 취소는 소급효가 있기 때문에(제141조) 거래상대방이나 제3자의 법적 지위가 불안하게 된다. 가령 미성년자에게 오토바이를 팔면 언제든지 그 거래가 취소되어 중고 오토바이를 받고 대금을 돌려줘야 하는 상황이 올 수 있는 것이다. 이러한 불확정 상태를 해소하기 위하여 민법은 취소권의 단기소멸(제146조), 법정추인(제145조) 제도를 두고 있다. 그리고 그밖에도 제한능력의 경우에는 별도로 상대방의 확답촉구권, 철회권, 거절권을 두고 있으며, 제한능력자가 속임수를 쓴 경우에는 취소권을 배제하고 있다.

5.1. 확답촉구권

제15조(제한능력자의 상대방의 확답을 촉구할 권리) ① 제한능력자의 상대방은 제한능력자가 능력자가 된 후에 그에게 1개월 이상의 기간을 정하여 그 취소할 수 있는 행위를 추인할 것인지 여부의 확답을 촉구할 수 있다. 능력자로 된 사람이 그 기간 내에 확답을 발송하지 아니하면 그 행위를 추인한 것으로 본다.
② 제한능력자가 아직 능력자가 되지 못한 경우에는 그의 법정대리인에게 제1항의 촉구를 할 수 있고, 법정대리인이 그 정하여진 기간 내에 확답을 발송하지 아니한 경우에는 그 행위를 추인한 것으로 본다.
③ 특별한 절차가 필요한 행위는 그 정하여진 기간 내에 그 절차를 밟은 확답을 발송하지 아니하면 취소한 것으로 본다.

제한능력자가 단독으로 한 법률행위는 취소될 수 있는데, 이는 그 상대방의 법적 지위를 불안하게 한다. 이러한 점을 고려하여 민법은 상대방에게 법률관계를 확정지을 수 있도록 확답촉구권(최고권)과 철회권을 인정하고 있다. [78]

확답촉구는 상대방이 제한능력자 측에게 법률행위의 취소 여부에 대한 대답을 촉구하는 것이다. 확답 촉구시 설정한 1개월 이상의 기간이 지나면 어떻게든 법률관계는 확정된다. 즉 제한능력자 측이 취소나 추인을 하면 그대로 법률관계는 확정된다. 또한 제한능력자 측이 1개월 동안 아무런 대답을 하지 않는다 하더라도 이에 대해서는 법이 일정한 법률효과를 의제하고 있다. 통상적으로 제한능력자 측의 침묵은 '추인'으로 간주된다(계약이 확정적으로 유효해짐). 다만 특별한 절차, 가령 후견감독인의 동의를 요구하는 경우는 침묵이 '취소'로 간주된다(제15조). [79]

최고의 상대방은 제한능력자인 상태에서는 법정대리인이고, 제한능력자가 능력자로 되면 그 사람이다. [80]

5.2. 철회권과 거절권

제16조(제한능력자의 상대방의 철회권과 거절권) ① 제한능력자가 맺은 계약은 추인이 있을 때까지 상대방이 그 의사표시를 철회할 수 있다. 다만, 상대방이 계약 당시에 제한능력자임을 알았을 경우에는 그러하지 아니하다.
② 제한능력자의 단독행위는 추인이 있을 때까지 상대방이 거절할 수 있다.
③ 제1항의 철회나 제2항의 거절의 의사표시는 제한능력자에게도 할 수 있다.

제한능력자가 아닌 사람은 합리적·이성적 결정으로 의사표시를 했기 때문에 원칙적으로 이를 무를 수 없다. 그러나 제한능력자임을 모르고 계약을 체결했다 [81]

가 나중에 알게 된 경우에는 철회권이 인정된다.[14] 자신의 법적 지위가 불안하다는 사실을 나중에 알게 되었기 때문이다. 상대방의 철회권은 법적 불안정에 대한 보상이기 때문에 추인으로 법률관계가 확정된 경우에는 인정되지 않는다. 계약이 유효한 것만으로도 상대방 보호에 충분하기 때문이다(제16조 1항 참조).

[82]　　　　거절은 제한능력자의 단독행위에 대하여 상대방이 하는 것이다(제16조 2항). 이때는 표의자가 제한능력자임을 상대방이 처음부터 알았더라도 거절할 수 있다. 단독행위는 제한능력자가 일방적으로 하는 것이기 때문이다.

[83]　　　　철회와 거절의 의사표시는 능력자가 되지 않은 제한능력자에게도 할 수 있다(제16조 3항).

5.3. 취소권의 배제

사례 6

 – 미성년자인 A는 B로부터 오토바이를 사는데 군복을 입고 갔다. B가 '11사단 나왔어요?'라고 묻자 A는 웃기만 했다. B는 A의 복장과 행동을 통해 성인이라 판단하여 오토바이를 판매했다. 이후 A의 부모는 오토바이 매매계약을 취소하겠다고 했고, B는 A가 자신을 속였다면서 취소권이 없다고 주장했다.
 – 피성년후견인인 A가 후견인의 동의서를 위조하여 상대방인 B에게 제시한 경우에, B는 A의 속임수에 의한 취소권의 배제를 주장할 수 있는가?

제17조(제한능력자의 속임수) ① 제한능력자가 속임수로써 자기를 능력자로 믿게 한 경우에는 그 행위를 취소할 수 없다.
② 미성년자나 피한정후견인이 속임수로써 법정대리인의 동의가 있는 것으로 믿게 한 경우에도 제1항과 같다.

[84]　　　　제한능력자가 속임수(개정 전의 용어는 사술)를 써서 상대방으로 하여금 자기를 능력자로 믿게 한 경우에는 그 행위를 취소할 수 없다(제17조 1항). 미성년자나 피한정후견인이 동의를 받은 것처럼 속인 경우에도 마찬가지이다(제17조 2항). 2항에는 '피성년후견인'이 빠져 있다. 미성년자와 피한정후견인의 상대방은 제한능력자임을 안다 하더라도 법정대리인의 동의가 있다고 믿으면 법률행위가 유효할 것으로 기대할 수 있다. 그러나 피성년후견인의 법률행위는 동의가 있더라도 취소할 수 있기 때

---

14 철회는 아무런 결함이 없는 의사표시에 대한 것이라는 점에서 취소와 구별된다(김중한/김학동). 취소는 일반적으로 의사표시의 형성과정에 문제(행위능력의 부족, 착오나 사기, 강박)가 있어 이를 소급적으로 무효로 만드는 것이고, 철회는 그 자체로 문제없는 의사표시를 되돌리는 것이다. 철회는 일반적으로는 인정되지 않으며, 사회적 약자 보호라는 정책적 이유에서 인정되는 경우가 대부분이다. 가령 할부매매에서의 철회가 이에 해당한다.

문에, 동의를 믿었다고 해서 위와 같은 효과가 발생하지 않는다.

다수의 학설은 말로 나이를 속이거나 침묵하는 등 통상적인 기망수단으로 [85]
오신을 유발해도 속임수(사술)에 해당한다고 하지만, 판례는 좀 더 적극적인 기
망수단을 사용할 것을 요구한다. 가령 누가 봐도 30대로 보이는 사람이 자신을
사장이라고 말하는 것은 속임수가 아니고(71다2045: "무능력자가 사술로써 능력자
로 믿게 한 때라 함은 무능력자가 상대방으로 하여금 그 능력자임을 믿게 하기 위하여
적극적으로 사기수단을 쓴 것을 말하는 것으로서 단순히 자기가 능력자라 사언함은 동조
에 이른바 사술을 쓴 것이라고 할 수 없다"), 주민등록증이나 인감증명서 등의 서류
를 위조해야 속임수라고 본다.

속임수의 존재는 상대방이 증명해야 한다. 상대방은 위의 속임수에 의해 능력 [86]
자임 혹은 법정대리인의 동의가 있음을 믿었어야 하고, 이러한 믿음은 객관적으
로 보아 정당해야 한다.

| 판례 15 | 대법원 1971. 6. 22. 선고 71다940 판결 [근저당권설정등기말소] |

• 사실관계: 원고는 석유곤로 판매업을 하면서 피고로부터 외상을 얻기 위해 자신의 부동산에
근저당권을 설정하면서 자신의 나이를 허위로 기재한 인감증명서를 제시하였다. 이후 원고는
자신이 미성년자임을 내세워 근저당권설정계약을 취소하고 그 등기의 말소를 청구했다. 하지
만 법원은 "피고로 하여금 원고를 성년자로 오신케 한 것은 원고라 할 것이 … 니 원고는 이
사건 근저당권설정계약의 의사표시를 취소할 수 없다"고 하였다.
• 정리: 영업에 관한 행위이지만 허락이 있었는지 증명이 어려우므로, 속임수를 주장하여 미성
년자가 설정한 근저당권의 유효성을 인정받은 사안으로 보인다.

▌법률사실

법률사실을 파악한다는 것은 법적으로 의미 있는 것이 무엇인지를 가려낸다는 것이다. 법적 분쟁
이 발생한 경우, 다양하고 복잡한 요소 중 무엇이 고려대상인지를 가리기 위한 개념이 '법률사실'
이다. 가령 C만을 진심으로 사랑하는 가난한 A가 C에게 반지를 주려고 B가게로 가서 다이아몬드
반지를 200만원에 샀는데, C가 그날 A에게 헤어지자고 해서 이제 반지가 쓸모없게 되었고, 'A가
B에게 가서 이를 환불해 달라고 했다고 하자. 이때 A가 가난하다든지, C를 진심으로 사랑한다든
지, C가 A에게 헤어지자고 했다든지 하는 것은 민사분쟁의 해결에서 고려요소가 아니다. 이 사안
에서 고려되는 것은 A가 B로부터 다이아몬드반지를 200만원에 샀다는 것과, B에게 환불의 의사
를 표시한 행위뿐이다. 그리고 이러한 요소를 검토하여 법적 주장의 타당성을 심사하는 것이다.
가령 A와 B의 매매에 문제가 없고, 환불의 의사표시에 법적 근거가 없다면, A는 환불을 받지 못한
다. 이렇게 법적 분쟁의 판단에 고려되는 요소를 법률사실이라고 한다.
법률사실이 모여서 법률요건을 이루고, 법률요건이 충족되면 법률효과가 발생한다. 분쟁판단시의
전개과정을 통해서 보면, 주장하는 법률효과의 인정 여부를 검토할 때 고려하는 요소가 법률사실

이고, 이를 검토해서 법률효과를 인정할 수 있으면 법률요건이 충족되었다고 한다. 따라서 법률효과의 내용은 법률사실이 어떤 법률요건을 충족하는지에 따라 달라진다.

앞에서도 보았듯이 계약상의 법적 분쟁에서 가장 중요한 판단요소는 당사자들이 맺은 계약의 내용이다. 계약은 의사표시의 합치로 성립하기 때문에, 의사표시가 가장 중요한 판단기준이다. 따라서 의사표시는 법률사실 중 하나이다.

다음으로 민법 제16조를 보면 제한능력자의 거래 상대방은 철회를 할 수 있지만 제한능력자임을 알았던 경우에는 철회할 수 없다. 이 조문을 보면 법은 상대방의 '앎(법에서는 악의라고 표현한다)'을 법적 판단의 기준으로 삼고 있다. 이렇게 사람의 마음속에 있는 인식 여부도 법적 판단의 요소가 될 수 있다. 이를 '내부적 용태'라고 한다. '의사표시'는 외부에 표시된 행위를 보는 것이라면, '악의'는 사람의 마음을 보는 것이다(본인이 고백하지 않는다면 그 판단은 외부에 드러난 행위를 통해서 하게 된다).

제15조는 제한능력자의 상대방이 제한능력자 측에게 추인 여부를 물어볼 수 있다고 규정하고 있다. 이런 일이 있었는지도 법적 판단의 요소가 된다. 이렇게 자신의 일정한 의사(추인 여부의 확답을 달라는 의사)를 상대방에게 보내는 것을 '의사의 통지'라고 한다. 이는 법률효과의 발생을 직접적인 목적으로 하지 않는다는 점에서 의사표시와 구별된다. 가령 제15조의 경우에는 법률관계를 어떻게 하겠다는 의사를 표시하는 것이 아니라, '법률관계를 어떻게 할지 물어보는' 것이다. 비록 기간의 경과로 추인이나 취소의 효과가 발생하더라도, 이는 '추인이나 취소'의 의사표시가 의제되어서이지 최고의 내용대로 효과가 발생하는 것이 아니다. 의사의 통지 외에도 '관념의 통지(사실의 통지)', '감정의 표시'도 법적 의미를 지닐 때가 있다(채권양도의 통지; 부정행위에 대한 용서). 이는 내면의 의사나 감정이 표현되었다는 점에서 의사표시에 대한 규정이 준용되지만, 개별사항마다 세부적 검토를 요한다.

이와 달리 의식 여부와 상관없이 인간의 외부적 행위만으로 법률사실이 되는 경우도 있다. 가령, 길을 걷다가 실수로 과일가게에 넘어진 것은 어떤 의사가 표현된 것이 아니지만 다른 요소(과실, 인과관계, 손해의 발생)와 결합되어 불법행위라는 법률요건을 충족한다(Medicus). 이렇게 의식 여부와 무관한 행위가 법적 의미를 가지는 것을 사실행위라고 한다. 사실행위는 그 자체로 법률요건인 경우도 있고(매장물 발견), 다른 요소와 결부되어 법률요건이 되는 경우도 있다(무주물 선점: 점유와 소유의 의사). 통설은 후자를 혼합사실행위라고 하여 구분하지만 이는 사실행위를 법률사실로 보는 것과 배치된다. 법률효과를 주기 위한 요소가 모두 합쳐진 상태를 혼합사실행위로 보는 것은 법률사실과 법률요건을 혼동하는 것이다. 무주물 선점은 점유라는 사실행위에 '소유의 의사'라는 내부적 용태가 합쳐져서 법률요건이 충족되는 것이다(명순구). 사실행위는 의사를 표시하는 것이 아니기 때문에 의사표시나 법률행위에 대한 규정은 준용되지 않는다. 가령 점유 자체에는 행위능력이나 적법성이 문제되지 않는다.

제15조는 제한능력자의 상대방이 1개월 이상의 기간을 정하여 확답을 촉구하고, 그 기간이 지나면 일정한 법률효과를 인정하고 있다. 이와 같이 인간의 행위와 상관없는 기간의 경과도 법적 판단의 요소가 된다. 이렇게 인간의 행위와 무관한 것에 법적 의미를 부여하는 경우를 '사건'이라고 부른다. 종래 법학은 이를 다음과 같이 분류한다.

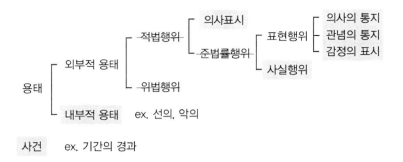

이상이 일반적인 분류이지만, 분류 자체가 잘못되기도 했다. 우선 준법률행위는 법률행위라는 법률요건에 대응되는 개념으로 '법률요건'으로 분류해야 할 것이다. 그리고 법률행위를 구성하는 요소인 의사표시가 법률사실이라고 한다면, 준법률행위로 분류되는 세부항목인 '의사의 통지, 관념의 통지, 감정의 표시'가 법률사실에 해당하고, 이들을 표현하려면 '준법률행위'가 아니라 '준의사표시'라고 해야 할 것이다. 마찬가지로 불법행위나 채무불이행도 법률요건이며, 이를 구성하는 요소인 '손해의 발생, 귀책사유' 같은 것이 법률사실이다. 이들은 독립된 분류항목에 속하는 것이 아니라, 사건이나 내부적 용태에 속할 것이다. 따라서 위의 분류는 법률사실과 법률요건이 혼재되어 있어 법률사실과 법률요건의 이해를 방해하는 면이 있다(줄을 쳐서 지운 부분을 뺀 나머지만 법률사실에 해당함). 위의 표 중에서는 표현행위('준의사표시')에 대해 의사표시에 대한 규율이 준용된다는 점과 사실행위에는 그렇지 않다는 것만 이해하면 된다.

제3절　법률행위(의사표시)의 해석

Ⅰ. 해석의 의의

[87]　　　권리주체 간에 일정한 내용의 대화가 있는 경우, 그것이 권리·의무의 발생을 의욕하는 것인지(법률행위인지) 그리고 그 내용이 무엇인지가 불명확한 경우가 있다. 따서 법률행위가 있는지 그리고 그 내용이 무엇인지를 파악해야 하는데, 이를 '법률행위의 해석'이라고 한다. 해석이 이뤄지면 그대로의 법률효과가 주어진다.

Ⅱ. 해석의 목표와 기준

[88]　　　법률행위의 해석은 당사자가 어떤 권리·의무의 변동을 의욕했는지를 확인해서, 그대로(해석된 대로)의 법률효과(권리·의무의 변동)를 부여하기 위한 작업이다. 이때 분쟁은 주로 A는 x란 내용을 의욕했다고 주장하고, B는 y란 내용을 의욕했다고 주장할 때 발생한다. 이 경우 법원은 누구의 주장이 맞는지를 확인해야 하는데, 이때 무엇을 기준으로 할 것인가의 문제가 생긴다. 이에 관해서 판례는 '당사자가 표시행위에 부여한 의미'에 따라야 한다고 하고 있다(2018다21821).[15] 통설은 '표시행위가 가지는 사회적 의미'를 탐구해야 한다고 하는데(이를 '표시주의이론에 기운 절충주의'라고 한다), 결과적으로 판례와 유사하다.

---

15 2018년에 나온 2018다21821 판결이 있기 전까지 법원은 대체로 '표시행위에 부여한 객관적 의미'라는 표현을 사용했었다(86다카2375; 88다카15949; 91다35571; 93다32668; 96다16049 등). 아래에서는 혼용한다.

Ⅲ. 해석의 방법

당사자가 표시행위에 부여한 의미를 확정한다는 목표를 세웠다 하더라도, [89]
그 구체적 방법은 경우에 따라 세분된다. 표시행위는 계약서나 각서와 같은 문서의 형태로 이뤄질 수도 있고, 단지 말로만 행해질 수도 있으며, 경우에 따라 행동이나 침묵으로 이뤄질 수도 있다. 그렇다면, 이러한 해석의 대상들을 두고 어떻게 해석할 것인가라는 문제가 생긴다. 이에 관해 법원은 처분문서가 있는 경우에는 그 문구에 대한 '문언적 해석'을 우선한다. 계약서의 문구를 해석의 일반법칙에 따라 해석하는 것이 1차적으로 이뤄져야 한다는 것이다. 이때는 문제된 문구만이 아니라, 계약서 전체의 내용도 함께 고려된다.

다음으로 문서의 문구가 불명확하거나, 말이나 행동의 의미가 불분명할 경우에 [90]
는 당사자의 의도와 그 표현이 사용된 경위 등을 고려하여 '표시행위에 부여된 객관적 의미'를 파악한다. 이에 대해 학설은 통상 '규범적 해석'이라는 표현을 사용한다.

다른 한편 주장된 권리의무의 내용에 관해 계약서에 아무런 문구가 없거나 아무 [91]
런 진술이 오고가지 않은 경우도 있다. 이 경우에도 우선은 당사자의 의도와 계약체결의 경위에 기초해서 그러한 권리의무를 부여하려고 했었는지의 여부를 판단해야 한다. 이를 통상 '보충적 해석'이라고 한다.

[92]   위의 해석방법으로도 합의내용이 밝혀지지 않은 경우에는 사실인 관습과 임의규정의 순서로 규율내용을 정한다. 임의규정을 적용하는 것이 법률행위의 '해석'인지는 의문스럽지만, 법률행위의 해석이 권리의무의 내용을 확정하기 위한 것이라는 점에서 이들을 함께 다루는 것이 일반적이다. 다만 당사자 간에 합의내용에 대해 다툼이 있는 경우, 해당 부분에 대해 관습이나 임의규정이 있다면 해석이라는 단계를 생략하고 관습이나 임의규정이 바로 적용되는 경우도 볼 수 있다.

1. 처분문서의 문언적 해석

[93]   법률행위의 당사자가 자신들의 의무를 일정한 문서로서 정하는 경우에 이 문서를 처분문서라고 한다. 가령 계약서나 차용증은 처분문서이다. 우리 법원은 처분문서가 있는 경우에는 (그 문서와 다른 내용의 진술이 오고갔다 하더라도) 그 문서에 적힌 내용대로 권리와 의무가 발생한다고 하고 있다.

판례 17 | 대법원 1997. 11. 28. 선고 97다11133 판결 [퇴직금]

처분문서는 그 진정성립이 인정되면 반증이 없는 이상 그 문서의 기재 내용에 따른 의사표시의 존재 및 내용을 인정하여야 하며, 의사표시의 해석에 있어서 당사자의 진정한 의사를 알 수 없는 경우에는 당사자의 내심의 의사가 아니라 외부로 표시된 행위에 의하여 추단된 의사를 가지고 해석하여야 한다.

근로자가 회사를 퇴직하고 퇴직금 등을 수령하면서 "회사와의 근로관계를 종료함에 있어 노사 합의에 의한 퇴직금, 가산금 및 특별위로금 등 근로 대가 일체를 지급받은바, 근로관계 종료와 관련하여 추후 여하한 이의 제기도 하지 않을 것을 서약합니다."라는 내용의 서약서에 서명한 경우, 그 문언에 표시된 대로 회사와의 근로관계가 종료됨으로 인하여 발생하는 모든 법률관계 특히 퇴직금, 가산금 및 특별위로금 등 근로 대가와 관련된 일체의 청구권을 포기한 것이거나 향후 이에 관한 민사상 소송을 제기하지 않겠다는 부제소특약을 한 것으로 봄이 합리적인 의사 해석의 방법이고, 소권이 공권이라거나 퇴직금제도 자체가 강행법규의 성질을 띠고 있다고 하여 이러한 특약을 할 수 없는 것이 아닐 뿐 아니라, 근로자가 퇴직금 청구소송을 먼저 제기한 후 서약서에 서명날인하고서도 퇴직금 청구소송을 계속할 의사를 가지고 있었다는 사정은 근로자의 내심의 의사에 지나지 않은 것으로 그와 같은 의사가 외부로 표시된 것이 아닌 이상 의사표시의 해석에 참작할 것도 아니다.

1-2. 예외: 오표기 무해(falsa demonstratio non nocet)

사례 8

A와 B는 302번지의 논을 보고 매매하기로 계약을 체결했는데, 계약서에는 301번지로 적었고,

등기도 301번지에 대하여 행해졌다. B로부터 301번지에 대해 등기를 이전받은 C는 301번지에 가서 농사를 지었다. 그러자 A는 자신이 그 땅을 판 적이 없다고 하면서 C에게 퇴거할 것을 요구한다. 301번지의 소유자는 누구인가?

처분문서에 적힌 문구가 당사자가 합의한 내용과 다르고 당사자들이 이를 모르고 있었던 경우에는, 문구가 아니라 합의한 내용대로 법률효과가 발생한다. 이를 통 [94]
상적으로 '오표기 무해'라고 한다. 다수의 학설은 이를 자연적 해석의 한 예로 보고 있다. 문언의 객관적 의미(상대방의 시각에서 보이는 의미)보다는 표의자의 진의에 따르는 것이 자연적 해석인데, 오표기 무해의 경우가 바로 그러하다는 것이다. 그러나 '상대방의 시각'에서 본 의사표시의 내용(객관적 의미)과 진의가 일치하기 때문에 진의대로의 효과를 주는 것이라고 볼 수도 있다.[16]

판례 18 | 대법원 1996. 8. 20. 선고 96다19581,19598 판결 [소유권이전등기 · 토지인도]

부동산의 매매계약에 있어 쌍방 당사자가 모두 특정의 갑 토지를 계약의 목적물로 삼았으나 그 목적물의 지번 등에 관하여 착오를 일으켜 계약을 체결함에 있어서는 계약서상 그 목적물을 갑 토지와는 별개인 을 토지로 표시하였다 하여도, 갑 토지에 관하여 이를 매매의 목적물로 한다는 쌍방 당사자의 의사합치가 있은 이상 그 매매계약은 갑 토지에 관하여 성립한 것으로 보아야 하고 을 토지에 관하여 매매계약이 체결된 것으로 보아서는 안될 것이며, 만일 을 토지에 관하여 그 매매계약을 원인으로 하여 매수인 명의로 소유권이전등기가 경료되었다면 이는 원인 없이 경료된 것으로서 무효이다.

판례 19 | 대법원 2018. 7. 26. 선고 2016다242334 판결 [사채금등]

[1] 일반적으로 계약을 해석할 때에는 형식적인 문구에만 얽매여서는 안 되고 쌍방당사자의 진정한 의사가 무엇인가를 탐구하여야 한다. 계약 내용이 명확하지 않은 경우 계약서의 문언이 계약 해석의 출발점이지만, 당사자들 사이에 계약서의 문언과 다른 내용으로 의사가 합치된 경우에는 의사에 따라 계약이 성립한 것으로 해석하여야 한다.
계약당사자 쌍방이 모두 동일한 물건을 계약 목적물로 삼았으나 계약서에는 착오로 다른 물건을 목적물로 기재한 경우 계약서에 기재된 물건이 아니라 쌍방 당사자의 의사합치가 있는 물건에 관하여 계약이 성립한 것으로 보아야 한다. 이러한 법리는 계약서를 작성하면서 계약상 지위에 관하여 당사자들의 합치된 의사와 달리 착오로 잘못 기재하였는데 계약 당사자들이 오류를 인지하지 못한 채 계약상 지위가 잘못 기재된 계약서에 그대로 기명날인이나 서명을 한 경우에도 동일하게 적용될 수 있다.

---

16 계약해석에서의 '객관적 시각'은 계약과 동떨어진 제3자의 시각이 아니라, 계약당사자 사이에서 공평한 위치에 있는 것으로 충분하다(일종의 '상호주관적 관점'). 오표기 무해는 계약당사자 모두의 시각이 '제3자'의 시각과 다른 경우에 불과하므로, 제3자의 시각에 기초한 것이 아니라고 하여 '객관적' 관점이 아니라고 할 수는 없을 것이다.

• 정리: 乙 회사가 甲에게 부담하는 채무를 담보하기 위해 丙은 연대보증을 하고 丁은 근질권을 설정해 주었는데, 甲과 乙 회사가 기존의 변제기한을 유예하고 이율을 변경하는 내용의 합의서를 작성하면서 丙은 근질권설정자로 丁은 연대보증인으로 기명날인했다. 甲이 丙에게 연대보증채무의 이행을 구하자 丙은 자신이 더 이상 연대보증인이 아니라면서 항변했다. 이에 대해 법원은 새로운 합의서를 작성할 당시에 당사자들이 모두 원래의 연대보증인 또는 근질권설정자의 지위를 유지하는 의사로 기명날인한 것이므로, 합의서에 적힌 내용과는 달리 기존의 지위(丙은 연대보증인, 丁은 근질권설정자)를 그대로 유지하는 내용의 계약이 성립했다고 판단했다.

2. 당사자의 의도 등에 의한 해석

[95]　　　처분문서에 의하지 않은 경우 혹은 처분문서가 있더라도 문언적 의미가 명확하지 않은 경우에는 문언적 해석만으로는 규율내용을 확정할 수 없다. 이때는 그러한 문언을 사용하게 된 경위나 당사자의 의도에 비추어 '표시행위에 부여된 객관적 의미'를 파악한다. 다수의 학설은 이를 '규범적 해석'이라고 한다.

| 판례 20 | 대법원 1994. 3. 25. 선고 93다32668 판결 [임금등] |

피고 회사의 대표이사로 있는 위 노○○과 이○○이 피고 회사에 대한 소유 및 경영권을 인수하는 과정에서 피고 회사의 주주이던 원고 측이 1987. 2. 20.경 한일은행 이△△ 전무실에서 동인의 중재 아래 위 노○○, 이○○ 등이 참석한 자리에서 인수 후 대표이사로 취임할 예정이던 위 노○○에게 피고 회사의 전사장인 원고를 약정일로부터 향후 6년 이상 명예회장으로 추대하고 모든 예우를 사장과 동일하게 한다는 내용등이 기재된 위 약정서에 서명날인을 요구하여 위 노○○은 이를 거절하였으나 위 이△△ 전무가 위 노○○에게 서로 섭섭치않게 대우해 주는 것이 좋지 않겠느냐고 설득하여 위 노○○이 위 약정서의 말미에 "최대 노력하겠습니다."라는 문구를 부기하고 서명날인하였다는 것인바, 위 노○○이 원고 측의 제의를 일단 거절하였던 점, <u>위 노○○이 위 이△△의 중재를 받아들여 원고 측이 제시한 위 내용을 그대로 수용할 의사이었다면 위 약정서에 그대로 서명날인하여 원고 측에 교부하면 되는 것인데, 굳이 "최대 노력하겠습니다."라는 문구를 삽입하여 원고 측에 교부한 점 등 위와 같은 문구를 삽입하게 된 경위</u> 등에 앞서 본 바와 같은 위 "최대 노력하겠습니다."라는 문언의 일반적인 의미를 함께 고려하여 보면, 위 노○○이 위 약정서의 말미에 "최대 노력하겠습니다."라고 기재한 표시행위에 의하여 부여한 객관적인 의사는 원고 측이 제시한 위와 같은 의무를 법률적으로는 부담할 수 없지만 사정이 허락하는 한 성의껏 이행하겠다는 취지이었다고 봄이 상당하고, 또한 원고 측은 그들이 제시하였던 약정서에 위 노○○이 그 말미에 위와 같은 문구를 삽입하고 서명날인한 것을 교부받았을 때 위 노○○이 위 표시행위에 의하여 나타내려는 객관적인 의사를 알았거나 알 수 있었다고 봄이 상당하다.

• 정리: '최대 노력하겠습니다'라는 문구가, 다른 의무는 몰라도 그 의무만은 최우선적으로 이행하겠다는 의미인지(원고 측 주장), 아니면 '할 수 있는 한 최선을 다하겠다'는 의미인지(피고 측 주장)에 대해 서로 다투고 있는 사안이다. 위 문구가 들어가게 된 배경과 당사자의 의도에 비추어 후자의 의미라고 보았다.

대법원 1999. 11. 26. 선고 99다43486 판결 [임대차보증금]

낙찰대금에서 배당을 받지 못한 세입자가 임대인의 아들을 찾아가 임대차보증금을 어떻게 할 것인지 따지자 자신이 책임지고 해결하겠으니 걱정하지 말고 기다리라고 한 경우, 그 말의 객관적 의미는 임대차보증금반환의무를 법적으로 부담할 수는 없지만 사정이 허락하는 한 그 이행을 사실상 하겠다는 취지라고 해석한 사례.

• 사실관계: 원고의 남편인 소외 김○○은 소외 백○○으로부터 부동산을 금 2,500만원에 임차하였고, 위 부동산에 관하여 경매절차가 진행되어 소외 김××에게 낙찰되었으나 위 김○○은 낙찰대금에서 전혀 배당을 받지 못했다. 원고는 약 2년 후 임대인 백○○의 아들인 피고를 찾아가 위 보증금을 어떻게 할 것인지 따지자, 피고는 세입자들의 보증금은 위 백○○의 아들인 자신이 책임지고 해결하겠으니 걱정하지 말고 기다리라고 했다. 피고는 백○○이 낙찰인으로부터 이사비조로 받기로 한 금 1,400만원 중 금 1,300만원을 임차인 김○○과 소외 이○○에게 나누어 지급할 것을 약속하였고, 원고 부부는 피고가 참석한 가운데 낙찰인으로부터 금 1,300만원을 수령하였다. 위 김○○은 약 2년 후 원고에게 나머지 임대차보증금 1,200만원 반환채권을 양도하고, 백○○과 피고에게 위 양도사실을 내용증명우편으로 통지하였다.

• 원심의 판단: 위 인정 사실에 의하면, 피고는 전세보증금을 반환하기로 약정하였다고 할 것이므로, 그 양수인인 원고에게 양수금 1,200만원 및 그 지연손해금을 지급할 의무가 있다.

• 대법원의 판단: 피고가 한 말의 내용, 그와 같은 말을 하게 된 동기 및 경위 등에 비추어 볼 때, 그 말의 객관적 의미는 피고가 그러한 의무를 법적으로 부담할 수는 없지만 사정이 허락하는 한 그 이행을 사실상 하겠다는 취지로 해석함이 상당하고, 그 밖에 피고가 백○○이 낙찰인으로부터 이사비조로 받기로 한 금 1,400만원 중 금 1,300만원을 임차인인 김○○과 소외 이○○에게 나누어 지급할 것을 약속한 사실에 의하여 피고가 임대차보증금 반환채무를 부담하기로 하였다고 볼 수도 없으며, 달리 원심이 인정한 사실들에 의하여 피고가 이 사건 임대차보증금을 반환하기로 약정하였다고 인정하기에 충분하다고 할 수 없다.

대법원 1990. 12. 21. 선고 90다6583 판결 [매매대금반환]

• 요약: 피고는 X토지를 원고에게 팔았다. X토지와 피고의 Y토지는 서로 인접해 있으며, X토지는 맹지였다. 피고는 X토지 위에 원고가 주택을 지을 수 있도록 Y토지에 진입로를 개설해주기로 했다. 원고는 건축허가의 전제조건인 폭 3미터의 진입로를 피고에게 요구했고, 피고는 이보다 좁은 진입로를 주장하며 원고의 요구를 거부했다. 원고는 계약을 해제한 후 매매대금의 반환을 청구했다. 원고의 계약해제가 받아들여지려면 피고에게 3미터의 진입로를 내줄 의무가 인정되어야 했다. 그래야 원고가 피고의 채무불이행을 이유로 계약을 해제할 수 있기 때문이다. 법원은 당사자의 의도에 비추어 3미터의 폭이 필요하다면서 원고의 청구를 받아들였다.

당사자의 의도나 제반경위는 모호한 문구를 해석할 때만이 아니라 다퉈지는 권리 · 의무의 존재 여부에 대하여 아무런 문구가 없는 경우에도 고려된다. 즉, 당사자가 그 법률행위에 의하여 달성하고자 하는 사회적 · 경제적 목적을 고려하여 해당 권리 · 의무의 존부를 판단하는 것이다. 이는 소외 '보충적 해석'에 해당한다고 [96]

할 수 있다.

3. 신의성실 원칙의 고려

[97]   당사자의 의도에 의해 법률행위의 내용을 정할 때에는 신의칙을 고려해야 하며, 설사 계약서에 있는 내용도 신의칙에 맞게 이를 수정할 수 있다. 가령 처분문서에 적힌 문언의 의미가 모호하여 계약체결의 경위나 의도 등에 비추어 '규범적 해석'을 할 때에도, 일방에게 중대한 책임이 부과되는 경우에는 문구를 엄격하게 해석하는데 이는 신의칙에 따른 것이라고 할 수 있다(95다6465). 더 나아가 처분문서의 문구가 분명한 경우에도 신의칙상 이를 계약내용에서 배제하는 해석을 하기도 한다(예문해석). 이는 계약내용으로 확정된 것을 신의성실의 원칙에 따라 제한하는 것이 아니라, 계약내용 자체를 신의성실의 원칙에 따라 조정하는 것이다. 신의칙은 일반이론을 구부리기 위한 마지막 수단이므로 최후에 사용되지만, 필요하다면 모든 일반이론을 구부릴 수 있다. 따라서 신의칙은 '처분문서의 명백한 문구'까지도 달리 해석할 수 있게 해준다.

[98]   (1) 중대한 책임이 부과되는 경우에는 엄격한 해석이 요구된다.

판례 24	대법원 1995. 5. 23. 선고 95다6465 판결 [보증채무금]

- 사실관계: 원고가 A에게 7천5백만원을 빌려주며 그의 주택에 근저당권을 설정하기로 했는데, 확인해보니 이 주택에는 1천백만원의 가압류가 있었다. 피고(A와의 관계는 나오지 않음)는 원고에게 "A의 자택에 설정된 대한보증보험의 가압류 1천1백만원에 대하여 피고가 책임지고 변제하고 채무자 A가 변제하지 못할 시 그리고 경매 후 부족금에 대하여서도 책임질 것을 각서합니다"란 각서를 써 주었다. 피고는 1천1백만원은 현금으로 지급하여 가압류등기를 말소시켰다. 그러나 원고는 A가 갚지 못한 7천5백만원 부분에 대해서도 위 각서에 따른 책임이 있다고 주장했다.
- 법원의 판단: 원심(2심 법원)은 원고의 주장을 받아들였다. 그러나 대법원은 이 각서를 가압류청구금액 1천1백만원의 범위 내에서만 피고가 책임지겠다는 취지로 해석할 여지도 있으므로, 위 문언의 객관적인 의미가 원심이 인정한 바와 같은 취지임이 명확하다고 단정하기는 어렵다면서 원심을 파기했다.

"[처분문서의] 문언의 객관적인 의미가 명확하게 드러나지 않는 경우에는 그 문언의 내용과 계약이 이루어지게 된 동기 및 경위, 당사자가 계약에 의하여 달성하려고 하는 목적과 진정한 의사, 거래의 관행 등을 종합적으로 고찰하여 사회정의와 형평의 이념에 맞도록 논리와 경험의 법칙, 그리고 사회일반의 상식과 거래의 통념에 따라 계약의 내용을 합리적으로 해석하여야 하고, 특히 당사자 일방이 주장하는 계약의 내용이 상대방에게 중대한 책임을 부과하게 되는 경우에는 그 문언의 내용을 더욱 엄격하게 해석하여야 한다."

- 정리: 문언대로만 본다면 경매 후 부족금에 대하여 모두 책임진다는 의미의 해석도 가능하지만(자신이 쓴 문언은 자기 책임의 최소한이라고 한다면, 이러한 해석이 타당할 수도 있다), 이는 피고에게 가혹하기 때문에 제한적으로 해석한 것이다.

(2) 예문해석

[99]

거래계에서 빈번하게 체결되는 계약(부동산의 매매, 임대차 등)에서는 일반적으로 미리 작성된 서식을 이용하는데, 여기에는 일방에게 유리한 내용의 계약조항들이 인쇄되어 있는 사례가 있다. 이러한 조항이 부당한 경우에, 법원은 이를 '예문'이라고 하여 무시하는 해석을 하기도 한다(소위 예문해석). 여기서 예문이란 당사자가 그 내용에 구속되려는 의사가 없이 그저 적어놓은 것이라는 의미이다.

'처분문서의 기재내용이 부동문자로 인쇄되어 있다면 인쇄된 예문에 지나지 아니하여 그 기재를 합의의 내용이라고 볼 수 없는 경우도 있으므로, 처분문서라 하여 곧바로 당사자의 합의의 내용이라고 단정할 수는 없다. 따라서 구체적인 사안에 따라 당사자의 의사를 고려하여 그 계약내용의 의미를 파악하고 그것이 예문에 불과한 것인지의 여부를 판단하여야 한다'(91다21594).

대법원 2003. 3. 14. 선고 2003다2109 판결 [배당이의]

[1] 근저당설정계약서는 처분문서이므로 특별한 사정이 없는 한 그 계약 문언대로 해석하여야 함이 원칙이지만, 그 근저당권설정계약서가 금융기관 등에서 일률적으로 일반거래약관의 형태로 부동문자로 인쇄하여 두고 사용하는 계약서인 경우에 그 계약 조항에서 피담보채무의 범위를 그 근저당권 설정으로 대출받은 당해 대출금채무 외에 기존의 채무나 장래에 부담하게 될 다른 원인에 의한 모든 채무도 포괄적으로 포함하는 것으로 기재하였다고 하더라도, 당해 대출금채무와 장래 채무의 각 성립 경위 등 근저당설정계약 체결의 경위, 대출 관행, 각 채무액과 그 근저당권의 채권최고액과의 관계, 다른 채무액에 대한 별도의 담보확보 여부 등 여러 사정에 비추어 인쇄된 계약 문언대로 피담보채무의 범위를 해석하면 오히려 금융기관의 일반 대출 관례에 어긋난다고 보여지고 당사자의 의사는 당해 대출금 채무만을 그 근저당권의 피담보채무로 약정한 취지라고 해석하는 것이 합리적일 때에는 위 계약서의 피담보채무에 관한 포괄적 기재는 부동문자로 인쇄된 일반거래약관의 예문에 불과한 것으로 보아 그 구속력을 배제하는 것이 타당하다.

[2] 주택건설사업 시행자가 국민주택기금을 대출받으면서 체결한 근저당권설정계약서에 '포괄근보증'이라는 근저당권설정자의 자필기재가 있으나, 그 피담보채무의 범위에 사업시행자가 그 후 별도로 대출받은 운전자금 채무는 포함되지 않는다고 한 사례.

4. 정리

[100] (1) 처분문서의 문구가 분명하면 이에 따른다.

예외: 오표기 무해, 신의칙에 의한 수정

(2) 처분문서의 문구나 합의사항(말로 된 것 포함)의 표현이 모호하면 그 표현을 사용하게 된 경위나 당사자의 의도(계약체결의 동기 등)를 통해 그 객관적 의미를 파악한다.

(3) 주장된 권리·의무와 관련된 표현이 없다면 (계약내용의 다른 부분에서 드러난) 당사자의 의도를 통해 이를 보충한다.

(4) 해석과정에서는 신의칙을 고려해야 한다.17

(5) (1), (2), (3)으로 합의내용을 파악할 수 없다면 관습에 의한다.

(6) 관습도 없다면 임의규정에 의한다.

[101] 종래 학설은 대체로 (1)의 예외인 오표기 무해를 자연적 해석으로, (2)를 규범적 해석으로, (3)을 보충적 해석으로 표현한다.

---

17 법률행위 해석에 대한 이러한 과정은 법률해석과도 유사하다. 즉 처분문서의 문구를 보는 것은 문언적 해석 및 체계적 해석과 유사하고, 당사자의 의도나 작성경위를 고려하는 것은 역사적 해석과 유사하며, 신의칙을 고려하는 것은 목적론적 해석과 유사하다. 다만 법률은 대의기관이 제정하여 모두에게 적용되는 것인 반면, 법률행위는 당사자끼리 작성하여 당사자 사이에서 적용되는 것이므로 당사자의 의도가 차지하는 비중이 더 크고, 신의칙에 대한 고려는 제한적이라고 할 것이다.

▌규범적 해석, 자연적 해석, 보충적 해석

우리 학설은 법률행위의 해석에 대하여 대체로 '규범적 해석, 자연적 해석, 보충적 해석'의 세 가지 방법을 인정한다.

규범적 해석이란 독일민법 제157조[18]의 해석방법에 관한 독일학설의 표현이다. 독일의 지배적 학설은 의사표시가 상대방에게 전달될 것인지, 아닌지[19]에 따라서 해석방법을 구분한다. 계약상의 의사표시는 상대방에게 전달되어야 하는데, 이 경우에 각 당사자는 자신의 의사표시가 상대방에게 어떻게 이해될 것인지에 대해서 고려해야 한다. 따라서 수령자의 시각·이해가능성이 해석의 기준으로 된다. 상대방의 시각이란 상대방이 이해한 그대로의 것이 아니라, 상대방이 '합리적으로 이해해야 할 것'을 말한다. 즉, 상대방이 알았거나 알아야만 했을 사정도 고려해야 한다. 이러한 해석방법을 학설상으로는 '규범적 해석'이라고 한다. 이 방법은 상대방의 주관적 관점이 아니라 객관적 관점에 기초한 해석이라는 점에서 우리 판례가 말하는 '객관적 의미의 탐구(객관적 해석)'라고 할 수 있다.

자연적 해석이란 법률행위의 해석에 있어서 표시의 문자적 및 언어적 의미에 구속되지 않고, 표의자의 실제 의사(내심의 효과의사)를 밝히는 것을 말한다. 이는 표의자의 시각에서 하는 해석이며, 내심의 의사를 밝히기 위해 필요한 것이라면 표시행위뿐 아니라 그 밖의 모든 사정을 고려한다. 독일민법 제133조는 의사표시의 해석은 그 문자가 아니라 진정한 의사를 탐구해야 한다고 규정하고 있다. 그리고 독일민법 제157조와의 관계에 관해 독일의 지배적 견해는 독일민법 제133조는 상대방의 수령을 요하지 않는 경우에 적용되고, 제157조는 나머지의 경우(계약만이 아니라)에 적용된다고 한다.[20] 따라서 '진정한 의사를 탐구'하는 해석은 상대방 없는 의사표시 및 당사자의 진정한 의사가 중시되는 의사표시에서 행하여진다. 이의 대표적인 경우는 유언과 신분행위이다.

*의사와 표시의 불일치 여부를 확인하고자 할 때, 의사가 무엇인지를 확인하는 것은 자연적 해석이 아니다. '법률행위의 해석'은 그대로의 권리의무 발생을 전제하고 있기 때문이다. 의사와 표시의 불일치를 확인하는 과정은 단지 '사실 확인'의 과정일 뿐이다.

보충적 해석이란, 규율해야 할 법률행위의 내용이 규율되지 않은 경우, 즉 공백이 존재하는 경우에 이를 보충하는 해석방법이다. 여기에서는 당사자의 가정적 의사가 탐구된다.

---

18 독일민법 제157조(계약의 해석): "계약은 거래관행을 고려하여 신의와 성실이 요구하는 바대로 해석되어야 한다." 이 조항은 계약의 해석이라고 표현되어 있으나 수령을 요하는 의사표시에도 적용된다.
19 독일민법 제133조(의사표시의 해석): "의사표시의 해석에서는 표현의 문구적 의미에 구애되지 말고 실재 의사를 탐구해야 한다." 이를 흔히 '자연적 해석'이라고 한다. 독일의 지배적 학설은 이러한 해석방법은 수령을 요하지 않는 의사표시의 해석에 사용되는 것으로 보고 있다. 수령을 요하는 의사표시를 이렇게 해석한다면 착오에 대한 규정은 무의미해지기 때문이다. 다만 오표시 무해 사례에서는 이러한 해석방법이 사용된다고 한다.
20 Medicus, Rn. 322 ff. 독일민법 제133조는 지나치게 의사를 강조하고 있는데 이는 연혁적인 이유라고 한다. 즉 로마인들은 해석이론을 주로 유증에 대해서 발달시켰는데, 이는 피상속인의 무상행위였으므로 이를 해석하는 데 있어서는 피유증인의 신뢰는 거의 고려되지 않고, 따라서 문언보다는 피상속인의 의사가 우선되었다고 한다. 그리고 이러한 이론이 독일민법 제133조에 반영되어 있다고 한다(Medicus, Rn. 320).

Ⅳ. 규율내용의 보충

[102]   당사자 사이에 어떤 권리의무의 존부에 관하여 다툼이 있는 경우, 민법 제105조와 제106조는 당사자의 합의가 있으면 이를 우선하고, 그렇지 않으면 사회적 관습이나 임의규정에 의하도록 하고 있다. 이는 사적자치의 원칙상 합의에 가까울수록 우선된다는 것으로 설명될 수 있다. 즉, 제일 먼저 당사자의 합의내용을 파악하고, 이를 위해 법률행위 당시의 제반사정(의도, 당사자들 사이의 사정)을 참작한다. 이것이 안 된다면 사실인 관습(당사자들이 속한 거래계의 관행)을 고려하고 마지막으로 임의규정(당사자가 속한 국가의 규정)에 의한다.

[103]   당사자가 합의한 바를 확인하는 것을 법률행위의 해석이라고 한다면, 사실인 관습이나 임의규정을 적용한다는 것은 해석이 실패했다는 의미일 것이다. 그러나 다른 한편으로 사실인 관습이나 임의규정이 당사자의 의사를 보충한다고 보면 이도 해석방법의 하나라고 볼 수 있다. 사실인 관습은 해당 거래계에서 일반적으로 통용되는 것이므로, 당사자 사이에 별도의 언급이 없다면 이를 의욕했으리라고 추측해 볼 수 있다. 또한 임의규정을 국내 전체에 적용되는 '관행'이라고 본다면 사실인 관습과 마찬가지의 설명이 가능하다. 이렇게 본다면 사실인 관습이나 임의규정을 적용하는 것도 법률행위의 해석을 통해 계약내용을 확정하는 것이라고 할 수 있다. 그러나 임의규정의 경우에는 당사자 의사를 보충해서 해당 법률관계를 규율하는 것이 아니라 그저 법규정이 적용된 것일 뿐이라는 반론도 있다(지원림, 송덕수).

1. 사실인 관습

> 제106조(사실인 관습) 법령중의 선량한 풍속 기타 사회질서에 관계없는 규정과 다른 관습이 있는 경우에 당사자의 의사가 명확하지 아니한 때에는 그 관습에 의한다.

[104]   사실인 관습은 법률행위의 당사자가 속한 거래계의 관행을 의미한다. 사실인 관습은 사회관행에 의하여 발생한 사회생활규범인 점에서 관습법과 같으나, 사회의 법적 확신이나 인식에 의하여 법적 규범으로서 승인된 정도에 이르지 못한 것이다(80다3231). 관습법은 법원(法源)의 문제로서, 법률행위 해석의 기준에 관한 규정인 제106조와 구별된다. 사적자치가 인정되는 범주에서 관습은 임의규정에 우선하여 법률행위 해석의 기준이 된다. 따라서 사실인 관습이라는 점만 확인되면 법적 확신의 여부를 확인할 필요가 없다(자율적 영역에서 '법적 확신'이란 있을 수 없을 것이다). 강행적 효력이 없는 영역(사적자치가 인정되는 영역)에서는 관습'법'인지를 확인하는

것은 무용한 수고이다. 또한 강행적 효력이 없는 '관습법'이란 그 자체로 모순된 것이기도 하다. 이에 반해 강행적 효력이 문제될 때는 관습법인지를 확인해야 한다. 이런 점에서 법원에 의해 인정된 관습법이 모두 물권이나 친족상속법적 질서(강행규정이 적용되는 영역)에 관한 것이라는 점을 이해할 수 있다.

판례 26 | **대법원 1983. 6. 14. 선고 80다3231 판결 [분묘이장]**

사실인 관습은 사적 자치가 인정되는 분야, 즉 그 분야의 제정법이 주로 임의규정일 경우에는 법률행위의 해석기준으로서 또는 의사를 보충하는 기능으로서 이를 재판의 자료로 할 수 있을 것이나, 이 이외의, 즉 그 분야의 제정법이 주로 강행규정일 경우에는 그 강행규정 자체에 결함이 있거나 강행규정 스스로가 관습에 따르도록 위임한 경우등 이외에는 법적 효력을 부여할 수 없다.

판례 27 | **대법원 1991. 4. 26. 선고 91다1523 판결 [손해배상(기)]**

가. 우리나라 보세운송업계에 있어서는 보세운송업자가 콘테이너에 적재된 수입화물을 하주의 보세장치장까지 운송하였을 때 즉시 화물반출작업이 가능한 경우를 제외하고는 통관절차와 화물반출작업으로 소요되는 시간을 일반적으로 3일 정도로 보아 콘테이너와 콘테이너를 실은 샷시를 보세장치장에 둔 채 견인차만 회송하여 갔다가 하주가 3일 이내에 화물의 통관절차를 마치고 화물을 반출하였을 때에는 별도로 사용료를 받지 아니하나, 3일이 경과하였을 때에는 시간에 따라 운송료 외에 별도로 샷시의 사용료를 받는 사실상의 관습이 있다.
나. 위 "가"항의 샷시에 관하여는 하주가 3일 동안은 무상으로, 3일이 초과될 때에는 유상으로 사용하기로 하는 사용대차와 임대차계약이 묵시적으로 성립되었다 할 것이므로, 통관절차를 마치고 화물반출작업이 끝났을 때에는 보세운송업자에게 위 샷시를 반환할 의무가 있는데 통관절차가 끝나기 전에 보세장치장에서 발생한 화재로 인하여 위 샷시가 소실되어 이를 반환할 수 없게 되었다면 특별한 사정이 없는 한 그 반환불능으로 인한 손해를 배상할 의무가 있다.
• 정리: '샷시'에 대해 관습으로 인정된 사용대차계약 때문에 반환의무가 인정되었고, 그 불능에 대해 손해배상책임을 진 사례. 이 계약의 성립 여부에 따라 과실의 증명책임이 달라진다.

2. 임의규정

> 제105조(임의규정) 법률행위의 당사자가 법령 중의 선량한 풍속 기타 사회질서에 관계없는 규정과 다른 의사를 표시한 때에는 그 의사에 의한다.

문제된 영역에 대해 합의내용도 확인되지 않고 관습도 없다면 임의규정에 따른다. 가령 매매계약의 당사자가 계약을 체결하면서 10%의 계약금을 주고받은 경우에, 이를 주고받은 이유에 관해 합의나 관습이 없다면, 매수인은 이를 포기하면서 계약을 해제할 수 있고, 매도인은 그 배액을 상환하면서 계약을 해제할 수 있다(제565조). [105]

Ⅴ. 법률행위 해석의 법적 성질

[106] 당사자가 어떤 법률효과를 의욕했는지에 대해 판사들 사이에서 의견이 다를 수 있다. 가령 고등법원의 판사는 x라고 해석하는 반면, 대법원 판사는 y라고 해석할 수 있다. 이 경우 법률행위의 해석을 사실문제라고 보면 고등법원 판사의 의견을 따라야 하고, 법률문제라고 보면 대법원 판사의 의견을 따라야 한다. 법정에 제출된 증거를 바탕으로 어떤 사실이 있었는지를 확정하는 것은 사실심법원(1심과 2심)의 전권사항이지만, 법률적용은 대법원이 최종 권한을 가지기 때문이다. 법률행위 해석은 법률문제라는 것이 일반적인 견해이다. 법률행위의 해석은 확정된 사실을 기반으로 하여 그 법률행위의 규범적 의미를 탐구하는 것이기 때문이다. 즉, 의사표시의 해석 대상을 확정하는 것은 사실문제이지만, 이에 대한 해석은 법적 판단이다. 가령 '내가 책임지고 해결하겠다'(99다43486)는 말을 했는지를 확인하는 것은 사실확정의 문제이지만, 이 말이 법적 책임을 지기로 한 것인지의 여부를 확인하는 것은 법률문제이다. 다만, 오표기 무해 사례의 경우에는 당사자들 사이에 합치된 진정한 의사를 확인하면 그대로 법률효과가 주어지므로 사실확정에 의해 해석 작업은 완료되고, 이는 사실문제에 해당한다고 할 수 있다.

[107] 법률행위 해석은 법률문제이므로 이에 관해 당사자가 불리한 진술을 하더라도 당사자나 법원을 구속하지 않고, 법원이 직권으로 해석할 수 있다. 또한 사실심의 법률행위 해석이 잘못되었다면서 상고할 수 있고(민사소송법 제423조), 상고심(대법원)은 사실심과 다른 해석을 할 수 있다.

[표 3] 의사표시 관련 사례

의사표시의 불합치

의사	A			B	
의사	x	불일치		y	
	일치			일치	
표시	x	불일치		y	

법률효과	계약이 성립되지 않는다. 당사자들이 그 불일치를 모르고 있어도 마찬가지이다 (무의식적 불합의).

의사표시의 합치 – 정상적인 경우; 하자 있는 의사표시(동기의 착오, 사기, 강박)

의사	A			B	
의사	x	일치		x	
	일치			일치	
표시	x	일치		x	

법률효과	x대로의 법률효과가 인정된다. 다만 의사 x의 형성과정에 문제(동기의 착오, 사기, 강박)가 있다면 취소할 수 있다(하자 있는 의사표시).

의사표시의 합치 – 일방의 의사와 표시의 불일치(비진의표시; 내용의 착오)

의사	A			B	
의사	x	불일치		y	
	일치			불일치	
표시	x	일치		x	

법률효과	x대로의 법률효과가 인정되고, 다만 B가 계약을 취소하거나(착오), 무효를 주장할 수 있다(비진의표시). • 착오: B는 y를 표현하고자 했지만 객관적으로 x로 이해되는 경우. • 비진의표시: B가 y와 x의 불일치를 알면서 x로 표시한 경우.

의사표시의 합치 – 쌍방의 의사와 표시의 불일치(오표기 무해; 허위표시)

의사	A			B	
의사	y	일치		y	
	불일치			불일치	
표시	x	일치		x	

법률효과	• A와 B가 불일치를 모르면 오표기 무해: x가 아니라 y대로 법률행위가 성립한다. • A와 B가 불일치에 대해 통정이 있으면 통정허위표시: x대로 법률행위가 성립하되 무효이고(가장행위), y대로의 법률행위는 유효하게 성립한다(은닉행위).

제4절 　비정상적 의사표시

[108] 　　의사와 표시가 일치하고, 의사표시가 이루어지는 과정에 아무런 하자가 없는 것을 정상적 의사표시라고 할 수 있다. 이 경우에는 "표시행위의 객관적 의미"대로 효력이 발생하는 것으로 족하고, 이제 그 법률행위의 이행·불이행이란 문제만 남는다. 그러나 모든 의사표시가 정상적이지는 않다. 민법총칙은 의사표시라는 표제하에 이런 비정상적 의사표시에 대해 규율하고 있다. 통설은 이를 '의사와 표시가 불일치하는 의사표시'와 '하자 있는 의사표시'로 구분한다. 의사와 표시가 불일치하는 경우는 표의자 자신이 불일치를 알고 있는 비진의표시(제107조), 불일치를 상대방과 통모한 허위표시(제108조), 표의자 자신이 불일치를 모르는 착오(제109조)로 나뉘며, 의사형성에 하자(흠)가 있는 경우는 동기의 착오(제109조), 사기나 강박에 의한 의사표시(제110조)이다. 이런 경우에 "표시행위의 객관적 의미"대로의 효력을 무조건적으로 관철시킬 수는 없다. 당사자가 진정으로 의욕한 것이 아니거나 의사형성과정에 불법적인 간섭이 있기 때문이다. 이에 따라 민법은 일정한 요건하에 이를 무효나 취소사유로 하고 있다.

▌의사표시의 요소

의사표시는 일정한 법률효과의 발생을 의욕하는 생각(의사)을 표시하는 행위를 말한다. 이는 의사적 요소와 표시적 요소로 구성된다. 이러한 구분은 의사표시상의 하자를 이해하는 데 도움이 된다. 의사적 요소는 다시 행위의사(어떠한 행위를 한다는 자각), 효과의사(일정한 법률효과를 원하는 의사) 그리고 표시의사21로 구분된다. 표시행위란 효과의사를 외부에 표출하는 (것으로 보이는) 행위를 말한다. 대부분의 경우에는 명시적으로 말을 하거나 글을 써서 의사를 표출한다. 그러나 그밖에 가능한 모든 방법이 동원될 수 있다. 침묵도 표시행위가 될 수 있고, 말이 없는 행동(버스에 타는 것, 택시를 잡기 위해 손을 드는 것)으로도 가능하다. 이러한 행위가 있으면 의사표시의 존재가 인정된다.

의사표시에서 의사는 효과의사를 말한다. 행위의사가 없으면 표시행위(따라서 의사표시)의 존재 자체가 부정되고, 표시의사는 효과의사에 포함해서 생각하면 되기 때문이다. 정상적인 경우에는 효과의사의 내용대로 권리의무가 발생한다. 그러나 효과의사가 없더라도 표시행위가 있으면 의사표시가 성립하고, 표시행위의 객관적 의미대로 법률효과가 발생한다. 다만 의사와 표시가 일치하지 않는 경우에는 표시대로의 효과발생이 제한될 수 있다(비진의표시, 허위표시, 착오). 사적자치의 원칙에서 의사(자유의지)가 가지는 중요성 때문이다.

---

21 표시의사(혹은 표시의식)에 대해서는 '효과의사를 발표하려는 의사'라고 하는 사람도 있고, '자기의

I. 비진의 의사표시

제107조(진의 아닌 의사표시) ① 의사표시는 표의자가 진의아님을 알고한 것이라도 그 효력이 있다. 그러나 상대방이 표의자의 진의아님을 알았거나 이를 알 수 있었을 경우에는 무효로 한다.
② 전항의 의사표시의 무효는 선의의 제삼자에게 대항하지 못한다.

사례 10

사설경매장에 간 A는 자신이 좋아하는 B에게 잘 보이고 싶어서 비싼 그림의 경매시에 손을 들었다. A는 다른 사람이 더 높은 가격을 부를 것이라고 생각했고 자신이 살 마음은 전혀 없었다. 그러나 경매진행자는 A의 낙찰을 선언했다. A는 돈을 지불해야 하는가?

사례 11

A는 B회사에 과장으로 근무 중이다. B회사의 사장이 바뀌면서 회사 내에 사기진작의 필요성이 강조되었고, 그 일환으로 대리 이상 모든 직원이 사표를 제출하기로 했다. 그런데 A를 포함한 몇몇 사람의 사표는 수리되고 말았다. A는 회사를 계속 다닐 수 있는가?

1. 의의

비진의 의사표시란 자신이 하는 '표시행위의 객관적 의미'가 자신의 '진의'와 다   [109] 르다는 것을 알면서 하는 의사표시를 말한다('진의 아닌 의사표시', '단독허위표시' 혹은 '심리유보'라고도 한다). 이때 원칙적으로는 표시된 대로의 권리의무(특히 의무)가 발생한다. 의사를 중시한다면 의무를 부과할 수 없겠지만, 자신의 말이 다르게 이해될 수 있다는 것을 알고 있는 사람에게는 상대방의 신뢰를 보호하기 위해서 책임을 묻는 것이다. 따라서 사례 10에서 A는 돈을 지불해야 한다. 다만 상대방이 그 비진의를 알았거나 알 수 있었다면(알았어야 했다면) 의무가 발생하지 않는데(무효), 이는 신뢰의 보호가치가 약하기 때문이다. 즉, 원칙적으로 표의자보다 상대방의 보호가치가 크지만, 상대방에게 악의나 과실이 있으면 표의자를 더 보호하는 것이다. 가령 사례 11에서 사표를 수리한 회사는 A의 '비진의'를 알았으므로, 위 사표(고용계

동작이 일정한 법적 의미를 갖는 표시라고 하는 인식'이라고 하는 사람도 있다. 전자는 효과의사 미정으로 봐야 하므로 여기서는 후자로 본다. 가령, 길 건너에 있는 친구를 부르려고 손을 들었는데 택시가 멈춰선 경우를 상정해 본다면, 이때는 '택시를 타겠다'는 효과의사가 없을뿐더러, '나의 행위로 권리의무가 발생한다'라는 것 자체에 대한 의식이 없다. 이 경우에는 표시의사가 없는 것이다. 다만 표시의사는 그 존재 여부를 별도로 고려할 필요 없이 효과의사에 포함시켜 다루면 된다. 즉, 표시의사가 없는 경우에는 효과의사가 없는 것으로 다루면 된다. 어느 정의에 따라도 마찬가지이다.

약 해지의 의사표시)는 무효이다.

2. 요건

(1) 의사표시의 존재

[110]   권리의무의 발생을 목적으로 하는 표시행위가 존재하여 법률행위가 성립해야한다. 효과의사가 없더라도 외관상 표시행위가 존재한다면 의사표시의 성립은 인정된다. 이때는 표시행위의 객관적 의미대로 법률행위가 성립한다. 의사와 표시의 불일치는 그 이후의 문제이다.

판례 28 | **대법원 1999. 2. 12. 선고 98다45744 판결 [손해배상(기)]**

• 사실관계: 증권회사 직원인 피고는 증권회사 고객인 원고에게 채무부담에 관한 각서를 작성하여 주었고, 원고는 각서에 기초해서 피고에게 약정금의 지급을 청구했다.
• 각서의 내용
– 각서 1: "1994년도 중 이 구좌 금액에 대한 원전 보전과 최소한 1억5천만원을 본인 각서인이 책임지겠음"
– 각서 2: "본인은 … 거래를 해오던 중 막대한 손실을 입혀 1995. 12. 31.까지 2억원이 되도록 노력할 것이며 만약 2억이 안 될 경우 본인이 모든 책임을 지도록 할 것임"
– 각서 3: "1995. 4. 8. 자 최○○(원고의 남편) 구좌에 86,000,000원이 보관되어 있으며 향후 어떠한 일이 있더라도 본 원금은 보관인(피고)이 책임지겠음"
• 각서작성의 경위: 원고는 기존 투자로 인한 손실이 많은 상태에서 피고를 만나 조금의 이익을 얻자 원고 부부와 피고 부부가 서로 가까워졌다. 원고는 투자 손실로 인해서 자신의 남편으로부터 질책받을 것이 두려워 남편에게 보여 그를 안심시키는 데에만 사용하겠다고 하면서 피고 명의의 각서를 작성하여 달라고 요청하였다. 피고는 원고와의 친분 및 거래관계상 원고의 요청을 거절하기가 어려워 각서 1을 작성하여 원고에게 교부하였고, 원고가 위의 각서만으로는 남편이 안심을 하지 않는다고 하면서 좀더 믿음이 가는 내용의 각서를 작성하여 달라고 요구하자, 각서 2를, 그 후 다시 원고나 원고의 남동생으로부터 같은 취지의 요청을 받고 각서 3을 작성하여 원고 측에 교부하였다.
• 원심의 판단: 각서 작성의 경위에 비추어 각서의 의미를 해석하면, 손실 확대에 대해 사과하고 그 손실 회복에 최선을 다하겠다는 의미일 뿐 손해를 배상하기로 하는 내용의 약정이 있다고 볼 수 없다. 부가적 이유: 손해배상의 약정이 있다고 하더라도 이는 비진의표시이고 원고도 알고 있었으므로 무효이다.
• 대법원의 판단: 처분문서는 원칙적으로 문언에 따라 객관적으로 해석해야 하는데, "손실 확대에 대해 사과하고 그 손실 회복에 최선을 다하겠다는 의미"로 각서를 이해하는 것은 처분문서인 각서의 객관적인 문언에 반한다. 문언의 객관적 의미에 비추어 보면 피고에게는 손해배상 의무가 인정된다. 다만 비진의표시이고 원고도 알고 있었으므로 무효이다.
• 정리: '상대방의 인식이나 인식가능성'이 해석에도 영향을 미친다면 '무효인 비진의표시(허위

표시도 포함)'의 경우는 애초에 일어나지 않을 것이다. 해석은 처분문서의 문언적 해석에 의하되 상대방의 인식을 이유로 무효가 된다는 것이 제107조의 문언 취지라고 보아야 할 것이다.

▌법률행위의 성립과 유효성의 구분

법률행위에 의해 법률효과가 발생하기 위해서는 우선 성립요건을 갖추고, 그 다음 효력요건이 구비되어야 한다. 즉, 법률행위의 '성립·불성립'과 '유효·무효'를 구별한다. 일반적 성립요건으로는 당사자·목적·의사표시의 존재가 있다. 이는 '당사자 사이에 일정한 권리의무의 발생을 목적으로 하는 의사표시가 합치하면 계약(법률행위)이 성립한다'는 말로 표현된다.

성립요건을 갖춘 법률행위가 그 내용대로의 '온전한' 효력을 발휘하기 위해 필요한 요건을 유효요건이라고 한다. 이것을 갖추지 못하면, 법률행위가 무효로 되거나 취소될 수 있다. 유효요건은 성립요건의 범주별로 고찰될 수 있다. 당사자의 영역에서는, 권리능력 및 의사능력과 행위능력, 목적의 영역에서는 확정성·가능성·적법성·사회적 타당성, 의사표시의 영역에서는 의사와 표시의 일치 여부, 의사형성과정의 하자 여부가 문제된다.

법률행위에서 성립과 유효성을 구분하는 주된 이유는 증명부담의 분배가 달라지기 때문이다. 일정한 권리의무의 발생을 주장하는 자는 법률행위의 성립요건(적극적 요건)을 증명하면 되고, 이를 부정하는 자가 효력요건의 부존재를 증명해야 된다. 가령 98다45744 판결에서 약정금을 달라고 청구하는 원고는 그러한 약정이 성립했다는 것만 증명하면 되고(각서가 진짜라는 것만 증명하면 됨) 그것이 유효요건도 갖추었다는 것을 증명할 필요는 없다. 이 상황에서 다른 증거들이 등장하지 않으면 이 청구는 인정된다. 상대방(피고)이 이 책임에서 벗어나고자 한다면 그러한 약정이 비진의 표시라서 무효라는 것을 증명해야 한다(각서의 성립과정을 증명해야 함).

(2) 의사와 표시의 불일치

표시행위의 객관적 의미에 대응하는 효과의사가 없거나, 효과의사가 이와 다른 경우를 말한다. 그런데 진의의 의미가 무엇인지에 관해서 판례는 몇 가지의 요건을 두고 있다. 효과의사란 권리·의무의 발생이라는 법률효과를 인식하고 이것을 의욕하는 의사를 말한다. 따라서 의사의 구성요소는 **법률효과**에 대한 **인식**과 **의욕**이다. [111]

가. 법적 효과와 경제적 효과의 구별

법적 효과를 의욕하는 것이 의사이므로 법적 효과와 다른 경제적 효과를 의욕했다 하더라도 이는 고려되지 않는다. [112]

| 판례 29 | 대법원 1996. 9. 10. 선고 96다18182 판결 [대위변제로인한구상금] |

• 사실관계: 김○○이 동일인 대출한도 때문에 대출을 못받게 되자 피고 명의로 신용금고에서 대출을 받았다. 이 대출에 대해서는 x를 담보로 제공했는데, 이는 원고와 김○○의 공동소유였으나

김ㅇㅇ의 등기로 되어 있었다. 김ㅇㅇ이 대출금을 갚지 못하여 x가 경매에 부쳐질 위기에 처하자 원고가 위 대출금을 신용금고에 대위변제하고 피고에게 구상권을 행사하였다.

• 원심의 판단: 피고는 김ㅇㅇ의 편법적인 대출에 명의를 빌려준 자에 불과하다. 신용금고는 그와 같은 사실을 잘 알고서 금원을 대여하였으므로, 위 각 대출금의 채무자는 명의상의 채무자인 피고들이 아니라 실질적인 계약당사자인 김ㅇㅇ으로 보아야 할 것이다. 피고는 신용금고에 대하여 대출금채무를 부담하지 않으므로 원고의 구상권 행사는 이유 없다.

• 대법원의 판단: 표시행위에 나타난 대로의 법률효과가 발생하지 않기 위하여는 적어도 그 표시행위에 대응하는 내심의 효과의사, 즉 주채무자로서 채무를 부담한다는 의사가 피고들에게 존재하지 않았어야만 할 것인데, 법률상 또는 사실상의 장애로 자기 명의로 대출받을 수 없는 자를 위하여 대출금채무자로서의 명의를 빌려준 자에게 그와 같은 채무부담의 의사가 없는 것이라고는 할 수 없을 것이어서 피고들의 의사표시를 비진의표시에 해당한다고 볼 수 없다.

나. 본심과 의사의 구별

[113]   마음속에서 진정으로 원하는 것(본심)과 의사도 구분된다. 즉, 원해서 하고자 하는 것이 아니라 어쩔 수 없어서 하고자 한 경우에도 의사는 인정된다.

| 판례 30 | 대법원 2003. 4. 25. 선고 2002다11458 판결 [의원면직무효확인등] |

진의 아닌 의사표시에 있어서의 '진의'란 특정한 내용의 의사표시를 하고자 하는 표의자의 생각을 말하는 것이지 표의자가 진정으로 마음 속에서 바라는 사항을 뜻하는 것은 아니므로 표의자가 의사표시의 내용을 진정으로 마음 속에서 바라지는 아니하였다고 하더라도 당시의 상황에서는 그것이 최선이라고 판단하여 그 의사표시를 하였을 경우에는 이를 내심의 효과의사가 결여된 진의 아닌 의사표시라고 할 수 없다.
피고(농협)가 인력구조조정의 일환으로 명예퇴직제도와 함께 순환명령휴직제도를 실시하기로 결정하면서 순환명령휴직 대상자를 선정하기 위하여 기준을 정하였는바, 위 기준에 해당하여 내부적으로 순환명령휴직 대상자로 선정된 원고가 위 명예퇴직제도 및 순환명령휴직제도의 실시에 즈음하여 명예퇴직을 신청한다는 내용의 사직원을 제출한 것은 진정으로 마음속에서 명예퇴직을 바란 것은 아니라 할지라도 그 당시 상황에서 명예퇴직을 하는 것이 최선이라고 판단하여 스스로의 의사에 기하여 사직원을 제출한 것이라고 봄이 상당하다.

• 정리: 명예퇴직을 하고 싶은 것은 아니었지만, 그것이 최선이라 생각해서 했다면 의사는 있는 것이다.

| 판례 31 | 대법원 2002. 12. 27. 선고 2000다47361 판결 [소유권이전등기등] |

비진의 의사표시에 있어서의 진의란 특정한 내용의 의사표시를 하고자 하는 표의자의 생각을 말하는 것이지 표의자가 진정으로 마음속에서 바라는 사항을 뜻하는 것은 아니라고 할 것이므로, 비록 재산을 강제로 뺏긴다는 것이 표의자의 본심으로 잠재되어 있었다 하여도 표의자가 강박에 의하여서나마 증여를 하기로 하고 그에 따른 증여의 의사표시를 한 이상 증여의 내심의

효과의사가 결여된 것이라고 할 수는 없다.

• 정리: 강박을 당해서 의사표시를 했더라도, 자신의 표시행위로 인해 어떤 법적 효과가 생긴다는 것은 알고, 또한 이를 감수했기 때문에 의사는 인정된다는 것이다(이런 논리전개는 형법의 미필적 고의와 유사한 면이 있다).

(3) 표의자 스스로가 위의 불일치를 알고 있어야 한다.

3. 효과

(1) 원칙적 유효와 상대방의 인식(가능성)에 의한 무효

표의자가 자기의 진의와 다른 표시를 하였더라도 표시된 대로 효력을 발생한다 [114]
(제107조 1항 본문). 그러나 상대방이 표의자의 진의 아님을 알았거나 이를 알 수 있었을 경우에는 그 비진의표시는 무효이다(제107조 1항 단서).

판례 32 | 대법원 1998. 12. 23. 선고 97다20649 판결 [주주총회결의무효]

농수산물 도매시장의 지정도매인인 <u>회사가</u> 그 영업을 위해 지방자치단체와 시설물사용계약을 체결하기 위한 방편으로서 <u>사후에 주주로서의 권리를 원상회복해 주고 주권을 발행할 것을 약속하고</u> 주주와 중매인을 겸할 수 없다는 지방자치단체의 방침에 따라 <u>주주들로부터 주식포기각서를 받은 경우, 주식포기각서를 작성한 주주들은 회사의 주식을 포기할 의사 없이 다만 지방자치단체와 시설물사용계약을 체결하기 위한 방편으로 회사에 주식포기각서를 작성·제출하였을 뿐이고, 회사로서도 이러한 사정을 잘 알고 있었으므로, 이는 비진의 의사표시로서 그 효력이 없으며,</u> 또한 원래 주주들이 회사의 주식을 포기한 것은 농수산물 도매시장에서 중매인으로 계속하여 영업하면서 한편으로는 회사의 주주로 남아 있기 위한 방편으로 지방자치단체에 대하여 마치 그들이 회사의 주식을 포기함으로써 주주와 중매인이 분리된 것처럼 가장하기 위한 행위라고 보아야 할 것이므로, 주식포기각서 작성 당시 그 표시행위에 대응하는 내심의 효과의사가 있었다고는 볼 수 없다고 한 사례.

다수설은 비진의의 지·부지 또는 과실의 유무는 상대방이 표시를 안 때를 기 [115]
준으로 한다(도달시를 기준으로 하려는 소수설 있음).

(2) 선의 제3자에 대항 못함

비진의표시가 예외적으로 무효가 되는 경우에도 그 무효는 '선의의 제3자'에게 [116]
대항하지 못한다(제107조 2항). ⇨ 허위표시 참조

(3) 적용범위

비진의표시에 관한 민법규정은 계약은 물론 상대방 있는 단독행위에 적용된다. [117]
그리고 1항 본문은 상대방 없는 단독행위에도 적용된다. 그러나 상대방 없는 단독행위에 관하여도 1항 단서가 적용되는가에 관해서는 부정하는 견해와 긍정하는 견해로 나뉜다. 후자는 가령, 진의 아닌 유언에 있어서 수증자로 된 자가 유언의 진의를 알고 있을 경우에는 그러한 유언은 유효로 할 필요가 없으므로 따라서 1항 단서의 적용 (유추적용)까지 인정하는 것이 타당하다는 것이다.

[118]   가족법상의 신분행위는 진의가 절대적으로 존중되어야 하기 때문에 언제나 무효이고, 공법행위는 그 법률관계의 특수성 때문에 언제나 유효이다. 소송상 행위도 언제나 유효이다.

판례 33 | 대법원 1997. 12. 12. 선고 97누13962 판결 [의원면직처분취소]

공무원이 사직의 의사표시를 하여 의원면직처분을 하는 경우 그 사직의 의사표시는 그 법률관계의 특수성에 비추어 외부적·객관적으로 표시된 바를 존중하여야 할 것이므로, 비록 사직원 제출자의 내심의 의사가 사직할 뜻이 아니었다고 하더라도 진의 아닌 의사표시에 관한 민법 제107조는 그 성질상 사직의 의사표시와 같은 사인의 공법행위에는 준용되지 아니하므로 그 의사가 외부에 표시된 이상 그 의사는 표시된 대로 효력을 발한다.

█ **의사표시의 효력발생시기**

사직서를 우편으로 보낸다면 언제 사직의 의사표시가 효력을 발생하게 되는가? 의사표시는 발화자가 이를 표시하고 발송하여 상대방에게 도달된 후 그가 수령하고 이해하는 과정을 거친다. 이 중 어느 단계에서 의사표시가 효력을 발생하는지에 관하여는 여러 입장이 있을 수 있는데, 우리 민법은 '도달주의'를 택하고 있다. 즉 '상대방의 수령을 요하는 의사표시는 그 통지가 상대방에게 도달한 때로부터 그 효력이 생긴다'(제111조). 가령, 보험계약을 해지할 때, 그 해지의 의사표시가 해지 기간 내에 발송되었다 하더라도 해지 기간이 지나서 도달되면 해지의 의사표시는 효력을 발휘할 수 없다(99다50712). 다만 상대방 없는 의사표시는 발화만 있을 뿐이므로 '표백주의(표시하면 효력발생)'가 적용된다.

의사표시의 도달은 의사표시가 상대방의 지배권 내에 들어가 사회통념상 일반적으로 '이해할 수 있는 상태'가 생겼다고 인정되는 것을 말한다(통설). 따라서 도달 후 상대방이 이를 읽지 않았다 하더라도 의사표시의 효력은 인정된다(97다31281). 이는 의사표시의 효력발생시기를 객관적으로 확정하고, 양 당사자의 이익을 잘 조화시키기 위한 것이다.

대법원은 반송되지 않은 내용증명 우편물의 송달을 추정한다(2000다20052). 그러나 기타의 우편에 의한 송달에서는 도달을 추정하지 않는다(92다2530).

Ⅱ. 허위표시

제108조(통정한 허위의 의사표시) ① 상대방과 통정한 허위의 의사표시는 무효로 한다.
　② 전항의 의사표시의 무효는 선의의 제3자에게 대항하지 못한다.

사례 12

A의 땅에 B가 건물을 지은 후 A에게 토지를 매도하라고 요청하자 A는 이 땅을 B에게 파는 매매계약을 체결했다. 하지만 A는 위 토지를 B에게 이전등기하지 않고 자신의 아내인 C에게 파는 매매계약을 가장으로 체결한 후 C 앞으로 소유권이전등기를 하였다. 이후 C가 B를 상대로 건물철거소송을 제기했다. 이 청구는 타당한가? (75다472)
만일 C가 이 토지를 D에게 팔고 이전등기를 했다면 어떻게 되는가?

사례 13

A는 B에게 아파트를 팔면서 가격을 10억원으로 정했지만 계약서에는 5억원으로 썼다. 이후 B가 5억원만 지급하면서 아파트의 소유권등기를 넘기라고 한다. A는 응해야 하는가? B가 10억원을 제공하면서 등기이전을 요구할 경우에 A가 이를 거절할 수 있는가?

1. 의의

표의자가 상대방과 짜고 진의와 다른 의사표시를 하는 것을 '(통정)허위표시'라고 한다. 진의 아닌 허위의 의사표시를 한 표의자가 스스로 그 사정을 인식하면서 그에 관하여 상대방과의 사이에 합의가 있는 경우이다(72다1776). [119]

허위표시에 의하여 숨겨진 법률행위를 '은닉행위'라고 한다. 은닉행위는 별도의 무효사유가 없는 한 유효이다. 가령 허위표시인 매매가 무효이더라도 은닉행위인 증여는 유효이다. [120]

판례 34 　대법원 1993. 8. 27. 선고 93다12930 판결 [주권반환]

매도인이 경영하던 기업이 부도가 나서 그가 주식을 매도할 경우 매매대금이 모두 채권자은행에 귀속될 상황에 처하자 이러한 사정을 잘 아는 매수인이 매매계약서상의 매매대금은 형식상 금 8,000원으로 하고 나머지 실질적인 매매대금은 매도인의 처와 상의하여 그에게 적절히 지급하겠다고 하여 매도인이 그와 같은 주식매매계약을 체결한 경우, <u>매매계약상의 대금 8,000원이 적극적 은닉행위를 수반하는 허위표시라 하더라도 실지 지급하여야 할 매매대금의 약정이 있는 이상 위 매매대금에 관한 외형행위가 아닌 내면적 은닉행위는 유효하고 따라서 실지매매대금에 의한 위 매매계약은 유효하다.</u>

2. 요건

(1) 의사표시의 존재

[121]   유효한 의사표시가 존재하는 것과 같은 외관이 있어야 한다(비진의표시 참조).

(2) 진의와 표시의 불일치

[122]   표시행위의 객관적 의미에 대응하는 표의자의 의사가 존재하지 않아야 한다(비진의표시 참조). 여기서의 진의도 '법적 효과'에 대한 의사를 말한다. 따라서 경제적 효과가 다른 사람에게 돌아간다고 생각한 것은 진의에 해당하지 않고, 이 점에 대해서만 '통정'이 있는 경우에는 통정허위표시에 속하지 않는다. 따라서 법률적 효과와 경제적 목적이 상이한 '신탁행위'22는 허위표시가 아니다(64다138). 또한 소위 '허수아비행위'23도 허위표시가 아니다.

판례 35 | **대법원 1964. 6. 16. 선고 64다138 판결 (엄동섭, "虛僞表示에 관한 判例分析", 서강법학연구 1권, 1999)**

채권담보의 목적으로 동·부동산에 관하여 매매의 형식을 취하여 채권자에게 동산 같으면 인도, 부동산 같으면 소유권이전등기를 하여주는 법률행위는 허위표시로서 무효로 볼 것이 아니라 유효적법한 것이라고 해석해야 한다.

판례 36 | **대법원 1998. 9. 4. 선고 98다17909 판결 [대여금]**

통정허위표시가 성립하기 위하여는 의사표시의 진의와 표시가 일치하지 아니하고, 그 불일치에 관하여 상대방과 사이에 합의가 있어야 하는바, 제3자가 은행을 직접 방문하여 금전소비대차약정서에 주채무자로서 서명·날인하였다면 제3자는 자신이 당해 소비대차계약의 주채무자임을 은행에 대하여 표시한 셈이고, 제3자가 은행이 정한 동일인에 대한 여신한도 제한을 회피하여 타인(실질적 채무자)으로 하여금 제3자 명의로 대출을 받아 이를 사용하도록 할 의도가 있었다거나 그 원리금을 타인의 부담으로 상환하기로 하였더라도, 특별한 사정이 없는 한 이는 소비대차계약에 따른 경제적 효과를 타인에게 귀속시키려는 의사에 불과할 뿐, 그 법률상의 효과까지도 타인에게 귀속시키려는 의사로 볼 수는 없으므로 제3자의 진의와 표시에 불일치가 있다고 보기는 어렵다.

---

22 신탁은 신탁법상의 신탁과 민법상의 신탁이 있는데, 신탁법상의 신탁은 신탁법에 의해 규율되며 당연히 유효하다. 민법상의 신탁은 일방이 어떤 경제적 목적을 달성하기 위해 타방에게 그 목적달성에 필요한 정도를 넘는 권리를 이전하고, 수탁자는 그 목적범위를 벗어나서 권리를 행사하지 않을 의무를 내부적으로 부담하는 것을 말한다. 이 경우 당사자가 의도하는 권리이전의 목적과 실제로 이전되는 형식상의 권리가 달라서 허위표시인지가 문제된다.

23 배후조정자에 의하여 표면에 내세워진 자(허수아비)가 자신의 이름으로 그리고 배후조정자의 이익과 계산으로 행위하는 것을 말한다. 가령 위탁매매의 경우에 A가 B의 이익을 위해 C와 거래하면서 A 자신을 거래의 당사자로 하는데, 이때 거래에 의한 경제적 이익 및 불이익은 B에게 돌아가지만 법률효과는 A에게 돌아간다.

(3) 표의자가 불일치를 알고 있을 것

이런 점에서 허위표시는 오표기 무해와는 다르다. 왜냐하면 오표기 무해의 경 [123]
우에는 표의자들이 진의와 다른 표기가 되고 있다는 것을 모르지만, 허위표시의 경
우에는 이를 알고 있기 때문이다. 또한 오표기 무해에서는 표기된 대로가 아니라 의
사대로 의사표시가 성립하므로 '은닉행위'라는 개념이 존재하지 않는다.

(4) 상대방과의 통정이 있을 것

'진의 아닌 의사표시를 한 자가 스스로 그 사정을 인식하면서 그 상대방과 진의 [124]
아닌 의사표시를 하는 데 대하여 양해하에 한 의사표시'가 허위표시이다(72다1776).
진의 아닌 표시라는 점을 상대방이 알고 있는 것만으로는 부족하며, 상대방과의 사
이에 '표의자가 진의와 다른 외형상의 의사표시를 할 것'에 합의가 있어야 한다. 가
령 동일인 대출한도를 회피하기 위하여 금융기관의 양해하에 형식상 제3자 명의를
빌려 체결된 대출약정은 통정허위표시에 해당하여 무효이다.24

| 판례 37 | 대법원 2001. 5. 29. 선고 2001다11765 판결 [대여금] |

동일인에 대한 대출액 한도를 제한한 법령이나 금융기관 내부규정의 적용을 회피하기 위하여
실질적인 주채무자가 실제 대출받고자 하는 채무액에 대하여 제3자를 형식상의 주채무자로 내
세우고, 금융기관도 이를 양해하여 제3자에 대하여는 채무자로서의 책임을 지우지 않을 의도하
에 제3자 명의로 대출관계서류를 작성받은 경우, 제3자는 형식상의 명의만을 빌려 준 자에 불
과하고 그 대출계약의 실질적인 당사자는 금융기관과 실질적 주채무자이므로, 제3자 명의로
되어 있는 대출약정은 그 금융기관의 양해하에 그에 따른 채무부담의 의사 없이 형식적으로
이루어진 것에 불과하여 통정허위표시에 해당하는 무효의 법률행위이다.

대개의 경우 당사자가 통정하여 제3자인 채권자나 관계관청 등을 속이더라도, [125]
허위표시의 성립 자체에는 제3자를 속일 의도는 필요하지 않으며, 또한 제3자를 속
일 의도가 있다고 하여 허위표시가 추정되지도 않는다.

3. 효과

(1) 무효

당사자 사이뿐만 아니라 제3자에 대한 관계에서도 허위표시는 원칙적으로 무효 [126]
이다.

---

24 98다17909 판결과 서로 모순되는 듯 보인다. 이론상으로 전자의 사례는 표의자가 자신이 법적 책임
은 진다는 점을 알면서 감수했고, 후자에서는 자신에게 법적 책임이 없다는 것을 은행과 통정했다는
점에서 다르다. 다만 몇몇 판례에서 보이는 차이는 허위표시가 아니라고 한 사례에서는 표의자가 은행
에 직접 갔었고, 허위표시라고 한 사례에서는 은행에 가지 않은 채 도장만 찍었다는 것이다.

| 판례 38 | 대법원 2002. 3. 12. 선고 2000다24184, 24191 판결 [임대차보증금 · 건물명도] |

임대차는 임차인으로 하여금 목적물을 사용 · 수익하게 하는 것이 계약의 기본 내용이므로, 채권자가 주택임대차보호법상의 대항력을 취득하는 방법으로 기존 채권을 우선변제 받을 목적으로 주택임대차계약의 형식을 빌려 기존 채권을 임대차보증금으로 하기로 하고 주택의 인도와 주민등록을 마침으로써 주택임대차로서의 대항력을 취득한 것처럼 외관을 만들었을 뿐 실제 <u>주택을 주거용으로 사용 · 수익할 목적을 갖지 아니 한 계약은 주택임대차계약으로서는 통정허위표시에 해당되어 무효라고</u> 할 것이므로 이에 주택임대차보호법이 정하고 있는 대항력을 부여할 수는 없다.

[127]   가장행위에 기하여 이미 이행한 당사자의 급부는 부당이득으로 반환청구할 수 있다. 이 경우에 원칙적으로 제746조는 적용되지 않는다(통설).

(2) 제3자에 대한 효과

[128]   가장행위는 원칙적으로 제3자에 대해서도 무효이다. 다만 선의의 제3자에 대항하지 못한다(제108조 2항). 가령 A가 B에게 통정허위표시에 근거해서 X부동산의 소유권등기를 이전해 주었는데, C가 B로부터 X를 매수하고 등기를 넘겨받은 경우를 상정해보자. 이 경우에 민법 제108조 1항에 따르면 A와 B의 매매는 무효이므로 X부동산의 소유자는 여전히 A이다(유인성). 따라서 C는 소유자가 아닌 B로부터 X부동산을 산 것이 되어 소유권을 취득할 수 없다. 그러나 이렇게 하면 등기부상의 소유자를 믿고 거래한 C가 불이익을 입는다. 우리 민법은 이런 경우 선의의 제3자를 보호하기 위해 그의 소유권을 인정한다(일반적으로는 선의라 하더라도 보호받지 않지만 비정상적 의사표시의 사례에서는 선의의 제3자가 보호된다). 물론 이렇게 하면 A는 소유권을 잃게 된다. 그러나 A는 스스로 통정허위표시를 했다는 점에서 선의의 C보다는 보호가치가 작다.

▌법률행위의 구분 1 – 유인행위와 무인행위

매매계약을 체결하고 소유권이전등기까지 했지만, 매매계약이 허위표시로 무효이면 매도인이 그대로 소유자이다. 즉, 등기가 매수인 명의로 있더라도 소유권은 매도인에게 있다. 이는 우리 법원의 확고한 입장인데, 외형상의 권리변동이 있더라도 그 원인(예 매매계약)이 무효이면 소유권이전이 발생하지 않는다고 보기 때문이다.

재화이동(출연; 出捐)에는 계약이나 법률규정과 같은 법적 원인이 있어야 한다. 가령 주택에 대한 매매계약은 그에 대한 소유권이전의 원인이 된다. 법적 원인이 결여된 경우 이를 취급하는 방식은 두 가지이다. 하나는 권리이전을 부정하는 것이고, 다른 하나는 권리이전은 인정하되 반환의무를 지우는 것이다(부당이득 반환). 우리 법원은 매매계약이 무효면 소유권이전을 위한 물권행위(물권적 합의)도 무효이고, 물권행위가 무효여서 소유권이전도 무효라고 한다. 따라서 물권행위는 매매계약의 유·무효에 영향을 받는 유인행위인 것이다. 어음과 같이 원활한 상거래가 중시되는 곳에서는 무인행위가 인정된다. 무효인 매매계약에 기초해서 금전을 지불한 경우에도 금전의 소유권이전은 인정된다(다만 부당이득으로 반환받을 수 있다).[25]

제3자는 허위표시의 당사자 및 포괄승계인 이외의 자로서 허위표시에 의하여 [129] 형성된 외형상의 법률관계를 토대로 하여 새로운 법률원인을 통해 법률상의 이해관계를 갖게 된 자를 의미한다.

허위표시를 한 자의 포괄승계인은 제3자에 해당하지 않는다. 그러나 파산자가 [130] 허위표시의 당사자인 경우에 파산관재인은 파산자의 포괄승계인이지만, 법원은 이를 '제3자'로 보고 있으며(2002다48214: 가장소비대차의 대주 파산시 파산관재인은 제3자로서 가상차주를 상대로 대여금을 반환받을 수 있다), 선의 여부는 파산채권자를 기준으로 판단한다(2004다10299: 파산채권자 중 1인만 선의여도 선의이다). 파산관재인은 파산자에 대한 채권자(파산채권자) 전체의 이익을 위해 선량한 관리자의 주의로써 직무를 수행해야 하기 때문이다.

새로운 법률상의 이해관계로는 가장매매의 매수인으로부터 그 목적부동산을 다 [131] 시 매수한 자가 대표적이다. 그 밖에도 가장매매의 매수인으로부터 저당권을 설정받거나, 이를 압류한 자, 가장매매에 기한 대금채권의 양수인, 가장소비대차에 기한 채권의 양수인, 채권의 가장양수인에 대해 압류 및 추심명령을 받은 자 등이 이에 속한다. 제3자에 해당한다는 사실은 제3자가 주장·증명해야 한다.

판례 39　　대법원 1998. 9. 4. 선고 98다20981 판결 [전세권설정등기등말소]

실제로는 전세권설정계약이 없음에도 불구하고 임대차계약에 기한 임차보증금반환채권을 담보할 목적으로 임차인과 임대인, 제3자 사이의 합의에 따라 제3자 명의로 전세권설정등기를 경료한 후 그 전세권에 대하여 근저당권이 설정된 경우, 가사 <u>위 전세권설정계약만 놓고 보아 그것이 통정허위표시에 해당하여 무효라고 한다 하더라도</u>, 이로써 위 전세권설정계약에 의하여 형성된 법률관계를 토대로 별개의 법률원인에 의하여 새로운 법률상 이해관계를 갖게 된 근저당권자에 대해서는 <u>그와 같은 사정을 알고 있었던 경우에만 그 무효를 주장할 수 있다.</u>

---

25 금전의 경우에는 점유가 있는 곳에 소유가 있다고 본다(소위 '금전도그마': 오영걸, "사법상 물상대위법리에 대한 통일적 요건정립을 위한 시론", 『민사법학』 56호). 가령, '타인의 점유에 돌아간 금전에 대하여는 언제나 채권적 반환청구권이 있게 될 뿐'(곽윤직·김재형)이라는 설명은 이러한 입장에 기초한 것이다. 이에 따를 경우 채권행위와 물권행위의 관계가 유인인지 무인인지와 무관하게 금전의 소유권이전은 항상 무인이다. 즉 물권행위가 유인행위라 하더라도 금전소유권의 이전에는 변함이 없다.

*임차보증금을 담보할 목적으로 전세권등기를 한 경우, 연체차임 등을 공제하고 남은 임차보증금을 담보하는 범위에서는 전세권등기가 유효하고 이를 넘는 부분은 통정허위표시로써 무효이다(2018다268538). 다만 이러한 무효는 선의의 제3자에게 대항할 수 없다. 가령 A가 B에게 상가를 보증금 5억원 월차임 1천만원에 임대하고, 이에 대해 전세금 5억원의 전세권등기를 해준 경우를 상정해 보자. 이때 이러한 사정을 모르는 C가 B의 전세권에 저당권을 설정하면, B가 10개월간 차임을 연체했더라도, 이후의 집행절차(통상적으로는 전세금반환채권에 대해 집행하게 된다)에서 A는 C에 대해 연체차임 1억원의 공제를 주장할 수 없다.

| 판례 41 | 대법원 2014. 4. 10. 선고 2013다59753 판결 [추심금] |

임대차보증금반환채권이 양도된 후 그 양수인의 채권자가 임대차보증금반환채권에 대하여 채권압류 및 추심명령을 받았는데 그 임대차보증금반환채권 양도계약이 허위표시로서 무효인 경우 그 채권자는 그로 인해 외형상 형성된 법률관계를 기초로 실질적으로 새로운 법률상 이해관계를 맺은 제3자에 해당한다고 보아야 한다.

| 판례 40 | 대법원 2000. 7. 6. 선고 99다51258 판결 [지분부당이체금반환] |

상대방과 통정한 허위의 의사표시는 무효이고 누구든지 그 무효를 주장할 수 있는 것이 원칙이나, 허위표시의 당사자와 포괄승계인 이외의 자로서 허위표시에 의하여 외형상 형성된 법률관계를 토대로 실질적으로 새로운 법률상 이해관계를 맺은 선의의 제3자에 대하여는 허위표시의 당사자뿐만 아니라 그 누구도 허위표시의 무효를 대항하지 못하는 것인바, 허위표시를 선의의 제3자에게 대항하지 못하게 한 취지는 이를 기초로 하여 별개의 법률원인에 의하여 고유한 법률상의 이익을 갖는 법률관계에 들어간 자를 보호하기 위한 것이므로, 제3자의 범위는 권리관계에 기초하여 형식적으로만 파악할 것이 아니라 허위표시행위를 기초로 하여 새로운 법률상 이해관계를 맺었는지 여부에 따라 실질적으로 파악하여야 한다.
원심이 확정한 사실관계에 의하면, 피고 조합은 신세계엔지니어링의 기망행위에 의하여 신세계엔지니어링의 A에 대한 선급금반환채무가 있는 것으로 믿고 신세계엔지니어링과 보증계약을 체결한 다음 그에 따라 보증채무자로서 그 채무까지 이행하였으므로 피고 조합은 신세계엔지니어링에 대한 구상권 취득에 관하여 법률상의 이해관계를 가지게 되었다고 할 것이고, 이와 같은 구상권 취득에는 보증의 부종성으로 인하여 주채무에 해당하는 신세계엔지니어링의 A에 대한 선급금반환채무가 유효하게 존재할 것을 필요로 하므로, 결국 피고 조합은 신세계엔지니어링의 A에 대한 선급금반환채무 부담행위라는 허위표시에 기초하여 구상권 취득에 관한 법률상 이해관계를 가지게 되었다고 할 것이어서, 피고 조합은 민법 제108조 제2항의 제3자에 해당한다고 봄이 상당하다.

[132]　　　제3자는 허위의 의사표시에 기한 권리관계를 기초로 하여 "실제로" 법률상의 이해관계를 맺어야 한다. 즉, 가장 양수인의 (외관상) 권리에 기초해서 자신의 법적 지위를 변경시켜야 한다. 가령 금전을 지급하거나 등기를 하거나 (가)압류를 한 경우가 이에 속한다.

대법원 1983. 1. 18. 선고 82다594 판결 [전부금]

A가 피고에 대해 가지는 퇴직금 채권을 B에게 가장양도한 후 피고에게 통지했는데, A(가장 양도인)의 채권자인 원고가 이 채권에 대해 전부명령을 받은 후 피고에게 지급청구하고 있는 사안 (양창수, 민법입문, 157면 참조)에서 법원은 피고에게 지급의무를 인정했다.

민법 제108조 제2항의 법의는 피고가 위 계약이 무효임을 알지 못하고 위 채권을 그 양수자인 소외 B에게 변제하였을 경우 피고는 그 변제로서 위 채무를 면하게 된다는 뜻이지 피고 주장과 같이 채무자가 채무를 변제치 아니하고 있는 중 진실한 채권자가 밝혀진 경우에도 그 변제를 곧 이 가장 양수인에게 변제하라는 뜻이 아니라 할 것이므로 피고가 위 채무를 아직도 가장 양수인인 위 B에게 변제하지 아니하고 있음을 피고 스스로 자인하는 본건에 있어서 피고가 선의의 제3자임을 내세워 원고의 이 사건 퇴직금 전부채권의 지급을 거절할 수 없는 이치이다.

민법 제108조 제2항에서 말하는 제3자는 허위표시의 당사자와 그의 포괄승계인 이외의 자 모두를 가리키는 것이 아니고 그 가운데서 허위표시행위를 기초로 하여 새로운 이해관계를 맺은 자를 한정해서 가리키는 것으로 새겨야 할 것이다.

선의란 의사표시가 허위표시임을 모르는 것이다. 대리인이 있을 경우에 제3자 [133] 의 선의 여부는 대리인을 기준으로 한다(제116조 1항). '선의'의 판단 시기는 법률상 새로운 이해관계를 맺은 때이다. 선의이면 되고 무과실일 필요는 없다. 제3자의 선의는 추정되므로 제3자의 악의는 이를 주장하는 자가 증명해야 한다(77다907). 선의의 제3자로부터 다시 권리를 전득한 자는 전득시에 악의일지라도 선의의 제3자의 권리를 승계하여 그에게는 무효를 주장하지 못한다.

"대항하지 못한다"는 것은 선의의 제3자와 소송상 분쟁이 발생한 경우, 자신의 [134] 법률행위가 통정허위표시로 무효라는 것을 주장의 근거로 삼을 수 없다는 의미이다. 선의의 제3자는 그 법률행위가 무효라는 것을 주장할 수 있다는 것이 다수설이다.

▌법률행위의 구분 2 – 의무부담행위와 처분행위

사례 14

A는 B의 가게에 가서 진열장에 있는 2천원짜리 배터리를 가리키며 달라고 했다. B는 알았다고 대답한 후 이를 A에게 건네줬다. A는 2천원을 주면서 배터리를 받아 가게를 나갔다. 이 과정에 법률행위는 몇 개 있는가?

유인이나 무인은 '물권행위의 독자성'이라는 문제와 연결되어 있다. 물권행위의 독자성이란 원인행위(예 매매계약)와 물권행위(소유권을 이전시키는 물권적 합의)가 별개의 법률행위라는 것을 말한다. 우리 민법은 원칙적으로 이런 입장이라고 볼 수 있다. 원인행위가 있다고 하여 바로 소유권이 이전되는 것이 아니라, 별도로 물권행위를 해야 소유권이 이전되기 때문이다(소위 형식주의,

민법 제186조의 '법률행위'는 이 물권행위를 가리키는 것으로 해석된다). 이를 계약일반으로 확대한다면 의무부담행위와 처분행위로 구분할 수 있다.

의무부담행위란 당사자에게 일정한 의무를 발생시키는 법률행위이다. 매매계약은 전형적인 의무부담행위로서, 매매계약으로 매도인은 소유권이전의무를 부담하고, 매수인은 대금지급의무를 부담한다. 이에 대응하는 권리를 채권이라고 하며, 채권의 실현은 채무자의 행위를 필요로 한다. 따라서 매도인의 이행이 있기 전에는 소유권의 변동이 일어나지 않는다. 매도인이 자신의 소유권을 매수인에게 넘기는 행위를 처분행위라고 한다. 처분행위가 있으면 권리가 이전된다. 즉 물건에 대한 처분행위가 있으면 물권이 변동된다.[26]

의무부담행위는 채권·채무를 발생시키므로 채권행위라고 부르고, 처분행위 중에서 물권을 처분하는 행위를 물권행위라고 한다. 한편 물권이 아닌 것을 처분할 수도 있는데, 이는 준물권행위라고 한다(채권양도, 무체재산권의 양도). 의무부담행위에서는 처분권이 없어도 되지만, 처분행위에서는 처분자에게 처분권이 있어야 한다. 가령 내가 지금 가지고 있지는 않지만, 곧 사게 될 집을 매도하는 경우, 의무부담행위는 유효하게 할 수 있지만(즉 매매계약은 유효하지만), 이를 처분하는 것(소유권 이전등기를 해 주는 것)은 불가능하다. 자신의 소유가 아님에도 자신의 명의로 등기된 부동산을 매도한 후 등기를 이전한 경우(가령, 국가 소유의 토지를 공무원이 서류를 위조하여 자신명의로 바꾼 후 A에게 매도하여 등기이전하고, A가 이를 B에게 매도한 후 등기를 이전한 경우)에도, 매매계약은 유효하지만 소유권이전은 일어나지 않는다. 소유자가 아니어서 처분권한이 없기 때문이다. 위의 예에서 A가 배터리를 달라고 하는 것은 청약의 의사표시이고, B가 알았다고 말한 것은 승낙의 의사표시이다. 이 의사표시의 합치로 인해 매매계약이 성립한다. 이는 하나의 법률행위이다. 그리고 B가 배터리를 건네주고 A가 이를 받음으로써 배터리의 소유권이 이전되며, 이렇게 소유권을 변경시키는 행위(물권행위)도 하나의 법률행위이다. 이는 2천원에 대해서도 마찬가지이다. 따라서 위 사례에서 법률행위는 모두 3개가 있다.

다만 매매계약의 과정을 계약체결, 물권행위, 소유권이전으로 나누고, 계약이 무효면 물권행위가 무효여서 소유권이전도 무효라고 하는 것은 혼란을 가중시킨다(김제완, "느린 동작 화면으로 본 물권행위", 「아듀 물권행위」 참조). 오히려 계약체결과 이에 따른 소유권이전으로 나누는 것이 더 간명하다(물권행위는 이 과정 어딘가에 있다는 정도로 이해하면 된다). 가령, 유인과 무인도, 원인행위가 무효면 물권변동도 일어나지 않는 것을 '유인'이라고 하고, 원인행위가 무효여도 물권변동 자체는 인정하는 것을 '무인'이라고 하면 된다. 즉, 유인과 무인을 물권행위와 원인행위의 관계가 아니라 '재화이동과 법적 원인'의 관계로 보아도 계약법리의 이해에는 충분하다.

4. 허위표시의 철회

[135]   무효이므로 논리적으로는 철회가 무의미하지만, 선의의 제3자가 생길 수 있으므로 철회의 필요성이 있다(다수설). 철회 후에 허위표시에 따른 결과의 외형(가령, 이전등기)을 제거하면 선의의 제3자에게도 대항할 수 있다. 한편, 허위표시에 기해 가등기가 되었다가 허위표시가 철회된 후 무단으로 부적법하게 본등기가 행해졌다

---

26 이런 점에서 처분행위는 이행의 문제를 남기지 않는 행위라고 한다.

면, 이는 허위표시에 기한 등기가 아니라 원인무효의 등기이므로 선의의 제3자가 보호되지 않는다(2019다280375).

5. 적용범위

신분행위에서는 진의가 절대적으로 중요하므로, 언제나 무효이며 선의의 제3자 [136] 에 대해서도 무효이다. 다만 재산관계와 밀접한 관계에 있는 신분행위에 대해서는 제108조가 적용된다는 견해가 있다. 소송행위는 가장적이라는 이유로 무효가 되지 않는다. 당사자들끼리 가장된 다툼을 벌이고 판결이 난 경우에도, 그 판결은 유효하다. 공법행위도 마찬가지이다.

Ⅲ. 착오에 의한 의사표시

제109조(착오로 인한 의사표시) ① 의사표시는 법률행위의 내용의 중요부분에 착오가 있는 때에는 취소할 수 있다. 그러나 그 착오가 표의자의 중대한 과실로 인한 때에는 취소하지 못한다.
② 전항의 의사표시의 취소는 선의의 제3자에게 대항하지 못한다.

사례 15

A는 사설 경매장에서 친구 B를 부르기 위해 손을 들었는데, 이를 본 경매진행자가 낙찰을 선언했다. A는 경매대금을 지불해야 하는가?

1. 착오

일반적으로 착오란 인식과 사실이 다른 것이다. 제109조의 착오도 마찬가 [137] 지이다. 즉, 인식과 사실이 다른데도 이를 모르고 의사표시를 하는 것이다. 이러한 착오가 계약내용의 중요부분에 관한 것이면 계약을 취소할 수 있다. 계약 당시의 사실만이 이에 해당한다는 것이 다수 판례의 입장이다(71다2193 등).[27]

---

27 다만 "미필적인 장래의 불확실한 사실에 관한 것이라도 민법 제109조 소정의 착오에서 제외되는 것은 아니"라고 한 판결도 있어서(93다24810: 장차 부과될 양도소득세에 관해 양 당사자에게 공통의 착오가 있었던 사안. 또한 장래 도로로 편입될 토지의 면적에 대한 공통의 착오를 이유로 취소를 인정한 판결은: 2000다12259), 판례의 입장이 확정되었다고 보기는 어렵다.

• 사실관계: 원고(매수인)는 공장을 설립하기 위해 피고로부터 임야를 31억원에 매수했다. 이 임야는 계약체결 당시에는 지목이 '관리지역'으로 세부용도는 미정이었고, 당시 파주시장은 이 임야가 공장건설이 가능한 '계획관리지역'으로 지정되도록 노력하고 있었다. 원고는 장차 이 임야에서 공장을 지을 수 있을 것으로 믿고 매매계약을 체결했다. 그런데 예상과는 달리 경기도 지사가 이 임야를 '보전관리지역'으로 지정하여 공장을 지을 수 없게 되자 원고는 계약을 취소하면서 피고에게 매매대금의 반환을 청구하였다.

• 법원의 판단: 원심은 착오를 이유로 한 취소를 인정했다. 그러나 대법원은 착오가 없다면서 원심을 파기하였다.

"「민법」 제109조의 의사표시에 착오가 있다고 하려면 법률행위를 할 당시에 실제로 없는 사실을 있는 사실로 잘못 깨닫거나 아니면 실제로 있는 사실을 없는 것으로 잘못 생각하듯이 표의자의 인식과 그 대조사실이 어긋나는 경우라야 할 것이므로, 표의자가 행위를 할 당시에 장래에 있을 어떤 사항의 발생이 미필적임을 알아 그 발생을 예기한 데 지나지 않는 경우는, 표의자의 심리상태에 인식과 대조에 불일치가 있다고 할 수 없어 착오로 다룰 수는 없다 할 것이다."

2. 착오의 유형

(1) 내용의 착오

사례 16

B는 마늘 도매상으로써 시장에 '마늘 한 개당 100원'이라는 전단지를 뿌렸다. A는 마늘 1000개를 사려고 B에게 우편을 보내면서, '마늘 1000접을 사겠다'고 했다. B는 트럭에 마늘 1000접(10만 개)을 싣고 왔다. A는 B에게 1000만원을 지불해야 하는가?

[138]   착오의 원칙적인 사례는 '그런 내용의 권리의무'가 발생할지 몰랐던 경우이다. 즉, 자신은 x라는 내용의 권리의무가 성립할 것이라고 생각하고 의사표시를 했으나, 실제로는 y라는 내용의 권리의무가 발생하는 것이다. 이를 내용의 착오라고 하며, 이에는 의미의 착오와 표시상의 착오가 속한다.

[139]   의미의 착오[28]란 자신의 표시행위가 그런 객관적 의미를 가지는지 몰랐던 경우이다. 즉, 표의자는 표시하고자 하는 것을 표시했지만 그 표시의 법적 의미를 잘못 이해한 경우이다. 가령, 마늘 1000개를 사고자 했지만 1000접을 사겠다고 표시한 경우가 이에 해당한다.

---

28 의미의 착오와 내용의 착오는 서로 혼용되기도 한다. 아래에서 내용의 착오는 의미의 착오와 표시상의 착오를 함께 부르는 말로 사용하고자 한다.

A 고등학교의 교감은 고등학교를 대리하여 "25 Gros Rollen"의 화장실휴지를 B에게 주문했다. 객관적으로 Gros란 12×12개를 의미했다. 따라서 그 주문서에 따르면 12×12×25개(3600개)를 주문한 것이 되었다. B는 3600개의 휴지를 배달했다. 그러나 그 휴지는 한 개마다 1000장의 종이가 들어있었고, 이 1개만으로도 가정집에서는 몇 년을 쓸 분량이었다. 그리고 교감은 "Gros"란 말이 단지 포장방식을 뜻하는 것으로만 알았다. 따라서 그는 25 Rollen을 주문하고자 했을 뿐이었다. A 고등학교는 그 휴지의 수령을 거부하면서 착오를 이유로 매매계약을 취소했다.

표시상의 착오란 표시하고자 의도했던 것과 다른 표시를 하는 것이다. 가령 300 [140] 만원이라고 쓸 생각이었는데 30만원이라고 잘못 쓰고, '표시행위의 객관적 의미'대로 30만원의 권리의무가 발생한 경우이다.

신원보증서류에 서명날인한다는 착각에 빠진 상태로 연대보증의 서면에 서명날인한 경우, 결국 위와 같은 행위는 강학상 기명날인의 착오(또는 서명 착오), 즉 어떤 사람이 자신의 의사와 다른 법률효과를 발생시키는 내용의 서면에, 그것을 읽지 않거나 올바르게 이해하지 못한 채 기명날인을 하는 이른바 표시상의 착오에 해당[한다.] [파기환송심에서는 중대한 과실에 의한 착오라는 주장이 있었지만 부정됨(2005나44635). 착오자가 교사이고 서명란이 표시된 서류를 수업시간이 닥친 상황에서 보고 서명란에 바로 서명한 사안].

표시기관의 착오란 표의자가 사자(使者)[29] 등 의사전달기관을 매개로 표시행위 [141] 를 하고, 이러한 매개자가 표의자의 의사와 다르게 표시행위를 하는 것을 말한다. 학설은 이를 '표시상의 착오'에 준하는 것으로 다루고 있다.

대리인이 잘못 표시한 경우에는 표시상의 착오에 준하여 판단하지 않고, 대리 [142] 인을 기준으로 의사표시의 효과를 문제 삼는다(제116조). 따라서 대리인이 착오에 빠지지 않았다면 착오에 의한 의사표시가 아니다.

▌무의식적 불합의(숨은 불합의)

계약에서 내용의 착오나 표시상의 착오는 일방의 의사(x)와 타방의 의사(y)가 다르지만, 표시는 동일하여(y) 그 객관적 의미대로 계약이 성립하는 경우이다. 그런데 표시가 일응 일치하는 것처럼 보임에도 불구하고 계약이 성립하지 않는 경우도 있다. 이는 표시행위에 외견상의 일치가 있더라도 그 객관적 의미가 양쪽으로 다 해석될 수 있어서 어느 하나로 확정되지 않는 경우에 발생한다. 이를 무의식적 불합의라고 한다. 의사표시가 합치하지 않으면 당사자가 이를 의식했든(의식적 불

---

29 의사표시를 전달하는 사람이란 뜻이다.

합의: 서로 다른 가격의 제시 등), 의식하지 못했든(무의식적 불합의) 계약은 성립하지 않는다. 이와 같이 착오에서는 일단 '표시행위의 객관적 의미'대로 계약이 성립하고, 다만 착오자의 취소권만이 문제되는 반면, 무의식적 불합의에서는 '표시행위의 객관적 의미'가 확정되지 않아 계약이 성립하지 않는다.

사례 17

A에게는 중고 소나타 자동차 2대가 있는데, 하나는 10년 된 모델로 시중가격이 300만원이고, 다른 하나는 3년 된 모델로 시중가격이 800만원이다. 이러한 사실을 알고 있는 B는 A에게 소나타를 500만원에 팔라고 했다. A는 B가 자신에게 신세 갚을 일이 있다고 말해왔었다는 점을 생각해서 300만원짜리 소나타를 500만원에 사려고 한다고 생각했고, 그렇게 하겠다는 답장을 보냈다. 하지만 B는 800만원짜리 소나타를 살 생각이었다.

• 해설: 여기에서 '소나타'란 표시는 양자(10년 된 모델과 3년 된 모델) 모두로 이해될 수 있고, 누구의 의사에 대하여도 우선권을 줄 수 없다. 즉, A의 의사표시는 10년 된 모델로 해석되고, B의 의사표시는 3년 된 모델로 해석된다. 따라서 청약과 승낙은 합치하지 않고, 양자 모두 이를 의식하지 못하고 있다(무의식적 불합의).

판례 46 | Raffles v. Wichelhaus, 2 H. & C. 906, 159 Eng. Rep. 375 (1864).

매도인과 매수인은 봄베이 항구에 있는 Peerless라는 배에서 리버풀로 실려 오는 면화에 대해 매매계약을 체결했다. 하지만 두 사람은 그 항구에 Peerless라는 배가 두 대 있다는 것을 몰랐다. 매도인은 매수인에게 Peerless라는 배에 있는 면화를 인도받고, 대금을 지급하라고 했다. 하지만 매수인은, 자신은 10월에 출항한 Peerless라는 배에 있는 면화를 인도하라고 요구하고 있는데, 매도인은 12월에 출항한 Peerless라는 배에 있는 면화를 인도하겠다고 하므로, 그 인도를 받지 않겠다고 주장했다. 법원은 두 사람이 서로 다른 배를 생각하고 있었다는 점에서 숨은 모호성(latent ambiguity)으로 인해 합의가 없고, 따라서 계약이 성립하지 않았다고 판단했다.

(2) 동기의 착오

사례 18

(1) A는 B의 집에서 박수근 화백의 그림이라고 하는 X를 보고 이를 샀는데, X는 박수근 화백이 그린 것이 아니라 위작인 것으로 밝혀졌다.
(2) A는 건물을 짓기 위해 B로부터 X토지를 매수하였다. 그러나 그 토지는 건축허가가 나오지 않는 토지였다. A는 매매계약을 취소할 수 있는가?

[143]　　　일정한 내용의 권리의무가 발생한다는 점에 대해서는 의사가 있었지만, 그런 권리의무를 발생시키려고 했던 이유에 착오가 있는 경우도 있는데, 이를 동기의 착오

라고 한다. 위의 (1) 사례에서 A는 바로 그 그림을 사려는 마음으로(의사) 그 그림을 사겠다고 했으므로(표시), 의사와 표시 사이에는 불일치가 없다. 그러나 그 그림을 사려고 했던 이유는 박수근 화백의 그림이라고 생각했기 때문인데 사실은 그렇지 않으므로, 효과의사의 형성과정에 착오가 있다. 즉, 표시행위에 대응하는 효과의사는 있으나 그 효과의사를 형성하게 된 동기가 사실과 일치하지 않는 것이다. 이러한 착오를 동기의 착오라고 한다. 실제의 사례는 대부분 이러한 동기의 착오다.

'동기의 착오'도 제109조가 말하는 '법률행위의 내용의 중요부분에 대한 착오'에 [144] 해당하는지, 해당한다면 어떤 조건하에서 그러한지에 대해서는 학설상의 다툼이 있다. 판례는 원칙적으로 동기의 착오는 고려하지 않지만, 그것이 '표시되어서 법률행위의 내용으로 된 경우'에는 고려된다고 한다. 표시되면 족하고 당사자들 사이에 별도로 그 동기를 의사표시의 내용으로 삼기로 하는 합의까지 있을 필요는 없다.

판례 47 │ **대법원 1985. 4. 23. 선고 84다카890 판결 [양수금]**

의사표시의 착오가 법률행위의 내용의 중요부분에 착오가 있는 이른바 요소의 착오이냐의 여부는 그 각 행위에 관하여 주관적, 객관적 표준에 쫓아 구체적 사정에 따라 가려져야 할 것이고 추상적, 일률적으로 이를 가릴 수는 없다고 할 것이나 착오라는 것은 의사표시의 내용과 내심의 의사가 일치하지 않는 것을 표시자가 모르는 것이므로 <u>단순히 내심적 효과의사의 형성과정에 착오가 발생한 이른바 연유의 착오 또는 동기의 착오는 내심적 효과의사와 참뜻 사이에 착오가 있음에 그치고 이 내심적 효과의사와 표시와의 사이에는 그 불일치가 없다고 할 것인즉 민법 제109조가 정하는 의사표시의 착오에 관한 문제는 제기될 수 없다.</u>

• 정리: 원고(매도인)와 피고(강릉시) 사이에 부동산에 대한 매매계약이 체결되었는데, 피고시의 시장이 배임행위를 하여 시가보다 비싸게 이를 구매하였다. 피고는 신의칙 위반, 사기, 착오 등을 이유로 계약의 무효, 취소를 주장했지만, 법원은 받아들이지 않았다. 이 판결에서는 동기의 착오는 제109조의 착오가 아니라고 했으나 이는 동기의 착오 일반에 관한 것은 아니라고 봐야 한다. 이 판결에서는 '가격에 대한 착오'만이 문제되었기 때문에 이러한 언급을 한 것으로 보인다. 목적물의 성질, 당사자의 동일성 등에 대한 착오는 제109조의 적용영역에 속한다는 것이 판례의 입장이자 일반적 견해이다.

판례 48 │ **대법원 1984. 10. 23. 선고 83다카1187 판결 [계약금반환]**

• 판례 요약: 원고는 피고로부터 과수원으로 사용되던 토지를 매수하는 계약을 체결하고 계약금을 지불하였다. 원고는 그곳에서 우사를 짓고자 했는데, 이후 그것이 불가능하다는 것을 알고 계약금반환을 청구했다. 이러한 주장이 취소에 해당하고, 그 주장이 성공한다면 원고는 계약금 전액을 돌려받을 수 있다. 그렇지 않고 취소가 인정되지 않는다면 계약금은 반환받을 수 없다. 법원은 우사를 지으려던 원고의 동기가 표시되지 않았다면서 취소권을 부정했다.

"동기에 착오를 일으켜서 계약을 체결한 경우에는 당사자 사이에 특히 그 동기를 계약의 내용으로 삼은 때에 한하여 이를 이유로 당해 계약을 취소할 수 있다고 할 것인 바, 원고는 이 사건 토지를 매수하여 피고가 경영하던 감나무 과수원을 그대로 운영하면서 소를 4, 5마리 사육하여 그 거름을 얻어서 비료로 쓰겠다고 말한 사실이 있을 뿐이고, 이 사건 매매계약 당시에 달리 원고 주장의 매수동기를 표명하였음을 인정하기 어렵다."

⇨ 축사건축이라는 토지의 매수동기를 표명하지 않았으므로 그 동기를 매매계약의 내용으로 삼았다고 할 수 없고, 따라서 여기에 착오가 있다는 이유로 취소할 수 없다.

판례 49 | **대법원 2000. 5. 12. 선고 2000다12259 판결 [매매대금]**

• 요약: 매매계약 체결 당시에 중개인들이 매매대상 토지 중 약 20~30평가량만 도로에 편입될 것이라 하여 원고는 그렇게 알고 주택을 신축하기 위하여 위 토지를 매수하였고 이러한 점 등은 모두 계약체결과정에서 현출되어 원·피고가 이를 알고 있었다. 그런데 그 후 실제로 편입된 면적이 197평이나 되어 남은 토지만으로는 원고가 매매계약을 체결한 목적을 달성할 수 없어 착오를 이유로 매매계약을 취소하였다.

판례 50 | **대법원 1995. 11. 21. 선고 95다5516 판결 [손해배상(기)]**

동기의 착오를 이유로 법률행위를 취소할 수 있게 되는 요건으로서의 중요부분의 착오는, 표의자가 그 동기를 당해 의사표시의 내용으로 삼을 것을 상대방에게 표시하고 의사표시의 해석상 법률행위의 내용으로 되어 있다고 인정되면 충분하고, 당사자들 사이에 별도로 그 동기를 의사표시의 내용으로 삼기로 하는 합의까지 이루어질 필요는 없다.

• 요약: 원고는 피고시로부터 토지를 매수함에 있어서 피고시 주무계장으로부터 건축법상 아무런 제한이 없다는 확인을 받고서 아파트 300여 세대를 건축하기 위하여 토지를 매수했고, 이러한 동기는 매매계약 체결시에 표시되었다. 하지만 용적률이 원고의 생각과는 달리 300여 세대의 아파트를 짓기에는 부족했다. 원고는 피고와의 매매계약을 취소했다.

[145] 상대방이 동기의 착오를 유발한 경우에는 그 동기가 표시된 것으로 보거나(97다6063), 표시 여부를 묻지 않고 착오에 의한 취소를 인정한다. 동기에 관해 공통의 착오가 있는 경우에도 마찬가지이다(93다24810).

판례 51 | **대법원 1997. 8. 26. 선고 97다6063 판결 [부당이득금반환]**

경계선을 침범하였다는 상대방의 강력한 주장에 의하여 착오로 그간의 경계 침범에 대한 보상금 내지 위로금 명목으로 금원을 지급한 경우, 진정한 경계선에 관한 착오는 위의 금원 지급 약정을 하게 된 동기의 착오이지만 그와 같은 동기의 착오는 상대방의 강력한 주장에 의하여 생긴 것으로서 표의자가 그 동기를 의사표시의 내용으로 표시하였다고 보아야 [한다.]

| 판례 52 | 대법원 1994. 6. 10. 선고 93다24810 판결 [약정금] |

원고의 대리인인 위 최○○이 원고가 납부하여야 할 양도소득세 등의 세액이 피고가 부담하기로 한 금 532,399,720원뿐이므로 원고의 부담은 없을 것이라는 착오를 일으키지 않았더라면 피고와 이 사건 매매계약을 체결하지 않았거나 아니면 적어도 동일한 내용으로 계약을 체결하지는 않았을 것임이 명백하고, 나아가 원고가 그와 같이 착오를 일으키게 된 계기를 제공한 원인이 피고 측에 있을 뿐만 아니라 피고도 원고가 납부하여야 할 세액에 관하여 원고와 동일한 착오에 빠져 있었다는 사정을 고려하면 원고의 위와 같은 착오는 이 사건 매매계약의 내용의 중요부분에 관한 것에 해당한다.

(3) 법률의 착오

민법 제109조는 법률의 착오를 제외하지 않으므로 착오의 일반이론에 따라 [146]
서 해결해야 한다. 법원은 양도소득세가 부과될 것인데도 부과되지 아니하는 것으로 오인한 사례에서 "법률에 관한 착오라도 법률행위의 내용의 중요부분에 관한 것인 때에는 표의자는 그 의사표시를 취소할 수 있다"고 했다(80다2475).

3. '법률행위의 내용의 중요부분'에 관한 착오

(1) '법률행위의 내용'

모든 착오에 대해 제109조가 적용되지는 않는다. 제109조에 따르면 법률행위의 [147]
내용, 즉 권리의무의 내용과 관련해서 중요부분에 착오가 있을 때에만 취소할 수 있다. 이 말은 의사표시를 한 경우, 일단 '표시행위의 객관적 의미'대로 권리의무가 발생하지만, 그런 권리의무의 발생에 관해 중요부분에서 착각한 경우 취소할 수 있다는 뜻이다. 꼭, 내용의 착오여야 하는 것은 아니고, 동기의 착오라 하더라도 표시되거나 상대방에게 알려진 경우에는 그 중요도에 따라 취소가 결정된다.

(2) 중요부분

중요부분에 대한 착오가 인정되기 위해서는 [148]
ㄱ. 표의자가 이러한 착오가 없었더라면 그 의사표시를 하지 않았을 것이라고 생각될 정도로 중요한 것이어야 하며(주관적 요건),
ㄴ. 보통 일반인이 표의자의 입장에 섰더라면 그러한 의사표시를 하지 않았을 것이라고 생각될 정도로 중요한 것이어야 한다(객관적 요건).

| 판례 53 | 대법원 1997. 9. 30. 선고 97다26210 판결 [매매대금반환등] |

법률행위의 내용의 착오는 보통 일반인이 표의자의 입장에 섰더라면 그와 같은 의사표시

틀 하지 아니하였으리라고 여겨질 정도로 그 착오가 중요한 부분에 관한 것이어야 한다.
건물에 대한 매매계약 체결 직후 건물이 건축선을 침범하여 건축된 사실을 알았으나 매도인이 법률전문가의 자문에 의하면 준공검사가 난 건물이므로 행정소송을 통해 구청장의 철거 지시를 취소할 수 있다고 하여 매수인이 그 말을 믿고 매매계약을 해제하지 않고 대금지급의무를 이행한 경우라면 … 매수인뿐만 아니라 일반인이면 누구라도 건물 중 건축선을 침범한 부분이 철거되는 것을 알았더라면 그 대지 및 건물을 매수하지 아니하였으리라는 사정이 엿보이므로, 결국 매수인이 매매계약을 체결함에 있어 그 내용의 중요 부분에 착오가 있는 때에 해당[한다.]

[149] "법률행위의 내용이 중요부분에 착오가 있는가의 여부는 각 행위에 관하여 주관적·객관적 표준에 좇아 구체적 사정에 따라 가려져야 할 것이고 추상적·일률적으로 이를 정할 수 없다"(84다카890).

| 판례 54 | 대법원 1995. 12. 22. 선고 95다37087 판결 [근저당권설정등기말소] |

갑이 채무자라인 백지로 된 근저당권설정계약서를 제시받고 그 채무자가 을인 것으로 알고 근저당권설정자로 서명날인을 하였는데 그 후 채무자가 병으로 되어 근저당권설정등기가 경료된 경우, 갑은 그 소유의 부동산에 관하여 근저당권설정계약상의 채무자를 병이 아닌 을로 오인한 나머지 근저당설정의 의사표시를 한 것이고, 이와 같은 채무자의 동일성에 관한 착오는 법률행위 내용의 중요부분에 관한 착오에 해당한다.

| 판례 55 | 대법원 1999. 2. 23. 선고 98다47924 판결 [소유권이전등기말소] |

착오가 법률행위 내용의 중요 부분에 있다고 하기 위하여는 표의자에 의하여 추구된 목적을 고려하여 합리적으로 판단하여 볼 때 표시와 의사의 불일치가 객관적으로 현저하여야 하고, 만일 그 착오로 인하여 표의자가 무슨 경제적인 불이익을 입은 것이 아니라고 한다면 이를 법률행위 내용의 중요 부분의 착오라고 할 수 없다.
군유지로 등기된 군립공원 내에 건물 기타 영구 시설물을 지어 이를 군(郡)에 기부채납하고 그 부지 및 기부채납한 시설물을 사용하기로 약정하였으나 후에 그 부지가 군유지가 아니라 이(里) 주민의 총유로 밝혀진 사안에서, 군수가 여전히 공원관리청이고 기부채납자의 관리권이 계속 보장되는 점에 비추어 소유권 귀속에 대한 착오가 기부채납의 중요 부분에 관한 착오라고 볼 수 없다고 한 사례.

4. 착오의 효과

[150] 착오 있는 의사표시는 일단 유효하지만, 표의자가 착오를 이유로 취소할 수 있다. 착오를 이유로 법률행위가 취소되면(제109조 1항), 그 법률행위는 처음부터 무효인 것으로 본다(제141조 본문). 단, 당사자끼리 취소권을 배제하는 합의를 하면 취소할 수 없다(2013다97694).

| 판례 56 | 대법원 2016. 4. 15. 선고 2013다97694 판결 [주식양도대금반환등] |

• 사실관계: 피고 아샘 등은 담보권의 실행으로 비상장회사인 '태주'의 주식을 취득하게 되었고, 원고는 피고 아샘 등으로부터 태주의 주식을 매수하였다. 원고는 주식 매수시에 피고 회계법인의 태주에 대한 회계감사보고서를 확인하였다. 원고와 피고 아샘 등의 주식매매계약서에는 "태주의 가치에 대한 착오, 무지, 우발채무 및 부외부채가 있음을 이유로 원고가 피고 아샘 등에게 책임을 물을 수 없다"고 명시하였다. 이후 감사보고서가 태주의 실제 재무상태를 정확히 반영하지 못한 사정이 밝혀지자 원고는 주식매매계약을 취소하고 피고 아샘 등에게 주식매매대금의 반환을 청구했다(피고 회계법인에 대하여는 불법행위를 이유로 손해배상청구).
• 법원의 판단: 당사자의 합의로 착오로 인한 의사표시 취소에 관한 민법 제109조 제1항의 적용을 배제할 수 있다. 원고와 피고 아샘 등은 태주의 재무상태에 대한 착오로 인한 취소권은 배제하기로 합의하였으므로, 원고는 피고를 상대로 착오를 이유로 한 취소권을 행사할 수 없다(피고 회계법인에 대한 손해배상청구는 긍정).
• 정리: 원고(매수인)와 피고 아샘 등은 모두 '태주'의 정확한 재무상태를 모르는 상태에서 계약을 체결하였으며, 이러한 불확실성의 위험을 원고가 지는 것으로 합의했다고 볼 수 있다. 즉, 계약체결시에 미리 불확실성의 위험을 분배해 두었던 것이다. 이후 원고가 이러한 합의의 의미를 축소시키면서 피고 아샘 등에게 책임을 묻고자 했으나 법원은 이를 부정했다.

법률행위의 일부에 관하여 착오가 있어서 취소되는 경우에, 가분성이 인정 [151]
되고 당사자가 나머지 부분만이라도 유효한 거래를 의욕했을 경우라면, 착오에
의하여 취소된 부분만 무효로 된다(74다54).

| 판례 57 | 대법원 1974. 4. 23. 선고 74다54 판결 [손해배상] |

원고는 이 사건 토지 1800평 외 4필지 3,737평을 피고로부터 매수하여 그 매매대금을 완급하였으나 이 사건 토지인 전 1,800평은 원, 피고 간의 매매계약체결 당시에는 공부상으로는 전으로 되어 있었으나 그 현황은 경안천의 유수의 변동으로 그중 1,355평은 하천부지로 그 지상에 물이 흐르고 나머지 445평은 자갈밭과 무너진 뚝을 이루고 있었는데 … 원고는 농지인 것으로 잘못 알고 이 사건 매매계약을 체결하였는바 원고가 사전에 이런 하천부지등이란 사실을 알았더라면 위 1,800평에 대한 매매계약을 체결하지 아니하였을 뿐 아니라 원고가 이러한 사실을 알지 못하였음에 중대한 과실이 있었다고도 볼 수 없다.
원고가 매매목적물의 전부인 위 3,737평에 대한 원, 피고 간의 매매계약의 취소를 구하는데, 이 사건 문제의 토지인 1,800평에 대하여서만 그 현황 경계에 관한 착오는 매매계약의 중요한 부분에 대한 착오이고, 원, 피고 간의 위 1필지 1,800평에 대한 매매계약 부분은 원고의 취소의 의사표시로 인하여 취소되었고 나머지 4필지의 토지에 대한 매매계약은 여전히 유효하다.

*착오와 보충적 해석 [152]

계약 당사자 쌍방이 같은 착오(공통의 동기착오)에 빠진 경우에서 우리 법원은
'그러한 착오가 없었다면 약정했을 내용으로 당사자의 의사를 보충하여' 계약을 '수

정 해석'하기도 한다(2005다13288 등).[30]

판례 58 | 대법원 2006. 11. 23. 선고 2005다13288 판결 [부당이득금]

계약 당사자 쌍방이 계약의 전제나 기초가 되는 사항에 관하여 같은 내용으로 착오가 있고 이로
인하여 그에 관한 구체적 약정을 하지 아니하였다면, 당사자가 그러한 착오가 없을 때에 약정하
였을 것으로 보이는 내용으로 당사자의 의사를 보충하여 계약을 해석할 수 있는바, 여기서 보충
되는 당사자의 의사는 당사자의 실제 의사 또는 주관적 의사가 아니라 계약의 목적, 거래관행,
적용법규, 신의칙 등에 비추어 객관적으로 추인되는 정당한 이익조정 의사를 말한다.

• 요약: 기부채납 후 사용료를 면제받는 경우가 부가가치세 납부대상인지를 몰라 이에 대해
규정하지 않았는데, 원심이 보충적 해석을 통해 국가(수증자)에게 부가가치세를 부담시
켰다. 대법원은 보충적 해석이 가능하다는 것은 인정하면서도 사안에서는 착오가 없었어
도 국가가 부가가치세를 부담하는 약정을 하지 않았을 것이라면서 원심을 파기했다.

▌법률행위의 구분 3 - 계약, 단독행위, 합동행위

착오자가 계약을 취소하면 그 계약은 소급적으로 무효가 되고, 따라서 당사자 사이에는 권리의무가
발생하지 않았던 것으로 된다. 이와 같이 하나의 의사표시(취소)에 의하여 법률관계에 변동이 생기
는 경우(예 권리의무의 소멸)의 법률행위를 단독행위라고 한다. 단독행위는 상대방이 있는 경우와
없는 경우가 있다. 상대방 없는 단독행위로는 '유언'·'재단법인의 설립'·'권리의 포기' 등이 있다.
상대방 있는 단독행위 중 타인에게 불이익(권리의 소멸이나 의무의 창설)을 주는 것은 당사자 사이
에 이를 유보하는 '약정'이나 '법률의 규정'에 의해 이를 행사할 수 있는 권리가 있어야 할 수 있다.
이러한 권리를 형성권이라고 한다(예 취소권·해제권).
합동행위는 방향을 같이 하는 두 개 이상의 의사표시가 합치하여 성립하는 법률행위라고 한
다(다수설). 계약은 '대립하는' 두 개 이상의 의사표시의 합치를 요구하는 데 반하여 합동행
위는 '방향을 같이' 한다는 점에서 다르다고 한다. 그러나 합동행위는 계약의 일종으로 보면
충분할 것이다. 계약에서 둘 이상의 의사표시가 '대립'해야 하는 것은 아니기 때문이다.
의사표시와 법률행위는 사적자치를 중시한 근대 (독일)민법학이 계약과 유언에 공통된 요소로 '자유
로운 의사를 표현함으로써 권리관계를 만들 수 있음'에 주목하여 만들어낸 개념이다. 계약과 유언
에 공통된 요소를 추출하여 법률행위라는 개념을 만든 것까지는 괜찮은데(꼭 필요한 것은 아니다),
'단독행위'란 이름으로 '취소나 상계, 해제, 심지어 동의'까지 법률행위에 포함시키는 것은 계약법리
의 이해를 방해한다. 이런 단독행위는 형성권의 행사인데, 여기서는 '권리관계 설정의 자유'가 상당
히 협소하다. 가령, 취소권은 일정한 요건이 갖추어진 경우에(행사 여부의 자유제한) 특정 상대방에
게만 할 수 있고(상대방 선택의 자유 없음), 그 효과는 법으로 정해져 있다(내용형성의 자유도 없음).
이처럼 허용된 경우에만 행사하여, 허용된 범위의 효과만 발생시키는 것(형성권 행사의 단독행위)을

---

30 다만 이 경우의 착오는 '제109조의 착오'가 아니다. 제109조의 착오는 해석에 의해 정해진 권리의무
   를 전제로 하는데('이 의무를 부담하게 된 것은 착오 때문이다'), 해석시에 착오를 반영하면 더 이상
   제109조의 착오는 없기 때문이다. 이는 숨은 불합의시의 착오가 제109조의 적용영역이 아닌 것과
   마찬가지이다.

> 계약과 동 순위의 것으로 다룰 것은 아니다. 이와 관련된 문제는 대부분 계약과 관련하여 생기므로,
> 계약에 수반하는 특수문제로 다루면 충분하다.

5. 중대한 과실이 있는 때에는 취소할 수 없다

사례 19

"한맥투자증권은 2013년 12월 직원의 주문 실수로 시장가격보다 훨씬 낮거나 높은 가격에 매물을 쏟아냈다. 2분 만에 약 460억원의 손실이 발생했다. 한맥은 이 실수로 이익을 본 증권사와 헤지펀드를 상대로 이익금 환수에 나섰지만 실패했고 결국 파산했다"(경향신문, 2023. 5. 14.).

중대한 과실이란 표의자의 직업·행위의 종류·목적 등에 비추어 일반적으로 요 [153] 구되는 주의를 지나치게 결여한 것을 말한다. 중대한 과실의 증명책임은 의사표시의 상대방이 부담한다(이는 조문 구조에 의해서 추론된다).

판례 59 | 대법원 1993. 6. 29. 선고 92다38881 판결 [계약금등]

민법 제109조 제1항 단서에서 규정하고 있는 "중대한 과실"이라 함은 표의자의 직업, 행위의 종류, 목적 등에 비추어 보통 요구되는 주의를 현저하게 결여한 것을 말한다.
공장을 경영하는 자가 공장이 협소하여 새로운 공장을 설립할 목적으로 토지를 매수함에 있어 토지상에 공장을 건축할 수 있는지 여부를 관할관청에 알아보지 아니한 과실이 "가"항의 "중대한 과실"에 해당한다고 한 사례.

판례 60 | 대법원 1997. 8. 22. 선고 96다26657 판결 [구상금]

* 평범한 도자기를 고려시대에 제작된 고려청자로 오신하고 4천3백만원에 매수하기로 한 사례.
민법 제109조 제1항 단서에서 규정하고 있는 '중대한 과실'이라 함은 표의자의 직업, 행위의 종류, 목적 등에 비추어 보통 요구되는 주의를 현저히 결여한 것을 말하는 것인바, … [매수인인] 손○○이 이 사건 매매계약을 체결하면서 자신의 식별 능력과 매매를 소개한 원고를 과신한 나머지 이 사건 도자기가 고려청자 진품이라고 믿고 소장자를 만나 그 출처를 물어보지 아니하고 전문적 감정인의 감정을 거치지 아니한 채 이 사건 도자기를 고가로 매수하고 이 사건 도자기가 고려청자가 아닐 경우를 대비하여 필요한 조치를 강구하지 아니한 잘못이 있다고 하더라도 그와 같은 사정만으로는 … 매매계약 체결시 요구되는 통상의 주의의무를 현저하게 결여하였다고 보기는 어렵다고 할 것이다.

상대방이 표의자의 착오를 알면서 이를 이용한 경우에는 제109조 1항 단서의 [154] 규정을 원용할 수 없다(2013다49794). 따라서 표의자에게 중대한 과실이 있더라도 표의자는 그의 의사표시를 취소할 수 있다.

대법원 2014. 11. 27. 선고 2013다49794 판결 [부당이득금반환]

민법 제109조 제1항 단서는 의사표시의 착오가 표의자의 중대한 과실로 인한 때에는 그 의사표시를 취소하지 못한다고 규정하고 있는바, 위 단서 규정은 표의자의 상대방의 이익을 보호하기 위한 것이므로, 상대방이 표의자의 착오를 알고 이를 이용한 경우에는 그 착오가 표의자의 중대한 과실로 인한 것이라고 하더라도 표의자는 그 의사표시를 취소할 수 있다고 할 것이다.

• 사실관계: 원고(미래에셋증권)의 직원 소외 1이 주식 당일 개장 전인 08:50경 선물스프레드 15,000계약의 매수주문을 입력하면서 주문가격란에 0.80원을 입력하여야 함에도 '.'을 찍지 않아 80원을 입력하였다. 이 사건 선물스프레드는 평소에는 전날 종가를 기준으로 0.1원 내지 0.3원의 변동이 있는데, 이 사건 거래 전날 종가는 0.9원이었다. 피고(유안타증권)의 직원 소외 2는 거래 당일 개장 전인 08:54경 1.1원에 선물스프레드 332계약을 매도하겠다는 주문을 입력해두었다가 09:00:03:60 위 주문이 80원에 체결되자, 거래화면에 나온 매수호가 80원을 클릭하여 주문가격을 80원으로 한 후 불과 수초 사이에 10,000계약을 주문하였다. 소외 2는 이 사건 거래가 있기 전까지 이 사건 선물스프레드에 대하여 하루 1,000계약 이상의 주문은 하지 않았다. 이에 원고는 피고를 상대로 계약을 취소한 후 부당이득반환청구를 하였다.

• 법원의 판단: 피고가 최초에 매80원에 매매계약을 체결한 후에는 이 사건 매수주문의 주문가격이 80원인 사실을 확인함으로써 그것이 주문자의 착오로 인한 것임을 충분히 알고 있었고, 이를 이용하여 다른 매도자들보다 먼저 매매계약을 체결하여 시가와의 차액을 얻을 목적으로 단시간 내에 여러 차례 매도주문을 냄으로써 이 사건 거래를 성립시켰으므로, 원고 미래에셋증권이 이 사건 매수주문을 함에 있어서 중대한 과실이 있었다고 하더라도 착오를 이유로 이를 취소할 수 있다고 판단하였다.

대법원 2023. 4. 27. 선고 2017다227264 판결 [부당이득금]

• 사실관계: 한맥투자증권은 와이즈시스템 소프트웨어를 설치하고, 와이즈시스템 소속 직원으로 하여금 이자율 등 변수를 입력하도록 하여 그 입력된 조건에 따라 파생상품거래를 하였다. 와이즈시스템 소속 직원이 이자율을 계산하기 위한 설정값에 '잔존일수/365'를 '잔존일수/0'으로 잘못 입력하였다. 복수의 투자중개업자들이 위 입력값에 따라 매매거래를 체결했고, 이 거래는 한맥에게 약 460억원의 손해를 입혔다. 한맥투자증권이 이 사건 매매거래로 부담하게 된 결제대금 중 일부만을 한국거래소에 납부하자, 한국거래소가 피고의 투자중개업자들에게 결제대금 전액을 지급하였고, 피고의 투자중개업자들은 이를 피고의 파생상품계좌에 입금하였다. 이후 한맥투자증권은 피고 및 피고의 투자중개업자들에게 착오를 이유로 이 사건 매매거래를 취소하는 의사표시를 하고, 부당이득반환을 청구하였다. 원고는 한맥투자증권의 파산관재인이다.

• 법원의 판단: 원고가 착오에 의해 의사표시를 한 것은 맞지만 중대한 과실이 있고, 피고가 이를 이용한 것도 아니므로 원고는 계약을 취소할 수 없다. ⇨ 원고의 청구 기각
"한국거래소가 설치한 파생상품시장에서 이루어지는 파생상품거래와 관련하여 상대방 투자중개업자나 그 위탁자가 표의자의 착오를 알고 이용했는지 여부를 판단할 때에는 파생상품시장 서가격이 결정되고 계약이 체결되는 방식, 당시의 시장 상황이나 거래관행, 거래량, 관련 당사자

사이의 구체적인 거래형태와 호가 제출의 선후 등을 종합적으로 고려하여야 하고, 단순히 표의자가 제출한 호가가 당시 시장가격에 비추어 이례적이라는 사정만으로 표의자의 착오를 알고 이용하였다고 단정할 수 없다."

"한맥투자증권은 자본시장법상 금융투자업자로서 파생상품거래 시스템에 호가를 입력하기 전에 호가의 적합성 등을 점검해야 할 의무를 부담하고 있고, 금융투자상품의 매매를 위한 호가 제시 업무는 자본시장법상 투자매매업자에게만 위탁할 수 있음에도 이를 위반하여 투자매매업자가 아닌 와이즈시스템의 직원으로 하여금 이 사건 소프트웨어에 자신이 제출할 호가에 영향을 줄 수 있는 수치를 입력하도록 하였다. 이러한 사정 등에 의하면 이 사건 매매거래에 관한 한맥투자증권의 착오는 중대한 과실로 인한 것이다.

… 피고는 이 사건 매매거래일 전후 일정 기간 계속하여 이 사건 매매거래에서와 동일한 방식으로 호가를 제시하여 왔는데, 순위험증거금액 제도를 고려할 때 위와 같은 피고의 호가가 우연히 발생할지도 모르는 한맥투자증권의 착오를 이용할 목적으로 사전에 마련된 것이라고 단정할 수 없으며, 이 사건 매매거래 중에는 옵션의 예상 가치에 근접한 가격의 거래 등 한맥투자증권의 착오에 의하여 체결되었다고 보기 어려운 거래도 상당 부분을 차지하고 있다. 이러한 사정을 고려하면 피고가 한맥투자증권의 착오를 이용하여 이 사건 매매거래를 체결하였다고 보기 어렵다."

이상 착오 취소의 요건을 보면 법률행위의 내용에 관한 착오여야 하고, 그 착오가 중요부분에 대한 것이어야 하며, 의사표시를 한 자에게 중과실이 없어야 한다. [155]

6. 선의의 제3자에게 대항하지 못한다

착오로 인한 의사표시의 취소는 '선의의 제3자에게 대항하지 못한다'(제109조 2항). [156]
⇨ 허위표시 참조

7. 착오취소자의 손해배상책임

착오자에게 경과실이 있다면 그는 계약을 취소할 수 있고, 이 경우 계약이행을 [157] 위해 비용을 들인 상대방은 예상치 못한 손해를 입게 된다. 이에 따라 착오취소자가 상대방에게 손해배상을 해야 한다는 논의가 있다. 이에 관해 민법의 명문 규정은 없다. **판례**는 과실 있는 착오로 계약을 체결한 행위나, 이를 이유로 계약을 취소한 행위의 위법성을 부정함으로써 불법행위의 성립 및 손해배상책임을 부정한다. 이에 반해 학설상으로는 민법 제535조를 유추적용하여 신뢰이익배상책임을 인정하는 견해가 다수이다. 불법행위에 기초하여 손해배상책임을 인정해야 한다는 견해도 있다. 자신의 귀책사유로 무효가 될 수 있는 계약에 상대방을 끌어들이는 행위는 위법하고, 취소를 통해서 상대방에게 손해를 입히면 불법행위를 구성한다는 것이다. 착오자에게 중과실이 있다면 취소가 인정되지 않으므로 손해배상책임도 문제되지 않는다. 독일의 화장지 사례와 같은 경우(⑨ 마늘 사례)라면 착오취소자가 비용을 배상하는 것이 타당할 것이다.

판례 63 │ 대법원 1997. 8. 22. 선고 97다13023 판결 [이행보증금]

• 사실관계: 소외회사가 원고로부터 10억원이 넘는 공사를 수급받았는데, 피고(전문건설공제조합)는 소외 회사의 도급금액이 5억원이라고 잘못 알고 5억원짜리 계약보증서를 발급해주었다. 그 후 소외 회사는 공사를 포기했고 이에 원고는 도급계약을 해지하였다. 원고가 피고에 대해 보증계약상의 계약이행보증금의 지급을 청구하자 피고는 소외 회사의 도급한 도액이 5억원인데 이를 초과한 10억원짜리 공사였다는 것을 몰랐다면서 착오를 이유로 보증계약을 취소했다. 이에 원고는 취소가 인정되더라도 손해배상을 해야 한다면서 예비적으로 이를 청구했다.

• 법원의 판단: 소외회사의 도급금액에 관한 피고의 착오는 법률행위의 중요 부분의 착오에 해당하고, 중대한 과실도 없다. ⇨ 착오취소 인정
민법 제109조에서 착오를 이유로 한 의사표시의 취소를 허용하고 있는 이상, 전문건설공제조합이 과실로 인하여 착오에 빠져 계약보증서를 발급한 것이나 그 착오를 이유로 보증계약을 취소한 것이 위법하다고 할 수는 없다. ⇨ 손해배상책임 부정

• 정리: 피고의 계약이행보증이 유효하다고 믿고 원고가 소외 회사와 도급계약을 체결했는데, 이후 보증사고(소외회사의 공사포기)가 생겼을 때는 피고가 착오를 이유로 보증계약을 취소하였다. 이에 원고가 피고를 상대로 이행보증금(착오취소의 부정) 혹은 손해배상(착오취소 인정시)을 하라는 청구를 하였다. 법원은 착오취소가 인정되고 그 취소에 위법성이 없다면서 손해배상청구도 부정하였다.

---

8. 경합문제

(1) 착오와 사기

[158]   착오가 타인의 기망행위에 의하여 발생한 때에는 착오와 사기(제110조)의 경합이 일어난다. 이 경우에는 그 요건을 증명하여 선택적으로 사기 또는 착오를 주장할 수 있다(68다1749). 착오를 주장할 때는 '법률행위 내용의 중요부분'을 증명해야 하고, 사기를 주장할 때는 상대방의 고의를 증명해야 한다.

(2) 착오와 담보책임

[159]   가령, 위작을 진품이라고 믿고 매수한 경우, 매수인이 기대한 품질을 목적물이 가지고 있지 않은 것이므로 이는 착오에도 해당하고 하자에도 해당한다. 이 경우 두 법리의 관계에 관한 논의가 있다. 하자담보책임에 관한 규정은 착오에 관한 규정에 대하여 특별규정으로서 매도인의 담보책임이 성립하는 범위 내에서 착오에 의한 취

소는 허용되지 않는다는 것이 다수설이다. 즉, 매도인의 담보책임이 성립하는 범위 내에서는 하자담보책임 규정이 착오 규정에 우선 적용된다는 것이다. 이에 반해 매수인이 어느 주장을 하여도 무방하다는 반대견해도 있다. 다만 이 견해도 착오를 주장하는 경우에 담보책임의 경우와 마찬가지로 6개월 내지 1년의 권리행사기간의 제한이 적용되어야 한다고 한다.

그러나 대법원은 하자담보책임과 착오취소를 별개의 제도로 보고 각각의 청구 [160] 를 별개의 요건에 따라 심사한다(2015다78703: 위작인 서화를 진품으로 알고 매매한 사례). 우리 법원의 일반적 경향은, 어느 하나의 청구권이 인정된다고 하여 다른 청구권을 배척하지 않으며, 두 개의 청구권이 있다고 하여 한 청구권이 다른 청구권의 시효에 따라야 한다고 보지도 않는다. 이는 착오취소와 하자담보책임에 대해서도 마찬가지이다. 위 판결이 있기 전에도 도자기가 모조품인 경우나 토지에 건축제한이 있는 경우와 같이 목적물에 '하자'가 있다고 여겨지는 경우에도 착오취소를 인정한 사례가 다수 있었다. 우리 다수설은 독일의 통설과 입장이 같다. 하지만 스위스처럼 양 청구권이 모두 인정된다고 보는 나라도 있다.

매수인에게 양 청구권이 모두 인정되는가의 문제만이 아니라, 매도인이 착오취 [161] 소를 주장하여 하자담보책임(특히 손해배상)에서 벗어날 수 있는가 하는 문제도 제기될 수 있다. 하급심 판결 중에는 권리하자의 경우에 대해 매도인의 착오취소 주장을 배척한 판결이 있다.

판례 64 | **서울고등법원 1980. 10. 31. 선고 80나2589 판결 [손해배상청구사건]**

공무원이 뇌물을 공여받고 관계문서를 위조 또는 허위 작성하여 국유지를 소외인 명의로 소유권이전등기를 경료해 주고 다시 원고와 피고에게 순차 이전등기가 경료된 후 위 부정사실이 발각되어 국가가 등기부상 최종 명의자로부터 이를 환수한 경우, 원·피고 사이에 매매가 체결 당시 매도인인 피고도 위 토지가 국유이었음을 모르고 매매계약을 체결하였으니 의사표시의 중요부분에 관한 착오가 있을 때에 해당한 민법상 타인의 권리의 매매로 인한 매도인의 담보책임에 관한 규정이 민법총칙의 착오에 관한 규정보다 우선적용되어야 할 성질의 것이므로 이 사건에서 매도인인 피고는 착오에 기한 취소를 주장할 수 없다.

• 정리: 담보책임에 따라 매도인이 매수인에게 이행이익의 배상책임을 져야 하지만, 착오취소가 인정되면 이러한 책임에서 벗어날 수 있다. 서울고법은 타인권리 매매로 인한 담보책임규정이 착오취소에 우선적용되므로 착오취소를 주장할 수 없다고 했다.

---

(3) 착오와 해제

일방의 채무불이행을 이유로 타방이 계약을 해제했다 하더라도, 그 일방에게 [162] 착오취소권이 있다면 이를 행사할 수 있고, 이 경우에는 해제의 근거가 되는 채무가

인정되지 않으므로 해제의 효과가 발생하지 않는다.[31]

판례 65 | 대법원 1991. 8. 27. 선고 91다11308 판결 [손해배상(기)]

"원고가 위 매매계약을 취소하기 전에 피고가 원고의 중도금지급채무불이행을 이유로 매매계약을 적법하게 해제하였다 하더라도 이 사건의 경우 원고로서는 상대방이 한 계약해제의 효과로서 발생하는 손해배상책임을 지거나 이 사건 매매계약에 따른 계약금의 반환을 받을 수 없는 불이익을 면하기 위해서 앞서 본 착오를 이유로 한 취소권을 행사하여 위 매매계약 전체를 무효로 돌리게 할 수 있다고 할 것이다. 따라서 그 후에 원고가 이 계약을 적법하게 취소한 이상 위 계약은 소급하여 무효로 돌아가므로 당초의 계약이 유효함을 전제로 그 매매계약상의 약정에 따른 중도금미지급으로 인한 해제의 효과를 주장하는 피고의 주장[은 이유없다.]"

• 요약: 피고(매도인)는 서울시 땅에 건물을 지어 소유하고 있었는데, 당시 이런 땅에 대하여는 시가 건물소유자에게 불하해주고 있었다. 원고(매수인)와 피고는 이런 불하가 있을 것으로 생각하고 위 땅과 건물을 포함한 부동산에 대해 매매계약을 체결했다. 그러나 위 건물이 작고(건물 2배 면적의 토지만 불하가능), 지번등기가 제대로 될 수 없는 사정(공원부지에 걸쳐있어 지번등기가 사실과 일치되기 어려움) 때문에, 원고는 피고로부터 위 토지 중 일부만을 이전받을 수 있는 상황이었다. 원고가 매매대금을 지불하지 않자 피고는 계약을 해제했고, 그 이후 원고는 착오를 이유로 계약을 취소했다. 계약이 무효가 되었으므로 원고의 채무불이행책임도 사라진다.

---

(4) 착오와 화해계약

[163]
화해계약(예 교통사고 가해자와 피해자의 합의)은 착오를 이유로 취소할 수 없다 (제733조 본문). 그러나 화해 당사자의 자격 또는 화해의 목적인 분쟁 이외의 사항에 착오가 있는 경우에는 착오를 이유로 취소할 수 있다(제733조 단서). '화해의 목적인 분쟁 이외의 사항'이란 분쟁의 전제 또는 기초가 된 사항으로서, 상호 양보의 내용으로 되지 않고 다툼이 없는 사실로 양해된 사항을 말한다(94다22453). 가령 교통사고를 자신의 아들이 낸 것으로 알고 손해배상에 대해 합의했는데, 알고 보니 다른 사람의 과실도 있었던 경우에는 이를 취소할 수 있다(95다48414 참조).

판례 66 | 대법원 2001. 10. 12. 선고 2001다49326 판결 [약정금]

의사의 치료행위 직후 환자가 사망하여 의사가 환자의 유족에게 거액의 손해배상금을 지급하기로 합의하였으나 그 후 환자의 사망이 의사의 치료행위와는 전혀 무관한 것으로 밝혀진 사안에서, 의사에게 치료행위상의 과실이 있다는 점은 위 합의의 전제이었지 분쟁의 대상은 아니었다고 보아 착오를 이유로 화해계약의 취소를 인정한 사례.

• 사실관계: 의사가 약을 처방했고 이 약을 먹은 환자가 자다가 사망했다. 사망이 의사의 처방 때문인 것이라고 생각하여 손해배상에 대해 합의했는데, 부검결과 의사의 처방이 아니라 지병 때문에 사망한 것으로 드러났다.

---

31 이러한 법리는 서울고법의 80나2589 판결과 모순되는 면이 있다.

Ⅳ. 사기·강박에 의한 의사표시

제110조(사기, 강박에 의한 의사표시) ① 사기나 강박에 의한 의사표시는 취소할 수 있다.
② 상대방 있는 의사표시에 관하여 제3자가 사기나 강박을 행한 경우에는 상대방이 그 사실을 알았거나 알 수 있었을 경우에 한하여 그 의사표시를 취소할 수 있다.
③ 전2항의 의사표시의 취소는 선의의 제3자에게 대항하지 못한다.

1. 사기에 의한 의사표시

사례 20

A는 중고 자동차 판매상 B에게서 1000만원에 중고자동차를 구입했다. 이때 판매직원 C는 그 자동차의 침수경력을 말하지 않았다. 나중에 이를 알게 된 A는 위 계약을 취소할 수 있는가?

사기는 타인의 기망행위에 의하여 잘못된 의사를 형성하여 이를 표시하는 경우 [164] 를 말한다. 대법원은 민사사건에 관해서 의사와 표시가 일치된 경우에 대해서만 사기가 인정된다는 판결을 내린 바 있다. 그러나 형사사건에서는 최근 이와 다른 판결을 하며, 기존의 형사판결을 변경한 바 있으며, 이러한 입장은 민사사건에서도 반영될 것으로 보인다. 다만 민사사건의 기존판결은 변경하지 않았기 때문에 아직 분명한 것은 아니다.

판례 67 │ 대법원 2005. 5. 27. 선고 2004다43824 판결 [구상금등]

사기에 의한 의사표시란 타인의 기망행위로 말미암아 착오에 빠지게 된 결과 어떠한 의사표시를 하게 되는 경우이므로 거기에는 의사와 표시의 불일치가 있을 수 없고, 단지 의사의 형성과정 즉 의사표시의 동기에 착오가 있는 것에 불과하며, 이 점에서 고유한 의미의 착오에 의한 의사표시와 구분되는데, 신원보증서류에 서명날인한다는 착각에 빠진 상태로 연대보증의 서면에 서명날인한 경우, 결국 위와 같은 행위는 강학상 기명날인의 착오(또는 서명의 착오), 즉 어떤 사람이 자신의 의사와 다른 법률효과를 발생시키는 내용의 서면에, 그것을 읽지 않거나 올바르게 이해하지 못한 채 기명날인을 하는 이른바 표시상의 착오에 해당하므로, 비록 위와 같은 착오가 제3자의 기망행위에 의하여 일어난 것이라 하더라도 그에 관하여는 사기에 의한 의사표시에 관한 법리, 특히 상대방이 그러한 제3자의 기망행위 사실을 알았거나 알 수 있었을 경우가 아닌

한 의사표시자가 취소권을 행사할 수 없다는 민법 제110조 제2항의 규정을 적용할 것이 아니라, 착오에 의한 의사표시에 관한 법리만을 적용하여 취소권 행사의 가부를 가려야 한다.

형사사건에서도 사기죄에서 의사와 표시가 일치될 것을 요하는지에 관해서 기 [165]

존의 대법원은 피기망자의 처분의사를 요한다고 하여 의사와 표시가 일치될 것을 요했다. 그러나 최근 대법원은 의사와 표시가 불일치된 사건(2016도13362: 토지거래허가 신청서류인 줄 알고 도장을 찍었지만 근저당권설정서류였던 사안)에서도 처분의사와 사기죄의 성립을 인정했다.

판례 68 | **대법원 2017. 2. 16. 선고 2016도13362 전원합의체 판결 [사기 등]**

[1] … 결론적으로 사기죄의 본질과 구조, 처분행위와 그 의사적 요소로서 처분의사의 기능과 역할, 기망행위와 착오의 의미 등에 비추어 보면, 비록 피기망자가 처분행위의 의미나 내용을 인식하지 못하였더라도, 피기망자의 작위 또는 부작위가 직접 재산상 손해를 초래하는 재산적 처분행위로 평가되고, 이러한 작위 또는 부작위를 피기망자가 인식하고 한 것이라면 처분행위에 상응하는 처분의사는 인정된다. 다시 말하면 피기망자가 자신의 작위 또는 부작위에 따른 결과까지 인식하여야 처분의사를 인정할 수 있는 것은 아니다.

[2] … 이러한 서명사취 사안에서 피기망자가 처분문서의 내용을 제대로 인식하지 못하고 처분문서에 서명 또는 날인함으로써 내심의 의사와 처분문서를 통하여 객관적·외부적으로 인식되는 의사가 일치하지 않게 되었더라도, 피기망자의 행위에 의하여 행위자 등이 재물이나 재산상 이익을 취득하는 결과가 초래되었다고 할 수 있는 것은 그러한 재산의 이전을 내용으로 하는 처분문서가 피기망자에 의하여 작성되었다고 볼 수 있기 때문이다. 이처럼 피기망자가 행위자의 기망행위로 인하여 착오에 빠진 결과 내심의 의사와 다른 효과를 발생시키는 내용의 처분문서에 서명 또는 날인함으로써 처분문서의 내용에 따른 재산상 손해가 초래되었다면 그와 같은 처분문서에 서명 또는 날인을 한 피기망자의 행위는 사기죄에서 말하는 처분행위에 해당한다. 아울러 비록 피기망자가 처분결과, 즉 문서의 구체적 내용과 법적 효과를 미처 인식하지 못하였더라도, 어떤 문서에 스스로 서명 또는 날인함으로써 처분문서에 서명 또는 날인하는 행위에 관한 인식이 있었던 이상 피기망자의 처분의사 역시 인정된다.

---

(1) 사기의 고의

[166]　　　표의자를 기망하여 착오에 빠지게 하려는 고의와 다시 그 착오에 기하여 표의자로 하여금 의사표시를 하게 하려는 고의가 있어야 한다(2단계 고의설: 다수설). 제110조가 피기망자의 재산보호에 그 목적이 있는 것이 아니라, 의사의 자율성을 보호하고자 하는 것이므로 재산적 이익을 취득하려는 생각은 요건이 아니다.

(2) 기망행위(사기)

[167]　　　기망행위란 표의자(피기망자)로 하여금 사실과 다른 그릇된 관념을 가지게 하거나 이를 강화 또는 유지하려는 모든 행위를 말한다. 진실에 반하는 사실을 진실이라고 명시적·묵시적으로 주장하는 것이 이에 해당한다. 침묵도 고지의무가 있었던 경우에는 부작위에 의한 기망행위가 될 수 있다. 즉 신의성실의 원칙 및 거래관념에 비추어 어떤 상황을 고지할 법률상 의무가 있음에도 불구하고 이를 고지하지 않음으

로써 표의자에게 실제와 다른 관념을 야기·강화·유지케 하는 경우에 침묵은 부작위에 의한 기망행위가 된다.

판례 69 | 대법원 2007. 6. 1. 선고 2005다5843 판결 [가압류이의]

부동산거래에 있어 거래 상대방이 일정한 사정에 관한 고지를 받았더라면 그 거래를 하지 않았을 것임이 경험칙상 명백한 경우에는 신의성실의 원칙상 사전에 상대방에게 그와 같은 사정을 고지할 의무가 있으며, … 상대방에게 스스로 확인할 의무가 인정되거나 거래관행상 상대방이 당연히 알고 있을 것으로 예상되는 예외적인 경우가 아닌 한, 실제 그 대상이 되는 사실을 알지 못하였던 상대방에 대하여는 비록 알 수 있었음에도 알지 못한 과실이 있다 하더라도 그 점을 들어 추후 책임을 일부 제한할 여지가 있음은 별론으로 하고 고지할 의무 자체를 면하게 된다고 할 수는 없다.

뒤편 야산에는 재단법인 낙원공원이 관리·운영하는 분묘 기수가 4,300여 기에 이르는 대규모의 공동묘지가 조성되어 있는 사실, 코레트신탁이 제작·배포한 이 사건 아파트에 대한 광고전단뿐만 아니라 분양안내책자 및 조감도 등에는 신설될 위 초등학교 부지만 표시되어 있고 위 공동묘지가 조성되어 있는 곳은 수목이 식재된 야산으로만 나타나 있을 뿐이고 공동묘지는 표시되어 있지 아니한 사실 등을 알아볼 수 있는바, 이처럼 일차적으로 수분양자들의 오해를 유발한 사정과 함께 아직까지의 우리 사회의 통념상으로는 공동묘지가 주거환경과 친한 시설이 아니어서 분양계약의 체결 여부 및 가격에 상당한 영향을 미치는 요인일 뿐만 아니라 대규모 공동묘지를 가까이에서 조망할 수 있는 곳에 아파트단지가 들어선다는 것은 통상 예상하기 어렵다는 점까지를 감안할 때 위 공동묘지의 존재사실을 잘 알고 있었던 코레트신탁으로서는 이미 그 사실을 알고 있었던 수분양자들을 제외한 나머지 수분양자들에게 위와 같은 공동묘지의 존재사실을 고지할 신의칙상의 의무가 있다고 할 것이다.

• 정리: 아파트 분양계약시 수분양자(매수인)는 모델하우스와 조감도를 보고 계약을 체결하는데, 조감도상에는 산으로 그려진 부분에 실제로는 대규모의 공동묘지가 조성되어 있었다. 공동묘지가 있다는 점에 대해 분양자(매도인)가 고지할 의무가 있는지에 관해 대법원은 사회통념과 신의칙을 근거로 이를 긍정하였다.

---

(3) 인과관계

기망에 의해 표의자가 착오에 빠져야 하고(기망과 착오 사이의 인과관계), 그 착오에 [168] 의해서 의사표시를 했어야 한다(착오와 의사표시의 인과관계). 표의자가 진실한 사실을 안 경우에는 인과관계가 부정된다. 그러나 몰랐던 이상 과실이 있더라도 상관없다. 착오가 없었더라도 그 의사표시를 했을 것이라고 인정될 때에는 인과관계가 부정된다.

판례 70 | 대법원 2007. 4. 12. 선고 2004다62641 판결 [손해배상]

기망에 의한 손해배상책임이 성립하기 위해서는 거래당사자 중 일방에 의한 고의적인 기망행위가 있고 이로 말미암아 상대방이 착오에 빠져 그러한 기망행위가 없었더라면 사회통념상 하지 않았을 것이라고 인정되는 법률행위를 하여야 한다.

피고 2가 이 사건 약정을 체결할 당시 원고에게 메릴린치와 C.S.F.B.라는 외국계 증권회사에 근무하는 펀드매니저들의 협조를 받아 선물옵션거래를 한다고 말한 사실, 이 사건 약정서에는 "외국계 증권펀드매니저인 이** 외 1명과의 협조약조"하에 피고 2가 원고의 계좌를 관리한다는 내용이 기재되어 있는 사실, 그런데 '이**'이라는 이름을 가진 사람은 위 두 개의 증권회사에 펀드매니저로 근무한 적이 없는 사실, 피고 2는 고객을 상대로 선물옵션거래를 취급할 수 있는 1종 투자상담사 자격이 없는 사실은 인정되지만, 다른 한편 이 사건 약정서의 작성경위와 취지에 비추어 보면 피고 2가 원고로부터 일임을 받아 선물옵션거래를 함에 있어 반드시 '이**'이라는 특정인의 협조를 받아야 한다는 의미로 보기는 어렵고, 단지 펀드매니저나 다른 지점장들의 협조하에 선물옵션거래를 한다는 의미에 불과한 것으로 보이므로, 피고 2가 펀드매니저나 다른 지점장들의 협조를 받지 아니하고 독자적으로 이 사건 선물옵션거래를 하였음을 인정할 아무런 증거가 없는 이상 위에서 인정한 사실만으로는 원고를 기망하였다고 인정하기에 부족하다.

• 정리: 이**이 어떤 사람인지에 관해 기망이 있기는 했으나, 이것이 약정체결의 원인이 되지 않았다고 보아 기망성을 부정한 것이다.

(4) 위법성

[169]   기망행위는 위법해야 한다. 위법성 여부는 신의칙과 거래관행 등을 고려하여 구체적 사안에 따라 검토된다. 특히 광고의 경우 다소의 과장이 있게 마련인데, 광고 자체의 긍정적 기능으로 인해 약간의 과장은 허용된다. 다만 과장의 정도가 심한 경우 혹은 중요한 부분에 대한 과장이나 묵비의 경우에는 기망성이 인정된다.

판례 71 | 대법원 1993. 8. 13. 선고 92다52665 판결 [손해배상(기)등] – 백화점 변칙세일 사건

• 사실관계: 백화점 입점업체가 정상판매가격을 실제보다 높게 표시하여 할인판매를 가장한 정상판매를 한 사례(⑩ 평소에 100만원에 판매하던 물품을 '정상가격 200만원, 세일가격 100만원'이라고 선전하는 방식: 소위 "변칙세일" 사례).
• 대법원의 판단: 상품의 선전, 광고에 있어 다소의 과장이나 허위가 수반되는 것은 그것이 일반 상거래의 관행과 신의칙에 비추어 시인될 수 있는 한 기망성이 결여된다고 하겠으나, 거래에 있어서 중요한 사항에 관하여 구체적 사실을 신의성실의 의무에 비추어 비난받을 정도의 방법으로 허위로 고지한 경우에는 기망행위에 해당한다고 할 것이고, 한편 현대산업화 사회에 있어 소비자가 갖는 상품의 품질이나 가격등에 대한 정보는 대부분 생산자 및 유통업자의 광고에 의존할 수밖에 없는 것이므로, 이 사건 백화점들과 같은 대형 유통업체의 매장에서 판매되는 상품의 품질과 가격에 대한 소비자들의 신뢰나 기대는 백화점들 스스로의 대대적인 광고에 의하여 창출된 것으로서 특히 크고 이는 보호되어야 할 것이다.
위와 같은 변칙세일은 물품구매동기에 있어서 중요한 요소인 가격조건에 관하여 기망이 이루어진 것으로서 그 사술의 정도가 사회적으로 용인될 수 있는 상술의 정도를 넘은 것이어서 위법성이 있다.

일반적으로 상품의 선전·광고에 있어 다소의 과장·허위가 수반되는 것은 그것이 일반 상거래의 관행과 신의칙에 비추어 시인될 수 있는 한 기망성이 결여된다.

연립주택을 분양함에 있어 평형의 수치를 다소 과장하여 광고를 하였으나, 그 분양가의 결정방법, 분양계약 체결의 경위, 피분양자가 그 분양계약서나 건축물관리대장 등에 의하여 그 공급면적을 평으로 환산하여 쉽게 확인할 수 있었던 점 등 제반 사정에 비추어 볼 때, 그 광고는 그 거래당사자 사이에서 매매대금을 산정하기 위한 기준이 되었다고 할 수 없고, 단지 분양대상 주택의 규모를 표시하여 분양이 쉽게 이루어지도록 하려는 의도에서 한것에 지나지 아니한다는 이유로, 연립주택의 서비스면적을 포함하여 평형을 과장한 광고가 거래에 있어 중요한 사항에 관하여 구체적 사실을 거래상의 신의성실의 의무에 비추어 비난받을 정도의 방법으로 허위로 고지함으로써 사회적으로 용인될 수 있는 상술의 정도를 넘은 기망행위에 해당하지 않는다고 본 사례.

　　고지의무위반을 이유로 위법성을 인정함에 있어서는 정보취득에 관한 일반원칙 [169-2] 을 고려해야 한다. 사적자치의 원칙상 거래에 따른 위험과 이익은 스스로 판단해야 하고, 시장에 참여하는 자는 거래와 관련한 정보를 스스로 책임지고 획득해야 한다. 따라서 특별한 사정이 없는 한, 자신에게 불리하고 상대방에게 유리한 정보를 상대에게 알려줘야 할 의무는 인정되지 않는다. 이와 관련하여 일반적으로 가격정보가 목적물의 속성에 대한 정보보다는 고지의무 인정의 문턱이 높다. 목적물의 속성은 상대방의 설명에 의존해야 할 경우가 많지만, 가격은 스스로 판단할 수 있고, 또한 스스로 판단해야 하기 때문이다. 특히 특정물과 같이 가격에 대한 다양한 정보가 있는 경우에 유리한 정보만을 알려주고 불리한 정보를 고지하지 않더라도 위법성이 인정되지 않는다(99다38583).[32] 그러나 가격에 대한 정보라 하더라도 상대방과의 사이에 특별한 신뢰관계가 인정된다면 고지의무가 인정된다(92다52665; 97다36118).

• 사실관계: 피고는 6000만원에 다가구주택을 매수한 후, 원고의 노래방 임차권이 9천만원의 가치가 있다고 생각하고, 자신의 다가구주택의 분양가격이 합계 금 2억5,200만원이라고 기재된 분양팸플릿을 보여주고 전세보증금 7,600만원을 제외하더라도 가격은 1억7,600만원 상당에 이른다고 하면서 원고의 노래방 임차권과 교환계약을 체결하였다. 원고는 피고의 사기를 이유로 손해배상을 청구했고, 원심은 이를 인정했다.

• 대법원의 판단: 일반적으로 교환계약을 체결하려는 당사자는 서로 자기가 소유하는 교환 목

---

32 다만 법원은 가격에 대해서는 허위의 설명을 해도 원칙적으로 위법성이 인정되지 않는다고 하고 있으나, 부작위까지는 괜찮더라도 적극적으로 허위의 설명을 하는 것까지 위법성이 없다고 하는 것은 지나쳐 보인다.

적물은 고가로 평가하고, 상대방이 소유하는 목적물은 염가로 평가하여, 보다 유리한 조건으로 교환계약을 체결하기를 희망하는 이해상반의 지위에 있고, 각자가 자신의 지식과 경험을 이용하여 최대한으로 자신의 이익을 도모할 것이 예상되기 때문에, 당사자 일방이 알고 있는 정보를 상대방에게 사실대로 고지하여야 할 신의칙상의 주의의무가 인정된다고 볼만한 특별한 사정이 없는 한, 일방 당사자가 자기가 소유하는 목적물의 시가를 묵비하여 상대방에게 고지하지 아니하거나, 혹은 허위로 시가보다 높은 가액을 시가라고 고지하였다 하더라도, 이는 상대방의 의사결정에 불법적인 간섭을 한 것이라고 볼 수 없으므로 불법행위가 성립한다고 볼 수 없다.

정상가격이 명백하지 않은 목적물 사이에 교환계약을 체결하고자 하는 이 사건의 경우에는, 피고가 위 다가구주택을 매수하면서 지불한 매수가격을 계약 상대방인 원고에게 고지하여야 할 주의의무가 있다고 볼만한 특별한 사정이 있다고는 보이지 않고, 따라서 설사 피고가 위 다가구주택의 매수가격이 6,000만원이라는 점을 감춘 채 그보다 높은 가격이 시가인 것처럼 과장하여, 원고와 사이에 시가 9,000만원 상당의 노래방 임차권과 상호 교환하기로 하는 계약을 체결하였다 하더라도, 원고로서도 자신의 책임하에 교환목적물의 가격을 판단하고 이를 상호 비교하여 계약을 체결할 것인지 여부를 결정하여야 한다는 점에 비추어, 피고의 행위가 교환계약을 체결하려는 원고의 의사결정에 불법적인 간섭을 한 것이라고 볼 수 없어 불법행위가 성립한다고 할 수 없다.

• 정리: 특별한 사정이 없는 한 이해상반적 거래에 있어서 자신의 매수가격이나 다른 사람의 호가(시가?)를 알리지 않은 정도(부작위)로는 위법성을 인정할 수 없다는 것을 분명히 한 판결이다. 그러나 원칙적으로 거래정보를 스스로 획득해야 한다는 점을 감안하더라도 "허위로 시가보다 높은 가액을 시가라고 고지"한 경우까지 위법성을 부정하는 것은 지나쳐 보인다. 계약의 일방 당사자가 상대방의 질문에 대답을 하거나, 자발적으로 중요사항을 설명한다면 사실에 부합하는 설명을 해야 할 것이기 때문이다.[33] 따라서 다른 사람의 호가가 어떤지, 혹은 자신이 얼마에 그 물건을 샀는지에 관해서 진실에 반하는 진술을 했다면 기망의 위법성을 인정해야 할 것이다.[34]

판례 74 | 대법원 1997. 11. 14. 선고 97다36118 판결 [소유권이전등기]

토지의 공유자로서 그 토지를 현지에서 관리하기로 한 부동산 소개업자인 갑이 그 토지를 평당 금 1,000,000원에 매도하는 내용의 매매계약을 제3자와 체결하고서도 다른 공유자인 을의 소유지분을 저렴한 가격에 취득하여 제3자에게 이전함으로써 그 전매차익을 취하려는 의도하에 을에게 위 계약 사실을 숨기고 오히려 그 시가가 평당 금 700,000원 정도에 불과하다고 사실과 다른 말을 하여 자신이 매도한 가격보다 현저히 저렴한 가격에 이를 매수한 경우, 갑의 위와 같은 행위는 적극적으로 을을 기망한 것으로서 위법성이 있다고 보아야 하고, 한편 위 가격의 차이가 평당 금 280,000원으로 매도단가에 비하여 적지 않은 금액이며 을의 소유 지분의 가격 차액 총액이 금 279,720,000여 원에 이르는 사정에 비추어 보면 만약 그와 같은 사정을 을이 알았더라면 위 매매계약을 체결하지 않았을 것이라고 짐작하기에 어렵지 않으므로, 갑의 사기를 이유로 을이 갑과 을 사이의 위 매매계약을 취소할 수 있다고 한 사례.

---

33 곽윤직 편집대표, 민법주해 Ⅱ, 제110조(송덕수 집필), 555면.
34 김상중, "契約目的物의 市價에 관한 잘못된 觀念과 契約 當事者의 保護", 법조 54권 1호, 2005.

대법원 2014. 4. 10. 선고 2012다54997 판결 [손해배상]

일반적으로 매매거래에서 매수인은 목적물을 염가로 구입할 것을 희망하고 매도인은 목적물을 고가로 처분하기를 희망하는 이해상반의 지위에 있으며, 각자가 자신의 지식과 경험을 이용하여 최대한으로 자신의 이익을 도모할 것으로 예상되기 때문에, 당사자 일방이 알고 있는 정보를 상대방에게 사실대로 고지하여야 할 신의칙상 의무가 인정된다고 볼만한 특별한 사정이 없는 한, 매수인이 목적물의 시가를 묵비하여 매도인에게 고지하지 아니하거나 혹은 시가보다 낮은 가액을 시가라고 고지하였다 하더라도, 상대방의 의사결정에 불법적인 간섭을 하였다고 볼 수 없으므로 불법행위가 성립한다고 볼 수 없다.

• 요약정리: 동대문구(원고)가 자신의 토지를 주택재개발정비사업조합(피고)에 매도하면서 피고가 감정평가법인으로부터 받아서 제출한 감정평가서를 토대로 가격을 결정하였다(약 20억원). 그러나 적정 감정가격은 26억원이었다. 이에 원고는 피고를 상대로 불법행위를 이유로 한 손해배상을 청구했다. 사안에서 피고에게 기망의 고의는 없었으나, 시가에 대한 원고의 인식형성과정에 불법적인 개입을 한 것인지가 문제되었다. 원심은 피고가 제출한 감정평가서 때문에 원고가 손해를 입었다는 점에서 손해배상을 인정했으나 대법원은 위의 법리를 들어 손해배상을 부정했다.

2. 강박에 의한 의사표시

사례 21

밤업소 B로부터 개업 기념 쇼에 출연제의를 받은 연예인 A는 1000만원의 출연료를 받기로 하고 출연했다. 그러나 공연이 끝난 뒤 몸에 문신을 한 B의 직원들이 병풍을 들고 오더니 1000만원짜리라고 하면서 받으라고 했다. 이에 겁을 먹은 A는 병풍을 받아서 집으로 왔다. A는 병풍을 돌려주고 1000만원을 받을 수 있는가?

표의자가 타인의 강박행위에 의하여 공포심을 느끼면서 행한 의사표시를 말한다. 사기의 경우와 달리 표의자의 착오가 존재하지 않는다. '강박에 의한 의사표시라고 하려면 상대방이 불법으로 어떤 해악을 고지함으로 말미암아 공포를 느끼고 의사표시를 한 것이어야 한다'(78다1968). [170]

(1) 강박의 고의

'상대방이 표의자로 하여금 공포심을 생기게 하고 이로 인하여 법률행위의사를 결정하게 할 고의'(73다1048)를 말한다. [171]

(2) 강박행위

강박행위란 강박자가 영향력을 미칠 수 있는 해악을 고지하는 행위이며, 행위 [172]

의 양태에는 제한이 없다. 침묵도 경우에 따라서는 강박행위가 된다. 또한 그 해악은 재산적 해악과 비재산적 해악, 현재의 해악과 장래의 해악을 묻지 않는다. 표의자로 하여금 공포심을 유발하기에 충분한 것이면 그것으로 족하다. 이미 유발된 공포심을 이용하는 것도 위법성이 있으면 해악의 고지가 된다.

판례는 '외국무역상의 불성실한 태도를 신문에 보도케하여 그의 사업을 못하도록 하겠다는 해악의 고지'(4290민상58), '사무실에서 농성함은 물론 대통령을 비롯한 관계요로에 비행을 진정하겠다는 등의 온갖 공갈과 위협'(71다1688), '보직이 좌천된 공무원에게 정치적 압력을 가함으로써 그로 하여금 압력에 못이겨 그 직위를 보전하기 위하여 불법문서배부·열람을 위한 주문서에 날인한 행위'(4294민상1295)의 강박성을 인정하였다.

그러나 '채권자가 자기의 피해를 회복받고자 채무자를 상대로 고소를 제기하여 채무자가 경찰관의 소환에 응하여 조사를 마친 후 경찰서보호실에서 일시 유치되고 구속영장이 신청된다는 말을 들었다고 할지라도 이는 법의 적법절차에 의한 것이고 설혹 이로 인하여 채무자가 불안을 느꼈다 할지라도 이는 강박행위가 아니다'(72다1127). '어떤 해악의 고지가 아니라 단지 각서에 서명날인 할 것을 강력히 요구한 행위'(78다1968)에 대해서는 강박을 부정하였다.

[173]   의사결정의 자유를 제한하는 정도를 넘어서서 의사결정의 자유를 완전히 박탈할 정도의 강박이 행해지면 그 의사표시는 무효이다.

| 판례 76 | 대법원 2002. 12. 10. 선고 2002다56031 판결 [소유권말소등기] |

국가기관이 헌법상 보장된 국민의 기본권을 침해하는 위헌적인 공권력을 행사한 결과 국민이 그 공권력의 행사에 외포되어 자유롭지 못한 의사표시를 하였다고 하더라도 그 의사표시의 효력은 의사표시의 하자에 관한 민법의 일반원리에 의하여 판단되어야 할 것이고, 그 강박행위의 주체가 국가 공권력이고 그 공권력 행사의 내용이 기본권을 침해하는 것이라고 하여 그 강박에 의한 의사표시가 항상 반사회성을 띠게 되어 당연히 무효로 된다고는 볼 수 없다.
<u>강박에 의한 법률행위가 하자 있는 의사표시로서 취소되는 것에 그치지 않고 나아가 무효로 되기 위하여는, 강박의 정도가 단순한 불법적 해악의 고지로 상대방으로 하여금 공포를 느끼도록 하는 정도가 아니고, 의사표시자로 하여금 의사결정을 스스로 할 수 있는 여지를 완전히 박탈한 상태에서 의사표시가 이루어져 단지 법률행위의 외형만이 만들어진 것에 불과한 정도이어야 한다.</u>

(3) 인과관계

[174]   강박행위와 공포심유발 사이에 인과관계가 있어야 한다. 이는 피강박자의 심리상태를 기준으로 하여 판단해야 한다(주관적 판단). 다음으로 강박에 의한 공포심으로

인하여 의사표시를 해야 한다. 의사표시한 것이 아니라면 이에 해당하지 않는다. '피의자신문조서의 각 진술은 사실의 진술일 뿐이고 의사표시가 아니므로 강박에 의한 진술이 아니다'(72다963).

(4) 위법성

강박행위가 위법해야 한다. 위법성의 유무는 ① 강박에 의하여 달성하려고 한 목적(목적이 적법한가 아닌가)과 ② 그 수단인 강박행위(강박의 수단이 그 자체로서 허용된 행위인가 아닌가)의 양자를 상관적으로 고찰하여 행위 전체로서 판단해야 한다(통설). 판례의 일반적 경향을 보면, 얻으려는 이익이 정당하더라도 수단이 불법이면 위법성이 인정된다. 하지만 수단 자체가 적법한 경우(고소나 고소취하 거부, 대출금 회수)에는 그로 인해 얻으려는 목적이 부당한 이익의 취득인 경우에만 위법성이 인정된다. 그리고 그 이익의 부당성 여부는 실제 소송에서 얻을 수 있는 이익에 의존하지 않는다. 소송에서 승소할 금액은 아니지만, 사회관념상 정당성이 인정된다면 위법성이 부정되는 것이다(95다25120 참조).

[175]

판례 77 | 대법원 1964. 3. 31. 선고 63다214 판결 [가옥명도등]

원심은 적법한 증거의 취사에 의하여 "문○○가 1956. 3월경 조합장으로 취임되자 문○○ 및 김○○이 조합의 경비를 횡령하였다는 사실로 당국에 고소를 제기하여 동 소외인 등을 궁지에 빠뜨리게 한 후(특히 문○○는 당시 실시의 시의원 선거에 입후보 하려고 하고 있었음) <u>신축될 점포 8동 중 6동을 원고에게 배정하는 계약을 체결하면 고소를 취소 하겠으나 만일 이에 응하지 않을 때에는 고소를 취소하지 않음으로써 형사책임은 물론 사회적으로도 상당한 지장이 있을 것이라는 암묵의 표시를 함으로써 인하여 고소를 취소하는 조건으로</u> 1956.5.18 위 문○○와 원고와의 사이에 마치 조합이 신축한 8동 중 6동이 원고 소유인 것처럼 전제하여 그중 이미 원고소유로 확정되어 다툼이 없는 204, 205각 호 점포를 제외한 4동 즉 203, 305, 306, 307 각호 점포는 이를 원고가 조합에게 임대한다는 내용의 임대차계약서(갑 제4호증)를 작성하고" 라는 사실을 인정하고 있으니 이 정도의 인정 사실이라면 강박자의 고의 강박행위 위법성의 존재 인과관계의 존재 따위에 관하여 충분한 판단을 할 수 있다 할 것이다.

판례 78 | 대법원 1992. 12. 24. 선고 92다25120 판결 [소유권이전등기]

<u>일반적으로 부정행위에 대한 고소, 고발은 그것이 부정한 이익을 목적으로 하는 것이 아닌 때에는 정당한 권리행사가 되어 위법하다고 할 수 없을 것이다. 물론 부정한 이익의 취득을 목적으로 하는 경우에는 위법한 강박행위가 되는 경우가 있을 것이며, 목적이 정당하다고 하더라도 그 행위나 수단 등이 부당한 때에는 위법성이 있는 경우가 있을 수 있다.</u>
• 사실관계(수정): 원고 종중 소유인 부동산을 피고에게 명의신탁해 두었는데 피고가 이를 타인에게 매도하였다. 피고가 받은 매매대금은 2000만원이지만, 현재의 최종 매수인은 이를 6500만원에 매수했다. 원고는 피고로부터 2000만원을 받은 후에, 4500만원을 더 배상받기 위해서

피고를 고소했고, 피고로부터 지불약속을 받았다. 원고가 위 금액을 청구하자 피고는 강박에 의한 의사표시를 이유로 위 약속을 취소한다고 주장했다.

• 법원의 판단: 그 내심의 의도가 위 매도대금과 1989. 2.경의 시가 상당액의 차액 상당을 배상받기 위한 것이라고 할지라도 이를 부정한 이익의 취득을 목적으로 한 것으로 보기는 어려우며, 위 지불약정에 이르게 된 과정에 원고에게 특히 부당한 행위나 수단 등이 있었다고 보이지도 않는다.

• 정리: 소송에서 인정될 수 있는 손해배상금은 2천만원이겠지만, 현재 시가가 6500만원이라는 점에서 이에 상응하는 배상금을 받으려는 것을 '부정한 이익의 취득'이라고 보지 않은 사안이다.

| 판례 79 | 대법원 2000. 3. 23. 선고 99다64049 판결 [미수이자금] |

[1] 강박에 의한 의사표시라고 하려면 상대방이 불법으로 어떤 해악을 고지함으로 말미암아 공포를 느끼고 의사표시를 한 것이어야 하는바, 여기서 어떤 해악을 고지하는 강박행위가 위법하다고 하기 위하여는, 강박행위 당시의 거래관념과 제반사정에 비추어 해악의 고지로써 추구하는 이익이 정당하지 아니하거나 강박의 수단으로 상대방에게 고지하는 해악의 내용이 법질서에 위배된 경우 또는 어떤 해악의 고지가 거래관념상 그 해악의 고지로써 추구하는 이익의 달성을 위한 수단으로 부적당한 경우 등에 해당하여야 한다.

[2] 갑(피고)이 자신이 최대주주이던 A 금융회사(원고)로 하여금 실질상 자신 소유인 B 회사(1심공동피고)에 부실대출을 하도록 개입하였다고 판단한 A 금융회사의 새로운 경영진이 갑에게 위 대출금채무를 연대보증하지 않으면 갑 소유의 C 회사에 대한 어음대출금을 회수하여 부도를 내겠다고 위협하여 갑이 법적 책임 없는 위 대출금채무를 연대보증한 경우, 강박에 의한 의사표시에 해당하지 않는다고 한 사례.

• 요약: A금융회사가 C회사(갑의 소유)에 대한 대출금을 회수하는 것은 합법적 행동이다. 그러나 이를 통해 갑(피고)으로부터 부당한 이익을 취했다면 강박행위의 위법성이 인정될 것이다. 따라서 갑이 B회사의 대출금채무를 연대보증하는 것이 A입장에서 부당한 이득이라면 강박행위가 위법할 것이다. 그러나 갑이 A회사를 경영할 때 자신이 주도하여 B회사에 대출을 해줬고, B회사의 실질적 대주주이기도 하므로(원심은 아니라고 봤으나 대법원은 그렇게 봄), A의 이런 주장은 부당한 이익을 취하고자 한 것이라고 보기 어렵다.

3. 효과

3.1. 취소할 수 있다(제110조 1항)

[176]   사기나 강박에 의해 의사표시를 한 자는 이를 취소할 수 있다. 취소권을 행사했는지도 의사표시의 해석 문제이다.

| 판례 80 | 대법원 2002. 9. 24. 선고 2002다11847 판결 [소유권이전등기] |

강박을 이유로 증여의 의사표시를 취소함에 있어서는 그 상대방에 대하여 적어도 그 의사표시

자체에 하자가 있으므로 이를 취소한다거나 또는 강박에 의한 증여이니 그 목적물을 반환하라는 취지가 어느 정도 명확하게 표명되어야 한다.

- 정리: 1980년 계엄사령부 합동수사본부 수사관의 강박에 의해 원고가 피고(대한민국)에게 부동산을 증여하였다. 1981년에 원고는 원호처(증여된 부동산이 배정된 부서로 보훈처와 유사)장에게 "왜곡된 것을 사실규명하여 적정조치 있기를 바라마지 않습니다."라는 진정서를 보내고, 대통령에게 "저희들 평생 소망사업의 자활터전으로 원상복구가 이루어지도록 관대하신 선처 있으시기를 간청하오며"라는 내용의 진정서를 보냈다. 원고는 위 진정서를 통해 취소의 의사표시를 했다면서 위 부동산이 자신의 소유임을 확인하는 소송을 제기했지만 대법원은 위 진정서는 취소의 의사표시로 볼 수 없다면서 이를 배척했다.

취소하지 않는 한 계약은 유효하고 그에 따른 채무도 유효하므로, 이를 이행하지 않는 것은 채무불이행이 된다. [177]

판례 81 | 대법원 2002. 9. 24. 선고 2002다11847 판결 [소유권이전등기]

강박에 의하여 원고에게 부동산에 관한 증여의 의사표시를 한 피고가 그 취소권을 행사하지 않은 채 그 부동산을 제3자에게 이중양도하고 취소권의 제척기간마저 도과하여 버린 후 그 이중양도계약에 기하여 제3자에게 부동산에 관한 소유권이전등기를 경료하여 줌으로써 원고에 대한 증여계약상의 소유권이전등기의무를 이행불능케 한 경우, 피고의 원고에 대한 증여계약 자체에 대한 채무불이행이 성립하고, 피고의 위와 같은 이중양도행위가 사회상규에 위배되지 않는 정당행위 등에 해당하여 위법성이 조각된다고 볼 수 없다고 한 사례.

사기나 강박에 의한 의사표시는 취소할 수 있지만, 상대방이 있는 의사표시에 관하여 제3자가 사기나 강박을 행한 경우에는 상대방이 그 사실을 알았거나 알 수 있었을 경우에만 그 의사표시를 취소할 수 있다(제110조 2항). 선의·악의 및 과실유무의 판단은 의사표시 당시를 기준으로 한다(통설). [178]

판례 82 | 대법원 1990. 2. 27. 선고 89다카24681 판결 [계약금반환청구]

토지의 소유자가 매도인으로서 매매계약체결에 참여하였고 소개인인 소외인이 매수인에게 위 토지에 관하여 개발제한구역이 당장 해제되며 주유소 허가도 쉽게 난다고 기망하는 말을 할 때에 그곳에 있었다면 토지 매도인은 위와 같은 소외인의 기망사실을 알았거나 알 수 있었다고 인정하는 것이 경험법칙에 합치된다.

상대방과 동일시할 수 있는 제3자의 기망은 상대방 자신의 기망으로 보아 상대방의 '지·부지'를 묻지 않는다. 가령 상대방의 대리인이 기망행위를 한 경우 상대방이 이를 과실없이 몰랐다 하더라도 표의자는 계약을 취소할 수 있다(98다60828). 회사의 직원은 그 회사와 동일시할 수 있는 사람은 아니지만 회사로서는 직원의 기망 [179]

행위를 알았어야 하기 때문에 '알 수 있었을 경우'에 해당한다(96다41496).

판례 83 | 대법원 1999. 2. 23. 선고 98다60828, 60835 판결 [대여금]

상대방 있는 의사표시에 관하여 제3자가 사기나 강박을 한 경우에는 상대방이 그 사실을 알았거나 알 수 있었을 경우에 한하여 그 의사표시를 취소할 수 있으나, 상대방의 대리인 등 <u>상대방과 동일시할 수 있는 자의 사기나 강박은 제3자의 사기·강박에 해당하지 아니한다.</u>
<u>은행의 출장소장이 어음할인을 부탁받자 그 어음이 부도날 경우를 대비하여 담보조로 받아두는 것이라고 속이고 금전소비대차 및 연대보증 약정을 체결한 후 그 대출금을 자신이 인출하여 사용한 사안에서, 위 출장소장의 행위는 은행 또는 은행과 동일시할 수 있는 자의 사기일 뿐 제3자의 사기로 볼 수 없으므로, 은행이 그 사기사실을 알았거나 알 수 있었을 경우에 한하여 위 약정을 취소할 수 있는 것은 아니라고 본 사례.</u>

판례 84 | 대법원 1998. 1. 23. 선고 96다41496 판결 [근저당권설정등기말소]

의사표시의 상대방이 아닌 자로서 기망행위를 하였으나 민법 제110조 제2항에서 정한 제3자에 해당되지 아니한다고 볼 수 있는 자란 그 의사표시에 관한 상대방의 대리인 등 상대방과 동일시할 수 있는 자만을 의미하고, <u>단순히 상대방의 피용자이거나 상대방이 사용자책임을 져야 할 관계에 있는 피용자에 지나지 않는 자는 상대방과 동일시할 수는 없어 이 규정에서 말하는 제3자에 해당한다.</u>
상호신용금고의 기획감사실 과장으로서 대출 업무를 포함한 회사 업무 전반에 관하여 일일감사를 할 권한을 갖고 있었던 자가 대출금을 편취하려는 기망행위에 가담하여 대출금을 담보 제공자에게 지급할 것을 직접 보증한다고 하면서 근저당권설정계약을 체결하도록 권유하면서 그 기망의 목적을 달성하기 위하여 여신 담당 직원에게 그 대출을 부탁한 후 그 대출금을 편취한 경우, 위와 같은 피용자의 기망행위의 태양, 그의 회사에서의 지위나 영향력, 직원의 총수가 50명에 못 미치는 회사의 규모 등에 비추어 보면, <u>회사로서는 자신의 영역 내에서 일어난 피용자의 위와 같은 기망행위에 관하여 그 감독에 상당한 주의를 다하지 아니한 사용자로서의 책임을 져야 할 지위에 있을 뿐만 아니라 나아가 그러한 사정을 이용한 피용자의 사기 사실을 알지 못한 데에 과실이 있었다고 봄이 상당하므로, 근저당권설정자는 상호신용금고에 대하여 기망을 이유로 근저당권설정계약을 취소할 수 있다고 본 사례.</u>

3.2. 선의의 제3자에게 대항하지 못한다(제110조 3항)

[180] 사기나 강박을 이유로 취소하더라도 선의의 제3자에게는 대항하지 못한다. 선의의 제3자가 취소 이전에 권리를 취득했든, 취소 이후에 권리를 취득했든 마찬가지이다. 가령 A가 자신의 부동산을 B에게 등기이전하고, 선의의 C가 B로부터 등기를 이전받은 경우에, A가 B-C 사이의 이전등기 전에 취소했든, 후에 취소했든, A는 C에게 대항하지 못한다. 다만 B-C 사이에 매매계약이 있더라도 그로 인한 이전등기가 행해지기 전에 A가 B로부터 등기말소를 받으면 A는 C에게 대항할 수 있다.

'제3자는 특별한 사정이 없는 한 선의로 추정되므로 표의자가 취소의 효과를 [181] 주장하려면 제3자의 악의를 입증할 필요가 있다'(70다2155).

판례 85 | **대법원 1975. 12. 23. 선고 75다533 판결 [소유권이전등기말소]**

사기에 의한 법률행위의 의사표시를 취소하면 취소를 주장하는 자와 양립하지 아니하는 법률관계를 가졌던 것이 취소 이전에 있었던가 이후에 있었던가는 가릴 필요 없이 사기 및 취소 사실을 몰랐던 모든 제3자에게 대항하지 못한다.

---

4. 경합문제

(1) 제110조와 제109조

기망에 의하여 법률행위내용의 중요부분에 착오가 발생할 경우에 표의자는 선 [182] 택적으로 취소권을 행사할 수 있고, 제109조가 성립할 수 없는 경우에는 제110조에 의하여 취소할 수 있다고 본다(68다1749).

(2) 담보책임과의 경합

매매목적물의 하자에 관해 속이고 매매계약을 체결한 경우에는 담보책임(제570 [183] 조 이하 및 제580조, 제581조)과 제110조가 모두 적용가능하다. 즉, 담보책임이 인정될 수 있다는 이유로 사기로 인한 취소가 배제되지는 않는다(73다268). 다만 취소권을 행사한다면 계약이 무효로 되어서 담보책임을 묻지 못할 것이고, 담보책임을 묻기 위해서는 계약을 계속 유효하게 두어야 할 것이다.

판례 86 | **대법원 1973. 10. 23. 선고 73다268 판결 [계약금반환]**

민법 제569조가 타인의 권리의 매매를 유효로 규정한 것은 선의의 매수인의 신뢰이익을 보호하기 위한 것이므로, 매수인이 매도인의 기망에 의하여 타인의 물건을 매도인의 것으로 알고 매수한다는 의사표시를 한 것은 만일 타인의 물건인 줄 알았더라면 매수하지 아니하였을 사정이 있는 경우에는 매수인은 민법 제110조에 의하여 매수의 의사표시를 취소할 수 있다고 해석해야 할 것이다.

---

(3) 불법행위책임과의 경합

상대방 및 제3자의 사기·강박에 의한 의사표시의 표의자는 불법행위(제750조 이 [184] 하)에 의한 손해배상청구권을 행사할 수 있다. 이는 계약을 취소한 경우뿐 아니라 취소하지 않은 경우에도 행사할 수 있다.

제3자의 사기행위로 인하여 피해자가 주택건설사와 사이에 주택에 관한 분양계약을 체결하였
다고 하더라도 제3자의 사기행위 자체가 불법행위를 구성하는 이상, 제3자로서는 그 불법행위
로 인하여 피해자가 입은 손해를 배상할 책임을 부담하는 것이므로, 피해자가 제3자를 상대로
손해배상청구를 하기 위하여 반드시 그 분양계약을 취소할 필요는 없다.

(4) 반사회적 행위와의 관계

[185]   주로 (국가기관에 의해) 강박이 행해진 경우에 반사회질서행위로 무효로 되는가
가 문제되는데, 법원에서는 법률행위 성립과정에 불법적 방법이 사용된 경우에
는 반사회질서행위가 아니라고 한다.

판례 88 | 대법원 2002. 12. 27. 선고 2000다47361 판결 [소유권이전등기등]

민법 제103조에 의하여 무효로 되는 반사회질서 행위는 법률행위의 목적인 권리·의무의
내용이 선량한 풍속 기타 사회질서에 위반되는 경우뿐 아니라 그 내용 자체는 반사회질서
적인 것이 아니라고 하여도 법률적으로 이를 강제하거나 법률행위에 반사회질서적인 조
건 또는 금전적 대가가 결부됨으로써 반사회질서적 성질을 띠게 되는 경우 및 표시되거나
상대방에게 알려진 법률행위의 동기가 반사회질서적인 경우를 포함하나, 이상의 각 요건
에 해당하지 아니하고 단지 법률행위의 성립과정에 강박이라는 불법적 방법이 사용된 데
에 불과한 때에는 강박에 의한 의사표시의 하자나 의사의 흠결을 이유로 효력을 논의할
수는 있을지언정 반사회질서의 법률행위로서 무효라고 할 수는 없다.

제5절 　법률행위의 목적

I. 의의

　　법률행위의 목적이란 법률행위를 하는 자가 그 법률행위에 의하여 발생시키려　[186]
고 하는 법률효과이다. 그러나 당사자가 의욕했다고 해서 모두 효력이 발휘되는 것
은 아니다. 가령 무엇을 의욕하는지가 분명치 않은 경우에는 효력이 발생할 수 없다.
또한 불가능한 것에 대해서도 강제할 수는 없고, 우리 민법은 처음부터 불가능한 급
부를 목적으로 하는 법률행위는 무효로 하고 있다(제535조). 다음으로 법률행위는 당
사자의 의사표시에 대해 법질서가 그 효력을 보장해주는 것이기 때문에, 법질서가
보장해 줄 수 없는 것을 의욕한다면 이에 대해서도 효력이 인정되지 않는다. 즉 법률
행위가 유효하기 위해서는 법률행위의 목적이 확정될 수 있을 것, 실현될 수 있을
것 그리고 그 목적이 법질서에 의하여 허용될 것이 필요하다.

II. 목적의 유효요건

1. 확정성

　　법률행위의 목적이 확정될 수 있어야 한다. 그러나 법률행위 성립 당시에 확정　[187]
될 필요는 없고, 목적이 실현될 시점까지 확정될 수 있으면 된다.

2. 가능성

　　법률행위의 성립 당시에 법률행위의 목적이 실현 불가능한 것이면 그 법률행위　[188]
는 무효이다(제535조: 원시적 불능). 성립 이후에는 급부실현이 불가능해져도 계약은
유효하며 채무불이행에 해당한다(후발적 불능). 불능인지의 여부는 그 시대의 거래관
념에 의하여 결정되며, 그 원인이 물리적 사유(물리적 불능)인지 법률적 사유(법률상
불능)인지, 주관적 사유(주관적 불능)인지 객관적 사유(객관적 불능)인지35는 문제되지

---

35 다수 학설은 객관적 불능이란 아무도 그 급부를 할 수 없는 경우를 말하고, 주관적 불능이란 당해
　채무자가 그 급부를 할 수 없는 경우라고 한다. 반면 객관적 불능이란 그 채무의 이행이 제3자의
　공평한 입장에서 볼 때 영구적으로 불가능하다고 판단되는 경우를 말하고, 주관적 불능이란 객관적

않는다.[36]

3. 목적의 적법성, 사회적 타당성

제103조(반사회질서의 법률행위) 선량한 풍속 기타 사회질서에 위반한 사항을 내용으로 하는
법률행위는 무효로 한다.

사례 22

안토니오는 친구 바사니오를 위해 고리대금업자인 샤일록에게서 돈을 빌리면서 기일보다
늦어지면 살 1파운드를 잘라내기로 했다. 그런데 안토니오의 무역선이 폭풍을 만나는 바
람에 약속한 날짜에 돈을 갚을 수 없게 되었다. 샤일록은 안토니오의 살 1파운드를 달라
면서 법정에 소송을 제기했다. 셰익스피어의 희곡에서는 계약의 해석이라는 방식으로 문
제가 해결되었지만(애초에 법관에 의한 재판이 아니기는 하지만 이는 논외로 한다), 지금
의 관점에서 보자면 계약이 사회질서에 반하여 무효라고 해야 할 것이다.

3.1. 의의

[189]　　　민법 제103조에 따르면 '선량한 풍속 기타 사회질서'를 위반한 사항을 내용으로
하는 법률행위는 무효이다. 계약(법률행위)을 통해 달성하려는 목적이 사회적으로 승
인될 수 있는 것이어야 한다는 의미이다. 승인되는 범위에 대한 판단기준은 시대에
따라 변할 수 있다.

3.2. 불법성의 내용

[190]　　　법률행위가 사회질서에 반하는지는 그 법률행위가 정의관념에 반하는지, 인륜
에 반하는지, 개인의 자유를 심하게 제약하는지, 지나치게 사행적인지, 생존의 기초

으로는 가능하다고 여겨지지만 채무자의 개인적 사정으로 인하여 채무의 이행이 영구적으로 불가능
한 경우를 의미한다고 보는 견해도 있다.

36 독일민법은 2002년의 개정으로 원시적 불능인 급부를 목적으로 한 계약도 유효하다고 하고 있으나,
그 이전에는 원시적 객관적 불능을 목적으로 한 계약은 무효이나 원시적 주관적 불능인 급부를 목
적으로 한 계약은 유효하다고 하여 이 둘을 구분했다.

를 위협하는지 등에 따라 판단한다. 제103조의 요건이 갖추어지려면, 객관적으로는 법률행위가 선량한 풍속 기타 사회질서에 반해야 하고, 주관적으로는 법률행위를 할 당시 이러한 사정을 인식하고 있어야 한다.

정의 관념은 그 자체로 상당히 포괄적이기 때문에, 제103조를 구체화하는 개념 [191] 이라고 하기는 힘들 것이다. 이의 대표적인 것으로는 배임행위에 대한 적극적 가담이 있으며, 당사자의 우월한 지위를 남용하는 경우도 이에 속한다. '배임행위에 대한 적극 가담'의 대표적인 예는 부동산의 이중매매이다. 부동산의 이중매매란 자신의 부동산을 매도하고 중도금을 받은 이후에 이를 제2매수인에게 다시 매도하고 등기까지 이전한 경우를 말한다. 부동산 이중매매의 경우 제2매수인이 매도인의 배임행위37에 적극 가담하면 이중매매는 사회질서에 반하여 무효가 된다. 판례에 따르면 '이중매매에 있어서 매도인의 범죄행위에 적극 가담하여 사회정의 관념에 반하는 반사회적 법률행위로서 그 매매가 무효가 되는 경우의 이른바 적극 가담하는 행위는 <u>타인과의 매매사실을 알면서 매도를 요청하여</u> 매매계약에 이르는 정도로 족하다'(81 다카197)고 한다. 그리고 제1의 법률행위는 매매에 국한되지 않는다. 즉 '타인으로부터 신탁받은 재산을 매각·횡령한다는 정을 알면서 그 수탁자로부터 이를 아주 싸게 매수하여 폭리를 취득한 행위'(62다862)도 무효이다. 또한 제2의 법률행위도 매매에 국한되지 않는다. '증여'(83다카57), '강제경매에 따른 경락'(85다카1580), '매도담보'(82 다카672)의 경우에도 무효가 된다.

판례 90 | 대법원 1985. 11. 26. 선고 85다카1580 판결 [소유권이전등기말소등]

이중매매의 매수인이 매도인과 직접 매매계약을 체결하는 대신에 매도인이 채무를 부담하고 있는 것처럼 거짓으로 꾸며 가장채권에 기한 채무 명의를 만들고 그에 따른 강제경매절차에서 매수인이 경락취득하는 방법을 취한 경우, 이는 이중매매의 매수인이 매도인의 배임행위에 적극 가담하여 이루어진 반사회적 법률행위로서 민법 제103조에 의하여 무효라 할 것이고 이는 무효의 채무 명의에 기한 집행의 효과도 유효하다는 논리와 모순되는 것은 아니다.

그러나 "단지 이중매매라는 것만으로서는 정의에 반한다고 보기 어렵기 때문에 다 [192] 른 사람에게 팔린 사정을 알았다고 해서 무효로 할 수 없다"(89다카14295). 다만, 특단의 사정이 있을 경우(⑩ 신분관계)에는 적극 가담의 사실이 추정된다. 판례는 형제 간에 이루어진 이중매매는 특별한 사정이 없는 한 사회정의 관념에 반한다고 보았다(78다274).

---

37 부동산의 매도인이 매수인으로부터 중도금을 받은 후에 이를 타인에게 다시 매도하고 등기를 넘겨주는 것은 제1매수인에 대한 배임행위에 해당한다(배임죄 성립: 2017도4027).

가. 이미 매도된 부동산에 관하여 체결한 저당권설정계약이 반사회적 법률행위로 무효가 되기 위하여는 매도인의 배임행위와 저당권자가 매도인의 배임행위에 적극 가담한 행위로 이루어진 것으로서, 그 적극 가담하는 행위는 저당권자가 다른 사람에게 목적물이 매도된 것을 안다는 것만으로는 부족하고, 적어도 매도사실을 알고도 저당권설정을 요청하거나 유도하여 계약에 이르는 정도가 되어야 한다.

나. 저당권자가, 저당권설정자가 임의로 선정한 아파트의 등기부등본만 확인하고 직접 아파트를 확인하지 않은 채 금원을 대여하고 아파트에 관하여 근저당권설정등기를 경료한 경우, 저당권자가 근저당권설정계약 당시에 아파트의 분양이 끝나 입주자들이 곧 입주할 예정으로 되어 있는 사정을 알고 있었다고 쉽게 추정할 수는 없을 뿐 아니라 가사 저당권자들이 이를 알고 있었다고 하더라도 저당권설정자의 배임행위에 적극 가담하여 근저당권설정을 요청하거나 유도하는 등의 행위가 없었다면 근저당권설정계약이 반사회적 법률행위로 무효로 볼 수는 없다고 하여, 저당권설정계약이 반사회적 법률행위로서 무효라고 본 원심판결을 심리미진이나 법리오해의 위법이 있다는 이유로 파기한 사례.

부동산에 관한 취득시효가 완성된 후 취득시효를 주장하거나 이로 인한 소유권이전등기청구를 하기 이전에는 등기명의인인 부동산 소유자로서는 특별한 사정이 없는 한 시효취득 사실을 알 수 없으므로 이를 제3자에게 처분하였다 하더라도 불법행위가 성립할 수 없으나, 부동산의 소유자가 취득시효의 완성 사실을 알 수 있는 경우에 부동산 소유자가 부동산을 제3자에게 처분하여 소유권이전등기를 넘겨줌으로써 취득시효 완성을 원인으로 한 소유권이전등기의무가 이행불능에 빠지게 되어 취득시효 완성을 주장하는 자가 손해를 입었다면 불법행위를 구성한다 할 것이며, 부동산을 취득한 제3자가 부동산 소유자의 이와 같은 불법행위에 적극 가담하였다면 이는 사회질서에 반하는 행위로서 무효이다.

아파트 분양위임계약에 의하여 분양자로부터 부여받은 대리권의 범위가 아파트의 분양을 위한 광고 등 홍보업무와 아파트를 분양받으려는 수분양자와 사이에 분양자 명의로 분양계약을 체결하고 그 계약서를 작성하며, 수분양자로부터 받은 계약금, 중도금, 잔금 등을 분양자의 은행계좌에 입금하고, 그 영수증을 분양자에 팩스로 부쳐주며, 분양 현황을 매일 보고하는 것 등으로 한정되어 있음에도, 수임인이 제3자와 통모하여 그에게 아파트 63세대를 외상으로 분양하면서 그 분양대금이 완납된 것처럼 분양계약서, 영수증 등을 교부해 준 경우, 이러한 수임인의 행위는 분양자의 위임 취지에 반하는 배임행위에 해당하고, 제3자는 그에 적극 가담한 공범임이 명백하여, 그 두 사람 사이의 아파트 외상분양은 사회질서에 반하는 법률행위로서 무효라고 한 사례.

[193]　　　　　인륜에 반하는 것으로는 가령 첩계약(67다1134)이 있다. 그리고 부첩관계를 맺음에 있어서 처의 사망 또는 이혼이 있을 경우에 입적한다는 부수적 약정도 첩계약

의 일부로서 무효이다(4288민상156). 처 있는 남자가 다른 여자와 맺은 혼인예약은 무효이다(4288민상245). 그러나 불륜관계를 단절하면서 생활비를 지급하거나 자녀의 양육비를 지급하는 계약은 유효하다(80다458).

개인의 자유를 심히 제한하는 행위, 예를 들어 어떠한 경우라도 이혼하지 않겠 [194] 다는 각서를 배우자의 일방이 타방에게 교부해도 이는 신분행위의 의사결정을 구속 하는 것으로서 무효이다(69므18). 그러나 귀국 후 일정한 기간 근무하지 않으면 해외 파견소요경비를 배상한다는 사규나 약정은 근로계약기간이 아니라 경비반환채무의 면제기간을 정한 것이므로 제103조·제104조에 해당하지 않는다(82다카90).

생존의 기초가 되는 재산에 관한 처분행위는 무효이다. 가령, 사찰이 그 존립에 [195] 필요불가결한 재산인 임야를 증여하는 행위는 무효이다(69다2293).

그밖에 지나치게 사행적인 행위는 무효이다. 도박자금을 대여하는 계약(72다 [196] 2249), 도박으로 부담한 채무의 변제로서 토지를 양도하는 계약(4291민상262), 도박 에 패한 빚을 토대로 하여 그 노름빚을 변제하기로 한 계약(65다2567)은 무효이다.

| 판례 94 | 대법원 1995. 7. 14. 선고 94다40147 판결 [소유권이전등기말소]

도박채무의 변제를 위하여 채무자로부터 부동산의 처분을 위임받은 채권자가 그 부동산을 제3 자에게 매도한 경우, 도박채무 부담행위 및 그 변제약정이 민법 제103조의 선량한 풍속 기타 사회질서에 위반되어 무효라 하더라도, 그 무효는 변제약정의 이행행위에 해당하는 위 부동산 을 제3자에게 처분한 대금으로 도박채무의 변제에 충당한 부분에 한정되고, 위 변제약정의 이 행행위에 직접 해당하지 아니하는 부동산 처분에 관한 대리권을 도박채권자에게 수여한 행위 부분까지 무효라고 볼 수는 없으므로, 위와 같은 사정을 알지 못하는 거래 상대방인 제3자가 도박채무자부터 그 대리인인 도박채권자를 통하여 위 부동산을 매수한 행위까지 무효가 된다고 할 수는 없다.

3.3. 법률행위에 불법이 포함되는 모습

'제103조에 의하여 무효로 되는 반사회질서행위는 법률행위의 목적인 권리·의 [197] 무내용이 선량한 풍속 기타 사회질서에 위반되는 경우뿐만 아니라 그 내용 자체는 반사회질서적인 것이 아니라고 하여도 법률적으로 이를 강제하거나 그 법률행위에 반사회질서를 내용으로 하는 조건 또는 금전적인 대가가 결부됨으로써 반사회질서적 성질을 띠게 되는 경우 및 표시되거나 상대방에게 알려진 법률행위의 동기가 반사회 질서적인 경우를 포함한다'(84다카1402).

(1) 법률행위의 내용 자체가 반사회적인 경우

위의 사례에서 샤일록은 안토니오의 살 1파운드를 베어달라면서 소를 제기했 [198]

다. 이러한 소는 사회질서에 반하는 것 자체를 이행하라는 것으로, 지금 제기된다면 각하될 것이다. 그러나 사회질서에 반하는 내용의 급부 자체를 소로 청구하는 경우는 드물다. 가령 금전을 지급하라는 청구는 그 자체로 사회질서에 반하는 내용이 아니다. 이런 경우도 '법률행위의 내용 자체가 반사회적인 경우'라고 할 수 있는 가? 쌍무계약은 하나의 법률행위(계약)에 의해 두 개의 급부의무가 발생하므로, 그중 하나의 급부가 반사회적이라면, 그 계약의 내용 전체가 반사회적이다. 대체로 일방이 반사회적 급부(가령 허위진술이나 윤락행위의 알선)의 대가로 받기로 한 금전지급을 청구하는 경우가 많다.

판례 95 | Everet v. Williams (1725): 영국의 형평법 법원 사례[38]

두 사람은 강도 후 약탈물을 나눠가지기로 합의했는데, 약탈물의 판매대금이 자신에게 적게 분배되었다고 생각한 원고가 "동업으로 인한 이익을 적절히 분배"해 달라는 소송을 제기했다. 법원은 이 소송을 "수치스럽고 주제넘은(scandalous and impertinent)" 것이라고 하면서 소를 각하하였고, 원고의 변호사를 체포한 후 벌금을 부과했다.

판례 96 | 대법원 2004. 9. 3. 선고 2004다27488,27495 판결 [가불금 · 손해배상(기)]

영리를 목적으로 윤락행위를 하도록 권유 · 유인 · 알선 또는 강요하거나 이에 협력하는 것은 선량한 풍속 기타 사회질서에 위반되므로 그러한 행위를 하는 자가 영업상 관계있는 윤락행위를 하는 자에 대하여 가지는 채권은 계약의 형식에 관계없이 무효라고 보아야 한다.

판례 97 | 대법원 2001. 4. 24. 선고 2000다71999 판결 [약정금]

수사기관에서 참고인으로 진술하면서 자신이 잘 알지 못하는 내용에 대하여 허위의 진술을 하는 경우에 그 허위 진술행위가 범죄행위를 구성하지 않는다고 하여도 이러한 행위 자체는 국가사회의 일반적인 도덕관념이나 국가사회의 공공질서이익에 반하는 행위라고 볼 것이니, 그 급부의 상당성 여부를 판단할 필요 없이 허위 진술의 대가로 작성된 각서에 기한 급부의 약정은 민법 제103조 소정의 반사회적 질서행위로 무효이다.

---

[199]   (2) 급부의 내용은 반사회적이지 않지만, 반사회적 조건이 붙어서 혹은 과도한 대가가 결부됨으로써 반사회적인 법률행위가 되기도 한다. 조건이 무효이면 계약(법률행위) 자체가 무효이다. 가령, 부첩관계의 종료를 해제조건으로 한 부동산 증여계약은 조건없는 계약이 되는 것이 아니라 그 증여계약 자체가 무효이다(66다530).[39] 목격한 대로 진술하면 일정한 대가를 지불하기로 하는 경우, 그 대가가

---

38 "Notes: A Law and Economics Look at Contracts Against Public Policy", in: Harvard Law Review vol 119, 1445-1466(2006), p. 1445에서 인용. 이 사례는 허구인 듯 했으나 (1893) 9 L.Q.R. 197 (Ex).에서 확인되었으며 지금도 몇 사례에서 인용되었다(Wikipedia에서 확인).
39 원고가 피고에게 부첩관계의 종료를 해제조건으로 하여 부동산을 증여하고 이전등기를 경료한 후

적절하다면 반사회적이지 않지만 과도한 대가가 결부된다면 반사회적 법률행위가 된다.

판례 98 | 대법원 1999. 4. 13. 선고 98다52483 판결 [약정금]

소송사건에서 일방 당사자를 위하여 증인으로 출석하여 증언하였거나 증언할 것을 조건으로 어떤 대가를 받을 것을 약정한 경우, 증인은 법률에 의하여 증언거부권이 인정되지 않는 한 진실을 진술할 의무가 있는 것이므로 그 대가의 내용이 통상적으로 용인될 수 있는 수준(예컨 대 증인에게 일당과 여비가 지급되기는 하지만 증인이 법원에 출석함으로써 입게 되는 손해에 는 미치지 못하는 경우 그러한 손해를 전보해 주는 정도)을 초과하는 경우에는 그와 같은 약정 은 금전적 대가가 결부됨으로써 선량한 풍속 기타 사회질서에 반하는 법률행위가 되어 민법 제103조에 따라 효력이 없다.

판례 99 | 대법원 2015. 7. 23. 선고 2015다200111 전원합의체 판결 [부당이득금]

형사사건에 관하여 체결된 성공보수약정이 가져오는 여러 가지 사회적 폐단과 부작용 등을 고 려하면, 구속영장청구 기각, 보석 석방, 집행유예나 무죄 판결 등과 같이 의뢰인에게 유리한 결과를 얻어내기 위한 변호사의 변론활동이나 직무수행 그 자체는 정당하다 하더라도, 형사사 건에서의 성공보수약정은 수사·재판의 결과를 금전적인 대가와 결부시킴으로써, 기본적 인권 의 옹호와 사회정의의 실현을 사명으로 하는 변호사 직무의 공공성을 저해하고, 의뢰인과 일반 국민의 사법제도에 대한 신뢰를 현저히 떨어뜨릴 위험이 있으므로, 선량한 풍속 기타 사회질서 에 위배되는 것으로 평가할 수 있다.

---

(3) 계약으로 취득하게 되는 권리의무 자체에는 불법적 요소가 없더라도, 그 계 [200] 약을 체결하게 된 동기가 불법적인 경우, 그 동기가 표시되거나 상대방에게 알려졌다 면 제103조에 따라 무효라고 한다. 가령, 도박자금에 쓰인다는 것을 알면서 한 금전 소비대차계약, 도박장소로 사용된다는 것을 알면서 한 임대차계약 등이 이에 속한다.

판례 100 | 대법원 1973. 5. 22. 선고 72다2249 판결 [양수미]

당사자가 도박의 자금에 제공할 목적으로 금전의 대차를 한 때에는 그 대차계약은 민법 제103 조 소정의 반사회질서의 법률행위이여서 무효라 할 것이다.

---

(4) 법률행위 성립과정상에 불법적 방법(가령 강박)이 사용된 경우는 원칙적으로 [201] 제103조가 적용되지 않는다(92다7719).

조건의 성취를 이유로 피고에게 등기말소를 청구하였는데, 원심은 조건이 무효라면서 원고의 청구를 기각하였다. 그러나 대법원은 증여계약 자체가 무효라면서 원심을 파기하였다. 원고가 승소한다면 피고의 소유권등기는 말소되어야 한다. 그러나 제746조가 적용되는지에 관하여는 언급이 없는데, 제746조가 적용된다면 원고는 마찬가지로 패소할 것이다.

| 대법원 1996. 4. 26. 선고 94다34432 판결 [주식인도]

대통령의 지시를 받아 국제그룹의 해체 방침을 결정한 재무부장관이 주거래은행인 제일은행에 이를 통보하고 이를 언론에 보도되도록 한 후 제일은행으로 하여금 이를 추진하게 하는 일련의 행위들이 통상의 행정지도의 한계를 넘어서는 권력적 사실행위로서 헌법상 법치국가의 원리, 시장경제의 원리, 경영권 불간섭의 원칙, 평등권의 각 규정을 침해한 것으로 헌법에 위반됨은 헌법재판소 89헌마31 결정에서 확인된 바이다. 그러나 주식의 매매를 목적으로 하는 이 사건 법률행위의 목적인 권리의무의 내용 자체가 선량한 풍속 기타 사회질서에 위반될 리가 없고 그 조건이나 대가관계로 인하여 반사회적 성격을 띨 리도 없으며, 이 사건에 있어서 표시된 법률행위의 동기는 부실화된 국제그룹의 정상화라고 할 것이므로 이것이 반사회질서적이라고 할 수도 없다. 국제그룹의 해체 지시라는 재무부장관의 제일은행에 대한 위와 같은 공권력 행사가 비록 위헌적 행정지도라고 하더라도 당시 제일은행으로서도 막대한 자금을 부도 직전의 부실기업인 국제그룹에 대출하고 있던 주채권자로서 위 방안도 선택 가능한 방안이었으므로 이를 받아들여 원고와 피고에게 이를 권유하였고 원고와 피고가 이 제안을 받아들여 이 사건 주식 매매계약이 성립된 것인 이상, 위와 같은 위헌인 공권력 행사가 이 사건 법률행위의 성립에 영향을 미쳤다고 보아 그 의사표시에 하자가 있다고 함은 몰라도, 이 사건 법률행위의 목적이나 표시된 동기가 불법이었다고 볼 수는 없다.

3.4. 제103조에 따른 효과

사례 23

(1) A는 B에게 갚아야 할 도박 빚 5억원 대신 자신의 토지 X의 소유권등기를 B에게 이전해 주기로 했다. B는 A에 대해 소유권이전등기청구권이 있는가?
(2) A는 B에게 갚아야 할 도박 빚 5억원 대신 자신의 토지 X의 소유권등기를 B에게 이전해 주었다. X토지의 소유권은 누구에게 있는가? (79다483 참조)

[202]   선량한 풍속 기타 사회질서에 반하는 법률행위는 무효이다. 따라서 목적한 법률효과가 발생하지 않고, 당사자 사이에 그 이행을 청구할 수 없다. 더 나아가 이러한 무효는 당사자뿐만 아니라 모든 사람에게 미친다.

판례 102 | 대법원 2000. 2. 11. 선고 99다49064 판결 [보험금] – 보험금 편취 목적의 생명 보험 계약

생명보험계약은 사람의 생명에 관한 우연한 사고에 대하여 금전을 지급하기로 약정하는 것이어서 금전을 취득할 목적으로 고의로 피보험자를 살해하는 등의 도덕적 위험의 우려가 있으므로, 그 계약 체결에 관하여 신의성실의 원칙에 기한 선의(이른바 선의계약성)가 강하게 요청되는바, 당초부터 오로지 보험사고를 가장하여 보험금을 취득할 목적으로 생명보험계약을 체결한 경우에는 사람의 생명을 수단으로 이득을 취하고자 하는 불법적인 행위를 유발할 위험성이 크고, 이러한 목적으로 체결된 생명보험계약에 의하여 보험금을 지급하게 하는 것은 보험계약을 악용

하여 부정한 이득을 얻고자 하는 사행심을 조장함으로써 사회적 상당성을 일탈하게 되므로, 이와 같은 생명보험계약은 사회질서에 위배되는 법률행위로서 무효라고 하여야 할 것이다.
• 사실관계: A는 자신의 배우자 B를 살해한 후 보험금을 받을 목적으로, 피고 보험회사와 피보험자(보험사고의 당사자)를 B, 보험수익자를 상속인으로 하는 생명보험계약을 체결하였다. A는 그 후 살인 청부업자를 통해 교통사고로 위장하여 B를 살해하였다. 이 사실이 밝혀져 A는 상속자격을 잃었고, B의 어머니인 원고가 C를 상대로 보험금지급을 청구했다.
• 법원의 판단: A가 당초부터 피보험자인 B를 살해하여 보험금을 편취할 목적으로 체결한 이 사건 생명보험계약들은 사회질서에 위배되는 행위로서 무효이고, 따라서 B의 상속인으로서 보험수익자 중의 1인인 원고로서는 자신이 고의로 보험사고를 일으키지 않았다고 하더라도 보험자인 피고들에 대하여 보험금을 청구할 수 없다.

반사회질서적인 법률행위는 그 이행을 청구할 수 없다. 그런데 이미 이행이 된 [203] 경우는 어떻게 되는가? 모든 출연(재화이동)에는 원인이 있어야 하고, 원인이 결여된 경우에는 소유권이전이 부정되거나(유인인 경우), 부당이득으로 반환되어야 한다(무인인 경우). 그러나 민법 제746조는 불법원인에 의해 출연이 이루어진 경우에 대해서는 부당이득반환을 부정하고 있고, 판례는 소유권에 기한 반환청구권도 부정하고 있다 (79다483). 그렇다면 법률행위가 불법성을 띠어 무효로 되어도, 이미 일어난 재화이동은 번복되지 않는다. 따라서 소유권의 이전은 그대로 인정되고, 부당이득반환의무도 없게 된다. 다만 법원은 강행법규 위반으로 무효가 된 경우에도, 그것이 선량한 풍속 기타 사회질서 위반이 아니라면 소유권이전을 부정하고 반환의무를 인정하고 있다. 이는 제103조와 제746조의 관계문제와 관련해서 제103조의 적용범위보다 제746조의 적용범위를 더 좁게 보는 것이라 할 수 있다.[40]

판례 103 │ 대법원 1979. 11. 13. 선고 79다483 판결 [토지소유권가등기말소등기]

민법 제746조는 불법의 원인으로 인하여 재산을 급여한 때에는, 그 이익의 반환을 청구하지 못한다고 규정하고 있는바, 일반의 법리에 따른다면 불법의 원인에 의한 급여는 법률상의 원인이 없는 것이 되므로, 부당이득이 되어 그 이익의 반환을 청구할 수 있게 되는 것이나, 이러한 청구를 인정하는 것은, 법의 이념에 어긋나는 행위를 한 사람의 주장을 시인하고 이를 보호하는 것이 되어 공평의 이념에 입각하고 있는 부당이득제도의 근본취지에 어긋날 뿐만 아니라 법률 전체의 이념에도 어긋나게 되기 때문에, 이 규정은 선량한 풍속, 기타 사회질서에 위반한 사항을 내용으로 하는 법률행위를 무효로 하는 민법 제103조와 표리를 이루어, 사회적 타당성이 없는 행위를 한사람을 보호할 수 없다는 법의 이념을 실현하려고 하는 것이다.

---

40 법원의 용어 사용법은 그 자체로 모순적인 면이 있다. 선량한 풍속 기타 사회질서에 반해야 강행규정(엄밀히는 그중에서 효력규정 위반)이라고 할 수 있는데, 강행규정을 위반해도 선량한 풍속 기타 사회질서에 반하지 않는 경우가 있다고 하기 때문이다. 그러나 법원은 구분의 필요성이라는 실익을

이리하여 민법 제746조는 민법 제103조와 함께 사법의 기저를 이루는 하나의 큰 이상의 표현으로서 이것이 비록 민법 채권편 부당이득의 장에 규정되어 있기는 하나, 이는 일반적으로 사회적 타당성이 없는 행위의 복구가 부당이득의 반환청구라는 형식으로 주장되는 일이 많기 때문이고, 그 근본에 있어서는 단지 부당이득제도만을 제한하는 이론으로 그치는 것이 아니라, 보다 큰 사법의 기본 이념으로 군림하여, 결국 사회적 타당성이 없는 행위를 한 사람은 그 스스로 불법한 행위를 주장하여, 복구를 그 형식 여하에 불구하고 소구할 수 없다는 이상을 표현하고 있는 것이라고 할 것이다.

따라서 급여를 한 사람은 그 원인행위가 법률상 무효라 하여 상대방에게 부당이득을 원인으로 한 반환청구를 할 수 없음은 물론, 그 원인행위가 무효이기 때문에 급여한 물건의 소유권은 여전히 자기에게 있다고 하여, 소유권에 기한 반환청구도 할 수 없는 것이고, 그리하여 그 반사적 효과로서 급여한 물건의 소유권은 급여를 받은 상대방에게 귀속하게 되는 것이라고 해석함이 타당하다고 할 것이다.

판례 104 │ 대법원 1983. 11. 22. 선고 83다430 판결 [손해배상]

민법 제746조가 규정하는 불법원인이라 함은 그 원인될 행위가 선량한 풍속 기타 사회질서에 위반하는 경우를 말하는 것으로서 설사 법률의 금지함에 위반하는 경우라 할지라도 그것이 선량한 풍속 기타 사회질서에 위반하지 않는 경우에는 이에 해당하지 않는 것이라고 할 것인바 피고가 허가를 받은 직업알선업자가 아닌 것을 잘 알면서 피고에게 해외취업알선을 부탁하고 그 보수로 본건 금원을 교부한 원고들이 그 금원의 반환을 구하는 이 사건에서, 원고들의 소위가 논지와 같이 직업안정법에 위배된다 하더라도 선량한 풍속 기타 사회질서에 위반한 것이라고는 볼 수 없다 할 것이다.

• 정리: 직업안정법에 위반되는 알선료의 지급이 강행규정위반으로 무효이긴 하지만 민법 제746조가 적용되지는 않는다고 본 사례. 따라서 알선료를 지급한 사람은 반환받을 수 있다.

[204] 제103조에는 선의의 제3자 보호규정이 없다. 따라서 무효인 법률행위에 기초해서 일어난 재산변동을 신뢰하여 새롭게 이해관계를 맺었다 하더라도 선의의 제3자로서 보호되지 않는다. 다만 불법원인급여로서 반환이 부정되는 경우에는 (악의라 하더라도) 제3자가 보호되므로, 제3자가 보호되지 않는 경우란 제103조는 적용되지만 제746조는 적용되지 않는 경우에 한한다. 가령 이중매매가 반사회질서행위로 무효인 경우가 이에 속한다(96다29151).

판례 105 │ 대법원 1996. 10. 25. 선고 96다29151 판결 [토지소유권이전등기말소등]

부동산의 제2매수인이 매도인의 배임행위에 적극 가담하여 제2매매계약이 반사회적 법률행위에 해당하는 경우에는 제2매매계약은 절대적으로 무효이므로, 당해 부동산을 제2매수인으로부

위해 이러한 모순된 용어 사용을 감수한 것으로 보인다.

터 다시 취득한 제3자는 설사 제2매수인이 당해 부동산의 소유권을 유효하게 취득한 것으로 믿었다고 하더라도 제2매매계약이 유효하다고 주장할 수 없는 것이다.

3.5 효력규정과 단속규정의 구별

민법 제105조는 '선량한 풍속 기타 사회질서에 관계없는 규정'을 위반한 경우에 [205] 는 당사자들의 의사가 우선하도록 하고 있고, 이러한 규정을 '임의규정'이라고 표현하고 있다. 따라서 임의규정이 아닌 것은 모두 '선량한 풍속 기타 사회질서에 관한 규정'으로 강행규정이 되고, 제103조에 의해 이에 위반한 계약은 무효여야 한다. 그러나 강행규정을 위반했다고 해서 계약의 효력이 모두 부정되지는 않는다. 법원은 강행규정 중에서도 효력규정과 단속규정을 구분한다. 단속규정이란 일정한 행정목적을 실현하기 위하여 '법이 금지하기는 하지만 법률행위의 사법상 효력까지 부정하지는 않는 규정'을 말한다. 가령 중간생략등기에 관한 합의는 법이 금지하고 처벌도 하지만(부동산등기 특별조치법 제2조, 제8조), 이에 대해서 법원은 사법상의 효력을 인정한다(91다5761 참조). 즉, 전전매수인이 최초 매도인을 상대로 위 합의에 기초하여 이전등기를 청구하면 법원은 이 청구를 받아들인다. 이와 달리 효력규정에 반하는 계약은 무효이다. 법원의 용어 사용법에 비추어 본다면, 사적자치가 온전히 허용되는 영역의 법규정이 임의규정이고, 그렇지 않은 영역에 대한 규정이 강행규정이며, 이에 반하는 합의라 하더라도 그 효력 자체는 인정하는 경우(단속규정)와 그 효력도 부정하는 경우(효력규정)로 나눌 수 있을 것이다.

판례 106 | 대법원 2001. 1. 5. 선고 2000다49091 판결 [소유권이전등록]

「금융실명거래및비밀보장에관한긴급재정명령」 시행 이후 예금주 명의를 신탁한 경우, 명의수탁자는 명의신탁자와의 관계에 있어서 상대방과의 계약에 의하여 취득한 권리를 명의신탁자에게 이전하여 줄 의무를 지는 것이고, 위 명령 제3조 제3항은 단속규정일 뿐 효력규정이 아니라는 점에 비추어 볼 때, 출연자와 예금주인 명의인 사이의 명의신탁약정상 명의인은 출연자의 요구가 있을 경우에는 금융기관에 대한 예금반환채권을 출연자에게 양도할 의무가 있다고 보아야 할 것이어서 출연자는 명의신탁을 해지하면서 명의인에 대하여 금융기관에 대한 예금채권의 양도를 청구하고 아울러 금융기관에 대한 양도통지할 것을 청구할 수 있다.

판례 107 | 대법원 2004. 10. 28. 선고 2004다5556 판결 [소유권이전등기]

보조금의예산및관리에관한법률 제35조는 국가예산으로 교부된 보조금으로 취득한 재산이 그 교부목적과 다른 용도로 사용되거나 처분되는 것을 막음으로써 보조사업에 대한 국가의 적정한 관리와 보조금의 실효성을 지속적으로 확보하기 위한 데에 그 입법 취지가 있다고 할 것이므로, 위 규정은 단속규정이 아닌 효력규정이라고 보아야 한다.

[206]   법률이 어떤 법률행위를 무효라고 선언하고 있는 경우도 있지만(**에** 부동산실명법상 금지되는 명의신탁), 이에 관해 언급이 없는 경우도 있다. 이 경우에는 해당 법률행위를 금지하는 규정의 취지를 살펴 해석에 의해 결정할 수밖에 없다. 통상적으로 법원은 해당 법률행위로 인한 거래의 결과나 경제적 이익의 귀속을 금하는 것이 규율취지라고 생각되면 효력규정으로 본다. 그리고 이 경우에는 입법취지의 달성을 위해서 반환이 인정된다. 반환을 부정하면 입법목적에 반하는 결과가 일어나기 때문이다(불법원인급여에 관한 민법 제746조가 적용되지 않음).

> **판례 108** 대법원 2002. 9. 4. 선고 2000다54406,54413 판결 [소유권말소등기등 · 손해배상(기)등]
>
> 부동산중개업법 제15조 제2호는 중개업자가 법 제20조 제3항의 규정에 의한 수수료를 초과하여 금품을 받거나 그 외에 사례 · 증여 기타 어떠한 명목으로라도 금품을 받는 행위를 할 수 없도록 금지하고, 위와 같은 금지행위를 한 경우 등록관청이 중개업등록을 취소할 수 있으며, 위와 같은 금지규정을 위반한 자는 1년 이하의 징역 또는 1천만원 이하의 벌금에 처하도록 규정하고 있는바, 부동산중개업법이 '부동산중개업자의 공신력을 높이고 공정한 부동산 거래질서를 확립하여 국민의 재산권 보호에 기여함'을 목적으로 하고 있는 점, 위 규정들이 위와 같은 금지행위의 결과에 의하여 경제적 이익이 귀속되는 것을 방지하려는 데에도 그 입법 취지가 있다고 보이는 점, 그와 같은 위반행위에 대한 일반사회의 평가를 감안할 때 위와 같은 금지행위 위반은 반사회적이거나 반도덕적으로 보아야 할 것인 점, 위반행위에 대한 처벌만으로는 부동산중개업법의 실효를 거둘 수 없다고 보이는 점 등을 종합하여 보면, 위와 같은 규정들은 부동산중개의 수수료 약정 중 소정의 한도액을 초과하는 부분에 대한 사법상의 효력을 제한함으로써 국민생활의 편의를 증진하고자 함에 그 목적이 있는 것이므로 이른바 강행법규에 속하는 것으로서 그 한도액을 초과하는 부분은 무효라고 보아야 할 것이다.
>
> • 정리: 위 판결에서도 계약을 무효로 보면서도 불법원인급여는 부정하여 반환을 인정하였다. 이는 해당 계약을 무효로 하는 입법취지가 부동산 중개업자에게 일정 수수료 이상의 경제적 이익의 귀속을 막는 데 목적이 있기 때문이다. 이러한 입법취지는 해당 거래가 무효이되 반환은 가능하다는 법리에 의해서만 달성될 수 있다.

[207]   계약당사자 일방이 '계약체결이 관계법령에 위반되지 않는다'는 것을 보장했음에도 강행법규 위반으로 인해 계약을 이행하지 못한 경우에는 채무불이행책임이 성립할 수 있다(2016다203551). 다만 채무불이행책임의 성립이 해당 계약을 무효로 하는 입법취지에 반하는 경우에는 채무불이행책임이 성립하지 않는다.

---

41 농협은 농업중앙회나 농협은행과 같은 특정 기관으로부터만 자금을 차입할 수 있다는 조항이다. 따라서 다른 금융기관이나 개인으로부터 자금을 차입하거나 보증을 서는 행위는 법률에 반한다. 다만 유

판례 109	대법원 2019. 6. 13. 선고 2016다203551 판결 [매매대금]

계약 당사자 사이에서 일방이 상대방에 대해 계약의 체결이 관련 법령 등에 위반되지 않는다는 점과 함께 그 계약의 이행을 진술·보장하였는데도 계약을 이행하지 못하여 상대방에게 손해를 입힌 경우에는 계약상 의무를 이행하지 않은 것에 해당하므로 일종의 채무불이행책임이 성립한다(대법원 2018. 10. 12. 선고 2017다6108 판결 참조). 그러나 당사자 사이에 체결된 계약이 강행법규 위반으로 무효인 경우에 그 계약 불이행을 이유로 진술·보장 약정에 따른 손해배상채무를 이행하는 것이 강행법규가 금지하는 것과 동일한 결과를 가져온다면 이는 강행법규를 잠탈하는 결과가 되고, 이러한 경우에는 진술·보장 조항 위반을 이유로 손해배상을 청구할 수 없다고 보아야 한다.

• 사실관계: 삼마루는 원고(IBK캐피탈 등)로부터 대출을 받아 피고(전북인삼농협)로부터 인삼을 매수하여 이를 가공한 후 천지양에 매도하고, 이 매매대금으로 원고에 대한 대출금을 갚는 사업을 하고 있다. 이때 1차적인 매입의무를 부담하는 천지양이 의무를 이행할 수 없으면 피고가 2차적인 매입의무를 부담하였다. 천지양이 매매대금을 지급하지 않자 원고(당사자들 간 약정으로 원고도 매매대금청구권이 있었음)는 피고를 상대로 매매대금의 지급을 청구하였다.

• 법원의 판단: 피고가 2차적 매입의무를 부담하는 것은 사실상 채무자(삼마루)의 원고들에 대한 각 대출금채무를 보증한 것에 해당하여 강행법규인 농업협동조합법 제57조 제2항, 제112조[41]에 위반되므로 무효이고, 이처럼 강행법규 위반으로 무효인 계약에 따른 채무를 이행할 수 없는 경우에도 진술·보장 조항을 근거로 의무불이행 당사자에 대해 이행이익에 해당하는 손해를 배상하도록 한다면, 강행법규의 적용을 배제하거나 잠탈하는 불합리한 결과가 초래될 수 있으므로, 이러한 경우에 원고들이 진술·보장 조항을 근거로 피고에게 매매대금 상당의 손해배상을 청구하는 것은 강행법규인 농업협동조합법의 입법취지를 몰각하는 결과가 되므로 허용될 수 없다.

• 정리: 위 대법원의 일반이론은 '체결하는 계약이 법령위반이 아니라는 보장을 했다면, 법령 위반으로 무효여서 불이행한 경우에도 채무불이행책임을 질 수 있고, 이런 책임을 인정하는 것이 입법취지에 반하면 손해배상이 인정되지 않는다'는 것이다. 그러나 이런 일반이론의 근거로 제시한 기존 판결은 이런 일반론을 뒷받침하지 못한다. 2017다6108 판결은 기업인수계약에서 매도인이 대상회사가 법령을 위반한 적이 없다고 진술·보장했는데, 대상회사가 관계법령을 위반한 적이 있어 국가로부터 제재를 받게 되자 기업매수인이 매도인을 상대로 손해배상을 청구한 사안이었다. 따라서 이 판결은 계약체결이 법령에 위반된 사안이 아니라, 자신이 판매하는 회사가 법령 위반을 한 적이 없다는 보장에 관한 사안이었고, 이는 일종의 '성상담보'에 속한다. 2016다203551 판결 사안은 이와 달리 자신들이 하는 거래 자체가 사회질서에 반하지 않는다고 진술한 것인데, 이 경우에 법령이 금지한 계약이행을 하지 않았다고 해서 손해배상책임을 인정하는 것은 오히려 이례적일 것이다.

3.6 탈법행위

탈법행위란 형식적으로는 강행규정의 금지에 반하지 않는 수단을 사용하여 실 [208]
질적으로 금지사항을 실현하는 행위이다. 즉, 강행규정을 우회적으로 회피하여 강행

사사례에서 법원은 이를 법인의 권리능력 제한으로 봤는데(62다127), 이에 관해서도 검토를 요한다.

규정이 금지하는 목적을 달성하는 것이다. 이러한 행위는 정면으로 강행규정에 위반하는 것은 아니지만 법률의 정신에 반하고 법률이 허용하지 않는 결과의 발생을 목적으로 하기 때문에 원칙적으로 무효로 본다. 그러나 법이 그 '형식'만을 금지하고 있는 경우들도 있으므로 경우를 나누어 보아야 한다. 가령 동산에 대한 양도담보약정은 질권에 대한 강행규정을 회피하는 면이 있지만 유효로 본다.

판례 110 | 대법원 1997. 6. 27. 선고 97다9529 판결 [토지소유권확인등]

구 국유재산법은 국유재산 처분 사무의 공정성을 도모하기 위하여 관련 사무에 종사하는 직원에 대하여 부정한 행위로 의심받을 수 있는 가장 현저한 행위를 적시하여 이를 엄격히 금지하는 한편, 그 금지에 위반한 행위의 사법상 효력에 관하여 이를 무효로 한다고 명문으로 규정하고 있으므로, 국유재산에 관한 사무에 종사하는 직원이 타인의 명의로 국유재산을 취득하는 행위는 강행법규인 위 법 규정들의 적용을 잠탈하기 위한 탈법행위로서 무효이고, 나아가 위 법이 거래안전의 보호 등을 위하여 그 무효로 주장할 수 있는 상대방을 제한하는 규정을 따로 두고 있지 아니한 이상, 그 무효는 원칙적으로 누구에 대하여서나 주장할 수 있으므로, 그 규정들에 위반하여 취득한 국유재산을 제3자가 전득하는 행위 또한 당연무효이다.

---

4. 불공정한 법률행위(제104조)

> 제104조(불공정한 법률행위) 당사자의 궁박, 경솔 또는 무경험으로 인하여 현저하게 공정을 잃은 법률행위는 무효로 한다.

4.1 의의

[209]   불공정한 법률행위는 그 성질상 반사회질서 법률행위의 하나이다(통설). 이에 관하여는 민법 제104조에 규정되어 있다. 제104조의 요건을 완전히 갖추지 못한 경우에도 그 행위는 제103조에 위반하는 반사회적 행위가 될 수 있다.

판례 111 | 대법원 2000. 2. 11. 선고 99다56833 판결 [대여금등]

• 사실관계: 원고가 피고에 관해 행정기관에 진정서를 제출하자, 피고는 위 진정을 취하하는 대가로 5천만원을 주기로 했다. 원고는 진정을 취하하고, 그 약정금을 구하자 피고는 이것이 무효라고 다투었다.
• 원심의 판단: 이러한 합의는 원고가 피고의 궁박한 사정을 약점으로 이용하여 행정기관에 대한 진정 취하 및 소외 법인에 대한 영향력 행사라는 조건의 이행을 대가로 거액의 금전적 이득을 추구한 것이므로, 원고가 피고의 궁박한 상태를 이용하여 폭리를 취하고자 하였다는 점에서 민법 제104조 소정의 불공정한 법률행위에 해당한다. ⇨ 원고의 청구 배척
• 대법원의 판단: "민법 제104조가 규정하는 현저히 공정을 잃은 법률행위라 함은 자기의 급부

에 비하여 현저하게 균형을 잃은 반대급부를 하게 하여 부당한 재산적 이익을 얻는 행위를 의미하는 것이므로, 증여계약과 같이 아무런 대가관계 없이 당사자 일방이 상대방에게 일방적인 급부를 하는 법률행위는 그 공정성 여부를 논의할 수 있는 성질의 법률행위가 아닌 것인바, 원고가 피고로부터 금 50,000,000원을 지급받기로 약정한 것은 어디까지나 원고의 진정을 취하하는 것을 조건으로 한 것이고, 원고가 공사대금의 추심에 협력한다는 것은 이에 부수하여 선언적으로 기재된 것에 불과함을 알 수 있는바, <u>위와 같은 진정이나 그 취하는 원고가 국민으로서 가지는 청원권의 행사 및 그 철회에 해당하여 성질상 대가적인 재산적 이익으로 평가될 수 있는 것이 아니므로, 원고와 피고 사이에 이루어진 위 약정은 재산상의 대가관계 없이 피고가 원고에게 일방적인 급부를 하는 무상행위로서 민법 제104조 소정의 공정성 여부를 논의할 수 있는 법률행위에 해당하지 아니하고, 따라서 이 점에 관한 원심의 판단은 잘못이라 아니할 수 없다.</u>"
"이 사건과 같이 <u>청원권 행사의 일환으로 이루어진 진정을 이용하여 원고가 피고를 궁지에 빠뜨린 다음 이를 취하하는 것을 조건으로 거액의 급부를 제공받기로 한 약정은 반사회질서적인 조건 또는 금전적 대가가 결부됨으로써 반사회질서적 성질을 띠게 되는 경우에 해당한다고 봄이 상당하다.</u>"

• 정리 및 의문: 진정을 이용해 궁지에 빠뜨린 다음 이를 취하하는 조건으로 거액을 받기로 하는 것은 강박상황과 유사하다. 또한 국가가 개인을 잡아두고 고문 등으로 협박하고, 고문을 하지 않을 것을 조건으로 거액을 받기로 하는 것은 그 반사회성이 위 판결에 비해 약하지 않을 것이다. 그러나 우리 법원은 후자에서는 계약체결의 과정에 강박이라는 불법이 행해져도 반사회질서행위는 아니라고 하여 국가에 의한 재산강탈 사건에서는 반사회성을 부정하면서도, 위 판결에서는 반사회질서성을 인정했다.

4.2 요건

(1) 급부와 반대급부의 현저한 불균형(객관적 요건)

급부와 반대급부의 객관적 가치(주관적 가치가 아님)에 큰 차이가 있어서 현저하게 공정을 상실해야 한다. 급부와 반대급부 사이의 '현저한 불균형'은 단순히 시가와의 차액 또는 시가와의 배율로 판단할 수 있는 것은 아니고 구체적·개별적 사안에 있어서 일반인의 사회통념에 따라 결정해야 하며(2006도3366; 2009다50308 참조), 피해 당사자의 궁박·경솔·무경험의 정도도 아울러 고려되어야 한다. 또한 현저한 불균형은 당사자의 주관적 가치가 아닌 거래상의 객관적 가치에 의해 판단해야 한다(2009다50308). [210]

원칙적으로 무상행위는 민법 제104조가 규정하는 현저히 공정을 잃은 법률행위에 해당하지 않는다(99다56833 등; 이 경우에는 103조가 적용된다).[42] 그러나 유상행위에 한하여 성립하는 것이 아니라, 부담부 증여와 같이 무상행위라 하더라도 부담이 [211]

---

42 그러나 물론해석이라는 관점에서 이러한 법원의 태도가 타당한지는 의심스럽다.

과도한 경우에는 제104조가 적용된다.

[212]   경매에는 제104조가 적용되지 않는다(80마77).

(2) 상대방의 궁박, 경솔, 무경험을 이용할 것(주관적 요건)

[213]   상대방의 궁박이나 경솔 또는 무경험에 편승하거나 이를 이용할 것이 요구된다. 학설은 폭리자의 악의가 필요하다는 견해와 피해자의 사정에 편승하거나 이용한다는 인식으로 족하다는 견해로 나뉘어 있다.

[214]   판례는 '알고 있을 것'(4288민상401), '편승할 것'(4291민상618), '인식하고 있을 것'(70다2065), '이용할 것'(76다2179)이라고 하고 있으며, '피해 당사자가 급박·경솔 또는 무경험의 상태에 있었다고 하더라도 그 상대방 당사자에게 피해당사자의 사정을 알면서 이를 이용하려는 의사, 즉 폭리행위의 악의가 없었다면 불공정한 법률행위는 성립하지 않는다'(86다카563)고 하여 폭리자의 의도(악의)를 요구하고 있다.

판례 112 | 대법원 2002. 9. 4. 선고 2000다54406, 54413 판결 [소유권말소등기등·손해배상(기)등]

민법 제104조에 규정된 불공정한 법률행위는 객관적으로 급부와 반대급부 사이에 현저한 불균형이 존재하고, 주관적으로 그와 같이 균형을 잃은 거래가 피해 당사자의 궁박, 경솔 또는 무경험을 이용하여 이루어진 경우에 성립하는 것으로서, 약자적 지위에 있는 자의 궁박, 경솔 또는 무경험을 이용한 폭리행위를 규제하려는 데 그 목적이 있는바, 피해 당사자가 궁박, 경솔 또는 무경험의 상태에 있었다고 하더라도 그 상대방 당사자에게 위와 같은 피해 당사자측의 사정을 알면서 이를 이용하려는 의사, 즉 폭리행위의 악의가 없었다면 불공정 법률행위는 성립하지 않는다.

---

[215]   불공정한 법률행위로 무효임을 주장하는 자가 궁박, 경솔, 무경험을 증명해야 하고, 법률행위가 현저하게 공정을 잃었다 하여 곧 그것이 궁박이나 경솔, 무경험에 의해 이루어졌다고 추정하지는 않는다(69다594; 75다704). 다만 급부의 불균형, 상대방의 경솔 및 무경험, 법률행위 직후 상당한 차액으로 전매한 사정 등이 있다면, 폭리자의 '이용의사'는 추정할 수 있다(76다2179).

[216]   궁박에는 경제적, 정치적·물리적 궁박 상태 및 정신적 궁박 상태를 포함한다(73다673). 무경험은 해당 거래 분야의 경험부족이 아니라 일반적인 생활체험의 부족을 말한다(2002다38927). 경솔이란 말과 행동에 조심성 없이 가벼운 것을 말하는데, 법률행위에서는 행위의 결과를 신중히 고려하지 않는 것이라고 할 수 있다. 대리인을 통해 법률행위를 한 경우에는 원칙적으로 '경솔·무경험은 그 대리인을 기준으로 하여 판단하고, 궁박 상태에 있었는지의 여부는 본인의 입장에서 판단하여야 한다'(71다2255; 69다719).

판례 113 | 대법원 1977. 12. 13. 선고 76다2179 판결 [소유권이전등기말소]

매매가격이 싯가의 약 8분지 1 정도여서 그 가격면에 있어서 현저하게 공정을 잃었다고 할 수 있을 뿐만 아니라, 원고(매도인)는 어리석고, 남의 꼬임에 잘 빠지기 쉬운 성격의 소유자라는 점과 피고 A(매수인)가 이건 부동산을 원고로부터 1974. 8. 8.에 금 380,000원에 매수하고 약 3개월 후인 같은 해 11. 5.에 피고 B(전전매수인)에게 위 매수가격의 약 4.5배 정도에 해당되는 금 1,700,000원에 매도하였고, 이와 같은 가격상의 합리적 근거도 없고 원고가 피고 A에게 현저히 저렴하게 매도한 합리적인 근거도 없는 이 건에 있어서 원고와 피고 A의 매매는 원고의 경솔 또는 무경험에 인한 것이고 피고 A는 그 사정을 알고 이를 이용하므로써 이루어졌다고 추인함에 넉넉하다. (불공정한 법률행위임을 부정한 원심을 파기)

판례 114 | 대법원 2002. 10. 22. 선고 2002다38927 판결 [손해배상(자)]

[1] 민법 제104조에 규정된 불공정한 법률행위는 객관적으로 급부와 반대급부 사이에 현저한 불균형이 존재하고, 주관적으로 그와 같이 균형을 잃은 거래가 피해 당사자의 궁박, 경솔 또는 무경험을 이용하여 이루어진 경우에 성립하는 것으로서, 약자적 지위에 있는 자의 궁박, 경솔 또는 무경험을 이용한 폭리행위를 규제하려는 데에 그 목적이 있고, 불공정한 법률행위가 성립하기 위한 요건인 궁박, 경솔, 무경험은 모두 구비되어야 하는 요건이 아니라 그 중 일부만 갖추어져도 충분한데, 여기에서 '궁박'이라 함은 '급박한 곤궁'을 의미하는 것으로서 경제적 원인에 기인할 수도 있고 정신적 또는 심리적 원인에 기인할 수도 있으며, '무경험'이라 함은 일반적인 생활체험의 부족을 의미하는 것으로서 어느 특정 영역에 있어서의 경험부족이 아니라 거래 일반에 대한 경험부족을 뜻하고, 당사자가 궁박 또는 무경험의 상태에 있었는지 여부는 그의 나이와 직업, 교육 및 사회경험의 정도, 재산 상태 및 그가 처한 상황의 절박성의 정도 등 제반 사정을 종합하여 구체적으로 판단하여야 하며, 한편 피해 당사자가 궁박, 경솔 또는 무경험의 상태에 있었다고 하더라도 그 상대방 당사자에게 그와 같은 피해 당사자 측의 사정을 알면서 이를 이용하려는 의사, 즉 폭리행위의 악의가 없었다거나 또는 객관적으로 급부와 반대급부 사이에 현저한 불균형이 존재하지 아니한다면 불공정 법률행위는 성립하지 않는다.

[2] 대리인에 의하여 법률행위가 이루어진 경우 그 법률행위가 민법 제104조의 불공정한 법률행위에 해당하는지 여부를 판단함에 있어서 경솔과 무경험은 대리인을 기준으로 하여 판단하고, 궁박은 본인의 입장에서 판단하여야 한다.

• 요약: 부부가 차를 타고 가다 교통사고가 나서 조수석에 타고 있는 처가 사망하였다. 남편은 보험사에 대해 자녀인 원고들을 대리하여 보험금 약 2,500만원을 받으면서 부제소 합의를 하였다. 남편은 초등학교 졸업의 학력에 불과하지만 당시 운전 17년 및 농업 7년 정도의 경력을 가지고 있었고, 원고들도 모두 성년이었다. 원심은 위 합의를 불공정한 법률행위로 보아 무효로 하고, 피고가 원고들에게 약 3,100만원을 추가 지급하도록 명했다. 그러나 대법원은 대리인이 경솔이나 무경험 상태도 아니고, 보험회사에게 폭리행위의 악의도 없었으며, 원심이 인정한 추가금액이 3,100만원 정도라면 현저한 불균형도 없다고 하여 원심을 파기했다.

| 판례 115 | 대법원 1998. 3. 13. 선고 97다51506 판결 [소유권이전등기말소등] |

사실과 다른 고소에 의하여 구속된 상태에서, 시부모와 남편 및 본인까지도 병중에 있었고, 경영하던 회사는 부도 위기에 처하는 등 정신적, 경제적으로 궁박한 상태에 있었으며, 합의의 내용도 고소인의 주장을 그대로 인정하고 이루어진 것이라면 그 합의가 불공정한 법률행위에 해당한다고 한 사례.

| 판례 116 | 대법원 1999. 5. 28. 선고 98다58825 판결 [손해배상(자)] |

교통사고로 스포츠용품 대리점과 실내골프연습장을 운영하던 피해자가 사망한 후 망인의 채권자들이 그 손해배상청구권에 대하여 법적 조치를 취할 움직임을 보이자 전업주부로 가사를 전담하던 망인의 처가 망인의 사망 후 5일만에 친지와 보험회사 담당자의 권유에 따라 보험회사와 사이에 보험약관상 인정되는 최소금액의 손해배상금만을 받기로 하고 부제소합의를 한 경우, 그 합의는 불공정한 법률행위에 해당한다고 본 사례.

| 판례 117 | 대법원 1975. 5. 13. 선고 75다92 판결 [물품대금] |

채무자인 회사가 남편의 징역을 면하기 위하여 부정수표를 회수하려면 물품외상대금중 금 100만원을 초과하는 채권에 대한 포기서를 써야 된다는 강압적인 요구를 하므로 사회적 경험이 부족한 가정부인이 경제적 정신적 궁박 상태하에서 구속된 자기남편을 석방 구제하는 데에는 위 수표의 회수가 필요할 것이라는 일념에서 회사에 대한 물품잔대금 채권이 얼마인지조차 확실히 모르면서 보관 중이던 남편의 인감을 이용하여 남편을 대리하여 위임장과 포기서를 작성하여 준 채권포기행위는 거래관계에 있어서 현저하게 균형을 잃은 행위로서 사회적 정의에 반하는 불공정한 불법행위로 보는 것이 상당하다.

4.3. 효과

[217] 불공정한 법률행위는 무효이다(제104조). 따라서 채무가 아직 이행되고 있지 않는 경우에는 이행할 필요가 없다. 이미 이행이 행하여진 경우에는 불법원인은 폭리행위자 측에만 있으므로 폭리행위자의 상대방은 급부한 것의 반환을 청구할 수 있다(제746조 단서). 이러한 무효를 주장하지 않기로 하거나, 급부한 것의 반환을 청구하지 않기로 하는 부제소합의를 했다면 이러한 합의도 무효이다(2009다50308).

[218] 불공정한 법률행위는 추인에 의해서도 유효하게 될 수 없다. 그러나 무효행위의 전환법리에 의해 '무효임을 알았다면 체결했을 계약'의 내용으로 유효성이 인정될 수 있다. 결과적으로는 '공정성이 인정되는 범위'내에서는 유효한 것으로 인정될 수 있다. 법원은 소위 알박기 사례에서 매매계약이 매도대금의 과다로 인해 제104조에 따라 무효이긴 하지만, 상호간에 원상회복을 원하지 않는다는 사정을 감안하여 공정성이 인정될 수 있는 범위 내에서는 유효라고 보았다(2009다50308). 이는 재건축이

나 재개발 사업의 진행을 위해 소유권이전 자체의 유효성을 인정할 필요성에 기초한 것이라고 할 수 있다.

판례 118 │ 대법원 2010. 7. 15. 선고 2009다50308 판결 [부당이득금반환] – 알박기사례

[3] 매매계약이 약정된 매매대금의 과다로 말미암아 민법 제104조에서 정하는 '불공정한 법률행위'에 해당하여 무효인 경우에도 무효행위의 전환에 관한 민법 제138조가 적용될 수 있다. 따라서 당사자 쌍방이 위와 같은 무효를 알았더라면 대금을 다른 액으로 정하여 매매계약에 합의하였을 것이라고 예외적으로 인정되는 경우에는, 그 대금액을 내용으로 하는 매매계약이 유효하게 성립한다. 이때 당사자의 의사는 매매계약이 무효임을 계약 당시에 알았다면 의욕하였을 가정적(假定的) 효과의사로서, 당사자 본인이 계약 체결시와 같은 구체적 사정 아래 있다고 상정하는 경우에 거래관행을 고려하여 신의성실의 원칙에 비추어 결단하였을 바를 의미한다. 이와 같이 여기서는 어디까지나 당해 사건의 제반 사정 아래서 각각의 당사자가 결단하였을 바가 탐구되어야 하는 것이므로, 계약 당시의 시가와 같은 객관적 지표는 그러한 가정적 의사의 인정에 있어서 하나의 참고자료로 삼을 수는 있을지언정 그것이 일응의 기준이 된다고도 쉽사리 말할 수 없다. 이와 같이 가정적 의사에 기한 계약의 성립 여부 및 그 내용을 발굴·구성하여 제시하게 되는 법원으로서는 그 '가정적 의사'를 함부로 추단하여 당사자가 의욕하지 아니하는 법률효과를 그에게 또는 그들에게 계약의 이름으로 불합리하게 강요하는 것이 되지 아니하도록 신중을 기하여야 한다.

[4] 재건축사업부지에 포함된 토지에 대하여 재건축사업조합과 토지의 소유자가 체결한 매매계약이 매매대금의 과다로 말미암아 불공정한 법률행위에 해당하지만, 그 매매대금을 적정한 금액으로 감액하여 매매계약의 유효성을 인정한 사례.

• 사실관계: 원고는 재건축정비사업조합으로 2002. 5. 28. 조합설립인가를 받고, 해당토지(임야 198㎡) 외의 관련부지를 매수하였으며, 2003. 12. 30. 관할 강동구청으로부터 해당 토지의 매입을 전제로 사업승인을 받았다. 원고는 해당 토지의 7분의 4지분을 매수한 후 나머지 지분을 매수하지 못하고 있던 중, 피고 1(재건축 사업 관리업체 직원의 부)과 피고 2(원고의 상가조합원)는 해당 토지의 7분의 3지분을 3억8천만원에 매수하였다(1인당 1억9천만원에 매수). 원고는 피고들로부터 해당 토지의 지분을 매수하려 했으나 협상에서 실패한 후 피고들을 상대로 매도청구에 따른 소유권이전등기청구소송을 제기했으나 패소했다. 원고는 2005. 4. 13. 강동구청으로부터 "착공 전까지 이 사건 토지의 소유권을 확보할 것을 조건으로 사업계획을 승인하였으므로, 원고가 그 소유권을 확보하지 못하면 착공신고 및 입주자모집은 불가하다"는 취지의 통지를 받았다. 원고는 2005. 4. 22. 피고들로부터 해당토지의 7분의 3 지분을 18억원에 매수하였다(㎡당 약 2121만원, 평당 약 7천만원). 해당 토지의 다른 공유자들은 ㎡당 약 353만원에 매도하였고, 조합원에 대한 보상가격은 평당 약 2200만원이었다. 위 매매계약 체결 당시 당사자들은 "이후 가격의 높고 낮음에 관한 일체의 민·형사상의 문제나 민·형사상의 소송은 양측이 제기하지 아니한다"는 부제소합의를 하였다. 그 이후 원고는 피고들을 상대로 불공정행위로 무효에 해당하는 매매대금(평당 2200만원을 넘는 부분)을 부당이득으로 반환하라는 청구를 하였다.

• 법원의 판단: 매매계약 체결 당시 원고는 궁박한 처지에 있었고 피고는 이를 알면서 이용했

으며, 급부(지분)와 반대급부(매매대금) 사이에는 객관적으로 현저한 불균형이 존재한다.

계약이 불공정행위로 무효이면, 불공정성을 소송으로 주장할 수 없도록 하는 부제소합의도 무효이다. 원심은 일부무효의 법리에 따라 매매대금의 일부를 반환하라고 하였고, 대법원은 무효행위의 전환 법리에 따라 일부를 반환하라고 하였다(판결요지 3). (피고들은 각자가 받은 매매대금 9억 원 중 6억4천150만원(평당 5천만원)을 넘는 부분인 2억5천850만원씩을 반환하라)

• 정리: 대법원의 입장은 매매가격이 불공정해서 무효라는 점을 미리 알았다면 얼마로 거래했을 것이라는 점을 추정해서, 그 가격으로의 매매계약을 인정하는 것이다. 한편 이는 얼마 이상의 거래가 무효라고 선언하는 것(원심)과 결과는 동일하다. 그러나 왜 잔부유효인지에 대한 답을 당사자의 의사에서 찾았기 때문에, 얼마로 거래할 것이라는 점에 대해서도 당사자의 의사에 근거한 것으로 보인다.

[219]　　　무효행위의 전환이 인정되는 것과 마찬가지로 일부유효도 인정될 수 있다. 판례는 '채무금의 지급담보의 의미로 부동산의 소유권이전등기에 필요한 서류를 교부한 경우에 채무금을 확정기일까지 지급하지 못할 때에는 부동산을 완전히 채권자의 소유로 한다는 약정은 제104조의 규정에 의하여 무효라고 할지라도, 채무담보를 위하여 소유권이전등기를 하기로 한 채무담보약정은 유효한 것이라고 할 것이고 1개의 법률행위에 대하여 유효부분과 무효부분을 가려 판단할 수 있다'(67다1460)고 하여 일부만 무효이고 나머지는 유효하다고 한다.

제6절 법률행위의 무효와 취소

I. 의의

민법총칙은 개별적인 무효·취소사유(예 제한능력, 허위표시)를 규정하면서 동시 [220]
에, 법률행위가 무효이거나 취소사유가 있는 경우에 공통적으로 적용될 규율을 두고
있다(제5장 제4절). 여기서는 이 부분을 다루고자 한다.

II. 무효

1. 개념

무효는 법률행위에 따른 법률효과가 처음부터 전혀 발생하지 않는 것을 말한다. [221]
무효는 부존재와 구별된다. '법률행위의 부존재'는 법률행위가 성립요건을 갖추지 못
한 것이고, '무효'는 성립요건을 갖추었으나 효력요건을 갖추지 못한 것이다. '무효행
위의 전환'(제138조) 및 '무효인 법률행위의 추인'(제139조)은 '무효'의 경우에만 인정
된다.

2. 종류

가. 절대적 무효와 상대적 무효 [222]

절대적 무효는 법률행위를 행한 당사자 사이에서뿐만 아니라 제3자에 대한 관
계에서도 무효인 것을 뜻한다. 상대적 무효는 당사자 사이에서는 무효이지만, (선의
의) 제3자에게는 대항하지 못하는 경우를 말한다(제107조 2항, 제108조 2항).

나. 당연무효와 재판상 무효 [223]

당연무효는 법률상 당연히 무효이고, 법률행위를 무효로 하기 위한 별도의 행
위나 절차가 필요 없다(예 제103조, 제107조, 제108조). 재판상 무효는 소송에 의해서
만 무효의 주장이 가능한 것을 말한다. 예를 들어 회사설립의 무효(상법 제184조), 회
사합병의 무효(상법 제236조)가 이에 해당한다.

다. 확정적 무효와 유동적 무효

법률행위가 무효이면 확정적으로 효력이 발생하지 않는 것이 원칙이다. 대부분의 무효는 이에 속한다. 이와 달리 법률행위가 현재 효력을 발생하지는 못하지만 추후에 허가를 받거나, 추인을 얻거나, 정지조건이 성취됨으로써 법률행위시에 소급하여 유효로 확정되는 법적 상태를 '유동적 무효'라고 한다. 가령 무권대리 행위는 유동적 무효 상태에 있다고 할 수 있다. 그밖에 토지거래허가구역내의 토지를 허가를 전제로 매매하는 계약도 '유동적 무효'이다(90다12243; 허가를 배제하거나 잠탈하려는 계약은 확정적 무효).[43] 이에 따르면 허가받기 전에는 계약의 채권적 효력도 발생하지 않지만, 서로 간에 허가에 대해 협력할 의무가 있다. 무효이므로 계약상의 채권·채무가 성립하지 않아 이행청구도 할 수 없고, 채무불이행을 이유로 한 해제 및 손해배상청구도 못한다. 하지만 협력의무가 있기 때문에 계약무효를 주장하여 부당이득반환을 청구하는 것도 부정된다. 허가에 대한 협력의무는 소송으로 그 이행을 청구할 수 있고, 이에 의해 허가를 받으면 계약이 확정적으로 유효해져서 매매계약의 이행을 강제할 수 있다.

판례 119 | 대법원 1991. 12. 24. 선고 90다12243 전원합의체 판결 [토지소유권이전등기]

국토이용관리법상의 규제구역내의 토지에 대하여 관할 도지사의 허가를 받기 전에 체결한 매매계약은 처음부터 위 허가를 배제하거나 잠탈하는 내용의 계약일 경우에는 확정적으로 무효로서 유효화될 여지는 없으나 이와는 달리 허가받을 것을 전제로 한 계약일 경우에는 허가를 받을 때까지는 법률상의 미완성의 법률행위로서 소유권 등 권리의 이전에 관한 계약의 효력이 전혀 발생하지 않음은 위의 확정적 무효의 경우와 다를 바 없지만, 일단 허가를 받으면 그 계약은 소급하여 유효한 계약이 되고 이와 달리 불허가가 된 때에는 무효로 확정되므로 허가를 받기까지는 유동적 무효의 상태에 있다고 보는 것이 타당하므로 허가받을 것을 전제로 한 거래계약은 허가받기 전의 상태에서는 거래계약의 채권적 효력도 전혀 발생하지 않으므로 권리의 이전 또는 설정에 관한 어떠한 내용의 이행청구도 할 수 없으나 일단 허가를 받으면 그 계약은 소급해서 유효화되므로 허가 후에 새로이 거래계약을 체결할 필요는 없다.
규제지역 내의 토지에 대하여 거래계약이 체결된 경우에 계약을 체결한 당사자 사이에 있어서는 그 계약이 효력있는 것으로 완성될 수 있도록 서로 협력할 의무가 있음이 당연하므로, 계약의 쌍방 당사자는 공동으로 관할관청의 허가를 신청할 의무가 있고, 이러한 의무에 위배하여 허가신청절차에 협력하지 않는 당사자에 대하여 상대방은 협력의무의 이행을 소송으로써 구할 이익이 있다.

---

[43] 토지거래허가에 대한 사항은 「국토의 계획 및 이용에 관한 법률」에서 규정하다가 2016년부터 「부동산 거래신고 등에 관한 법률」에서 규정하고 있다.

판례 120 | 대법원 1993. 7. 27. 선고 91다33766 판결 [계약금]

허가를 배제하거나 잠탈하는 내용이 아닌 유동적 무효상태의 매매계약을 체결하고 매수인이 이에 기하여 임의로 지급한 계약금은 그 계약이 유동적 무효상태로 있는 한 이를 부당이득으로 반환을 구할 수 없고 유동적 무효상태가 확정적으로 무효가 되었을 때 비로소 부당이득으로 그 반환을 구할 수 있다.

유동적 무효상태의 계약을 관할 도지사에 의한 불허가처분이 있을 때뿐만 아니라 당사자 쌍방이 허가신청을 하지 아니하기로 의사표시를 명백히 한 경우에도 유동적 무효상태의 계약은 확정적으로 무효로 된다.

판례 121 | 대법원 1997. 7. 25. 선고 97다4357,4364 판결 [손해배상(기)·소유권이전등기]

허가를 받을 것을 전제로 한 거래계약은 허가받기 전의 상태에서는 거래계약의 채권적 효력도 전혀 발생하지 않으므로 권리의 이전 또는 설정에 관한 어떠한 내용의 이행청구도 할 수 없고, 그러한 거래계약의 당사자로서는 허가받기 전의 상태에서 상대방의 거래계약상 채무불이행을 이유로 거래계약을 해제하거나 그로 인한 손해배상을 청구할 수 없다.

유동적 무효 상태의 계약은 관할 관청의 불허가처분이 있을 때뿐만 아니라 당사자 쌍방이 허가신청협력의무의 이행거절 의사를 명백히 표시한 경우에는 허가 전 거래계약관계, 즉 계약의 유동적 무효 상태가 더 이상 지속된다고 볼 수 없으므로, 계약관계는 확정적으로 무효가 된다고 할 것이고, 그와 같은 법리는 거래계약상 일방의 채무가 이행불능임이 명백하고 나아가 상대방이 거래계약의 존속을 더 이상 바라지 않고 있는 경우에도 마찬가지라고 보아야 하며, 거래계약이 확정적으로 무효가 된 경우에는 거래계약이 확정적으로 무효로 됨에 있어서 귀책사유가 있는 자라고 하더라도 그 계약의 무효를 주장할 수 있다.

판례 122 | 대법원 2001. 2. 9. 선고 99다26979 판결 [소유권이전등기]

사찰 소유의 일정한 재산을 대여, 양도 또는 담보에 제공하는 때에는 관할청의 허가를 받아야 한다는 구 불교재산관리법(1962. 5. 31. 법률 제1087호, 전통사찰보존법 부칙 제2조에 의하여 폐지) 제11조 제1항 제2호 및 전통사찰보존법 제6조의 규정은 강행법규로서 이에 위반한 양도계약은 무효이고, 사찰재산의 양도에 필요한 위와 같은 허가는 반드시 그 양도 전에 미리 받아야 하는 것은 아니고 양도 후에라도 허가를 받으면 그 양도계약은 소급하여 유효한 것으로 된다고 할 것이지만, 양도계약이 처음부터 허가를 배제·잠탈하는 내용의 것이거나 또는 양도계약 후 당사자 쌍방이 허가받지 않기로 하는 의사표시를 명백히 한 때에는 그 양도계약은 그로써 확정적으로 무효로 되어 더 이상 관할청의 허가를 받아 유효한 것으로 될 여지가 없다.

이 사건 계쟁 토지의 임대차, 양도 또는 증여를 위한 관할청의 허가를 계약 체결 후 조속한 시일 내에 받기로 합의하였다가, 그 후 방침을 바꾸어 이 사건 계쟁 토지에 관한 원고 명의의 소유권이전등기를 관할청의 허가 없이 경료하기로 피고와 합의하고, 그 방편으로 원고가 피고를 상대로 증여를 원인으로 한 소유권이전등기청구소송을 제기하여, 그 소송에서 피고가 원고의 청구를 인낙하였고, 그 후 원고와 피고는 위 인낙조서를 근거로 실제로 관할청의 허가 없이 원고 명의의 소유권이전등기를 경료하였음을 알아 볼 수 있으므로, 이 사건에서 원·피고는 늦어도 위 인낙조서가 작성될 무렵에는 이 사건 계쟁 토지의 증여에 관하여 관할청의 허가를 받지 않기로 하는 의사를 명백히 표시한 것으로 볼 여지가 없지 않고, 그것이 사실이라면 이 사건 계쟁 토지에 관한 원·피고 사이의 증여계약은 그로써 확정적으로 무효로 되고 그 후부터는 더 이상 관할청의 허가를 받아 유효한 것으로 될 여지가 없게 된다고 할 것이다.

3. 일반적 효과

[225]   법률행위에 따른 법률효과가 처음부터 생기지 않는다. 가령 매매계약이 무효이면 소유권이전의무나 금전지급의무가 발생하지 않고, 이행을 했더라도 소유권이전의 효과가 발생하지 않거나(물건의 경우), 부당이득으로 반환되어야 한다(금전의 경우). 무효는 원칙적으로 절대적·확정적이다. 즉, '누구든지', '누구에게나' 주장할 수 있다.

판례 123 | 대법원 2003. 3. 28. 선고 2002다72125 판결 [손해배상(기)]

• 사실관계: 원고는 권○○으로부터 토지를 매수한 후(통정허위표시) 그 소유권이전등기청구권을 보전하기 위하여 처분금지가처분신청사무를 법무사인 피고에게 위임하였다. 피고의 신청으로 처분금지가처분결정이 발하여졌으나 등기부상 지번과 처분금지가처분결정상의 지번이 일치하지 않아서 가처분이 기입되지 않았고, 이어진 공매처분으로 권○○이 소유권을 상실하면서 원고도 위 토지를 취득하지 못하게 되었다. 이는 피고가 지번일치 여부를 확인하지 않아서였다.
• 원고의 주장: 피고의 업무상 부주의로 토지를 취득하지 못하게 되는 손해를 입었으므로 피고는 원고에게 이 사건 각 토지의 시가 상당액을 배상할 책임이 있다.
• 법원의 판단: 통정한 허위의 의사표시는 허위표시의 당사자와 포괄승계인 이외의 자로서 그 허위표시에 의하여 외형상 형성된 법률관계를 토대로 실질적으로 새로운 법률상 이해관계를 맺은 <u>선의의 제3자를 제외한 누구에 대하여서나 무효이고, 또한 누구든지 그 무효를 주장할 수 있는 것이다</u>(대법원 2000. 7. 6. 선고 99다51258 판결 참조). <u>그리고 무효인 법률행위는 그 법률행위가 성립한 당초부터 당연히 효력이 발생하지 않는 것이므로, 무효인 법률행위에 따른 법률효과를 침해하는 것처럼 보이는 위법행위나 채무불이행이 있다고 하여도 법률효과의 침해에 따른 손해는 없는 것이므로 그 손해배상을 청구할 수는 없다고 보아야 한다.</u>
<u>원고와 권○○ 사이의 이 사건 각 토지에 관한 매매계약은 판시와 같은 이유로 통정한 허위의 의사표시이므로 원고가 권○○과 사이에 유효한 매매계약을 체결하였음을 전제로 하는 원고의 주장은 더 나아가 살펴볼 필요 없이 이유 없다.</u>

---

4. 일부무효

제137조(법률행위의 일부무효) 법률행위의 일부분이 무효인 때에는 그 전부를 무효로 한다. 그러나 그 무효부분이 없더라도 법률행위를 하였을 것이라고 인정될 때에는 나머지부분은 무효가 되지 아니한다.

4.1. 의의

일부무효는 전부무효가 원칙이다. 다만 법률행위가 분할가능한 경우 당사자의 가정적 의사에 의해 나머지 부분이 유효로 되는 수가 있다.

[226]

4.2. 내용

(1) 당사자가 법률행위의 여러 부분을 법률효과의 발생을 위한 하나의 전체로서 의욕한 경우에는 법률행위는 일체성을 갖는다. 이러한 경우에 일부가 무효이면 법률행위는 전체가 무효로 되는 것이다.

[227]

판례 124 | 대법원 1994. 1. 11. 선고 93다22043 판결 [부동산인도등]

가. 국토이용관리법상의 규제구역 내의 토지매매계약은 관할관청의 허가를 받아야만 그 효력이 발생하고 허가를 받기 전에는 매매계약의 채권적 효력도 전혀 발생하지 아니하여 무효이므로 권리의 이전 또는 설정에 관한 어떠한 내용의 이행청구도 할 수 없는 것이고, 따라서 채무불이행으로 인한 손해배상청구도 할 수 없다.

나. 일반적으로 토지와 그 지상의 건물은 법률적인 운명을 같이 하게 하는 것이 거래의 관행이고 당사자의 의사나 경제의 관념에도 합치되므로 토지거래규제구역 내의 토지와 지상건물을 일괄하여 매매한 경우 매수인이 토지에 관한 당국의 거래허가가 없으면 건물만이라도 매수하였을 것이라고 볼 수 있는 특별한 사정이 인정되는 경우를 제외하고는 토지에 대한 매매거래허가를 받기 전의 상태에서는 지상건물에 대하여도 그 거래계약 내용에 따른 이행청구 내지 채무불이행으로 인한 손해배상청구를 할 수 없다.

• 정리: 토지거래허가구역 내의 토지와 지상건물을 일괄매매한 경우, 그 일부인 토지매매가 유동적 무효라면, 일부무효는 전부무효라는 제137조에 따라서 건물에 대한 부분도 유동적 무효이다.

---

(2) 무효부분이 없더라도 법률행위를 의욕하였을 경우에는 나머지 부분의 법률행위가 유효하게 존속한다. 이때 법률행위의 나머지 부분은 독립적이어야 한다. 즉 분할가능성이 있어야 잔부유효가 될 수 있다. 분할가능성이 없다면 일부무효의 문제가 생기지 않는다. '나머지 부분'만으로도 법률행위를 의욕하였을지는 당사자의 의사해석을 통하여 판단한다(통설). 당사자의 의사는 '실존하는 의사'가 아니라 '가상적 의

[228]

사'를 말하며, 실질적으로는 법원이 의제하는 것이라고 할 수 있다.

판례 125 | **대법원 1996. 8. 23. 선고 94다38199 판결 [손해배상(기)]**

증권회사 또는 그 임·직원의 부당권유행위를 금지하는 증권거래법 제52조 제1호는 공정한 증권거래질서의 확보를 위하여 제정된 강행법규로서 이에 위배되는 주식거래에 관한 투자수익보장약정은 무효이다.

일임매매의 제한에 관한 증권거래법 제107조는 고객을 보호하기 위한 규정으로서 증권거래에 관한 절차를 규정하여 거래질서를 확립하려는 데 그 목적이 있는 것이므로, 고객에 의하여 매매를 위임하는 의사표시가 된 것임이 분명한 이상 그 사법상 효력을 부인할 이유가 없다.

주식투자가와 증권회사 사이에 주식매매거래계좌설정약정 및 투자수익보장약정, 일임매매약정이 일체로서 체결되었으나 그 중 투자수익보장이 무효인 경우, 약정 당시 고객이 투자수익보장약정이 무효임을 알았거나 알 수 있었다고 보여질 뿐 아니라 주식매매거래계좌설정약정 및 일임매매약정에 기하여 주식거래가 계속되어 새로운 법률관계가 계속적으로 형성되어 왔다면, 투자수익보장약정이 무효라고 하여 주식매매거래계좌설정약정이나 일임매매약정까지 무효가 된다고 할 수는 없다.

- 정리: 투자수익보장약정이 무효라고 해서 다른 약정까지 무효라고 하면, 투자자는 결국 원금을 보전받게 되는데 이는 투자수익보장약정을 무효로 한 취지에 반한다. 따라서 투자수익보장약정은 무효이지만 다른 약정은 유효하다고 본 것이다.

판례 126 | **대법원 2007. 6. 28. 선고 2006다38161,38178 판결 [임금]**

이 사건 손실보전합의 및 퇴직금 특례지급기준(이하 이들을 포괄하여 '이 사건 손실보전약정'이라고만 한다)은 유상증자에 참여하여 주주의 지위를 갖게 될 평화은행의 직원들에게 퇴직시 그 출자 손실금을 전액 보전해 주는 것을 내용으로 하고 있어서 회사가 주주에 대하여 투하자본의 회수를 절대적으로 보장하는 셈이 되고 다른 주주들에게 인정되지 않는 우월한 권리를 부여하는 것으로서 주주평등의 원칙에 위반되어 무효이다.

비록 이 사건 손실보전약정이 사용자와 근로자의 관계를 규율하는 단체협약 또는 취업규칙의 성격을 겸하고 있다고 하더라도, 주주로서의 지위로부터 발생하는 손실에 대한 보상을 주된 목적으로 한다는 점을 부인할 수 없는 이상 주주평등의 원칙의 규율 대상에서 벗어날 수는 없을 뿐만 아니라, 그 체결 시점이 원고들의 주주자격 취득 이전이라 할지라도 원고들이 신주를 인수함으로써 주주의 자격을 취득한 이후의 신주매각에 따른 손실을 전보하는 것을 내용으로 하는 것이므로 주주평등의 원칙에 위반되는 것으로 보아야 할 것이고, 이 사건 손실보전약정 당시 원고들이 평화은행의 직원이었고 또한 시가가 액면에 현저히 미달되는 상황이었다는 사정을 들어 달리 볼 수는 없다.

민법 제137조는 임의규정으로서 의사자치의 원칙이 지배하는 영역에서 적용된다고 할 것이므로, 법률행위의 일부가 강행법규인 효력규정에 위반되어 무효가 되는 경우 그 부분의 무효가 나머지 부분의 유효·무효에 영향을 미치는가의 여부를 판단함에 있어서는 개별 법령이 일부무효의 효력에 관한 규정을 두고 있는 경우에는 그에 따라야 하고, 그러한 규정이 없다면 원칙적으로 민법 제137조가 적용될 것이나 당해 효력규정 및 그 효력규정을 둔 법의 입법 취지를 고려하여 볼 때 나머지 부분을 무효로 한다면 당해 효력규정 및 그 법의 취지에 명백히 반하는 결과가 초래되는 경우에는 나머지 부분까지 무효가 된다고 할 수는 없다고 할 것이다(대법원 2004. 6. 11. 선고 2003다1601 판결 등 참조). 따라서 이 사건에서 원고들의 신주인수의 동기가 된 이 사건 손실보전약정이 주주평등의 원칙에 위반되어 무효라는 이유로 이 사건 신주인수까지 무효로 보아 원고들로 하여금 그 주식인수대금을 부당이득으로서 반환받을 수 있도록 한다면 이는 사실상 다른 주주들과는 달리 원고들에게만 투하자본의 회수를 보장하는 결과가 되어 오히려 강행규정인 주주평등의 원칙에 반하는 결과를 초래하게 될 것이므로, 이 사건 신주인수계약까지 무효라고 보아서는 아니 될 것이다(대법원 2005. 6. 10. 선고 2002다63671 판결 참조).

5. 무효행위의 전환

> 제138조(무효행위의 전환) 무효인 법률행위가 다른 법률행위의 요건을 구비하고 당사자가 그 무효를 알았더라면 다른 법률행위를 하는 것을 의욕하였으리라고 인정될 때에는 다른 법률행위로서 효력을 가진다.

5.1. 의의

무효행위의 전환이란 원래 법률행위가 무효이지만 다른 법률행위로서의 요건을 갖추고 있을 때에는, 당사자의 가정적 의사에 의해서 다른 법률행위로서의 효력을 긍정하는 것을 말한다. 이 규정은 임의규정이다. [229]

5.2. 요건

법률행위가 원래 의도한 법률행위로는 무효이지만, 다른 법률행위의 요건을 갖추어야 하고, 당사자가 그 무효를 알았더라면 다른 법률행위를 의욕했을 것이라고 인정되어야 한다. 가령 비밀증서에 의한 유증이 증인의 결격으로 인해 무효이지만, 자필증서의 방식을 갖춘 경우에 '자필증서에 의한 유증'으로서 인정되는 것이다(제1071조). 전환의 의사는 현실의 의사일 필요는 없고, 가상적 의사이면 족하다. 이러한 '전환의 의사'는 전환의 시점이 아니라 행위의 시점을 표준으로 판단한다. [230]

5.3. 효과

위 요건들이 갖추어지면 무효인 법률행위는 다른 법률행위로서의 효력을 발생한다. 대표적인 예는 무효인 친생자출생신고가 입양신고로 효력을 발하는 경우(2000므1493)와 무효인 대물반환예약이 약한 의미의 양도담보가 되는 경우(98다51220)이다. [231]

5.4. 판례

판례 127 | 대법원 1971. 11. 15. 선고 71다1983 판결 [소유권이전등기말소]

소외 이○○는 1948.1.15 소외 박○○과 혼인하고 1950.10.25 같은 소외인이 사망하자 호적상 망 박○○의 처로 등재되어 있는 채로 소외 임○○와 재혼하고 1945.5.2 임○○ 원적지인 황해도에서 혼인신고한 양으로하여 1959.8.28 위 임○○의 호적에 그 처로서 취적하고 이에 동거하면서 그 사이에 원고 임××등을 각 출생신고하여 그 호적에 그 자로서 등재케 하였다. 그렇다면 <u>소외 임○○와 이○○ 간에는 혼인의 효력이 생길 수 없어서 무효이나(따라서 혼인 외의 자를 혼인중의 자로 한 출생신고도 무효이나) 임○○가 이○○와의 사이에 출생한 위 원고 2명을 출생신고하여 호적에 등재한 이상 적어도 위 원고 2명을 인지한 효력은 생긴다고 할 것이다.</u>

판례 128 | 대법원 1977. 7. 26. 선고 77다492 전원합의체 판결 [소유권이전등기말소등]

입양신고 역시 당사자의 입양에 관한 합의의 존재와 그 내용을 명백히하여 실질적 요건을 갖추지 아니한 입양을 미리 막아 보자는 것이 그 기본이라고 본다면 <u>당사자 사이에 양친자관계를 창설하려는 명백한 의사가 있고 나아가 기타 입양의 성립요건이 모두 구비된 경우에 입양신고 대신 친생자 출생신고가 있다면 형식에 다소 잘못이 있더라도 입양의 효력이 있다고 해석함이 타당하다 할 것이다.</u> 다시 말하여 허위의 친생자 출생신고라도 당사자간에 법률상 친자관계를 설정하려는 의사표시가 명백히 나타나있고 양친자관계는 파양에 의하여 해소될 수 있다는 점을 제외하고는 법률적으로 친생자관계와 똑같은 내용을 가지고있는 것이므로 허위의 친생자 출생신고는 법률상 친자 관계의 존재를 공시하는 신고로서 입양신고의 기능을 발휘한다고도 볼 수 있다 할 것이다.

판례 129 | 대법원 1991. 12. 24. 선고 90누5986 판결 [상속세등부과처분취소]

소외 김○○이 1984. 10. 22. 사망함으로써 아들인 원고와 딸들인 소외 김×× 등 7인이 공동으로 재산상속을 한 사실, 그런데 원고를 제외한 잔여 상속인들이 위 망인의 상속재산전부를 원고에게 상속시키기 위한 방편으로 1985. 10. 2. 뒤늦게 서울가정법원에 재산상속포기신고를 한 사실 등을 인정한 다음, <u>위 상속포기신고가 비록 그 법정기간경과 후에 한 것으로서 재산상속포기로서의 효력이 생기지 아니하는 것이기는 하나, 그에 따라 위 공동상속인들 사이에는 원고가 고유의 법정상속분을 초과하여 상속재산 전부를 취득하고 위 잔여상속인들은 이를 전혀 취득하지 않기로 하는 내용의 상속재산에 관한 협의분할이 이루어진 것으로 볼 것이고 나아가 원고가 위 협의분할에 의하여 상속재산전부를 취득한 것은 상속개시 당시에 피상속인으로부터 상속에 의하여 직접 취득한 것으로 보아야 하므로</u> 결국 피고가 원고에 대하여 원고가 위 망인의 재산전부를 단독상속한 것으로 보고 한 이 사건 상속세등부과처분은 적법하다.

대법원 1999. 2. 9. 선고 98다51220 판결 [소유권이전등기]

민법 제607조, 제608조에 위반된 대물변제의 약정은 대물변제의 예약으로서는 무효가 되지만 약한 의미의 양도담보를 설정하기로 하는 약정으로서는 유효하되, 다만 그에 기한 소유권이전 등기를 미처 경료하지 아니한 경우에는 아직 양도담보가 설정되기 이전의 단계이므로 가등기담 보등에관한법률 제3조 소정의 담보권 실행에 관한 규정이 적용될 여지가 없는 한편, 채권자는 양도담보의 약정을 원인으로 하여 담보목적물에 관하여 소유권이전등기절차의 이행을 청구할 수 있다.

6. 무효인 법률행위의 추인

> 제139조(무효행위의 추인) 무효인 법률행위는 추인하여도 그 효력이 생기지 아니한다. 그러나 당사자가 그 무효임을 알고 추인한 때에는 새로운 법률행위로 본다.

6.1. 의의

무효인 법률행위를 뒤에 유효하게 하는 의사표시를 무효행위의 추인이라고 한 [232] 다. '추인은 무효행위를 사후에 유효로 하는 것이 아니라 새로운 의사표시에 의하여 새로운 행위가 있는 것으로 하여 그 때부터 유효하게 되는 것이므로, 추인은 법률행 위이며, 또 무효행위의 추인에는 원칙적으로 소급효과가 인정되지 않는다'(83므22).

6.2. 요건

(1) 법률행위를 무효로 만든 사유가 추인시에는 없어야 한다. 따라서 제103조와 [233] 제104조를 위반하여 무효인 경우에는 원칙적으로 추인이 인정되지 않는다(94다 10900).

대법원 2002. 3. 15. 선고 2001다77352,77369 판결 [소유권이전등기]

취득시효 완성 후 경료된 무효인 제3자 명의의 등기(이중매매)에 대하여 시효완성 당시의 소유 자가 무효행위를 추인하여도 그 제3자 명의의 등기는 그 소유자의 불법행위에 제3자가 적극 가담하여 경료된 것으로서 사회질서에 반하여 무효이다.

그러나 강행규정의 요건을 갖춘 때나 강행규정이 변경된 경우에는 추인이 인정 [234] 될 수 있다.

대법원 1969. 6. 10. 선고 69다471 판결 [소유권이전등기말소]

• 정리: A(매도인)와 B(매수인)가 상환이 완료되지 않은 농지에 대해 매매계약을 체결했는데 (무효), A가 상환완류후에 B에게 소유권이전등기를 하여 주겠다는 의사표시를 하였다. 이에 대해 법원은 "별단의 사정이 없는 한 위 매도인은 상환완료전의 농지매매행위가 무효임을 알면서 위와 같은 의사표시를 하였다고 할 수 있고 이는 무효행위의 추인에 관한 법리에 따라서 새로운 법률행위를 한 것이라고 볼 수 있다"고 하였다.

[235] 강행규정이 변경된 경우도 있을 수 있다. 가령 IMF 체제에서 이자제한법이 폐지된 것이 그 예이다. 만약 연 60%의 이자로 소비대차계약을 체결한 경우, 이자제한법이 적용되던 시기에는 25% 혹은 45%를 넘는 이자부분은 무효였다. 그런데 이 법률이 폐지된 후에 이를 추인한다면, 그때부터는 60%의 이자약정이 유효하게 된다.

[236] (2) 그 법률행위가 무효임을 알고 추인해야 한다.

판례 133 | 대법원 1998. 12. 22. 선고 97다15715 판결 [약정금]

• 사실관계: 피고는 인천광역시 소유 부지에 상가를 지어 기부채납하고(부가가치세 포함 약 197억원) 19년 6월 동안의 무상사용권한을 얻었다. 한편 원고는 피고로부터 상가 내 점포를 4800만원에 무상사용기간 동안 임차하고, 사용기간만료시 임대보증금은 소멸한다는 계약을 체결했다. 그리고 이 계약서에는 ※표와 함께 '기부채납에 대한 부가가치세액은 별도'라는 내용이 기재되어 있었다. 위 약정에 따른 원고의 부가가치세 부담은 약 870만원이었다. 원고의 채무부존재확인의 소에 대해 피고는 약정금청구의 반소를 제기했다(원고는 소취하).
• 원고의 주장: "기부채납에 대한 부가가치세액은 별도"라고 기재된 '약관'은 고객에게 불측의 손해를 입히므로 무효이다.
• 피고의 주장: 원고가 그 이후에 기부채납에 대한 부가가치세액을 점포권리증 인수시 납부하기로 한다는 취지의 확약서를 다시 작성하였고, 원고의 이러한 행위는 무효행위의 추인에 해당하므로, 원고는 피고에 대하여 피고가 주장하는 위 부가가치세액을 지급할 의무가 있다.
• 법원의 판단: 부가가치세 별도라는 약관은 무효이다. 무효인 법률행위를 추인에 의하여 새로운 법률행위로 보기 위하여는 당사자가 이전의 법률행위가 무효임을 알고 그 행위에 대하여 추인하여야 하는 것인바, 원고가 위 "기부채납에 대한 부가가치세액은 별도"라는 조항이 무효였다는 사실을 알았다는 점에 관한 피고의 입증이 없으므로, 피고의 주장은 이유 없다

[237] 추인은 명시적으로 혹은 묵시적으로도 할 수 있다.

판례 134 | 대법원 1990. 3. 9. 선고 89므389 판결 [친생자관계부존재확인]

• 사실관계: A의 남동생(청구인)이 A(청구외 망인)가 사망한 후 상속문제 때문에 A의 양녀들에 대해 A와의 친생자관계를 부인하는 소송을 제기했다. A는 양녀 둘을 두었는데 언니(피청구인 1)는 입양 당시 법정대리인(친모)과의 합의가 있었으나 동생(피청구인 2)은 버려진 아이를

광주경찰서장이 입양을 보낸 것이므로 법정대리인과의 합의가 있었는지에 대해 다투어졌다. 법정대리인과의 합의가 없는 입양은 무효이므로, 이에 대해 입양의 효력이 문제된 것이다.

• 판단: 피청구인 2가 당시 15세 미만의 부모를 알 수 없는 고아이어서 피청구인 2를 입양하려면 후견인의 입양의 승낙을 받아야 할 것인바, 보호시설에 있는 고아의 보호시설의 장의 승낙이 있어야할 터인데, 광주경찰서장이 보호시설의 장이라고 보기는 어렵겠지만, 위 법률의 근본취지와 경찰서의 직무 및 기능으로 미루어 보면, 피청구인 2를 보호하고 있던 광주경찰서장을 보호시설의 장과 같은 위치에 있었다고 못볼 바 아니므로, 광주경찰서장이 망 청구외 1(A)에게 피청구인 2를 양녀로 양육하도록 승낙한 이상 실질적으로는 피청구인 2의 후견인의 입양의 승낙이 있었다고 보는데 큰장애가 없을 뿐만 아니라, 가사 그렇지 않다고 하더라도 피청구인 2가 15세가 된 후 망 청구외 1과 친생자관계가 없는 등 이와 같은 사정을 잘 알면서도 망 청구외 1이 사망할 때까지 위 출생신고에 대하여 아무런 이의를 제기하였다고 볼 자료가 없는 이 사건에 있어서는, 피청구인 2는 적어도 묵시적으로라도 망 청구외 1이 입양의 의사로 한 위 출생신고를 추인하였다고 보는 것이 상당할 것이다.

판례 135 │ 서울가정법원 1992. 10. 29. 선고 92드23258 판결 : 확정 [혼인무효확인]

원고와 피고 사이의 위 혼인신고는 피고가 원고의 동의 없이 혼인신고서를 위조하여 제출한 것으로서 그 혼인신고서 제출 당시에는 원고와 피고 사이에 혼인할 의사의 합치가 없었다고 할 것이므로 위 혼인신고는 무효라고 할 것이나 그 이후 원고가 위와 같이 혼인신고가 된 사실을 알면서도 피고와 다시 동거하기로 동의하고 1년간 혼인생활을 계속함으로써 원고가 위 무효인 혼인신고를 사후에 추인하였다고 할 것이므로 원고와 피고 사이의 혼인은 유효하게 존속한다고 할 것이다.

---

(3) 추인하는 법률행위의 요건을 갖추어야 한다. 가령 요식행위라면 그 방식을 갖추어야 한다. [238]

6.3. 효과

새로운 법률행위로 본다. 따라서 원칙적으로 소급효가 없다. [239]

판례 136 │ 대법원 1992. 5. 12. 선고 91다26546 판결 [가등기말소]

• 사실관계: 소외 주식회사가 건축한 X주택에 관하여 1989. 10. 26. 원고 명의의 소유권이전등기가 적법히 이루어졌다.

이보다 앞서 X주택에는 피고들 명의의 소유권이전청구권보전을 위한 가등기가 경료되었는데, 이는 위 회사(의 업무집행인)와 피고들(위 회사의 현장관리소장과 관리부장)이 공모하여 회사채권자들로부터 회사재산을 보호한다는 구실 아래 아무런 원인관계 없이 경료해 놓은 것이었다. ⇨ 피고들 명의로 경료된 위 가등기는 무효의 등기이다.

• 피고의 주장: 위 업무집행인이 위 가등기를 피고들의 위 회사에 대한 임금채권을 담보하는

것으로 추인하였으므로 유효하다.

• 판단: 위 업무집행인이 1990. 2. 14. 피고들 주장과 같이 추인하고 위 가등기에 기해 피고들 명의로 소유권이전의 본등기를 경료하여 주기로 약정한 사실은 인정되지만, 이러한 추인은 소급효가 없으므로 무효인 위 가등기를 유효한 등기로 전용키로 한 위 약정은 그때부터 유효하고 이로써 위 가등기가 소급하여 유효한 등기로 전환될 수 없다고 할 것인데 그전에 이미 위 주택에 관하여 원고 명의의 소유권이전등기가 경료되었으므로 피고들은 위 추인으로써 원고에게 대항할 수 없다.

판례 137 │ **대법원 2007. 1. 11. 선고 2006다50055 판결 [근저당권설정등기말소]**

• 사실관계: 원고는 피고로부터 돈을 빌리면서 자신의 부동산에 대해 C 명의의 근저당권을 설정하기로 합의하고 그렇게 등기하였다. 이후 피고 명의로 근저당권이전의 부기등기가 이뤄지고, 이에 기초하여 경매절차가 개시되자 원고는 위 근저당권등기가 무효의 등기라면서 말소를 요구하였다.

• 쟁점: C 명의의 근저당권 등기는 유효한가? C의 근저당권이 무효인 경우, 피고로의 근저당권이전등기는 무효등기의 유용으로써 유효해 질 수 있는가?

• 법원의 판단: "근저당권은 채권담보를 위한 것이므로 원칙적으로 채권자와 근저당권자는 동일인이 되어야 하고, 다만 제3자를 근저당권 명의인으로 하는 근저당권을 설정하는 경우 그 점에 대하여 채권자와 채무자 및 제3자 사이에 합의가 있고, 채권양도, 제3자를 위한 계약, 불가분적 채권관계의 형성 등 방법으로 채권이 그 제3자에게 실질적으로 귀속되었다고 볼 수 있는 특별한 사정이 있는 경우에 한하여 제3자 명의의 근저당권설정등기도 유효하다고 볼 수 있다(대법원 2001. 3. 15. 선고 99다48948 전원합의체 판결 등 참조)." 그런데 이 사안에서는 이러한 점이 증명되지 않았으므로 C 명의의 근저당권 등기는 무효이다.

"무효등기의 유용에 대한 합의 내지 추인은 묵시적으로도 이루어질 수 있으나, 위와 같은 묵시적 합의 내지 추인을 인정하려면 무효등기 사실을 알면서 장기간 이의를 제기하지 아니하고 방치한 것만으로는 부족하고 그 등기가 무효임을 알면서도 유효함을 전제로 기대되는 행위를 하거나 용태를 보이는 등 무효등기를 유용할 의사에서 비롯되어 장기간 방치된 것이라고 볼 수 있는 특별한 사정이 있어야 한다(대법원 1991. 3. 27. 선고 90다17552 판결 등 참조)." 그런데 이 사안에서는 오히려 원고가 피고에게 경매신청의 취하를 요구하고, 피고가 이에 응하지 않자 무효등기라면서 말소소송을 제기하고 있으니 무효등기의 유용에 대해 원고의 묵시적 추인을 인정할 수 없다.

6.4. 약정에 의한 소급적 추인

[240]　　현행 민법상 추인은 소급효가 없다. 그러나 당사자의 약정에 따라서 소급효를 가진 추인은 가능하다. 따라서 '그 추인은 행위시에 소급시켜 할 수도 있는 것이다'(4281민상361). 무효인 채권행위의 추인은 원칙적으로 행위시부터 소급하여 유효한 것으로 다룬다(통설).

6.5. 제139조의 적용배제 - 소급효의 인정

신분행위에서는 무효행위 추인의 소급효가 인정되고 있다. 가령 당사자가 입양 [241]
의 의사로 친생자 출생신고를 하였으나 신고 당시 입양의 실질적 요건을 갖추지 못
하여 입양신고로서의 효력이 생기지 아니하였더라도 그 후에 입양의 실질적 요건을
갖추게 된 경우에는 무효인 친생자 출생신고는 소급적으로 입양신고로서의 효력을
갖게 된다(89므389).

6.6. 취소할 수 있는 의사표시를 취소한 후 다시 추인하는 경우

우리 법원은 이를 무효행위의 추인처럼 다룬다. 무효의 원인이 사라져야 추인이 [242]
가능하다는 점은, 취소의 원인이 소멸해야 추인할 수 있다는 법리로 반영되어 있다.

판례 138 대법원 1997. 12. 12. 선고 95다38240 판결 [소유권이전등기말소] - 김재규 사례

• 사실관계: 김재규와 김재규의 처(원고), 김재규의 동생은 김재규 일가의 재산을 피고 대한민
국에게 증여한다는 의사표시가 담긴 기부서를 1979. 11.경 작성하게 되었는데, 그 기부서는 수
사 과정에서 김재규와 원고 모두 구금되어 수사관들로부터 고문을 당하는 등 강박의 상태 아래
서 작성되었다. 김재규는 증여의 의사표시 후인 1980. 1. 28. 내란목적살인 등 사건의 형사재
판절차에서 제1차 항소이유보충서를 제출하면서 그 소유의 재산에 관한 증여를 강박에 의한
의사표시로서 취소하였다가, 다시 같은 달 31. 위 형사재판절차에서 제2차 항소이유보충서를
제출하면서 위 취소의 의사표시를 철회하고 당초의 증여의 의사표시를 추인하였다. 이후 김재
규의 유족들이 김재규 및 본인들이 증여한 재산에 대해 소유권이전등기말소소송을 제기하였다.
• 판단: 취소한 법률행위는 처음부터 무효인 것으로 간주되므로 취소할 수 있는 법률행위가
일단 취소된 이상 그 후에는 취소할 수 있는 법률행위의 추인에 의하여 이미 취소되어 무효인
것으로 간주된 당초의 의사표시를 다시 확정적으로 유효하게 할 수는 없고, 다만 무효인 법률
행위의 추인의 요건과 효력으로서 추인할 수는 있으나, 무효행위의 추인은 그 무효 원인이 소
멸한 후에 하여야 그 효력이 있고, 따라서 강박에 의한 의사표시임을 이유로 일단 유효하게
취소되어 당초의 의사표시가 무효로 된 후에 추인한 경우 그 추인이 효력을 가지기 위하여는
그 무효 원인이 소멸한 후일 것을 요한다고 할 것인데, 그 무효 원인이란 바로 위 의사표시의
취소사유라 할 것이므로 결국 무효 원인이 소멸한 후란 것은 당초의 의사표시의 성립 과정에
존재하였던 취소의 원인이 종료된 후, 즉 강박 상태에서 벗어난 후라고 보아야 한다.
1980. 5. 실시된 비상계엄하의 합동수사단 수사관 등의 강박에 의하여 국가에 대하여 재산 양
도의 의사표시를 한 자에 대한 강박의 상태가 종료된 시점은 전국적으로 실시되고 있었던 비상
계엄이 해제되어 헌정질서가 회복된 1981. 1. 21. 이후이다.
김재규의 추인은 효력이 없으므로, 법률행위의 취소가 인정된다. 그러나 김재규의 처(원고)와
김재규의 동생은 취소한 바가 없으므로, 이 부분에 대해서는 확정적으로 유효하다.
⇨ 김재규가 증여한 재산에 대하여는 소유권이전등기말소청구가 인정된다고 봄(원심은 이를 부
정했는데 원심을 파기환송)

Ⅲ. 취소

1. 의의

[243] 　　법률행위를 취소할 수 있는 경우에는 일단 법률효과가 발생하나 취소(취소권의 행사)에 의하여 법률행위가 있었던 때에 소급하여 효력을 잃는다.44 취소는 취소권자만이 할 수 있다는 점에서 누구나 주장할 수 있는 무효와는 다르다. 이러한 취소권의 행사를 '협의의 취소'라고 한다. 취소는 일방적 의사표시로써 행하는 법률행위이며, 민법 제140조~제146조의 규정이 '원칙적으로' 적용된다.

[244] 　　법률행위를 취소하기 위해서는 취소권이 있어야 한다. 취소권 없이 법률행위를 취소한다는 의사표시를 하더라도 이에 따른 효력은 발생하지 않는다.

| 판례 139 | 대법원 1994. 7. 29. 선고 93다58431 판결 [손해배상(기)] |

• 사실관계: 원고가 피고회사의 대리점을 경영하면서 피고회사에 끼친 결손금을 배상하면, 피고는 원고가 피고회사를 위해 체결한 근저당권설정등기를 말소해 주기로 약속(1984년)하고, 그 후 결손금이 6천6백만원인 것으로 정해서 이를 배상하기로 합의(1985년 합의)했다. 원고가 결손금을 배상(이자 포함 약 8천3백만원)했음에도 불구하고 피고회사가 근저당권을 말소하지 않아 이것이 실행되어 원고에게 8천만원 가량의 손해가 발생했다. 원고가 손해배상을 청구하자, 피고는 결손금이 1억2천만원이 넘는다면서 착오를 이유로 1985년의 합의를 취소한다고 주장했다. 또 원고도 강박을 이유로 취소의 의사표시를 한 적이 있으므로 위 합의는 취소되었다고 주장했다.

• 법원의 판단: 원고는 1985년의 합의가 강박에 의하여 이루어졌다는 이유를 들어 위 합의를 취소하는 의사표시를 하였고, 피고들은 착오에 의하여 위 합의를 하였다는 이유를 들어 위 합의를 취소하는 의사표시를 하였음은 알 수 있으나, 위 합의에 각각 주장하는 바와 같은 취소사유가 있다고 인정되지 아니하는 이상, 원고와 피고들 쌍방이 모두 위 합의를 취소하는 의사표시를 하였다는 사정만으로는, 위 합의가 취소되어 그 효력이 상실되는 것은 아니다.

---

44 다만 근로계약의 취소는 소급효가 없어 장래에 대해서만 근로계약의 효력이 소멸된다는 것이 판례의 입장이다(2013다25194, 25200: 허위경력으로 입사한 원고에게 회사(피고)가 출근하지 말 것을 통보. 이 통보가 부당해고로 인정되자 원고는 피고를 상대로 임금지급소송제기. 피고는 소송에서 취소권 행사. 원심은 취소의 소급효가 제한된다면서도 원고가 위 통보 후 근무하지 않은 기간에 대한 임금지급을 부정. 대법원은 취소 이후에만 근로계약의 효력이 소멸된 것이라면서 원심을 원심파기. 이러한 판례의 입장이 다른 계속적 채권관계에도 적용될 것인지는 불확실하다). 학설상으로는 다른 계속적 채권관계에도 소급효를 제한해야 할 것으로 본다(지원림).

2. 취소권자(제140조)

> 제140조(법률행위의 취소권자) 취소할 수 있는 법률행위는 제한능력자, 착오로 인하거나 사기·강박에 의하여 의사표시를 한 자, 그의 대리인 또는 승계인만이 취소할 수 있다.

제한능력자, 착오나 사기·강박에 의해 의사표시를 한 자뿐만 아니라, 그의 대 [245] 리인이나 승계인도 취소할 수 있다. 제한능력자가 취소한 경우에는 법정대리인의 동의가 없었다는 이유로 위의 취소를 다시 취소할 수 없다(통설). 제한능력자의 법정대리인은 단독으로 취소할 수 있다. 이는 그 자신의 취소권을 행사하는 것이다. 하자 있는 의사표시를 한 자의 임의대리인은 본인의 취소권행사를 대리하는 것이며 그 자신이 취소권자가 되는 것은 아니다. 승계인에는 포괄승계인(상속인이나 합병된 회사)과 특정승계인이 모두 포함된다. 단, 특정승계의 경우에는 취소할 수 있는 지위(가령 매매계약 당사자로서의 지위)를 승계해야지 취소권만 승계할 수는 없다.

3. 취소의 방법

(1) 일방적 의사표시

취소권은 형성권이므로 취소권자의 일방적 의사표시에 의한다. 취소의 의사표 [246] 시는 특히 재판상 행사할 것이 요구되는 경우 이외에는 소, 그 밖의 특별한 방식에 의할 필요가 없으며, 반드시 명시적일 필요도 없다. 소송상의 청구나 항변이 계약의 취소를 전제로 하고 있는 경우에는 이로써 취소의 의사표시를 했다고 본다(93다13162 참조). 취소는 일방적 의사표시이므로 조건을 붙일 수 없다.

| 판례 140 | 대법원 1993. 9. 14. 선고 93다13162 판결 [소유권이전등기] |

- 사실관계: 고**이 원고에게 피고의 부동산을 매도하였는데, 고**은 피고의 후견인이었다. 원고가 피고를 상대로 소유권이전등기를 청구하자, 피고는 위 부동산 매도에 대해 친족회의 동의가 없으므로 원고의 청구가 이유없다고 항변하였다. 법원은 이러한 항변을 취소의 의사표시로 인정하였다. 다만 사안에서는 피고가 성인이 된 후에 위의 매도를 추인하였기 때문에 소유권이전등기의무가 인정되었다.
- 정리: 피고는 취소하겠다는 말을 직접 한 적은 없지만, 원고 청구의 근거가 된 계약이 친족회의 동의가 없어서 원고의 청구도 이유없다고 했으므로, 취소를 전제로 한 주장을 하고 있다.

---

(2) 일부취소

하나의 법률행위 중 가분적 일부분에 대하여만 취소사유가 있는 경우에, 잔존 [247]

부분의 유지에 대한 당사자의 가상적 의사가 인정된다면 일부취소를 인정한다.

| 판례 141 | 대법원 2002. 9. 10. 선고 2002다21509 판결 [청구이의및채무부존재확인] |

하나의 법률행위의 일부분에만 취소사유가 있다고 하더라도 그 법률행위가 가분적이거나 그 목적물의 일부가 특정될 수 있다면, 그 나머지 부분이라도 이를 유지하려는 당사자의 가정적 의사가 인정되는 경우 그 일부만의 취소도 가능하다고 할 것이고, 그 일부의 취소는 법률행위의 일부에 관하여 효력이 생긴다.

피고와 원고 사이에 체결된 이 사건 연대보증계약이 박**(주채무자)의 기망행위에 의하여 체결되어 적법하게 취소되었다고 할 것이나 이 사건 연대보증계약에 따른 보증책임이 금전채무로서 채무의 성격상 가분적이고, 원고에게 보증한도를 금 3천만원으로 하는 보증의사가 있었던 이상 원고의 이 사건 연대보증계약의 취소는 금 3천만원을 초과하는 범위 내에서만 그 효력이 생긴다.

• 정리: 피고는 3천만원 부분에 대하여는 보증의사가 있었는데, 기망으로 인해 그 이상의 금액에 대하여 보증계약이 체결된 것이므로 3천만원까지는 취소사유가 없고, 이를 초과하는 부분에 대하여만 취소가 인정되었다.

(3) 취소사유의 표시

[248]   상대방이 사정에 비추어 취소사유를 알 수 있을 때에는 취소를 하면서 이를 명시적으로 표시할 필요는 없다(2004다43824).

| 판례 142 | 대법원 2005. 5. 27. 선고 2004다43824 판결 [구상금등] |

피고 2는 위 연대보증약정이 착오에 기한 의사표시임을 이유로 이를 취소한다는 주장을 한 바 없으나, 취소의 의사표시란 반드시 명시적이어야 하는 것은 아니고, 취소자가 그 착오를 이유로 자신의 법률행위의 효력을 처음부터 배제하려고 한다는 의사가 드러나면 족한 것이며, 취소원인의 진술 없이도 취소의 의사표시는 유효한 것이므로, 피고 2의 주장, 즉 신원보증서류에 서명날인하는 것으로 잘못 알고 위 이행보증보험약정서를 읽어보지 않은 채 서명날인한 것일 뿐 연대보증약정을 한 사실이 없다는 주장은 위 연대보증약정을 착오를 이유로 취소한다는 취지로 보지 못할 바 아니다.

• 정리: 위 판결에서는 '취소원인의 진술이 없어도 취소의 의사표시는 유효하다'고 했지만, 또한 '취소자가 그 착오를 이유로 자신의 법률행위의 효력을 처음부터 배제하려고 한다는 의사가 드러나면 족하다'고도 하고 있다. 그리고 이 사안에서는 피고2가 '착오'라는 말을 하지 않았을 뿐 자신이 착오에 빠지게 된 사정을 진술하면서 약정의 효력을 다투고 있다. 따라서 위 판례가 '취소원인의 진술이 불필요하다'는 입장을 취한 것으로는 볼 수 없다.

4. 취소의 상대방

제142조(취소의 상대방) 취소할 수 있는 법률행위의 상대방이 확정한 경우에는 그 취소는 그 상대방에 대한 의사표시로 하여야 한다.

계약 및 상대방 있는 단독행위에서는 상대방에게 취소의 의사표시를 해야 한다. [249] 취소대상이 된 법률행위로 취득한 권리를 제3자에게 양도한 경우에도 원래의 상대방이 여전히 취소의 상대방이다. 계약의 상대방이 다수인 경우에는 상대방 전부에 대하여 취소의 의사표시를 해야 하며, 다만 법률관계의 구분이 가능한 경우에는 일부에 대한 취소도 인정된다는 것이 다수설이다. 이에 따르면 구분이 불가능한 법률관계에서 그중 일부에 대해서만 한 취소의 의사표시는 효력이 없다. 상대방 없는 단독행위에서는 의사표시를 할 상대방이 없으므로, 취소의 의사를 적당한 방법으로 외부에 알리면 된다(통설).

5. 취소의 효과

제141조(취소의 효과) 취소된 법률행위는 처음부터 무효인 것으로 본다. 다만, 제한능력자는 그 행위로 인하여 받은 이익이 현존하는 한도에서 상환(償還)할 책임이 있다.

(1) 소급적 무효

취소된 법률행위는 처음부터 무효인 것으로 본다(제141조). 따라서 이행되지 않 [250] 은 채무는 이행할 필요가 없고, 이행된 채무는 그 소유권이전이 부정되거나(유인의 경우) 부당이득으로 반환되어야 한다. 더 나아가 소유권이전이 부정되는 경우에도, 통설은 점유 부당이득을 인정하여 부당이득반환법리의 적용을 긍정한다. 제141조에는 이러한 내용이 생략되어 있다. 즉, 1문에서 소급적 무효를 규정한 다음 2문에서 바로 제한능력자의 반환범위를 규정하고 있는데, 1문과 2문의 사이에 일반적인 부당이득 반환문제에 대한 내용이 전제되어 있다고 보아야 한다.

(2) 반환범위

반환범위는 부당이득의 반환범위에 관한 민법 제748조에 따른다. 선의이면 현존이 [251] 익을 반환하고, 악의이면 받은 이익에 이자를 붙여서 반환하고 손해까지 배상해야 한다. 선의·악의는 취소사유를 알았는지 몰랐는지에 따라 판단한다. 사기나 착오에 의해 의사표시를 한 자는 기망이나 착오상태에서 벗어났을 때부터 악의라고 보아야 할 것이다.

금전소비대차계약에 의하여 금원을 대여받은 상대방은 그 대여당시 그 계약이 유효한 줄 믿고 금원을 교부받은 이상, 그 계약이 착오 또는 기망의 의사표시로서 취소됨으로 무효로 돌아간 경우 민법 제748조 제1항 소정의 선의의 수익자에 해당하므로 그 받은 이익이 현존한 한도에서 이를 반환할 책임이 있다.

• 정리: 원고(은행, 채권자)는 C가 자신에게 진 빚을 갚게 할 목적으로 피고(채무자)에게 1억원을 대여해 주기로 했다(C는 원고로부터 돈을 빌릴 수 없는 상황이었음). C가 피고에게 주채무자가 되어달라는 부탁을 할 때, C는 피고에게 자신의 부동산을 담보로 제공할 것이기 때문에 피고가 대여금을 갚을 일은 없을 것이라고 말했다. 하지만 그 부동산에는 이미 거액의 저당권이 설정되어 있어서 담보가치가 없었다. 또한 C는 당시에 이미 자력이 거의 없는 상태였다. 원고가 피고에게 1억원을 대출해 주자 피고는 이를 C에게 주었고, C는 그중 일부(6800만원)를 원고에게 변제한 후 나머지는 자신의 사업자금으로 사용하였다. 이후 원고가 피고를 상대로 대여금의 상환을 청구하자 피고는 사기를 이유로 계약을 취소하였고 이 주장은 받아들여졌다. 문제는 피고가 원고에게 부당이득으로 반환해야 할 것이 무엇인지였다.

피고는 선의의 수익자이므로 현존이익 반환의무가 있다. 금전은 현존이익이 추정되지만, 이 사안에서는 "대출 즉시 피고가 원고 및 C와의 사이에 사전 합의된 내용에 따라 그 대출금 1억원이 입금된 피고 명의의 예금통장과 피고의 도장을 C에게 제공하여 C가 그 돈 전액을 인출 사용하였음이 명백하여 위 추정은 깨어졌다 할 것이므로, 결국 피고가 C에게 가지는 위 대출금 상당의 반환채권(대여금채권) 자체 또는 그 평가액이 그 현존이익이 된다". 따라서 피고는 C에 대한 대여금채권을 원고에게 반환할 의무만 부담하게 된다.

[252]   소유권의 회복시 부당이득 규정에 따르면 선의자는 현존이익 반환의무가 있고, 이에는 과실(果實: 점유이익, 통상적으로는 차임상당액)도 포함된다. 그러나 점유자·회복자 규정(민법 제201조~제203조)에 따르면 선의점유자는 과실수취권이 있어서 이를 반환하지 않아도 된다. 따라서 양 규정이 서로 충돌된다. 판례에 따르면 이 경우에는 점유자·회복자 규정이 부당이득에 대한 특칙으로 먼저 적용된다. 따라서 선의 점유자는 점유만 반환하면 된다. 반환의무자가 악의인 경우는 부당이득규정과 점유자·회복자 규정 사이에 충돌이 없으므로 어느 규정을 적용하더라도 무방하다.

(3) 제한능력자에 관한 특칙

[253]   제한능력자는 자신의 제한능력을 이유로 취소하는 것이기 때문에 취소사유에 대해 악의자라고 할 수 있다. 그러나 이 경우에도 제한능력자는 받은 이익이 현존하는 한도 내에서만 상환할 책임이 있다(제141조 단서). 의사무능력자도 마찬가지이다(2008다58367). 받은 이익은 그대로 현존하는 것으로 추정된다. 따라서 제한능력자가 현존이익이 없음을 입증해야 한다(다수설). 또한 금전을 소비했다 하더라도 필요한 비용에 충당했다면(例 생활비로 썼거나 등록금으로 쓴 경우), 다른 돈에서 쓸 것을

아낀 것이므로 여전히 그 이익은 현존한다. 다만 낭비했다면(⑩ 유흥비나 도박비로 쓴 경우), 그 이익이 현존하지 않으므로 반환의무가 없다. '이익 현존'의 범위를 판단하는 기준시는 '반환청구'시가 아니라 '취소'시점이다. 따라서 취소된 시점 이후의 낭비 등은 제141조 단서에 의하여 보호되지 않는다(통설).

6. 취소할 수 있는 법률행위의 추인

제143조(추인의 방법, 효과) ① 취소할 수 있는 법률행위는 제140조에 규정한 자가 추인할 수 있고 추인후에는 취소하지 못한다.
② 전조의 규정은 전항의 경우에 준용한다.
제144조(추인의 요건) ① 추인은 취소의 원인이 소멸된 후에 하여야만 효력이 있다.
② 제1항은 법정대리인 또는 후견인이 추인하는 경우에는 적용하지 아니한다.

(1) 의의

취소할 수 있는 법률행위를 유효로 확정시키겠다는 취소권자의 의사표시가 추인   [254]
이다. 이는 취소권의 포기라는 소극적인 측면과 유효 여부가 유동적인 법률행위를 확정적으로 유효하게 만드는 적극적인 측면이 있다.

(2) 요건

취소권을 행사할 수 있는 자가 취소원인이 종료된 후에 취소할 수 있는 행위임   [255]
을 인식하면서 추인의 의사표시를 해야 한다.

추인권은 취소권이 있는 자만 행사할 수 있다. 취소권자가 수인인 경우에는 1인   [256]
이 추인하면 다른 취소권자는 취소할 수 없다(확정적으로 유효해지므로).

추인은 '취소원인이 종료한 후'에 해야 하며, 취소원인이 종료되기 전에 한 추인   [257]
은 효력이 없다(81다107). 가령 미성년자는 성년자가 되어야만 추인할 수 있다. 그러나 미성년자라도 법정대리인의 동의를 얻어서 추인을 하거나, 법정대리인이 추인하는 것은 유효하다. 피한정후견인도 마찬가지이다. 피성년후견인의 경우에는 후견이 종료된 후에 추인하거나 법정대리인이 추인해야 한다. 착오·사기·강박의 의사표시에서는 이 상태에서 벗어나야 한다.

(3) 추인의 방법

추인의 의사표시는 상대방 있는 의사표시로서 명시적일 필요는 없으며 묵시적으   [258]
로도 가능하다(통설). 형사고소의 취하가 곧바로 취소할 수 있는 법률행위의 추인이 되지는 않는다.

판례 144 | 대법원 1997. 6. 27. 선고 97다3828 판결 [소유권이전등기등] - 쌍문동 부동산 매각사례

• 사실관계: 원고가 정신병원에 입원해 있는 동안, 원고의 부동산 X를 명의수탁자인 피고 2가 피고 A에게 매도하였고, 부동산 Y는 원고의 동생이자 후견인인 소외 1이 친족회 의사록을 허위로 작성하여 피고 B에게 매도하였으며, 부동산 Z(쌍문동 소재)는 소외 1이 친족회 동의없이 피고 C에게 매도하였다. 원고는 정신병원에서 퇴원한 후 피고 2와 소외 1의 횡령사실을 알고 고소했으나 고소취소장을 형사법원에 제출하였다. 고소취소장의 요지는 '횡령혐의로 고소한 바 있으나 쌍방 원만히 합의하였을 뿐만 아니라 피고소인이 범행에 대하여 깊이 반성하고 있으므로 고소 취소한다'는 것이었다. 원고는 피고 A, B, C를 상대로 소유권등기의 이전을 청구하였다.

• 법원의 판단: 피고 A가 피고 2의 횡령행위에 적극 가담한 것은 아니므로 반사회질서행위가 아니고, 따라서 피고 A의 소유권취득이 인정된다. 피고 B는 친족회의 동의가 있다고 믿었고 이렇게 믿을 만한 정당한 이유가 있었으므로 표현대리에 관한 규정에 따라 유효한 매매계약 및 소유권취득이 인정된다. 피고 C와의 관계에서는 원고가 매매계약을 취소하였으므로 피고 C는 부동산 Z의 소유권을 취득할 수 없고, 고소를 취소한 것을 추인으로 볼 수도 없다.

"원고는 위 각 고소취소장을 작성하여 제출할 때에도 아직 한정치산선고를 취소받기 전이므로 여전히 한정치산자로서 독립하여 추인할 수 있는 행위능력을 가지고 있지 못하였을 뿐더러 <u>고소 취소는 어디까지나 수사기관 또는 법원에 대하여 고소를 철회하는 의사표시에 지나지 아니하고 또 위 각 고소취소장에 기재된 문면의 내용상으로도 원고가 피고 서명진에 대하여 가지는 이 사건 매매의 취소권을 포기한 것으로 보기 어려우므로</u>, 같은 취지의 원심판단은 정당하"다.

(4) 추인의 효과

[259]   추인이 있으면 취소할 수 있는 법률행위는 유효한 법률행위로 '확정'된다(제143조 1항). 소급효의 문제는 생기지 않는다. 애초에 유효였기 때문이다.

7. 법정추인

> 제145조(법정추인) 취소할 수 있는 법률행위에 관하여 전조의 규정에 의하여 추인할 수 있는 후에 다음 각호의 사유가 있으면 추인한 것으로 본다. 그러나 이의를 보류한 때에는 그러하지 아니하다.
> 1. 전부나 일부의 이행
> 2. 이행의 청구
> 3. 경개
> 4. 담보의 제공
> 5. 취소할 수 있는 행위로 취득한 권리의 전부나 일부의 양도
> 6. 강제집행

취소할 수 있는 법률행위에 관해 일정한 사유가 있으면 추인한 것으로 간주된다 [260] (제145조). 이를 법정추인이라 한다. 법정추인은 제146조(취소권의 소멸)와 더불어 '취소할 수 있는 행위의 상대방'을 보호하고 '거래의 안정'을 유지하기 위한 제도이다. 법정추인이 되면 취소권은 배제된다.

법정추인이 되기 위해서는 '취소원인이 종료한 후'에(제145조 본문) 법정추인 사 [261] 유가 발생해야 한다(제145조 1~6호). 취소원인이 종료하기만 하면 되며, 취소권자가 취소할 수 있는 행위라는 점을 알고 있을 필요는 없다(통설). 추인의 의사도 필요없다. 다만 추인이 아니라는 점을 명시하거나, 취소권행사의 가능성을 유보하면 법정추인이 되지 않는다(제145조 단서).

[262]
(1) 전부나 일부의 이행

취소권자가 채무를 이행한 경우뿐만 아니라 상대방으로부터 채무의 이행을 수령한 경우도 포함한다(통설).

판례 145 | 대법원 1996. 2. 23. 선고 94다58438 판결 [수표금]

- 사실관계: 원고는 피고로부터 2천만원짜리 수표 3장, 3천만원짜리 수표 1장을 받았고, 그중 2천만원짜리 수표 1장에 대하여는 은행으로부터 그 금액을 지불받았다. 원고는 나머지 수표 3장에 따른 금액의 지불을 청구하였다. 이에 대해 피고는 원고가 피고를 간통죄로 고소하여 구속시키겠다고 위협하고, 합의 현장에 건장한 청년들을 동원하여 피고의 목을 치는 등 위력을 행사하여 피고가 이에 겁을 먹고 위의 수표들을 발행한 것이라면서 수표의 발행행위를 취소하였다. 원고는 피고가 수표 1장에 대하여 이행을 하였으므로 나머지에 대해서도 법정추인이 되었다고 주장하였다.
- 법원의 판단: 취소권자가 상대방에게 취소할 수 있는 법률행위로부터 생긴 채무의 전부 또는 일부를 이행한 것은 민법 제145조 제1호 소정의 법정추인 사유에 해당하여 추인의 효력이 발생하고 그 이후에는 취소할 수 없게 되는 것이나 여기서 말하는 취소할 수 있는 법률행위로부터 생긴 채무란 취소권자가 취소권을 행사한 채무 그 자체를 말하는 것이라고 보아야 할 것이고, <u>또한 일시에 여러 장의 당좌수표를 발행하는 경우 매수표의 발행행위는 각각 독립된 별개의 법률행위이고 그 수표금 채무도 수표마다 별개의 채무가 되는 것이라 할 것이므로 피고가 위 당좌수표 3매와 함께 원고에게 발행, 교부한 액면 금 20,000,000원의 당좌수표가 거래은행에서 지급되게 하였다고 하여 위 나머지 당좌수표 3매의 수표금 채무의 일부를 이행한 것이라고 할 수 없다는 이유로 피고가 위 당좌수표 3매의 발행행위를 추인하였다거나 법정추인 사유에 해당한다는 원고의 재항변을 배척한 원심의 조치는 정당[하다.]</u>

---

(2) 이행의 청구
[263]

채권자가 상대방에게 채무이행을 청구하는 경우를 말하고, 상대방으로부터 이행의 청구를 받는 것은 포함되지 않는다.

[264]　　**(3) 경개**

취소권자가 채권자로서 경개계약(제500조 이하)을 체결하든 채무자로서 하든 상관없다(통설).

[265]　　**(4) 담보의 제공**

물적담보(저당권 등) 또는 인적담보(보증계약 등)를 취소권자가 채무자로서 제공하든 채권자로서 제공을 받든 상관없다(통설).

[266]　　**(5) 취소할 수 있는 행위로 취득한 권리의 전부나 일부의 양도**

취소권자가 양도하는 경우에 한한다. 또한 취득한 권리에 제한물권을 설정하는 것도 포함된다.

[267]　　**(6) 강제집행**

취소권자가 채권자로서 집행한 경우(민사소송법 제469조 이하)는 물론 채무자로서 집행을 받는 경우도 소송상 이의를 제기할 수 있으므로 여기에 포함된다(통설).

8. 취소권의 소멸

제146조(취소권의 소멸) 취소권은 추인할 수 있는 날로부터 3년내에 법률행위를 한 날로부터 10년내에 행사하여야 한다.

(1) 의의

[268]　　취소권은 '추인할 수 있는 날로부터 3년 내에' 혹은 '법률행위를 한 날로부터 10년 내에' 행사해야 한다(제146조). 두 기간 중 어느 하나라도 만료되면 취소권은 소멸하고, 법률효과는 유효로 확정된다. 취소권은 형성권이므로 불행사의 사실상태라든가 중단이 있을 수 없으므로 제146조의 기간은 소멸시효가 아니라 '제척기간'이다(63다214).

판례 146 │ 대법원 1997. 6. 27. 선고 97다3828 판결 [소유권이전등기등] – 쌍문동 부동산 매각사례

한정치산자의 후견인이 친족회의 동의 없이 피후견인인 한정치산자의 부동산을 처분한 경우에 발생하는 취소권은 민법 제146조에 의하여 추인할 수 있는 날로부터 3년 내에, 법률행위를 한 날로부터 10년 내에 행사하여야 하지만, 여기에서 '추인할 수 있는 날'이라 함은 취소의 원인이 종료한 후를 의미하므로, 피후견인이 스스로 법률행위를 취소함에 있어서는 한정치산선고가 취소되어 피후견인이 능력자로 복귀한 날로부터 3년 내에 그 취소권을 행사하여야 한다. _

기록에 의하면, 원고에 대하여 한정치산선고가 내려지자 위 소외 1은 그 후견인으로서 원고에 갈음하여 <u>1990. 11. 2.</u>경 피고 C에게 원고 소유의 Z <u>부동산을 매각</u>한 사실, 원고는 <u>1994. 10. 4.</u> 서울가정법원으로부터 한정치산선고취소 심판을 받은 후 이 사건 1996. 8. 27.자 준비서면 의 송달로 <u>위 매각행위를 취소</u>한 사실을 인정할 수 있으므로, 원고의 취소권 행사는 그 행위능 력을 회복한 후 3년 내에, 위 매매계약을 체결한 때로부터 10년 내에 행하여진 것으로서 적법 하다고 할 것이고, 이와 달리 이 사건 취소권의 제척기간이 매매 당일부터 진행된다거나 원고 가 <u>1992. 6. 5.</u>경 정신병원에서 <u>퇴원</u>하여 위 소외 1의 매각행위를 안 때로부터 진행한다는 소 론은 독단적인 견해에 불과하여 받아들일 수 없다. 따라서 같은 취지에서 원고의 취소권 행사 에 제척기간을 문제삼지 아니한 원심의 조치는 정당하[다.]

(2) 취소권의 행사

취소권의 행사는 제척기간 내에 이뤄져야 하며, 의사표시의 효력발생에 관한 일반이론에 따라 그 기간 내에 상대방에게 도달해야 한다. 소로 취소의 의사표시를 했다면 제척기간 내에 상대방에게 송달되어야 한다. [269]

| 판례 147 | 대법원 2008. 9. 11. 선고 2008다27301,27318 판결 [소유권이전등기등 · 소유권이전등기말소] |

• 사실관계: 원고의 아버지인 소외 2는 피고의 아버지인 소외 1을 도사로 믿고 따라 다니면서 많은 재산을 헌납하였다. 하지만 자신이 속았다고 생각한 소외 2는 병상에 있는 소외 1을 찾아 가 사기죄로 고소하고 방송에 알리겠다고 하면서 부동산을 양도할 것을 요구하였고, 이에 소외 1은 원고에게 자신의 부동산을 양도하는 약정을 하고(2003. 2. 11.), 그 일부에 대해 이전등기 를 해 주었다(2003. 2. 12.~2003. 2. 17.). 소외 1이 사망(2003. 4. 14.)한 후 원고는 피고(와 그 가족, 피고는 선정당사자)를 상대로 나머지 부동산의 소유권이전등기를 청구하였고, 피고는 원고에게 소유권이전등기말소의 반소를 제기하였다(2006. 2. 15.). 위 부동산 양도약정이 강박 행위에 의한 의사표시인지, 제척기간이 지난 것인지가 문제되었다.
• 법원의 판단: 원심은 고소가 적법한 수단이라 하더라도 "부정한 이익의 취득을 목적으로 의 무 없는 행위를 강요하는 것으로서 위법하다"면서 강박을 인정하고, 강박이 2003. 3월 중순까 지 계속되었다면서 제척기간이 지나지 않았다고 보았다.
그러나 대법원은 강박은 인정되지만, 취소의 의사표시가 소로써 행해지면 제척기간내에 송달 되어야 하는데 송달이 2006. 3. 13.에 행해졌고, 강박이 2003. 3월 중순까지 행해졌는지도 불확실하다면서 원심판결을 파기했다.

(3) 취소에 의하여 발생한 청구권의 존속기간

취소권을 행사하면 상대방에 대해 부당이득반환청구권 등의 권리가 생기는데, 이러한 청구권도 취소권의 제척기간 내에 행사해야 하는가의 문제가 생긴다. 학설은 나뉘어 있지만, 법원은 취소권 행사 여부의 확정과 그 행사로 인해 생긴 채권관계는 구별된다면서, 취소권을 행사하여 청구권이 생긴 때로부터 시효가 진행된다고 한다. [270]

취소로 인해 소유권이 회복되면 이에 따른 물권적 청구권(**예** 소유권이전등기말소청구권)은 시효에 걸리지 않는다(**예** 김재규 사례; 단, 선의의 제3자에게 대항할 수 없게 되는 것은 별개이다).

판례 148 │ 대법원 1991. 2. 22. 선고 90다13420 판결 [소유권이전등기]

형성권인 환매권의 행사로 발생한 소유권이전등기청구권은 환매권을 행사한 때로부터 일반채권과 같이 민법 제162조 제1항 소정의 10년의 소멸시효기간이 진행된다.

---

[271]   강박상태에서 화해조서를 작성했다면 강박에서 벗어났다 하더라도 화해조서에는 기판력이 있으므로 이를 준재심으로 취소하지 않는 한 이 화해조서에 반하는 주장을 할 수 없다. 이에 따라 법원은 이런 취소판결이 내려진 때로부터 3년의 제척기간이 진행된다고 한다. 그러나 10년의 제척기간은 화해조서 작성시부터 그대로 진행되며, 그 기간이 지나면 취소권을 행사할 수 없다.

판례 149 │ 대법원 1998. 11. 27. 선고 98다7421 판결 [소유권이전등기말소]

• 사실관계: 원고들은 1980년 계엄사령부에 끌려가 강박에 의해 증여계약을 체결한 후, 이 증여를 원인으로 한 한 소유권이전등기를 하기로 제소전화해를 하여 그 화해조서에 기하여 소유권이전등기가 경료되었다. 원고는 1989년경, 제소전화해조서의 취소를 구하는 준재심소송을 제기한 결과, 1996년 12월 경 승소확정되었다. 그 후 원고는 1997년 경 피고(대한민국)에 대한 증여계약을 강박에 의한 의사표시로 취소하고 그 등기를 말소하는 소송을 제기했다.
• 법원의 판단: 원심은 취소기간의 기산점을 원고가 강박상태에서 벗어난 비상계엄 해제시(1981. 1. 21.)로 보아 위 증여가 확정적으로 유효하게 되었다면서 피고 대한민국 명의의 등기는 결국 실체관계에 부합하는 유효한 등기라고 판시하였다.
그러나 대법원은 <u>제소전화해조서의 기판력이 존속하는 동안에는, 재산권을 원상회복하는 실효를 거둘 수 없어 강박에 의하여 이루어진 부동산에 관한 증여계약을 취소하는 데 법률상 장애가 존속되고 있다고 보아야 하고, 따라서 제소전화해조서를 취소하는 준재심사건 판결이 확정되어(1996. 12. 23.) 위 제소전화해조서의 기판력이 소멸된 때부터 민법 제146조 전단에 규정한 **3년의 취소기간**이</u> 진행된다고 하면서 원심을 파기하고 이를 서울고법에 환송했다.
파기 후 원심(제2원심)은 위 대법원의 판시내용대로 원고의 소송을 인용했다.
그러나 이를 상고받은 대법원은 화해조서가 작성되었다 하더라도 10년의 제척기간은 법률행위시부터 진행된다고 하여 원고의 청구를 기각하도록 했다. 이런 입장은 그 이후에도 지속되고 있다(대법원 2002. 11. 22. 선고 2001다13952 판결; 대법원 2002. 12. 10. 선고 2002다56031 판결).

제7절 　법률행위의 대리

사례 24

서울에 사는 A는 경상북도 경주에 살고 있는 C에게 현지에 적당한 땅이 나오면 사달라고 부탁했다. C는 A 명의로 B로부터 X 토지를 1억원에 매수하는 계약을 체결했다. 그런데 나중에 현지에 와 본 A는 땅이 마음에 안 든다면서 매매대금을 주지 않으려고 한다. B는 A에게 등기이전을 해 줄 테니 1억원을 달라고 할 수 있는가?

> 제114조(대리행위의 효력) ① 대리인이 그 권한내에서 본인을 위한 것임을 표시한 의사표시는 직접 본인에게 대하여 효력이 생긴다.
> ② 전항의 규정은 대리인에게 대한 제삼자의 의사표시에 준용한다.

I. 대리제도 일반

1. 의의

본인으로부터 대리권을 수여받은 자(대리인)가 본인을 위한 의사표시를 하면 그 [272] 법률효과가 본인에게 귀속되는 것이 대리제도이다. 위 사례에서 A는 C에게 땅을 사달라고 부탁을 하고 있다. 이는 '위임계약'에 해당한다. 그리고 이 위임계약은 '땅을 사는 것'에 대한 부탁이고, 땅을 사기 위해서는 매매계약을 체결해야 한다. 따라서 A는 C에게 자기 대신 매매계약을 체결할 권한을 부여했다고 할 수 있다. 이렇게 다른 사람 대신 법률행위(계약체결)를 할 수 있는 권한을 대리권이라고 하고, 대리권을 주는 행위를 대리권 수여행위, 줄여서 수권행위라고 한다. C는 이러한 대리권에 근거해서, A가 매수인이 되는 매매계약을 B와 체결하게 되고, 이때 계약의 내용은 C와 B가 결정한다. C의 이러한 행위를 대리행위라고 한다. 이렇게 C와 B의 계약교섭에 의해서 권리의무의 내용이 정해지면, 이 권리의무의 당사자는 A와 B가 된다. 즉 대리권 있는 C가 대리행위를 통해 체결한 계약은 A에 대해 법률효과가 발생한다. 이렇게 대리권과 대리행위가 모두 적절히 갖춰진 경우가 대리의 정상적인 경우이다.[45]

이에 반해서 대리권 없이 대리행위만 있는 경우를 무권대리라고 한다. 가령 A는 C에

---

45 사례 24와 이에 대한 본문 설명은 2006년 강의안이 처음 완성될 때부터 있었던 내용이다.

게 땅을 알아봐 달라고만 했는데(이 경우 위임계약은 있지만 대리권수여는 없다), C가 대리권이 있는 것처럼 B와 계약을 체결한 경우가 무권대리이다. 그리고 C에게 A를 대리할 대리권이 없지만, B가 보기에는 C에게 대리권이 있는 것처럼 보이는 경우를 표현대리라고 한다.

2. 대리제도의 3면관계

[273]   법률행위의 대리는 (1) 본인과 대리인의 대리권 관계, (2) 대리인과 거래 상대방과의 대리행위 관계, (3) 거래 상대방과 본인과의 대리 효과의 귀속관계로 분리하여 고찰할 수 있다.

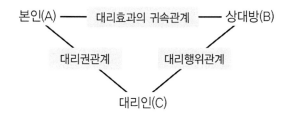

3. 대리의 종류

3.1. 임의대리와 법정대리

[274]   대리권이 법률행위에 의해 수여된 경우를 임의대리라 하고, 법률의 규정에 의해 발생한 경우를 법정대리라 한다. 양자의 구별은 대리인의 복임권(제120조), 대리권의 소멸(제128조), 표현대리에 관한 규정(제125조)의 적용 여부에 관하여 실익이 있다.

3.2. 능동대리와 수동대리

[275]   대리인은 상대방에게 의사표시를 할 수도 있고, 상대방의 의사표시를 수령할 수도 있다. 전자를 능동대리라고 하고 후자를 수동대리라고 한다. 민법은 원칙적으로 능동대리에 대해 규정하며, 능동대리의 규정을 수동대리에 준용하고 있다(제114조 2항). 능동대리권이 있으면 통상 수동대리를 할 수 있다. 양자의 구별은 상대방 있는 단독행위의 무권대리(제136조), 현명주의의 요건(제114조, 제115조) 등에서 그 실익이 있다.

3.3. 유사제도

(1) 간접대리

[276]

행위자가 자기 이름으로, 그러나 타인을 위하여(타인의 계산으로) 하는 법률행위를 말한다. 법률행위의 당사자는 간접대리인과 상대방이고, 법률행위의 효과도 간접대리인에게 속한다. 위탁매매업(상법 제101조)이 전형적인 예이다.

> **판례 150** | 대법원 2022. 4. 14. 선고 2020다254228 · 2020다254235 [건물철거 및 토지인도 · 건물매수대금]
>
> 원고와 대한민국 사이에 체결된 제1, 2 토지에 관한 관리위탁계약에 따르면 대한민국은 원고 본인이 제1, 2 토지를 직접 사용수익하거나 원고가 제3자를 지정하여 그를 통해 사용수익 사업을 영위할 권한을 부여하였을 뿐, 원고가 대한민국을 대리하여 제3자와 대한민국 사이에 사용수익계약을 체결하는 권한을 수여하지 않았다. 대한민국이 사용수익료의 일부를 나누어 가졌다거나 피고가 지상 건물의 건축을 위하여 대한민국으로부터 허가를 받아야 했다는 사정만으로 원고가 대한민국을 대리하였다거나 피고가 원고를 대한민국의 대리인이라고 믿었다고 보기 어렵다.
> • 정리: 대한민국의 토지를 원고가 피고에게 임대하였고, 피고는 그 토지에 건물을 지었다. 임대차계약이 끝나자 원고는 피고에게 건물철거를 요구했고, 피고는 건물에 대한 매수청구권을 행사했다. 건물소유목적의 토지임대차에서 임차인의 건물매수청구권은 임차권 소멸 당시 토지 소유자인 임대인에게만 행사할 수 있다(93다59717). 따라서 대한민국이 임대인이라면 피고의 건물매수청구는 인정된다. 대한민국이 원고에게 대리권을 준 것이라면 대한민국이 임대인이겠지만, 해당사안은 소위 '간접대리'여서 대한민국은 임대인이 아니었다. 따라서 피고의 요구는 인정되지 않았다.

(2) 사자

[277]

사자는 본인이 결정한 내심적 효과의사를 표시하거나 전달함으로써 표시행위의 완성에 협력하는 자이다. 대리와 사자의 차이점은, 효과의사를 본인이 결정하는지(사자), 대리인이 결정하는지(대리)에 있다. 따라서 거래의 상대방, 계약의 목적물, 거래가격 중 하나라도 대리하는 자가 결정하는 것이라면 대리이고, 모든 것을 본인이 결정하면 사자이다. 사자에서는 본인이 행위능력을 가지고 있어야 한다. 또한 의사표시의 착오 등에 관하여는 사자의 표시와 본인의 의사를 비교하여서 결정하게 된다. 사자가 상대방에 대하여 명시적·묵시적으로 대리인으로서 행위한 경우에는 이를 대리행위로 취급하여 표현대리나 무권대리의 규정을 유추적용할 수 있다.

(3) 대표

[278]

대표기관은 법인의 기관으로서 그 행위가 법인의 행위가 된다. 따라서 대표는 사실행위와 불법행위에 관하여도 성립한다는 점에서 대리와 다르다.

Ⅱ. 대리권

1. 의의

[279] 　　대리권이란 대리인이 본인의 이름으로 의사표시를 하거나 이를 받음으로써 직접 본인에게 법률효과를 귀속시킬 수 있는 법률상의 지위를 말한다.

2. 대리권의 발생원인

2.1 법정대리권의 발생원인

[280] 　　• 법률의 규정에 의한 발생: 친권자(제911조, 제920조), 일상가사대리권(제827조 1항)
　　• 지정행위에 의한 발생: 지정후견인(제931조), 지정유언집행자(제1903조, 제1094조)
　　• 법원의 선임에 의한 발생: 부재자재산관리인(제22조, 제23조), 상속재산관리인
(제1023조, 제1040조), 유언집행자(제1096조)

2.2 임의대리권의 발생원인

[281] 　　임의대리에서는 본인의 의사에 의해 대리권이 발생한다. 임의대리권은 통상적으로 위임이 있는 경우 수임인에게 인정된다(위임 외에도 대리권이 생기는 계약관계는 있다). 그런데 위임에 의해 수임인에게 대리권이 인정될 경우, 위임계약 외에 대리권 수여를 위한 별도의 법률행위(수권행위)가 있는지에 대해 다툼이 있다. 다수설과 판례에 따르면 대리권의 수여를 목적으로 하는 법률행위(수권행위)는 기초적 내부관계(⑩ 위임)와 독립하여 대리권의 발생만을 목적으로 하는 행위이다(⑩ 위임장 교부). 이런 점에서 대리권도 내부관계인 위임계약과는 구별되는 '외부적 권한'으로 이해된다.

판례 151 ｜ **대법원 1962. 5. 24. 선고 4294민상251,252 판결 [광업권이전등록말소]**

구민법 제655조는 위임종료는 이를 상대방에 통지하거나 또는 상대방이 이를 안 때가 아니면 이로써 상대방에게 대항하지 못한다고 규정하고 있는바 법률상 위임과 대리권 수여는 별개의 독립한 행위로서 위임은 위임자와 수임자 간의 내부적인 채권채무관계를 말하고 대리권은 대리인의 행위의 효과가 본인에게 미치는 대외적 자격을 말하는 것이므로 위임계약에 대리권 수여가 수반되는 일은 있으나 위임계약만으로서는 그 효력은 위임자와 수임자 이외에는 미치는 것은 아니므로 구 민법 제655조의 취지는 위임종료의 사유는 이를 상대방에 통지하거나 상대방이 이를 알 때가 아니면 위임자와 수임자 간에는 위임계약에 의한 권리의무 관계가 존속한다는 취지에 불과하고 대리권관계와는 아무런 관계가 없는 것이다.

수권행위는 '상대방의 수령을 요하는 단독행위'라고 할 수 있다. 대리권의 수여 [282] 는 대리인에게 대외적인 지위 또는 자격을 줄 뿐이고 어떤 권리나 의무를 취득 또는 부담시키는 것이 아니므로 대리인이 될 자의 승낙을 필요로 하지 않는다.

대리권 수여의 기초가 된 법률관계가 무효·취소·해제되는 경우, 예를 들어 위임 [283] 계약이 취소된 경우 수권행위도 그 영향을 받아 소급하여 그 효력을 잃는지에 대해서는 학설이 나뉜다. 기초적 법률관계가 실효되어도 수권행위는 유효하다는 무인성인정설도 있지만, 수권행위도 소급적으로 효력을 상실한다는 무인성부정설이 다수설이다.

3. 대리권의 범위

사례 25

A는 C에게 자신의 땅을 팔아 달라고 요청했는데, C가 이를 B에게 팔고 중도금과 잔금을 수령하면서 소유권등기를 넘겨주었다. 하지만 C는 이 돈을 A에게 주지 않고 잠적해버렸다. A는 중도금과 잔금을 받지 않았다고 주장할 수 있는가?

사례 26

A는 C에게 적당한 집을 사 달라고 요청했는데, C는 D의 집을 사서 A이름으로 등기를 한 후, 이를 B에게 팔아버렸다. A는 B에게 등기말소를 청구할 수 있는가?

3.1. 법정대리권의 범위

법정대리권의 범위는 법률의 규정에 의하여 정해진다. [284]

3.2. 임의대리권의 범위

임의대리권의 범위는 일반적으로 본인의 수권행위에 의하여 정해지며, 이는 의 [285] 사표시 해석의 문제이다. 위임의 경우에는 대리권을 수여하면서 맡긴 업무를 처리하면 원인된 법률관계의 목적달성으로 대리권도 소멸한다는 것이 법원의 입장이다 (2008다11276). 따라서 당사자들이 어떤 업무를 맡겼는지에 대한 의사해석에 따라 대리권의 범위가 정해진다. 가령 토지매각의 대리권 수여는 중도금이나 잔대금의 수령 (93다39379; 2011다30871), 대금지급기일의 연기(91다43107), 소유권이전등기의 권한을 포함한다. 그리고 소비대차에서 대주의 대리인은 변제금을 수령할 대리권이 있다 (97다12273). 그러나 계약체결의 대리권이, 체결된 계약을 해제할 권한까지 포함하지는 않으며(92다39365), 부동산매수의 대리인에게 매수한 부동산을 매각할 대리권은 없다(90다7364). 또한 도급인으로부터 공사계약체결의 대리권을 수여받은 자는 공사

계약체결로 대리권이 소멸하므로, 공사대금지급에 대한 대리권이 없고, 따라서 그 지급의무를 승인하여 소멸시효를 중단시킬 수도 없다(2008다11276). 그리고 예금계약의 체결을 위임받은 자에게 그 예금을 담보로 대출을 받거나 이를 처분할 수 있는 대리권이 있는 것은 아니다(94다59042).

판례 152 | 대법원 1997. 9. 30. 선고 97다23372 판결 [보증채무금]

통상 사채알선업자가 전주를 위하여 금전소비대차계약과 그 담보를 위한 담보권설정계약을 체결할 대리권을 수여받은 것으로 인정되는 경우라 하더라도 특별한 사정이 없는 한 일단 금전소비대차계약과 그 담보를 위한 담보권설정계약이 체결된 후에 이를 해제할 권한까지 당연히 가지고 있다고 볼 수는 없다.

3.3. 민법 제118조

사례 27

A는 C에게 자신의 땅에 대한 관리를 맡겼는데, 홍수로 이 땅이 지저분해지자 C는 청소업자 B를 불러 오염물질을 제거시켰다. B는 A에게 보수를 달라고 할 수 있는가?
C가 D에게 이 땅을 임대해 주었다면, A는 D에게 나가라고 할 수 있는가? 만약 C가 D에게 그 땅에서 건물을 지을 수 있도록 했다면, A는 그 건물의 철거를 요구할 수 있는가?

제118조(대리권의 범위) 권한을 정하지 아니한 대리인은 다음 각호의 행위만을 할 수 있다.
1. 보존행위
2. 대리의 목적인 물건이나 권리의 성질을 변하지 아니하는 범위에서 그 이용 또는 개량하는 행위

[286]   본조는 수권행위의 해석에 관한 보충규정이며(통설), 대리권의 범위가 명백하거나 표현대리가 성립하는 경우에는 적용되지 않는다(64다968).

(1) 보존행위(제118조 1호)

[287]   보존행위란 재산의 가치를 유지·보전하는 데 필요한 일체의 행위를 말한다. 예를 들어 '주택의 수선', '권리의 소멸시효를 중단하는 행위', '미등기부동산의 등기를 하는 행위', '부패하기 쉬운 물건의 매각' 그리고 '기한이 도래한 채무의 변제' 등이 이에 해당한다.

(2) 이용 또는 개량행위(제118조 2호)

[288]   이용행위는 물건이나 권리를 사용·수익하는 행위로서, '물건의 임대', '금전을

이자부로 대여하는 행위' 등이며, 개량행위는 대리의 목적인 물건이나 권리의 가치를 증가시키는 행위로서, '이자 없는 채권을 이자부 채권으로 하는 행위'가 그 예이다. 이용행위와 개량행위는 대리의 목적인 물건이나 권리의 성질이 변하지 않는 범위 내에서만 할 수 있다.

위 사례에서는 땅의 관리만 약속되었고, 대리권의 범위에 대해 약정이 없으므로 제118조에 따라 대리권의 유무를 판단해야 한다. 오염물질 제거는 보존행위이므로 C에게 대리권이 있고, A는 B에게 보수를 지불해야 한다. C가 D에게 땅을 임대해 준 것이 물건이나 권리의 성질을 변하지 않는 범위에서의 이용행위라면(가령, 토지의 현상을 유지한 상태에서의 단기 임대차) C가 할 수 있고, 이때는 A가 D에게 나가라고 할 수 없다. 그러나 건물을 짓는 것은 명백히 '성질을 변하게 하는' 것이므로 C에게 대리권이 없고, A는 D에게 이 건물을 철거하라고 할 수 있다. [289]

4. 대리권의 제한

4.1. 자기계약 및 쌍방대리의 금지

사례 28

A는 B에게 적당한 땅이 있으면 사라고 대리권을 주었는데, B는 자신의 땅을 A에게 파는 계약을 체결했다. 이 매매계약은 유효한가?

사례 29

A는 B에게 적당한 땅이 있으면 사라고 대리권을 주었고, C는 B에게 자신의 땅 X를 적당한 가격에 팔아달라고 대리권을 주었는데, B는 A와 C 사이에 X 땅에 대한 매매계약을 체결했다. 이 매매계약은 유효한가?

제124조(자기계약, 쌍방대리) 대리인은 본인의 허락이 없으면 본인을 위하여 자기와 법률행위를 하거나 동일한 법률행위에 관하여 당사자 쌍방을 대리하지 못한다. 그러나 채무의 이행은 할 수 있다.

(1) 의의

자기계약은 대리인이 본인과 대리인 사이의 법률행위를 하는 것이며, 쌍방대리는 대리인이 본인과 상대방을 동시에 대리하여 본인과 상대방 사이의 법률행위를 하는 것을 말한다. 대리인이 본인이나(자기계약의 경우) 한쪽 본인의(쌍방대리의 경우) 이익을 해할 염려가 있으므로 자기계약 및 쌍방대리는 원칙적으로 금지된다. [290]

(2) 예외

[291] 대리되는 자(본인)가 허락하는 경우에는 유효하다(제124조 2문). '특정한 법률행위에 관하여 본인의 승낙이 있으면 당사자 쌍방을 대리할 수 있다(69다571).

'채무의 이행'의 경우에는 자기계약과 쌍방대리가 허용된다(제124조 단서). 이러한 행위는 이미 확정되어 있는 법률관계를 결제하는 것에 지나지 않으므로 당사자 간에 새로운 이해관계를 만들지 않고 본인의 이익을 부당하게 해하지 않기 때문이다. 그러나 '다툼이 있는 채무의 이행', '기한미도래의 채무의 변제' 등은 허용되지 않는다(통설).

(3) 효력

> **판례 153** | **대법원 1997. 7. 8. 선고 97다12273 판결 [손해배상(기)]**
>
> 사채를 얻은 쪽이나 놓은 쪽 모두 상대방이 누구인지 모른 채, 또한 상대방이 누구인지 상관하지 아니하고 사채알선업자를 신뢰하여 그로 하여금 사채를 얻는 쪽과 놓는 쪽 쌍방을 대리하여 금전 소비대차계약과 담보권설정계약을 체결하도록 하는 방식으로 사채알선업을 하는 경우, 그 사채알선업자는 소비대차계약의 체결에 있어서 대주에 대하여는 차주의 대리인 역할을 하고, 반대로 차주에 대하여는 대주의 대리인 역할을 하게 되는 것이고, 대주로부터 소비대차계약을 체결할 대리권을 수여받은 대리인은 특별한 사정이 없는 한 그 소비대차계약에서 정한 바에 따라 차주로부터 변제를 수령할 권한도 있다고 봄이 상당하므로 차주가 그 사채알선업자에게 하는 변제는 유효하다

[292] 제124조에 위반한 대리행위는 무권대리행위이다. 따라서 추인(제130조)에 의해 유효하게 될 수도 있다.

4.2. 공동대리

제119조(각자대리) 대리인이 수인인 때에는 각자가 본인을 대리한다. 그러나 법률 또는 수권 행위에 다른 정한 바가 있는 때에는 그러하지 아니하다.

[293] 대리인이 수인일 때에는 '각자대리의 원칙'이 적용된다. 즉, 공동대리가 아니고 각자가 본인을 대리한다(제119조 본문). 그러나 수권행위에서 공동으로만 본인을 대리하도록 정할 수도 있다(제119조 단서). 이 경우에는 일부의 대리인이 참여하지 않은 대리행위는 '권한을 넘은 무권대리'로서 본인에게 효력이 귀속되지 않는다. 다만 대리행위를 위한 의사결정에 전원이 일치했다면 그 실행행위는 일부대리인이 해도 된다. 수동대리에 있어서는 상대방의 보호와 거래의 편의를 위하여 각 대리인이 단독으로 수령할 권한이 있다는 것이 다수의견이다. 단순히 의사표시를 수령하는 데 지나지

않는 경우에는 본인에게 불이익을 줄 염려가 없기 때문이다.

5. 대리권의 소멸

민법은 법정대리권의 소멸에 관해서는 개별적으로 규정하고 있다. 여기서는 임 [294]
의대리권과 법정대리권에 공통된 소멸원인(제127조)과 임의대리권의 특유한 소멸원
인(제128조)만을 설명한다.

5.1. 공통의 소멸원인

제127조(대리권의 소멸사유) 대리권은 다음 각 호의 어느 하나에 해당하는 사유가 있으면 소
멸된다.
1. 본인의 사망
2. 대리인의 사망, 성년후견의 개시 또는 파산

(1) 본인의 사망(제127조 1호)

본인이 사망하면 대리인의 대리권은 소멸한다. 따라서 상속인에 대한 대리인이 [295]
되는 것은 아니다. 그러나 본인이 사망하더라도 대리권이 소멸하지 않는 것으로 약
정하는 것은 허용된다(예 집안 일을 맡아하는 변호사 등). 그러나 상속인의 합리적 의사
에 반하는 특약은 허용되지 않는다. 소송대리의 경우에는 본인의 사망으로 대리권이
소멸하지 않는다.

위임계약의 당사자 일방이 사망한 경우(이때는 원칙적으로 위임이 종료된다)에도
긴박한 사정이 있으면 수임인은 위임인의 상속인 또는 법정대리인이 위임사무를 처
리할 수 있을 때까지 그 사무처리를 계속해야 하고, 이 경우에는 위임이 존속하는
것으로 간주된다(제691조). 따라서 본인이 사망한 경우에도 위임이 존속하는 것으로
간주되는 범위 내에서는 대리권은 존속한다고 해석된다(통설).

(2) 대리인의 사망(제127조 2호)

대리인이 사망하면 대리권은 소멸한다. 다만 특약이 있거나, 특수한 사정이 있 [296]
으면 그렇지 않다(상속인에게 상속, 다수설).

(3) 대리인의 성년후견의 개시 또는 파산(제127조 2호)

피성년후견인도 의사능력이 있는 한 임의대리인이 될 수 있고(제117조), 파산자 [297]
도 대리인으로 될 수 있으나, 대리인으로 선임된 후에 이러한 사정이 생기면 대리권
이 자동적으로 소멸된다.

5.2. 임의대리권에 특유한 소멸원인

> 제128조(임의대리의 종료) 법률행위에 의하여 수여된 대리권은 전조의 경우외에 그 원인된 법률관계의 종료에 의하여 소멸한다. 법률관계의 종료전에 본인이 수권행위를 철회한 경우에도 같다.

(1) 원인된 법률관계의 종료

[298]   임의대리권은 대리권 수여의 원인이 된 법률관계가 종료하면 소멸한다(제128조 1문). 이 규정은 임의규정이므로 특약에 의하여 대리권의 존속만을 약정할 수 있다.

(2) 수권행위의 철회

[299]   대리권의 원인이 된 법률관계의 종료 전에 본인이 수권행위를 철회한 경우에도 임의대리권은 소멸한다(제128조 2문; ⓔ 수임인에게 적당한 토지의 매수를 의뢰했다가, 매수할 토지를 알아보기만 하고 계약체결은 하지 말라고 하는 경우). 다만 원인된 법률관계의 종료 전에는 수권행위를 철회할 수 없도록 하는 특약은 유효하다. 철회의 의사표시는 대리인이나 거래 상대방에게 할 수 있다(다수설).

(3) 본인의 파산

[300]   본인이 파산하면 대리권이 소멸된다. 다만 본인의 파산이 그 자체로 대리권을 소멸시키는지 아니면 위임관계가 종료되어(제690조) 그런 것인지에 대하여는 견해가 갈린다. 「채무자 회생 및 파산에 관한 법률」 제342조[46]와 제473조 6호[47]는 본인의 파산시에 이를 모르고 수임사무를 처리한 수임인에게 일정한 보호를 하고 있다. 이는 위임관계 및 대리권의 소멸을 전제로 한 조항이라 할 것이다.

Ⅲ. 대리행위

1. 의의

[301]   대리행위란 대리인이 해당 법률행위를 자신이 아닌 본인을 위해서 한다는 의사

---

46 채무자 회생 및 파산에 관한 법률 제342조(위임계약) 위임자가 파산선고를 받은 경우 수임자가 파산선고의 통지를 받지 아니하고 파산선고의 사실도 알지 못하고 위임사무를 처리한 때에는 이로 인하여 파산선고를 받은 자에게 생긴 채권에 관하여 수임자는 파산채권자로서 그 권리를 행사할 수 있다.
47 채무자 회생 및 파산에 관한 법률 제473조(재단채권의 범위) 다음 각호의 어느 하나에 해당하는 청구권은 재단채권으로 한다. 6. 위임의 종료 또는 대리권의 소멸 후에 긴급한 필요에 의하여 한 행위로 인하여 파산재단에 대하여 생긴 청구권

(대리의사)를 표시(현명)하면서 하는 법률행위를 말한다. 대리권이 있더라도 대리의사와 현명이 없는 경우에는 대리의 문제가 발생하지 않는다. 대리행위와 관련해서는 ① 현명은 어느 정도까지여야 하는지, ② 의사의 흠결이나 의사표시의 하자 등을 판단할 때 대리인과 본인 중 누구를 기준으로 할 것인지(대리행위의 하자), ③ 대리인은 행위능력이 없어도 대리행위를 할 수 있는지(대리인의 행위능력)의 여부가 문제된다.

2. 현명주의

사례 30

A가 소유한 집합건물에 대해 분양업무를 위임받은 C는 다른 사람과의 분양계약에서는 '분양인 A, 대리인 C'라고 적었으면서도 B와의 거래에서는 분양인 C라고만 적었다. B는 A에 대해 소유권이전을 요구할 수 있는가? (2007다14759 참조)

> 제114조(대리행위의 효력) ① 대리인이 그 권한내에서 본인을 위한 것임을 표시한 의사표시는 직접 본인에게 대하여 효력이 생긴다.
> ② 전항의 규정은 대리인에게 대한 제삼자의 의사표시에 준용한다.

2.1. 의의

대리인은 대리행위를 함에 있어서 그 행위가 본인을 위한 것임을 표시해야 한다 (제114조 1항). 즉, 대리인이 '본인의 이름으로'(현명) 법률행위를 해야 한다. 이는 그 행위의 법률적 효과를 본인에게 귀속시키려고 하는 의사인 대리의사를 표시해야 한다는 의미이다. [302]

판례 154 | 대법원 2008. 5. 15. 선고 2007다14759 판결 [소유권이전등기]

• 요약: 건물의 도급인인 피고(재건축조합)가 공사대금의 지급에 갈음하여 수급인에게 건물을 분양한 후 분양대금을 받을 수 있게 했다. 수급인은 원고(수분양자)와 분양계약을 체결했다. 수급인은 다른 수분양자와 사이의 분양계약에서는 피고조합의 이름을 넣고 직인을 날인했음에도 원고와의 계약서에는 수급인의 이름만을 넣었다. 이후 해당 건물이 다른 사람에게 이미 분양된 것을 확인한 원고는 피고를 상대로 소송을 제기했다. 법원은 피고가 계약의 당사자가 아니라면서 원고의 청구를 기각했다.

• 근거: 수급인이 도급인의 대리인으로서 건물을 분양하면서 대리관계의 표시를 하지 아니한 채 수급인 명의로 된 분양계약서를 작성하였고, 그 밖에 명시적 또는 묵시적으로 도급인을 위한 것임을 전혀 표시하지 아니하였으며, 상대방도 분양권자가 수급인이라고 인식하는 등 건물의 분양을 둘러싼 여러 사정에 비추어 보더라도 수급인이 대리인으로서 분양한 것임을 상대방이 알 수 없었을 경우에는 민법 제115조의 규정에 의하여 분양의 효력이 도급인에게 미치지

아니하는 것이다.

- 정리: 대리인(수급인)이 대리행위임을 표시하지 않았고, 상대방(원고)도 이를 몰랐기 때문에 계약의 당사자가 본인(피고)이 아니라 대리인으로 정해졌고, 따라서 대리로 인정되지 않았다. 이는 대리권이 있다하더라도 마찬가지이다.

2.2. 현명의 방식

[303]   현명의 방식에는 제한이 없다. 구술에 의해서도 가능하다. 현명한다는 것은 법률행위의 타인성을 표시하는 것이므로 반드시 '본인의 이름'을 밝혀야 하는 것은 아니다. 즉 현명을 통해서 대리인의 법률행위가 타인(본인)을 위하여 하는 행위임이 나타나면 충분하다.

2.3. 현명하지 않은 대리행위의 효력

사례 31

A는 C에게 자신이 소유한 X 부동산의 매도에 대한 대리권을 주었고, C는 이를 B에게 매도하는 계약을 체결하였다. 계약체결 당시 C가 B에게 A의 위임장은 보여주었으나 계약서의 매도인란에는 A의 이름이 아니라 C 자신의 이름만 기재하였다. 매도인은 A인가 C인가? (81다1349 참조)

> 제115조(본인을 위한 것임을 표시하지 아니한 행위) 대리인이 본인을 위한 것임을 표시하지 아니한 때에는 그 의사표시는 자기를 위한 것으로 본다. 그러나 상대방이 대리인으로서 한 것임을 알았거나 알 수 있었을 때에는 전조 제1항의 규정을 준용한다.

[304]   대리인이 본인을 위한 것임을 표시하지 않고 의사표시를 한 경우에 그 의사표시는 대리인 자신을 위한 것으로 본다(제115조 본문). 따라서 대리인이 법률관계의 당사자로 간주되므로 자신을 위하여 법률행위를 할 의사가 없었다는 이유로 착오를 주장할 수 없다(통설). 다만 현명은 반드시 명시적이어야 하는 것은 아니고 묵시적이어도 상관없다. 가령 매도인 측의 대리인이 매매위임장을 제시하고 매매계약을 체결했다면, 매매계약서에 대리관계의 표시없이 자신의 이름을 기재했더라도 무방하다(81다 1349; 81다카1209). 그리고 위 조문은 상대방을 보호하려는 것이므로, 대리인으로서 행위한 것임을 상대방이 알았거나 알 수 있었을 때에는 현명이 없더라도 본인에게 효력이 미친다(제115조 단서).

[305]   *판례일반론

"대리에 있어 본인을 위한 것임을 표시하는 이른바 현명은 반드시 명시적으로만 할 필요는 없고 묵시적으로도 할 수 있는 것이고, 나아가 현명을 하지 아니한 경우라도 여러 사정에 비추어 대리인으로서 행위한 것임을 상대방이 알았거나 알 수 있었을 때에는 민법 제115조 단서의 규정에 의하여 본인에게 효력이 미치는 것이다"(2003다43490 등 다수).

판례 155 ┃ 서울민사지방법원 1987. 6. 11. 선고 87가합653 판결 : 확정 [대여금청구사건]

은행의 대출사업책임자인 지점장이 A회사의 경리부장 개인명의로 대출을 하여줌에 있어서, 대출금이 실질적으로는 A회사의 사업자금으로 사용되는 것이고 경리부장은 다만 대출의 편의를 위하여 그 명의를 빌려준다는 사실을 알고 있으면서 경리부장 개인명의로 대출을 하여 준 후 그 대출금을 A회사의 어음결제자금으로 사용하도록 한 경우에는 대출의 경제적인 이득은 물론 대출관계의 법률적 효과까지도 A회사에게 귀속시킬 의사로 대출할 것이므로, 은행은 경리부장 개인에 대하여는 위 대출금의 변제를 구할 수 없다.

2.4. 마치 본인인 것처럼 행위하는 경우

대리인이 마치 자신이 본인인 것처럼 하면서 본인의 이름으로 법률행위를 한 [306] 경우에 현명이 된 것인지(대리행위인 것인지)가 문제된다. 현명이 인정되면 본인이 계약당사자가 되고, 현명이 부정되면 대리인이 계약당사자가 된다. 이는 행위자(대리인)와 명의자(본인) 중 누구를 계약의 당사자로 볼 것인가의 문제에 해당한다. 법원은 행위자와 상대방 사이에 의사가 합치되면 그에 따르고, 그렇지 않다면 합리적 상대방의 관점에서 누가 계약당사자로 보이는지에 따라 정한다. 거래의 개인성이 크지 않고 명의자에게 책임이 돌아가는 것이 중요하다면, 상대방은 명의자를 계약당사자로 생각할 것이다. 이때는 명의자(본인)가 계약당사자가 되고, 효력의 유무는 행위자에게 대리권이 있었는지에 의해 정해진다. 그렇지 않고 개인성이 중요하다면 행위자를 계약당사자로 생각할 것이다. 이때는 행위자가 계약당사자로 된다. 가령, 대리인을 통해 근저당권을 설정해주는 경우에는, 부동산의 소유자는 명의자이므로 상대방 입장에서는 명의자를 계약당사자로 생각할 것이다. 반면 임대차계약의 경우 임대인으로서는 앞에 있는 행위자를 임차인이라고 생각할 것이다.

판례 156 ┃ 대법원 1987. 6. 23. 선고 86다카1411 판결 [근저당권설정등기말소]

갑(본인)이 부동산을 농업협동조합중앙회(상대방)에 담보로 제공함에 있어 동업자인 을(대리인)에게 그에 관한 대리권을 주었다면 을이 동 중앙회와의 사이에 그 부동산에 관하여 근저당권설정계약을 체결함에 있어 그 피담보채무를 동업관계의 채무로 특정하지 아니하고 또 대리관계를 표시함이 없이 마치 자신이 갑 본인인 양 행세하였다 하더라도 위 근저당권설정계약은 대리인인 위 을이 그의 권한범위 안에서 한 것인 이상 그 효력은 본인인 갑에게 미친다.

• 정리: 갑의 대리인인 을이 마치 자기가 갑인 것처럼 행세하여 갑의 이름으로 병(임대인)과 임대차계약을 체결하였다. 갑이 임대인 병을 상대로 임차보증금의 반환을 청구하자 법원은 갑이 계약당사자가 아니라면서 이 청구를 기각하였다.

3. 대리행위의 하자

> 제116조(대리행위의 하자) ① 의사표시의 효력이 의사의 흠결, 사기, 강박 또는 어느 사정을 알았거나 과실로 알지 못한 것으로 인하여 영향을 받을 경우에 그 사실의 유무는 대리인을 표준하여 결정한다.
> ② 특정한 법률행위를 위임한 경우에 대리인이 본인의 지시에 좇아 그 행위를 한 때에는 본인은 자기가 안 사정 또는 과실로 인하여 알지 못한 사정에 관하여 대리인의 부지를 주장하지 못한다.

3.1. 의의

[307]   대리행위의 하자에 관하여는 민법 제116조가 적용되므로 대리인을 표준으로 하여 결정한다. 이 규정은 임의대리뿐만 아니라 법정대리에 관해서도 적용된다.

대리인이 본인을 대리하여 매매계약을 체결함에 있어서 매매대상 토지에 관한 그간의 사정을 잘 알고 그 배임행위에 가담하였다면, 대리행위의 하자 유무는 대리인을 표준으로 판단하여야 하므로, 설사 본인이 미리 그러한 사정을 몰랐거나 반사회성을 야기한 것이 아니라고 할지라도 그로 인하여 매매계약이 가지는 사회질서에 반한다는 장애사유가 부정되는 것은 아니다.

3.2. 구체적 예

[308]   비진의표시에서 의사와 표시의 불일치 여부는 대리인을 기준으로 판단한다. 허위표시에서는 대리인만이 아니라 본인도 의사와 표시가 불일치하면 무효이다. 즉, 본인 모르게 대리인과 상대방 사이에 통정이 있어도 무효이고, 본인과 상대방 사이에는 통정이 있지만 대리인은 이를 몰랐던 경우도 무효이다. 대리인의 의사와 표시가 불일치한 경우에 본인은 선의의 제3자에 해당하지 않는다.

[309]   착오가 있는지, 표의자에게 중대한 과실이 있는지 여부는 대리인을 기준으로 판단한다. 이 경우에도 취소권은 본인에게 있지만 대리인은 이를 대리행사할 수 있다.

판례 159 | 대법원 1996. 2. 13. 선고 95다41406 판결 [계약금반환등]

• 사실관계: 피고와 소외 1, 2는 순천시로부터 7억8천만원에 택지분양을 받았으며, 지연배
상금은 연 19%로 하기로 했다. 피고 측은 매매대금 중 1억3천여만원은 지불하지 않고 있
다. 이러한 상황에서 원고는 소외 1을 대리인으로 하여 피고의 지분을 매수하고, 피고가
순천시에 이미 지불한 금액은 피고에게 지불하고, 나머지 금액은 직접 순천시에 지불하기
로 했다. 원고는 순천시에 매매대금과 공과금을 지불하는 과정에서 1억4천여만원의 지연
손해금이 있고, 자신의 부담부분이 2천8백만원에 달한다는 것을 알았다. 이에 원고는 기
망행위를 이유로 계약을 취소하고 계약금의 반환을 청구했다.

• 법원의 판단: 원심은 중요부분의 착오를 이유로 원고의 청구를 인정했다. 그러나 대법원은
원심을 파기했고, 그 이유로 다음의 사항도 제시하고 있다.[48]

매수인이 대리인을 통하여 분양택지 매수지분의 매매계약을 체결한 경우, 대리행위의 하자의
유무는 대리인을 표준으로 판단하여야 하므로, 대리인이 매매계약에 있어서 그 계약 내용, 잔
금의 지급 기일, 그 지급 여부 및 연체 지연손해금 액수에 관하여 잘 알고 있었다고 인정되는
때에는, 설사 매수인이 연체 지연손해금 여부 및 그 액수에 관하여 모른 채로 대리인에게 대리
권을 수여하여 매도인과의 사이에 그 매매계약을 체결하였다고 하더라도, 매수인으로서는 그
자신의 착오를 이유로 매도인과의 매매계약을 취소할 수는 없다.

대리인이 상대방으로부터 사기나 강박을 당했을 경우에는 이를 취소할 수 있다. [310]
대리인이 사기나 강박을 당하지 않는 한 본인이 사기나 강박을 당했더라도 본인은
대리행위를 취소할 수 없다는 것이 다수설이다(대리인이 아니라 사자인 경우에는 본인이
사기나 강박을 당했으면 취소할 수 있다). 판례는 불확실하다.

3.3. 본인이 알았거나 알 수 있었던 사정

의사표시의 효력이 어느 사정을 알았거나 과실로 알지 못한 사실에 의하여 영향 [311]
을 받을 경우에는 법률행위를 한 대리인을 기준으로 하여 이 사실의 유무를 판단해
야 한다(제116조 1항). 그러나 대리인이 본인의 지시에 좇아 법률행위를 했다면, 본인
은 자기가 안 사정 또는 과실로 알지 못한 사정에 관한 대리인의 '지' 및 '과실에 의한
부지'를 제116조 1항에 따라 주장할 수 없다(제116조 2항). 본인이 이에 대한 대책을
취하지 않은 잘못이 있기 때문이다.

4. 대리인의 능력

제117조(대리인의 행위능력) 대리인은 행위능력자임을 요하지 아니한다.

---

48 대법원은 원고의 착오 자체에 대하여도 의문을 제기하였다.

[312]　　　　대리행위를 함에 있어서 대리인에게 의사능력은 있어야 하지만 대리인이 행위 능력자는 아니어도 된다. 따라서 대리인이 제한능력자라는 이유로 대리행위를 취소할 수 없다. 제117조는 수동대리에도 적용된다.

[313]　　　　민법에는 본인을 보호하기 위하여 제한능력자가 법정대리인이 되는 것을 금하는 규정이 있는데(후견인의 결격사유로서의 제한능력자: 제937조), 이런 특별규정이 없는 법정대리에는 제117조를 적용할 수 있다는 견해와 부정하는 견해로 나뉜다.

[314]　　　　대리인이 제한능력자라는 것은 본인과 상대방과의 관계에는 아무런 영향을 미치지 않지만, 본인과 대리인 사이의 관계에는 영향을 미친다. 기초관계가 제한능력을 이유로 취소될 수 있기 때문이다. 기초관계가 취소되면 수권행위도 무효로 된다. 다만, 대리인의 제한능력을 이유로 취소되더라도 대리권은 장래에 향하여 소멸한다고 해야 할 것이다. 그렇지 않다면 제117조의 규정취지가 무색해지기 때문이다.

Ⅳ. 대리의 효과

[315]　　　　대리권이 있는 자가 그 권한의 범위 내에서 본인을 위한 것임을 표시하고 대리행위를 할 경우에 그 효과는 직접 본인에게 생긴다(제114조). 불법행위와 사실행위의 효과는 본인에게 발생하지 않고 대리인에게 발생한다. 대리는 '법률행위'에 대한 대리를 말하는 것이기 때문이다.

Ⅴ. 특수문제: 대리권의 남용

사례 32

A은행의 지점장 C는 고객 B에게 고금리상품이라고 하면서 4억원을 받았는데, 이러한 상품은 은행거래상 통상적이지 않은 것이었다. 그런데 C는 위 대금을 실제로는 은행계좌에 예금시키지 않고 수기식 통장만 허위로 만들어 B에게 교부한 후, 위 금액은 자신의 주식투자대금으로 사용했다. 이때 B는 A은행으로부터 4억원을 받을 수 있는가?

• 논점: 1. A와 B 사이의 은행거래계약은 유효하게 체결되었는가?
　　　　2. C의 행위에 대해서 A는 어떠한 책임을 져야 하는가?

[316]　　　　대리인이 외형적·형식적으로는 대리권의 범위 내에서 한 행위이지만 본인의 이익을 위해서가 아니라 자기의 이익을 꾀하기 위하여 대리행위를 하는 등 본인과 대리인 사이의 내부적 기초관계에 위반하여 대리행위를 한 경우(대리권의 남용)에 본인이

이에 대해 책임을 져야 하는가의 문제가 생긴다.

위 사례에서 C의 유권대리가 인정되면 A는 B에게 자신은 받은 적도 없는 예금 [317]
을 돌려줘야 한다. 이에 반해 무권대리가 되면 B는 A에게는 반환을 청구할 수 없다.
이때 C는 A의 직원이므로 A도 일정부분 불이익을 부담해야 하고, B는 거래에 통상
적이지 않은 예금계약을 체결했으므로 B도 일정부분 불이익을 부담해야 있다. 이에
따라 학설과 판례는 이러한 상황에서 당사자들의 이익을 적절히 고려한 해결책을 제
시하고 있다.49

판례의 기본적인 입장은 대리인이 사익을 얻고자 권한을 남용해서 배임행위를 한
경우에도 대리의사(본인에게 법률효과가 돌아가게 하려는 의사)는 있으므로, 그 행위는 대
리행위로서 유효하게 성립하며, 다만 대리인의 배임의사를 상대방이 알았거나 알 수
있었을 때에는 제107조 1항 단서의 취지를 유추적용하여 대리행위의 효력을 부정하는
것이다(**민법 제107조 1항 단서 유추적용설**). 이와 달리 원칙적으로 본인이 대리인의 배임
행위에 따른 위험을 부담하되 상대방에게 악의·중과실이 있어 상대방의 권리행사가
신의칙에 반하는 경우는 예외라는 견해도 있다(소위 권리남용설, 신의칙설, 법원은 대표권
남용에서 이러한 이론을 취한 바 있다). 또한 대리권에는 본인의 이익을 위해 행사해야
한다는 내재적 제한이 있으므로, 대리권남용의 행위는 무권대리이고 다만 표현대리의
법리를 유추적용할 수 있다는 견해도 있다(대리권남용설, 무권대리설, 대리권부인설).

| 판례 160 | 대법원 1987. 11. 10. 선고 86다카371 판결 [정기예금] |

민법 제107조 제1항에서 규정하고 있는 진의 아닌 의사표시가 대리인에 의하여 이루어지고,
그 대리인의 진의가 본인의 이익이나 의사에 반하여 자기 또는 제3자의 이익을 위한 배임적인
것임을 그 상대방이 알았거나 알 수 있었을 경우에는 동항 단서의 유추해석상 그 대리인의 행
위는 본인의 행위로 성립할 수 없으므로 본인은 대리인의 행위에 대하여 아무런 책임이 없다
할 것이며, 이때에 그 상대방이 대리인의 표시의사가 진의 아님을 알았거나 알 수 있었는가의
여부는 표의자인 대리인과 상대방 사이에 있었던 의사표시의 형성과정과 그 내용 및 그로 인하
여 나타나는 효과 등을 객관적 사정에 따라 합리적으로 판단하여야 한다. … 예금계약에 은행
의 정규예금 금리보다 훨씬 높은 이자가 정기적으로 지급되고 특정 지점에서만 이러한 예금이
가능할 뿐더러 예금을 할 때 암호가 사용되어야 하며, 예금거래신청서의 금액란도 빈칸으로 한
채 통상의 방법이 아닌 수기식통장이 교부되었다면 적어도 예금자는 대리인의 표시의사가 진의
가 아닌 것을 알았다고는 할 수 없을지라도 적어도 통상의 주의만 기울였던들 이를 알 수 있었
다고 할 것이다.

---

49 사례 32와 이에 대한 본문 설명은 2006년 강의안이 처음 완성될 때부터 있던 내용이다.

Ⅵ. 복대리

제120조(임의대리인의 복임권) 대리권이 법률행위에 의하여 부여된 경우에는 대리인은 본인의 승낙이 있거나 부득이한 사유있는 때가 아니면 복대리인을 선임하지 못한다.
제121조(임의대리인의 복대리인선임의 책임) ① 전조의 규정에 의하여 대리인이 복대리인을 선임한 때에는 본인에게 대하여 그 선임감독에 관한 책임이 있다.
② 대리인이 본인의 지명에 의하여 복대리인을 선임한 경우에는 그 부적임 또는 불성실함을 알고 본인에게 대한 통지나 그 해임을 태만한 때가 아니면 책임이 없다.
제122조(법정대리인의 복임권과 그 책임) 법정대리인은 그 책임으로 복대리인을 선임할 수 있다. 그러나 부득이한 사유로 인한 때에는 전조제1항에 정한 책임만이 있다.
제123조(복대리인의 권한) ① 복대리인은 그 권한내에서 본인을 대리한다.
② 복대리인은 본인이나 제삼자에 대하여 대리인과 동일한 권리의무가 있다.

1. 의의

[318]   대리인이 본인의 대리인을 선임하는 경우를 복대리라고 한다. 복대리인은 대리인이 자신의 권한에 따라 선임하지만 본인을 대리한다. 복대리인의 선임행위를 '복임행위'라고 한다. 대리인이 자신의 대리인을 선임하는 것은 아니며, 자신의 대리권을 양도하는 것도 아니다. 복대리인 선임 이후에도 대리인의 대리권은 그대로 유지된다. 복임행위가 인정되는 것과 마찬가지의 기준으로 복복임행위도 허용된다.

2. 대리인의 복임권과 그 책임

[319]   대리인의 복임권은 임의대리인지 법정대리인지에 따라 달라진다.

(1) 임의대리

[320]   임의대리인은 본인의 승낙이나 부득이한 사유가 존재하는 경우에 한하여 '제한적으로' 복대리인을 선임할 수 있다(제120조). 그러나 판례는 본인의 묵시적 승낙을 폭넓게 인정한다. 가령 대리인 자신에 의해 처리할 필요가 없는 사무의 경우에는 다른 의사표시가 없다면 복대리인의 선임에 관하여 묵시적인 승낙이 있는 것으로 본다(94다30690). 이러한 판례의 입장은 실질적으로는 위임사무의 객관적 성질에 따라 복임권 여부를 판단하는 것이라고 할 수 있다.

*본인의 승낙을 인정한 사례

| 판례 161 | 대법원 1993. 8. 27. 선고 93다21156 판결 [근저당권설정등기말소] |

갑이 채권자를 특정하지 아니한 채 부동산을 담보로 제공하여 금원을 차용해 줄 것을 을에게 위임하였고, 을은 이를 다시 병에게 위임하였으며, 병은 정에게 위 부동산을 담보로 제공하고 금원을 차용하여 을에게 교부하였다면, 을에게 위 사무를 위임한 갑의 의사에는 '복대리인 선임에 관한 승낙'이 포함되어 있다고 봄이 상당하다.

| 판례 162 | 대법원 1996. 2. 9. 선고 95다10549 판결 [근저당권설정등기말소] |

아버지가 아들의 채무에 대한 담보 제공을 위하여 아들에게 인감도장과 인감 증명서를 교부한 사안에서, 아들에게 복임권을 포함하여 채무 담보를 위한 일체의 대리권을 부여한 것이라고 보아, 그 아들로부터 다시 그 인감도장과 인감증명서를 교부받은 제3자가 이를 이용하여 타인에게 설정하여 준 근저당권설정등기가 유효하다고 본 사례.

* 복임권을 부인한 사례

| 판례 163 | 대법원 1999. 9. 3. 선고 97다56099 판결 [소유권이전등기] |

임의대리인은 본인의 승낙이 있거나 부득이한 사유가 있지 아니하면 복대리인을 선임할 수 없는 것인바, 아파트 분양업무는 그 성질상 분양 위임을 받은 수임인의 능력에 따라 그 분양사업의 성공 여부가 결정되는 사무로서, 본인의 명시적인 승낙 없이는 복대리인의 선임이 허용되지 아니하는 경우로 보아야 한다.

임의대리에서는 복대리인의 선임에 본인의 승낙이나 부득이한 사정이라는 요건 [321]
이 있다는 점에서, 대리인의 책임은 복대리인의 선임·감독에 관하여 '과실이 있는 경우에' 한한다(제121조 1항). 더 나아가 본인의 지명에 의하여 복대리인을 선임한 경우에는 그 부적임 또는 불성실함을 알고도 본인에 대한 통지나 해임을 해태한 때에 한하여 책임을 진다(제121조 2항).

(2) 법정대리

법정대리인은 '언제나' 복대리인을 선임할 수 있으나, 복대리인의 행위에 관하 [322]
여 선임·감독상의 '과실유무에 관계없이' 모든 책임을 진다(제122조 본문). 그러나 부득이한 사유로 복대리인을 선임한 경우에는 복대리인의 선임·감독에 과실이 있는 경우에 한하여 책임을 진다(제122조 단서, 제121조 1항).

3. 복대리의 내용

복대리인은 본인이나 제3자에 대하여 대리인과 동일한 권리·의무가 있다(제 [323]

123조 2항). 복대리권은 대리권을 초과할 수 없다. 복대리인은 대리인에 익하여 선임된 자이므로 대리인의 감독을 받는다.

4. 복대리권의 소멸

[324]   복대리권은 대리권의 일반적인 소멸원인(제127조), 대리인과 복대리인 사이의 기초적 법률관계의 종료(제128조 1문), 본인이나 대리인의 수권행위의 철회(제128조 2문)에 의해서 소멸한다.

    또한 복대리권은 대리인의 대리권을 전제로 하기 때문에 대리권이 소멸하면 복대리권도 소멸한다.

VII. 무권대리

사례 33

A와 C는 그들의 아버지로부터 X 부동산을 공동으로 상속받았다. C는 A 명의의 위임장을 위조하여 자신이 A의 대리인인 것처럼 하면서 A의 1/2 지분을 B에게 매도하고, 자신의 1/2 지분도 B에게 매도하여 X 부동산의 소유권 전부에 대해 B에게 소유권이전등기를 경료해주었다.
– A는 B에게 자신의 지분에 해당하는 등기의 말소를 청구할 수 있는가?
– 위의 소송에서 A가 승소하면 B는 C에게 어떠한 요구를 할 수 있는가?
– A가 C로부터 매매대금의 일부를 건네받은 경우에는 어떻게 되는가?
– A가 C를 고소했다가 이를 취하한 경우에는 어떻게 되는가?
– A가 사망하여 유일한 상속인인 C가 A의 지위를 승계했다면 어떻게 되는가? 그 반대의 경우는?

1. 의의

제130조(무권대리) 대리권 없는 자가 타인의 대리인으로 한 계약은 본인이 이를 추인하지 아니하면 본인에 대하여 효력이 없다.

[325]   대리권 없이 타인의 이름으로 의사표시를 하거나 이를 수령하는 행위를 '무권대리'라고 한다. 무권대리는 대리권이 없이 이루어진 행위이므로 본인의 추인이 없는 한 원칙적으로 대리행위의 법적 효과가 본인에게 귀속되지 않으며, 상대방은 이의 효과 발생을 본인에게 주장할 수 없다.

[326]   당사자의 확정과 법적 효과의 귀속은 구별되어야 한다. 대리인과 계약의 상대방이 대리인을 통하여 본인과 사이에 계약을 체결하려는 데 의사가 일치하였다면 대

리인의 대리권 존부 문제와는 무관하게 상대방과 본인이 그 계약의 당사자이다(2003다44059). 즉, 무권대리라 하더라도 법률행위의 당사자는 본인이다. 다만 법적 효과가 귀속되지 않을 뿐이다. 본인이 아니라 행위자가 법률행위의 당사자라면 애초에 대리의 문제가 생기지 않는다.

2. 본인의 추인

무권대리행위라 하더라도 본인이 추인하면 본인에 대해 효력이 발생한다. [327]

(1) 의의

무권대리의 추인은 무권대리행위가 있음을 알고 그 행위의 효과를 자기에게 귀속시키도록 하는 단독행위이다. 본인이 무권대리행위를 추인하면 처음부터 소급하여 대리권이 있었던 것과 같은 효과가 발생한다(제133조 본문). [328]

(2) 추인권자

본인 및 그 상속인이 추인할 수 있다. 또한 법정대리인도 추인을 할 수 있다(80다1872·1873). [329]

(3) 추인의 방법

추인은 특별한 방식이 요구되지 않으므로 명시적·묵시적으로 할 수 있다(89다카2100). 무권대리행위에 기한 권리를 행사하는 경우(91다1558: 매매대금의 전부 또는 일부를 본인이 상대방 또는 무권대리인으로부터 받은 경우), 무권대리행위에 기한 의무를 이행하거나 이행에 필요한 행위를 한 경우, 의무에 대해 유예를 구하는 경우, 의무에 대해 별도의 합의를 하는 경우도 추인에 해당한다. 무권대리행위임을 알지 못한 채 이러한 행위를 하는 것은 추인에 해당하지 않는다. 추인권의 행사는 재판 외에서 뿐만 아니라 재판상으로도 가능하다(73다934). 본인이 무권대리 행위의 사실을 알고 있으면서 이의를 제출하지 않고 있다는 것만으로는 추인이 되지 않는다(67다2294·2295). [330]

판례 164 | 대법원 1998. 2. 10. 선고 97다31113 판결 [약속어음금]

무권대리행위에 대한 추인은 무권대리행위로 인한 효과를 자기에게 귀속시키려는 의사표시이니만큼 무권대리행위에 대한 추인이 있었다고 하려면 그러한 의사가 표시되었다고 볼 만한 사유가 있어야 하고, 무권대리행위가 범죄가 되는 경우에 대하여 그 사실을 알고도 장기간 형사 고소를 하지 아니하였다 하더라도 그 사실만으로 묵시적인 추인이 있었다고 할 수는 없는바, 권한 없이 기명날인을 대행하는 방식에 의하여 약속어음을 위조한 경우에 피위조자가 이를 묵시적으로 추인하였다고 인정하려면 추인의 의사가 표시되었다고 볼 만한 사유가 있어야 한다.

[331]   일부에 대하여 추인을 하거나 변경을 가하여 추인을 하는 것은 상대방의 동의가 없는 한 무효이다(81다카549). 대리행위가 가분성이 있는 경우에는 일부추인이 가능하다는 학설도 있다.

판례 165 | **대법원 1982. 1. 26. 선고 81다카549 판결 [대여금]**

무권대리인(아내)이 본인(남편, 피고) 명의로 원고(상대방)로부터 489만원을 빌렸다. 피고는 원고에게 위 금액의 반만 갚겠다고 했고, 원고는 이를 거부하였다. 이후 원고가 피고에게 위 금액의 지급을 청구하자 원심은 그 반에 대하여는 추인을 인정하여 피고의 지급책임을 인정했지만, 대법원은 일부에 대한 추인은 상대방의 동의가 없는 한 무효라면서 피고의 지급책임을 부정했다.

---

(4) 추인의 상대방

> 제132조(추인, 거절의 상대방) 추인 또는 거절의 의사표시는 상대방에 대하여 하지 아니하면 그 상대방에 대항하지 못한다. 그러나 상대방이 그 사실을 안 때에는 그러하지 아니하다.

[332]   추인의 의사표시는 무권대리인에 대해서는(4287민상3) 물론, 무권대리행위의 직접의 상대방 및 그 무권대리행위로 인한 권리 또는 법률관계의 승계인에게도 가능하다(80다2314). 그러나 무권대리인에 대하여 추인할 때에는 상대방이 추인의 사실을 알기까지 상대방에 대하여 추인의 효력을 주장할 수 없다(제132조 단서). 그러므로 상대방은 그때까지 철회(제134조)를 할 수 있다. 그러나 상대방은 무권대리인에의 추인이 있었음을 주장할 수 있다(80다2314).

(5) 추인의 효과와 소급효

> 제133조(추인의 효력) 추인은 다른 의사표시가 없는 때에는 계약시에 소급하여 그 효력이 생긴다. 그러나 제3자의 권리를 해하지 못한다.

[333]   추인이 있으면 무권대리 행위는 처음부터 유권대리행위와 동일한 법률효과를 당사자에게 발생시킨다(제133조 본문). 따라서 추인시가 아니라 대리행위(계약)시에 소급하여 효력이 발생한다(65다1677). 이처럼 법률행위가 무효이지만 사후의 추인에 의하여 소급해서 유효로 될 때 이를 '유동적 무효'라고 한다. 이에는 다음과 같은 예외가 있다.

다른 의사표시가 있는 때에는 추인의 소급효는 배제된다(제133조 본문). 여기에　[334]
서 다른 의사표시는 본인만의 의사표시가 아니라 본인과 상대방과의 계약을 의미한
다고 본다(통설). 무권대리를 처음부터 유권대리라고 믿었던 상대방을 보호하기 위해
서이다.

추인의 소급효는 제3자의 권리를 해하지 못한다(제133조 단서). 여기에서 제3자　[335]
라 함은 대외적으로 권리를 주장할 수 있는 제3자를 말한다(62다223). 따라서 물권행
위에 있어서는 등기·인도를 갖추어야 한다. 결국 제133조 단서가 적용될 수 있는
사안은 상대방이 취득한 권리와 제3자가 취득한 권리가 모두 배타적인 경우에 한한
다. 가령 본인의 부동산에 대해 무권대리행위에 의해 상대방에게 가등기가 행해지
고, 이후 본인이 제3자에게 이전등기를 한 후에 무권대리행위를 추인했다고 하면,
상대방의 가등기와 제3자의 이전등기는 서로 배타적이기 때문에 대항의 문제가 생기
며, 소급효가 부정되어 제3자의 이전등기가 우선되는 것이다.

판례 166 | 대법원 1963. 4. 18. 선고 62다223 판결 [원인무효에의한부동산소유권보존등기
　　　　　　 등말소등기절차이행]

• 사실관계: 원고(상대방, B)가 C(무권대리인)를 통해 A(본인)의 부동산을 매수한 후 등기
(1960. 4. 25.)했고, A(본인)가 이를 추인했다(1960. 7.경). 피고는 A(본인)를 상대로 해당 토
지에 관해 소유권확인 및 등기말소소송을 제기하여 1960. 5. 24. 승소했다. 일자미상(1960.
8. 이후로 추정)에 등기관리의 착오로 원고(상대방, B)의 등기가 말소되었다. 원고가 피고를
상대로 소송을 제기하자 피고는 추인의 소급효가 제3자인 자신을 해할 수 없다면서 항변했고,
법원은 여기서 제3자란 배타적인 경우여야 한다면서 피고의 주장을 배척했다.
• 정리: 2심판결을 확인하지 못해 자세한 사정은 알 수 없다. 다만, 위 사안에서 피고와 A 사이
의 관계가 명의신탁이라고 가정하면 더 잘 이해된다. 즉, 원고(B)가 무권대리인(C)을 통해 명의
수탁자인 A로부터 부동산을 산 후, 명의신탁인 피고가 A에게 소유권에 기초한 등기말소소송
을 제기하여 승소했고, 이후 A가 원고(B)와의 매매계약을 추인했다. 원고(B)와 A의 매매가 무
효라면 피고는 자기 명의로 등기를 회복할 수 있지만, 위 매매가 유효라면 소유권은 원고(B)에
게 있다. 그리고 A가 추인했으므로 이 거래는 소급해서 유효해졌다(원고등기의 말소는 등기관
의 실수에 의한 것이므로 원고의 등기는 계속 유지되고 있는 것으로 다뤄진다). 다만 피고는 소
급효 제한을 근거로 자신이 권리자라고 주장하지만, 법원은 피고 앞으로 등기가 되지 않았기
때문에 제133조에서 말하는 제3자가 아니라고 하였다(원고등기말소에 의해 피고 명의로 등기가
된 것 같은 외관은 있지만, 원고등기말소가 잘못된 것이기 때문에 여전히 등기는 원고에게 있다).

추인에 소급효가 있더라도 추인에 의해 발생한 권리의 소멸시효는 추인시부터　[336]
기산된다고 보는 것이 다수설이다. 추인 전에는 권리를 행사할 수 없기 때문이다.

*무권리자의 처분행위에의 유추적용

[337]　　　무권리자가 자신이 권리자(소유자)인 것처럼 하여 목적물을 처분하는 것을 '무권리자의 처분행위'라고 한다. 가령 앞의 무권대리 사례에서, C가 A의 대리인이라면서 B에게 X부동산을 매도한 것이 아니라 자신이 단독상속인인 것처럼 해서 B와 계약을 체결하고 소유권전부에 대해 이전등기를 한 경우가 이에 속한다. 이는 사안유형이 무권대리와 유사하여 무권대리에 관한 법리를 유추적용한다. 즉, 무권리자의 처분행위는 무효이지만 본인은 이를 추인할 수 있고, 이 추인에는 소급효가 있다고 본다.

| 판례 167 | 대법원 1993. 7. 13. 선고 93다19146 판결 [소유권이전등기] |

임야가 소외인에 의해 처분되고, 필지에 따라서는 수차례 전전 매매된 상태에서, 소유자들 측에서 이에 대한 특별한 이의를 제기하지도 아니한 채 선대 분묘를 타처에 이장하기까지 하였다면, 소유자들의 그와 같은 일련의 행위는 그들의 형인 소외인의 권한 없는 처분행위를 추인하였다고 평가될 소지가 충분하다.

| 판례 168 | 대법원 1988. 10. 11. 선고 87다카2238 판결 [매매대금반환] |

타인의 권리를 자기의 이름으로 처분하거나 또는 자기의 권리로 처분한 경우에 본인이 후일 그 처분행위를 인정하면 특단의 사유가 없는 한 그 처분행위의 효력이 본인에게 미친다.

| 판례 169 | 대법원 1992. 11. 10. 선고 92다21425 판결 [소유권이전등기말소] |

공동상속인 중 1인이 권한 없이 다른 상속인들의 상속지분을 처분하여 제3자 명의로 소유권이전등기가 되었는데도 정당한 상속지분권자인 상속인이 제3자를 상대로 말소등기청구소송을 제기하지 않았다거나 소제기 후 취하하였다 하여 권한 없이 한 처분행위를 묵시적 또는 명시적으로 추인하였다고 볼 수 없다.

3. 추인의 거절

(1) 의의

[338]　　　본인이 상대방이나 무권대리인에게 추인 의사가 없음을 표시하여 무권대리행위를 확정적으로 무효로 하는 것을 추인의 거절이라고 한다(제132조). 가만히 있더라도 무권대리행위가 무효인 것은 마찬가지이지만, 추인거절은 이를 무효로 확정하는 기능이 있다. 본인이 추인거절을 한 후에는 본인도 추인할 수 없고, 상대방도 최고권이나 철회권을 행사할 수 없다.

(2) 무권대리인이 본인을 상속한 경우

자녀가 아버지(본인)의 대리인이라 사칭하며 아버지의 재산을 처분한 후 아버지가 [339]
사망하여 아버지의 법적 지위를 이어받은 경우에, 무권대리인인 자녀가 본인인 아버지
의 상속인이라는 지위에서 추인을 거절하는 것이 가능한가라는 문제가 생긴다. 이에
관해 판례는 이행책임이 있는 무권대리인이 본인의 거절권을 상속받았다는 이유로 이
를 행사하는 것은 금반언의 원칙이나 신의칙에 반하여 허용되지 않는다고 한다.

판례 170 **대법원 1994. 9. 27. 선고 94다20617 판결 [소유권이전등기말소]**

갑(아들)이 대리권 없이 을(아버지) 소유 부동산을 병에게 매도하여 소유권이전등기를 마쳐주
었다면 그 매매계약은 무효이고 이에 터잡은 이전등기 역시 무효가 되나, 갑은 을의 무권대리
인으로서 민법 제135조 제1항의 규정에 의하여 매수인 병에게 부동산에 대한 소유권이전등
기를 이행할 의무가 있으므로 그러한 지위에 있는 갑이 을로부터 부동산을 상속받아 그 소유자
가 되어 소유권이전등기이행의무를 이행하는 것이 가능하게 된 시점에서 자신이 소유자라고
하여 자신으로부터 부동산을 전전매수한 정에게 원래 자신의 매매행위가 무권대리 행위여서
무효였다는 이유로 정 앞으로 경료된 소유권이전등기가 무효의 등기라고 주장하여 그 등기의
말소를 청구하거나 부동산의 점유로 인한 부당이득금의 반환을 구하는 것은 금반언의원칙이나
신의성실의 원칙에 반하여 허용될 수 없다.

---

(3) 본인이 무권대리인을 상속한 경우

아버지(또는 어머니)가 자녀의 부동산을 대리권 없이 처분한 후 사망한 경우에 [340]
아버지의 지위를 상속받은 자녀가 추인거절권을 행사할 수 있는가라는 문제도 발생
할 수 있다. 이 경우에는 추인거절권의 행사가 신의칙에 반한다고 할 수 없다. 다만
추인을 거절하면 -아버지의 지위를 상속받아- 무권대리인으로서 이행 또는 손해배
상책임을 지게 될 것이다. 판례는 추인거절권을 인정하고 있으며, 이 경우의 이행책
임 및 손해배상책임에 대해 다룬 경우는 아직 없는 듯 하다.

판례 171 **대법원 1991. 7. 9. 선고 91다261 판결 [소유권이전등기]**

• 사실관계와 법원의 판단: 아버지와 아들이 어머니의 부동산을 공동상속하였는데, 대리권 없
는 아버지가 아들 지분까지 원고에게 매도하였다. 아버지가 사망한 후 아들(피고)은 원고에게
아버지가 받은 매매대금을 돌려줄테니 그 부동산을 되팔라고 요구했다. 피고가 약속날짜까지
돈을 지급하지 못하자 원고가 소유권이전등기소송을 제기했고, 원심은 피고의 묵시적 추인을
인정했다. 그러나 대법원은 "피고가 원고에게 7,200,000원을 지급하기로 한 것은 그의 아버지
인 소외 2의 무권한 행위로 인하여 원고가 지급한 매매대금에 해당하는 돈을 피고가 반환해주
고 위 망인과의 매매계약은 없었던 것으로 하자는 취지에 불과하"다면서 추인을 부인하였다.

• 참고: 위 사안은 묵시적 추인의 여부에 대한 판례이지만, 본인이 무권대리인을 상속한 경우에 추인거절권이 있다는 것을 전제로 하고 있다.

[341]   **무권리자의 처분**에 관하여도 무권대리에서와 마찬가지의 논의가 가능하다. 즉, 무권리자가 본인을 상속하면 추인거절이 신의칙에 반할 것이며, 본인이 무권리자를 상속했다면 추인거절이 가능할 것이다. 다만 후자의 경우에 본인은 무권리자의 매도인으로서의 지위를 상속받아 이행책임을 지게 될 것이다.

판례 172	대법원 1994. 8. 26. 선고 93다20191 판결 [주권인도]

• 정리: 회사의 대주주인 갑이 은행으로부터 돈을 빌리면서 자신의 주식과 자기 자녀인 을 등의 주식을 담보로 인도하기로 약속했다. 갑이 사망한 후 은행이 갑의 상속인인 을 등을 상대로 주권의 인도를 청구했고 을 등은 이를 거절했다.
법원은 을 등은 "원래 … 은행에 대하여 … 이행을 거절할 수 있는 자유가 있었던 것이므로, 을등은 신의칙에 반하는 것으로 인정할 특별한 사정이 없는 한 원칙적으로는 위 계약에 따른 의무의 이행을 거절할 수 있다."라고 하여 추인거절권을 인정했다.
다만 을 등이 회사의 사정과 갑의 담보설정계약을 다 알고 있었고, 은행의 대출이 회사의 정상화에도 도움이 된 마당에 상당한 시간이 지난 후 그 이행을 거절하는 것은 신의칙에 반한다고 보았다.

판례 173	대법원 2001. 9. 25. 선고 99다19698 판결 [소유권이전등기말소]

• 정리: 소외 1이 처조카인 원고에게 돈을 빌려준 후 그의 부동산에 강제경매를 신청하여 이를 자녀인 피고들 명의로 낙찰받았다. 그 후 소외 1과 원고가 합의하여 피고들 명의의 등기를 말소하는 방식으로 원고에게 부동산을 돌려주기로 했다. 소외 1이 사망한 후 원고가 피고들을 상대로 그 이행을 청구하자 피고들은 이를 거절하였다. 원심은 피고가 상속인으로서 등기말소의무가 있다고 했으나, 대법원은 피고들이 "상속지분에 따라 그 의무를 상속하게 되었다고 하더라도, 피고들은 원래 이 사건 부동산의 소유자로서 타인의 권리에 대한 계약을 체결한 원고에 대하여 그 이행에 관한 아무런 의무가 없고 이행을 거절할 수 있는 자유가 있었던 것이므로, 피고들은 신의칙에 반하는 것으로 인정할 만한 특별한 사정이 없는 한 원칙적으로 위 계약에 따른 의무의 이행을 거절할 수 있다"면서 원심을 파기하였다. 다만 무권한자의 지위를 권한자가 상속받으면 어떤 책임을 지게 되는지에 대하여는 언급이 없다.

4. 상대방의 최고권과 철회권

제131조(상대방의 최고권) 대리권없는 자가 타인의 대리인으로 계약을 한 경우에 상대방은 상당한 기간을 정하여 본인에게 그 추인여부의 확답을 최고할 수 있다. 본인이 그 기간내에

무권대리 행위의 상대방은 본인의 추인이나 추인거절을 할 때까지 유동적인 상황에 있다. 민법은 이런 상대방을 보호하기 위하여 최고권과 철회권을 인정하고 있다. 무권대리 행위의 상대방은 상당한 기간을 정하여 본인에게 추인 여부의 확답을 최고할 수 있다(제131조 1문). 본인이 그 기간 내에 확답을 발하지 않으면(발신주의) 추인을 거절한 것으로 본다(제131조 2문). [342]

본인의 추인이 있기 전까지 선의의 상대방은 계약을 철회할 수 있다(제134조 본문). 철회권은 '선의'의 상대방에게만 인정된다. 따라서 악의의 상대방에게도 인정되는 최고권(제131조 1문)과는 다르다. 선의 여부를 판단하는 시기는 '계약 당시'이다(통설). 철회는 본인뿐 아니라 무권대리인에 대해서도 할 수 있다. 철회하면 계약은 확정적으로 무효로 된다. 철회 이후에는 본인도 추인할 수 없으며, 상대방은 무권대리인에게 책임을 물을 수 없다. [343]

5. 무권대리인의 책임

5.1. 의의

다른 사람의 대리인으로서 계약을 체결한 자가 대리권을 증명하지 못하고 또 본인의 추인을 얻지 못한 때에는 상대방의 선택에 좇아 '계약의 이행' 또는 '손해배상의 책임'이 있다(제135조 1항). 제135조는 거래안전을 보호하고 대리제도의 신용을 유지하기 위하여 무권대리인에게 무거운 책임을 지우고 있다. 계약의 유효했다면 본인이 부담했어야 할 의무와 동일한 의무를 무권대리인에게 부담시키는 것이다. 이에 대해 무권대리인은 과실이 없다는 항변을 할 수 없다(무과실책임). 이는 선의의 상대 [344]

방을 보호하기 위한 것이므로 대리권이 없음을 알았거나 알 수 있었던 상대방에 대하여는 이런 책임을 지지 않는다. 또한 제한능력자인 무권대리인도 이러한 책임을 지지 않는다(제135조 2항).

5.2. 요건

[345] **(1) 무권대리인이 대리권을 증명하지 못할 것**

다른 사람의 대리인이라고 칭하여 계약을 체결한 자가 그 대리권이 있음을 증명하지 못하면 족하고, 대리인에게 과실이 있어야 하는 것은 아니다(4294민상1021).

[346] **(2) 본인의 추인을 얻지 못할 것**

추인을 거절하고 있지 않은 동안에는 대리행위의 유·무효가 유동적이기 때문에 상대방의 이행 또는 손해배상청구권은 본인이 추인을 거절하거나 추인을 받지 못하게 되었을 때(64다1156: 본인이 매매목적부동산을 제3자에게 이전한 경우)에 발생한다.

[347] **(3) 상대방이 철회권을 행사하지 않을 것**

5.3. 책임의 내용

[348] 채무의 이행청구권 또는 손해배상청구권 가운데에서 상대방이 선택하는 권리가 채권의 목적이 된다. 따라서 무권대리인과 상대방 사이에는 선택채권관계가 성립한다. 상대방이 이행청구를 선택하면 유권대리시에 본인이 부담할 채무를 무권대리인이 이행해야 한다. 따라서 무권대리인과 상대방 사이에 계약이 성립된 것과 같은 상황이 된다. 무권대리인으로서 이행할 수 없는 급부의 경우에는 실익이 없다. 상대방이 손해배상을 선택하면 무권대리인은 이행이익의 손해를 배상해야 한다.

[349] 소멸시효는 상대방이 선택권을 행사할 수 있을 때부터, 즉 대리권의 증명 또는 추인을 얻지 못한 때부터 진행한다(64다1156). 시효기간은 유권대리시 본인이 부담했을 채무에서의 시효기간이 적용된다.

5.4. 책임의 배제

[350] **(1)** 상대방이 대리권 없음을 알았거나 알 수 있었을 때에는 책임이 배제된다. 상대방의 선의·무과실 여부는 대리행위시를 표준으로 한다. 상대방의 악의나 과실은 무권대리인이 주장·증명해야 한다(4294민상202). 악의의 상대방은 철회권도 행사할 수 없으며, 무권대리인의 책임도 물을 수 없다.

(2) 대리인으로 계약을 한 자가 제한능력자인 때

대리인이 제한능력자인 때에는 제135조에 따른 책임을 부담하지 않는다(제135조 2항). 제한능력자도 대리인이 될 수 있도록 하는 것은 대리인에게 법률효과가 귀속되지 않기 때문인데, 무권대리인으로서의 책임을 지도록 한다면 이러한 취지에 반하기 때문이다.

6. 단독행위의 무권대리

> 제136조(단독행위와 무권대리) 단독행위에는 그 행위당시에 상대방이 대리인이라 칭하는 자의 대리권없는 행위에 동의하거나 그 대리권을 다투지 아니한 때에 한하여 전6조의 규정을 준용한다. 대리권없는 자에 대하여 그 동의를 얻어 단독행위를 한 때에도 같다.

단독행위의 무권대리는 원칙적으로 무효이다. 따라서 본인의 추인도 인정되지 않는다. 상대방 없는 단독행위(유언, 소유권의 포기, 재단법인의 설립)에서는 예외가 없다. 그러나 상대방 있는 단독행위에서는 예외가 있다. 상대방 있는 단독행위를 무권대리인이 한 경우에(능동대리, 가령 취소권이나 해제권을 무권대리인이 행사한 경우), 상대방이 무권대리행위에 동의하거나 대리권을 다투지 않은 경우에는, 계약에서의 무권대리와 마찬가지로 추인의 가능성이 남아있고, 이에 따라 상대방에게도 최고권이 있다(무권대리인의 취소권행사에 대해 상대방이 다투지 않았고, 본인이 추인하면 취소권행사가 인정됨). '대리권을 다투지 아니한 때'란 단독행위를 수령하면서 이의를 제기하지 않은 것을 말하고 대리권 없음에 대한 선의, 악의, 과실 여부는 상관없다. 무권대리인이 행한 단독행위를 상대방이 수령한 후 지체 없이 이의를 제출하면 다툰 것으로 본다(통설).

상대방이 무권대리인에 대하여 의사표시를 하는 경우(수동대리, 가령 상대방이 무권대리인에게 취소권이나 해제권을 행사한 경우), 상대방이 무권대리인의 동의(의사표시의 수령에 대한 동의)를 얻어 단독행위를 하는 경우에도, 추인, 최고, 철회의 가능성이 인정된다(본인이 취소 의사표시의 수령을 추인하면 취소의 효력이 발생함). 무권대리인이 그 의사표시의 수령을 거절하면 그 의사표시는 무효이다. 가령 A와 계약을 체결한 B가 A의 아들 C에게 취소의 의사표시를 하는 경우, C가 대리권 없음을 들어 수령을 거절하면 그 의사표시는 무효이다. 그러나 취소의 의사표시를 수령하는 것에 대해 C가 동의를 한 경우, A가 이를 추인하면 B의 취소 의사표시는 A에게 효력이 발생하고, A의 추인 전에는 B가 최고나 철회를 할 수 있다.

Ⅷ. 표현대리

1. 의의

[354]   대리인으로 행위한 자에게 대리권이 있는 것 같은 '외관'이 있고, 본인이 이에 대해 어느 정도의 원인을 제공한 경우에, 외관을 신뢰하여 법률관계를 형성한 상대방을 보호하기 위하여 그 법률효과를 본인에게 귀속시키는 것을 표현대리라고 한다. 외관형성에 대한 본인의 책임을 전제로 이를 신뢰한 상대방을 보호하기 위한 제도라고 할 수 있다. 다만 우리 법원은 권한을 넘은 표현대리를 법정대리에서도 인정하고 있기 때문에, 이 경우에는 본인의 책임보다는 상대방의 신뢰를 더 강조하는 편이라고 할 수 있다. 표현대리도 무권대리의 일종이다. 따라서 소송에서 유권대리만을 주장한 경우, 이러한 주장 속에 표현대리의 주장이 포함되지 않는다(83다카1489: 소송에서 일방이 유권대리라고 주장했으나 무권대리로 밝혀진 경우 표현대리가 성립했는지까지는 심사하지 않아도 됨).

2. 표현대리의 유형

[355]   우리 민법은 대리권이 있는 것처럼 보이는 상황으로 세가지를 규정하고 있다.
가. 대리권 수여표시에 의한 표현대리(제125조)
나. 권한을 넘은 표현대리(제126조)
다. 대리권 소멸 후의 표현대리(제129조)

3. 대리권 수여의 표시에 의한 표현대리(제125조)

> 제125조(대리권수여의 표시에 의한 표현대리) 제삼자에 대하여 타인에게 대리권을 수여함을 표시한 자는 그 대리권의 범위내에서 행한 그 타인과 그 제삼자간의 법률행위에 대하여 책임이 있다. 그러나 제삼자가 대리권없음을 알았거나 알 수 있었을 때에는 그러하지 아니하다.

3.1. 의의

[356]   본인이 상대방에 대하여 표현대리권자에게 대리권을 수여한다는 표시를 한 경우에, 이를 믿은 제3자를 보호하기 위하여 계약의 유효성을 인정하는 것이다.

3.2. 요건

(1) 대리권 수여의 표시

본인이 제3자(상대방)에 대하여 타인(표현대리인)에게 대리권을 수여한다는 표시 [357]
를 해야 한다. 표시는 서면으로 할 수도 있고 구두로 할 수도 있다. 또한 특정한 제3
자에게 하든 불특정한 제3자에 하든(예 신문광고) 차이가 없으며, 본인이 직접하지
않고 대리인을 통해서 할 수도 있다. 그리고 대리권수여의 표시는 명시적 또는 묵시
적으로 할 수 있다(통설·판례).

(2) 대리행위

표현대리인이 통지를 받은 상대방과 표시된 대리권의 범위 내에서 대리행위를 [358]
해야 한다.

(3) 상대방의 선의·무과실

제3자(상대방)가 대리권이 없음을 알았거나 알 수 있었을 때에는 제125조가 적용되 [359]
지 않는다(제125조 단서). 그리고 이러한 사실의 주장·증명책임은 '본인'에게 있다(통설).

판례 174 | 대법원 1987. 3. 24. 선고 86다카1348 판결 [수표금]

• 사실관계: 피고(본인)는 그의 사위(대리인)에게 영업을 양도한 후, 사위가 요청할 때마다 자
기 명의의 당좌수표를 스스로 작성하여 교부해주었다. 이때 피고 명의의 당좌수표 및 약속어음
20여 장이 소외인으로부터 원고에게 물품대금으로 교부되어 그 대부분이 결제되었다. 피고가
암으로 수술을 받고 치료를 하는 동안 소외인은 피고의 인장을 도용하여 수표를 위조하고, 이
를 원고에게 교부하였다. 원고는 피고에게 수표금을 청구하였고, 피고는 무권대리를 주장했다.
• 법원의 판단: 법원은 초기에 피고가 사위에게 수표를 교부하고 이를 결제해 줌으로써 대리권
수여표시를 했다고 보고 이에 의한 표현대리를 인정했다. "피고는 원고로 하여금 소외인이 피
고 명의의 수표를 사용할 권한이 있다고 믿게 할 만한 외관을 조성하였다 할 것이고 이와 같은
외관을 가지고서 소외인의 수표위조행위는 대리권 수여의 표시에 의한 표현대리에 해당한다고
할 것이다."

판례 175 | 대법원 1998. 6. 12. 선고 97다53762 판결 [부당이득금반환]

• 사실관계: 피고는 소외 A(일본의 주식회사)가 피고호텔의 우대회원을 일본 내에서 모집할 수
있도록 하는 계약을 체결하면서 외환관리허가를 받을 것을 조건으로 했다. 소외 A는 피고를 대리
하여 원고들과 입회계약을 체결한 후 입회금을 받았다. 이 과정에서 소외 A는 "회원증서는 피고들
이 발행하여 우송한다는 내용을 담은 회원안내책자 및 입회 후 절차에 관한 안내문, 그리고 예탁
금의 반환은 피고들 책임이라는 내용을 담은 회칙"을 배부하였다. 그러나 소외 A는 도산하였고,

외환관리허가도 나지 않자 피고는 원고의 회원자격을 부정하였다. 원고는 피고를 상대로 표현대리를 주장하면서 채무불이행을 이유로 계약을 해제하고 부당이득반환청구를 하였다.

• 법원의 판단: 원심은 표현대리를 부정하고 위탁매매를 인정하여 부당이득반환의무는 소외 A에게 있다고 하였다. 그러나 대법원은 "위 회원안내책자의 작성·사용이 피고들의 승낙 또는 묵인하에 이루어진 것이고, 또 그러한 상태에서 피고들이 상품소개 혹은 선전을 위하여 시찰여행단(원고들)에 대하여 우대회원의 대우를 한 것이라면, 피고들이 그로써 에소루(소외 A) 측에 대한 대리권 수여의 의사를 대외적으로 널리 표시한 것으로 볼 여지가 있다."면서 원심을 파기환송하였다.

• 정리: 대리권 수여를 위한 기초 계약이 조건미성취 등의 이유로 무효가 된다고 하더라도, 그 사이에 (무권)대리인이 이 계약에 기초하여 자신에게 대리권이 있다고 표시하고 본인이 이를 묵인한다면 제125조에 의한 표현대리가 성립할 수 있다는 것을 보여준 판례이다.

3.3. 효과

[360]   표현대리인이 한 법률행위의 효과는 본인에게 발생한다. 표현대리의 요건이 갖춰졌더라도 상대방이 주장하지 않는 한 고려되지 않는다. 이 경우에도 상대방은 추인여부의 최고나 철회를 할 수 있고, 상대방이 철회권을 행사하면 본인은 표현대리를 주장할 수 없다. 단 본인이 법률효과를 원할 경우에는 추인을 먼저 하면 된다. 따라서 본인은 법률효과를 원하지 않으나 상대방이 법률효과를 원하는 경우에만 표현대리가 문제된다. 그 반대의 경우에는 철회와 추인 중 어느 것이 먼저 있었느냐에 따라서 결정된다(다수설).

3.4. 적용범위

[361]   민법 제125조의 표현대리는 법정대리에는 적용되지 않는다는 것이 통설·판례이다. 가령 "호적상으로만 친권자로 되어 있는 자를 믿고 거래한 때에는 상대방은 보호를 받지 못한다"(4287민상208). 이는 본인이 제3자에 대하여 타인에게 대리권을 수여했다고 표시하는 것을 예정한 규정이기 때문에, 본인의 의사와는 관계없이 인정되는 법정대리에는 적용될 여지가 없다는 것이다.

[362]   공법상 행위 및 소송행위에는 원칙적으로 표현대리의 규정이 적용될 수 없다(통설·판례).

4. 권한을 넘은 표현대리(제126조)

사례 34

A는 자신의 아들인 C가 D회사에 입사하자 신원보증에 쓰라며 자신의 인감도장을 주었다. 그런데 C는 이 인감도장을 이용하여 자신에게 대리권이 있다는 서류를 위조한 후 A의 X 부동산을

B에게 매도하고 소유권등기를 이전하였다. A는 B에게 X 부동산의 소유권이전등기를 말소하라고 요구할 수 있는가? (68다1501 참조)

> **제126조(권한을 넘은 표현대리)** 대리인이 그 권한외의 법률행위를 한 경우에 제3자가 그 권한이 있다고 믿을 만한 정당한 이유가 있는 때에는 본인은 그 행위에 대하여 책임이 있다.

4.1. 의의

권한을 넘은 표현대리는 대리인이 대리권의 범위를 넘어서 대리행위를 한 경우에 이를 신뢰하여 거래한 자를 보호하기 위하여 본인의 책임을 인정하는 것이다. 이는 '권한유월에 의한 표현대리'라고도 한다. [363]

4.2. 요건

(1) 기본대리권의 존재

현실로 이루어진 행위에 대해서는 대리권이 없지만 다른 어떤 행위에 대해서는 대리권이 존재하는 경우에 제126조에 의한 표현대리가 성립한다(통설·판례: 84다카780). 기본대리권은 법률행위의 대리권에 한정되는가의 문제가 있다. 학설에는 사실행위의 권한도 기본대리권으로 인정하는 견해와 부정하는 견해가 있다. 판례는 부정하고 있다. [364]

판례 176 | 대법원 1992. 5. 26. 선고 91다32190 판결 [예탁금반환]

민법 제126조의 표현대리가 성립하기 위하여는 무권대리인에게 법률행위에 관한 기본대리권이 있어야 하는바, 증권회사로부터 위임받은 고객의 유치, 투자상담 및 권유, 위탁매매약정실적의 제고 등의 업무는 사실행위에 불과하므로 이를 기본대리권으로 하여서는 권한초과의 표현대리가 성립할 수 없다.

복대리인 선임권이 없는 대리인에 의하여 선임된 복대리인의 권한도 기본대리권이 될 수 있다는 것이 판례의 입장이다(97다48982). [365]

(2) 권한을 넘은 표현대리행위의 존재

권한을 넘는다는 것은 진정한 대리권의 범위를 넘는 모든 경우를 말한다. 표현대리행위와 기본대리권이 동종 내지는 유사한 것임을 요하지 않는다. 따라서 전혀 별개의 행위를 한 경우에도 제126조의 표현대리는 성립할 수 있다. 가령, 신원보증에 대한 대리권을 부여하면서 본인의 인감을 교부한 행위는 그 인감을 이용하여 본인소유 부동산의 소유권이전등기를 경료한 행위에 대한 기본대리권이 된다고 했다 [366]

(68다1501). 그러나 동종 또는 유사관련성은 '권한이 있다고 믿을 만한 정당한 이유가 있는'지를 판단할 때 큰 역할을 한다.

[367]   대리행위여야 하므로 표현대리인과 상대방 사이에 '대리행위'가 없는 때에는 제126조가 적용되지 않는다. 즉, 본인을 위한 것임을 표시하지 않은 경우에는 (표현)대리의 법리가 적용될 수 없다.

판례 177 | 대법원 2001. 1. 19. 선고 99다67598 판결 [소유권이전등기]

종중으로부터 임야의 매각과 관련한 권한을 부여받은 갑이 임야의 일부를 실질적으로 자기가 매수하여 그 처분권한이 있다고 하면서 을로부터 금원을 차용하고 그 담보를 위하여 위 임야에 대하여 양도담보계약을 체결한 경우, 이는 종중을 위한 대리행위가 아니어서 그 효력이 종중에게 미치지 아니하고, 민법 제126조의 표현대리의 법리가 적용될 수도 없다고 한 사례.

---

[368]   행위자가 본인의 성명을 모용한 경우에 행위자가 계약당사자로 정해지면 원칙적으로 대리의 문제가 생기지 않고, 따라서 표현대리도 인정되지 않는다(74다223; 99다67598). 다만 법원은 특별한 사정이 있는 경우(명의자가 계약당사자로 되는 경우로 보임)에 모용한 사람에게 기본대리권이 있다면 제126조의 표현대리가 (유추)적용될 여지가 있다고 한다(95다52436). 하지만 모용한 사람에게 기본대리권이 없다면 제126조가 유추적용되지 않는다.

판례 178 | 대법원 1993. 2. 23. 선고 92다52436 판결 [소유권이전청구권양도확인]

• 사실관계: 피고는 부산시로부터 아파트를 분양받아 살다가 서울로 이사가면서 피고의 인장을 소외인(피고의 형)에게 맡기고 아파트에 관한 임대 등 일체의 관리를 위임하였다. 소외인은 자신이 피고인 것처럼 행동하면서 원고와 아파트 임대계약을 체결하였다. 그 후 소외인은 다시 자신을 피고로 가장하여 임차인인 원고에게 아파트를 매도하였다. 원고는 피고를 상대로 분양권(소유권이전청구권)의 양도를 구하였고, 피고는 이를 부정하였다.
• 법원의 판단: 원칙적으로 성명모용의 경우에는 표현대리가 성립되지 않지만, 특별한 사정이 있는 경우에는 표현대리의 법리가 유추적용될 수 있는데, 이 사안에서는 특별한 사정이 인정된다.
• 정리: 성명모용의 경우에 표현대리가 성립되는 '특별한 사정'에는 명의자가 계약당사자로 된다는 것도 포함되어야 할 것이다. 법원은 이에 대해 명확한 설명을 하지 않고 있으나, 계약당사자가 모용자로 정해지는 경우에는 대리법리가 적용될 수 없을 것이다. 그리고 명의자가 계약당사자로 정해진다면 표현대리의 법리가 '유추'적용되는 것이 아니라 바로 적용되어야 할 것이다.

판례 179 | 대법원 2002. 6. 28. 선고 2001다49814 판결 [대여금등]

• 사실관계: 피고의 처였던 소외 1이 당시 남편이었던 피고 몰래 피고 소유의 부동산을 담보로

피고 사진을 떼어내고 그 자리에 소외 2의 사진을 붙인 다음 그 주민등록증 사본을 원고의 담당직원에 제출하는 방법으로 소외 2가 피고인 것처럼 가장하여 차용금증서 및 어음거래약정서 등에 피고의 인장을 날인함으로써 이를 각 위조하여 대출을 받았다.

• 원고의 주장: 소외 1은 이 사건 각 대출 이전에 피고로부터 일정한 기본대리권을 수여받았거나 피고의 처로서 일상가사대리권이 있었는데, 다만, 자신이 직접 피고의 대리인으로서 원고로부터 위 각 대출을 받은 것이 아니라, 소외 2로 하여금 피고 본인인 것처럼 행세하도록 하여 원고를 속이고 위 각 대출을 받았는바, 원고로서는 소외 2가 피고 본인인 것으로 믿었고 그 믿은 데에 정당한 이유가 있으므로, 피고는 이 사건 각 대출에 대하여 민법 제126조 소정의 표현대리책임이 있다.

• 법원의 판단: 사술을 써서 대리행위의 표시를 하지 아니하고 단지 본인의 성명을 모용하여 자기가 마치 본인인 것처럼 상대방을 기망하여 본인 명의로 직접 법률행위를 하는 경우에는 특별한 사정이 있는 경우에 한하여 민법 제126조 소정의 표현대리의 법리를 유추적용할 수 있다고 할 것인데, 여기서 특별한 사정이란 본인을 모용한 사람에게 본인을 대리할 기본대리권이 있었고, 상대방으로서는 위 모용자가 본인 자신으로서 본인의 권한을 행사하는 것으로 믿은 데 정당한 사유가 있었던 사정을 의미한다고 할 것이다. 피고를 모용한 소외 2가 피고를 대리할 어떠한 기본대리권이 있다는 점에 관하여 아무런 주장·입증이 없고, 따라서 민법 제126조 소정의 표현대리는 유추적용될 수 없다.

(3) 상대방이 대리권 범위 내라고 믿은 데 정당한 이유가 있을 것

상대방은 대리권이 존재한다고 믿고, 믿은 데 정당한 이유가 있어야 한다. 즉 [369] '대리권의 부존재'에 대해 선의이면서 무과실이어야 한다.

판례 180	대법원 1989. 4. 11. 선고 88다카13219 판결 [대여금]

• 사실관계: 원고(식품제조업체)가 소외인과 대리점 개설계약을 체결하면서 소외인의 원고에 대한 물품대금채무를 담보하기 위하여 피고를 대리한 소외인과 피고 소유부동산에 관하여 근저당권설정계약을 체결하였다. 피고는 소외인에게 위 부동산의 근저당권설정에 사용하라며 피고의 인감도장과 용도가 근저당권설정용이라고 기재된 인감증명서를 교부하였다. 소외인은 근저당권설정에 필요한 서류 외에도 원고의 직원으로부터 받은 백지약속어음, 백지어음보충권제공증, 거래약정서등의 발행인 또는 보증인란에 피고의 도장을 찍어 원고의 직원에게 교부함으로써 연대보증계약이 체결되었다. 원고는 피고를 상대로 보증채무의 이행을 요구하였고 피고는 이를 부정하였다. 논점은 원고가 소외인에게 대리권이 있다고 믿은 데 정당한 사유가 있는지였다.

• 법원의 판단: 소외인이 근저당권설정에 필요한 서류 및 피고의 인감도장, 용도가 근저당권설정용인 인감증명서등을 소지하고 있었다는 점만으로는 피고를 대리하여 연대보증계약을 체결할 권한이 있는 것으로 믿는 데 정당한 사유가 있었다고 보기 어렵다.

과실 판단은 객관적 기준에 의해서 하며, 정당한 사유의 유무는 대리행위 당시 [370] 를 기준으로 판단한다. 따라서 대리행위 이후 발생한 사정은 감안하지 않는다. 가령, 매매계약 이후 등기가 행해졌다면 매매계약시에 정당한 사유가 있어야 하며, 그 이

후 등기 전에 발생한 사정은 고려되지 않는다.

판례 181 | **대법원 1997. 6. 27. 선고 97다3828 판결 [소유권이전등기등]**

거래상대방이 후견인으로서 상당기간 피후견인의 재산을 관리하여 왔다고 할지라도 후견인을 상대로 중요한 재산적 가치를 가지는 한정치산자의 부동산을 매수하는 자로서는 친족회의 동의가 있었는지 여부를 확인하였어야 할 것인데도 막연히 부동산 중개업자를 통하여 거래상대방이 후견인으로 선임된 후 1년 이상 부동산의 관리를 전담하여 온 사실만을 확인하였을 뿐 친족회의 동의에 관하여는 전혀 확인하지 아니하였다면, 매수인은 후견인을 상대로 거래하는 자로서 마땅히 해야 할 주의를 다하지 못한 과실이 있다고 하지 않을 수 없으며, 또한 권한을 넘은 표현대리에 있어서 정당한 이유의 유무는 대리행위 당시를 기준으로 하여 판정하여야 하고 매매계약 성립 이후의 사정은 고려할 것이 아니므로, 피후견인이 위 매매로 인한 소유권이전등기를 경료하기에 앞서 그 거래에 관한 친족회원의 선임 및 친족회의 소집에 관한 법원의 심판을 받았고 그에 따라 작성된 친족회 의사록을 후견인으로부터 교부 받았다고 할지라도 이로써 후견인이 매매 당시 친족회의 동의를 받았다고 믿을 만한 정당한 이유가 된다고 볼 수 없다고 한 사례.

---

(4) 정당한 이유의 증명

[371]   법문의 구조는 상대방에게 증명책임을 부담시키는 것처럼 되어 있으나, 다른 경우(제125조, 제129조)와 마찬가지로 본인에게 증명책임이 있다는 것이 통설이다. 따라서 본인이 상대방의 악의·과실을 증명해야 한다.

4.3. 적용범위

(1) 법정대리

[372]   법정대리에 대해서도 긍정하는 것이 다수설과 판례이다. 가령 법정대리인의 권한이 후견감독인의 동의를 요하는 경우(제950조)에, 법정대리인이 그 동의 없이 대리행위를 한 때에도 본조가 적용된다(97다3828 참조). 이에 따르면 제126조의 표현대리는 본인의 원인제공 없이도 성립한다.

[373]   그러나 후견감독인의 동의를 요하는 경우(제950조, 기존에는 친족회)에 대해서는 제126조를 적용할 수 없으며, 만약 그러한 경우에도 표현대리의 성립을 인정한다면 제950조의 규정은 사문화되고 제한능력자를 보호하려는 입법목적에 반한다는 반대견해가 있다.

(2) 일상가사

[374]   부부의 일방이 정당한 대리권 없이 타방을 대리하여 그 재산권을 처분한다던가 금전을 차용하는 경우에 있어서 부부의 '일상가사대리권'(제827조)이 기본대리권이 될 수 있는가라는 문제가 있다. 통설·판례는 이를 긍정한다. 이 경우에는 일상가사

대리권을 기본대리권으로 하되, 해당 행위에 대한 임의대리권이 있다고 믿고, 그렇게 믿은 데 정당한 이유가 있어야 표현대리가 성립한다(68다1727 등 다수). 부부 사이에는 타방의 주민등록증 등의 서류를 취득하기가 쉽다는 점에서 '정당한 이유'를 부정하는 경우가 많다.

5. 대리권소멸후의 표현대리(제129조)

사례 35

A회사의 직원인 C는 평소 A가 판매한 물품에 대해 수금업무를 담당하고 있었다. C는 퇴직한 후에도 A의 거래처인 B에게 가서 그때까지의 물품대금을 수령하였다. A는 B에게 다시 물품대금을 지급하라고 요구할 수 있는가?

> 제129조(대리권소멸후의 표현대리) 대리권의 소멸은 선의의 제3자에게 대항하지 못한다. 그러나 제3자가 과실로 인하여 그 사실을 알지 못한 때에는 그러하지 아니하다.

5.1. 의의

대리권소멸후의 표현대리란 대리권이 소멸되어 대리권이 없음에도 불구하고 대[375]
리행위를 한 경우에, 대리권을 신뢰한 상대방을 보호하여 행위의 유효성을 인정하는
것을 말한다.

5.2. 요건

(1) 존재하였던 대리권의 소멸

존재하던 대리권이 소멸해야 한다. 수권행위가 철회·취소된 경우뿐만 아니라 [376]
기초적 내부관계가 소멸한 경우도 마찬가지이다. 처음부터 전혀 대리권이 없는 경우
에는 제129조가 적용되지 않는다(통설·판례: 76다2934). 과거에 존재하였던 대리권
은 포괄적이거나 계속적인 것을 요하지 않으며, 개별적이거나 일시적인 것이어도 관
계없다. 대리인이 대리권 소멸 후 선임한 복대리인과 상대방 사이의 법률행위에도
민법 제129조의 표현대리가 성립한다.

판례 182 | 대법원 1998. 5. 29. 선고 97다55317 판결 [소유권이전등기]

• 사실관계: 피고들의 피상속인으로서 소외 회사의 회장으로 있던 문○○은 1981. 12. 26. 자
기 소유인 X 부동산의 처분 권한을 소외 회사에 수여하고, 소외 회사의 주거래 은행인 소외
한국외환은행에 "X 부동산을 토지개발공사에 매입의뢰, 처분함에 동의한다."는 내용의 동의서

를 제출하였으며, 소외 은행은 1984. 7. 25. 소외 성업공사에 X 부동산의 처분을 재위임하여 성업공사는 1989. 9. 11. 원고와 사이에 이 사건 부동산에 관한 매매계약을 체결하고, 원고는 1994. 9. 10.까지 그 대금을 전액 지급하였는데, 문○○은 소외 은행이 성업공사에 이 사건 부동산의 처분을 재위임하기 이전인 1983. 10. 26. 사망하였다.

• 법원의 판단: 표현대리의 법리는 거래의 안전을 위하여 어떠한 외관적 사실을 야기한 데 원인을 준 자는 그 외관적 사실을 믿음에 정당한 사유가 있다고 인정되는 자에 대하여는 책임이 있다는 일반적인 권리외관 이론에 그 기초를 두고 있는 것인 점에 비추어 볼 때, 대리인이 대리권 소멸 후 직접 상대방과 사이에 대리행위를 하는 경우는 물론 대리인이 대리권 소멸 후 복대리인을 선임하여 복대리인으로 하여금 상대방과 사이에 대리행위를 하도록 한 경우에도, 상대방이 대리권 소멸 사실을 알지 못하여 복대리인에게 적법한 대리권이 있는 것으로 믿었고 그와 같이 믿은 데 과실이 없다면 민법 제129조에 의한 표현대리가 성립할 수 있다. ⋯ 소외 회사나 소외 은행은 당초 적법한 대리권을 가지고 있었으나, 본인인 문○○의 사망으로 대리권이 소멸함으로써 복대리인으로 선임된 성업공사에는 처음부터 적법한 대리권이 없었다고 하더라도, 소외 회사와 소외 은행의 대리권 소멸 후 소외 은행이 성업공사를 복대리인으로 선임하여 성업공사가 문○○의 대리인으로서 이 사건 부동산에 관한 매매계약을 체결한 것은 대리권 소멸 후의 대리행위로서 민법 제129조에 의한 표현대리가 성립할 수 있는 경우에 해당한다.

(2) 제3자의 선의·무과실

[377]   선의·무과실은 대리인이 이전에 대리권을 가지고 있었기 때문에 현재에도 역시 대리권이 존속하고 있다고 믿었고 이렇게 믿은 데 과실이 없는 경우를 말한다.

판례 183 │ **대법원 1986. 8. 19. 선고 86다카529 판결 [부금반환]**

원고가 피고 상호신용금고의 차장으로 있던 소외인의 권유에 따라 피고와 신용부금계약을 맺고 1회 불입금을 불입하자 소외인이 위 1회 불입금은 피고금고에 입금하였으나 그 후 소외인이 피고금고를 사직하고서도 위 신용부금계약증서를 원고가 동인에게 맡겨두고 있음을 기화로 그 후에도 7회에 걸쳐 계속 원고로부터 원고의 사무실 등에서 위 불입금을 교부받아 피고금고에 입금치 않고 이를 횡령한 경우, 피고금고로서도 그 사이 원고에 대하여 위 불입금의 지급독촉이나 약관에 따른 부금계약의 해제조치도 없이 그대로 방치해두었고 위 소외인이 원고에게 한 것과 같이 고객에게 부금가입을 권유하거나 수금을 하기 위하여 자주 자리를 비우는 자였다면 비록 원고가 다른 거래관계로 피고금고 사무실에 자주 드나들었고 그 때마다 위 소외인이 그 자리에 없었다 하더라도 원고로서는 위 소외인이 피고 금고를 사직한 사실을 모른 데 대해 어떤 과실이 있었다고 보기 어렵다.

(3) 선의·무과실의 증명

[378]   본인이 상대방의 악의 또는 과실을 증명해야 한다(다수설). 대리권의 소멸은 본인과 대리인 간에 생긴 사실이기 때문이다. 이와 달리 법문상 선의의 증명책임은 상대방이 부담하고, 유과실의 증명책임은 본인에게 있다는 소수의 견해가 있다.

(4) 대리인이 권한 내의 행위를 할 것

대리행위를 할 당시에는 소멸하였으나 이전에 갖고 있던 대리권의 범위를 넘어 [379]
서 한 법률행위에 대해서는 제126조가 적용된다(다수설·판례: 제126조 설명 참조).

5.3. 적용범위

다수설은 제129조가 법정대리에도 적용된다고 본다. [380]

판례 184 | 대법원 1975. 1. 28. 선고 74다1199 판결 [토지소유권이전등기말소]

• 요약: 원고의 아버지가 1949. 9. 14. 사망한 이후 1951. 5. 28. 원고가 성년에 달할 때까지
원고의 모친 정씨가 원고의 법정대리인으로서 원고의 상속재산을 처리하여 왔고, 원고가 성년
이 된 이후에도 원고는 객지에서 학업에 전념하고 있었던 관계로 위 정씨가 원고를 대리하여
원고 토지의 여러 필지를 처분하여 학비조달 또는 채무정리 등을 하여 오다가 1952. 6. 9. 이
사건 토지를 피고에게 매도하였다. 원고는 무권대리를 이유로 피고에게 등기말소를 청구하였
다. 이에 대해 법원은 "대리권 소멸 후의 표현대리에 관한 민법 제129조는 이 사건과 같은 법정
대리인의 대리권 소멸에 관하여서도 그 적용이 있"다면서 원고의 모친 정씨에 의한 이 사
건 토지의 매매를 대리권 소멸 후의 표현대리라고 보아 그 효력이 원고에게 미친다고 판
결하였다.
• 의문: 제129조의 표현대리는 소멸된 대리권이 지금도 계속된다고 믿었다는 이유로 법률
효과의 귀속을 인정하는 것인데, 성인이 되어 법정대리권이 소멸된 경우에 이러한 믿음을
보호한다는 것은 부당하다. 또한 법정대리권이 있었기 때문에 지금 임의대리권이 있을 것
이라는 믿음은 제129조의 보호대상이 아니다.

---

6. 제125조 및 제129조와 제126조의 경합

대리권의 수여를 표시한 때에 그 통지된 범위를 넘는 행위를 한 경우(제125조의 [381]
표현대리가 성립하는 범위를 넘는 경우)에도 표현대리의 성립이 인정될 수 있다(다수설).
또한 과거에 가졌던 대리권이 소멸되어 민법 제129조에 의하여 표현대리로 인정되
는 경우에 그 표현대리의 권한을 넘는 대리행위가 있을 때에는 민법 제126조에 의한
표현대리가 성립할 수 있다(2007다74713).

판례 185 | 대법원 1979. 3. 27. 선고 79다234 판결 [토지인도]

민법 제126조에서 말하는 권한을 넘은 표현대리는 현재에 대리권을 가진 자가, 그 권한을 넘은
경우에 성립하는 것이지, 현재에 아무런 대리권도 가지지 아니한 자가, 본인을 위하여 한 어떤
대리행위가 과거에 이미 가졌던 대리권을 넘은 경우에까지, 성립하는 것은 아니라고 할 것이고
(72다1631 참조), 한편 과거에 가졌던 대리권이 소멸되어 민법 제129조에 의하여, 표현대리로
인정되는 경우에, 그 표현대리의 권한을 넘는 대리행위가 있을 때에는 민법 제126조에 의한 표현

대리가 성립할 수 있다.

• 사실관계: 원고의 아들인 소외 서○○이, 1963. 5. 25. 소외 현○○ 등 5인에게, 이 사건 토지 옆에 있는 원고 소유의 다른 토지 14,000평을 원고를 대리하여 매도하였다. 그 뒤 1963. 6. 3.에 서○○이 이 사건 토지를 피고에게 매도하였으나 그에게는 대리권이 없었다.

• 원심의 판단: 기존의 매매계약에 대한 대리권을 이 사건 매매행위에 있어서의 기본적 대리권으로 보고, 이 사건 매매에 있어 권한을 넘은 표현대리가 성립된다고 하여, 원고로서는 이 사건 매매의 효력을 부인할 수 없는 것이라고 판단하였다.

• 정리: 위 기본적 대리권에 관한 판시는 과거에 대리권이 있었다는 것일 뿐, 이 사건 매매 당시에 있었다는 취지는 아님이 분명하다.

• 대법원의 판단: 소외 서○○이 과거에 가졌던 대리권을 기본적 대리권으로 본 것은 잘못이고, 대리권 소멸 후의 표현대리가 성립되는지의 여부에 관하여 심리를 더 했어야 한다.

제8절 조건과 기한

I. 조건

사례 36

- 2002. 5. 8. 연합뉴스: LG전자는 월드컵에서 한국 대표팀이 16강에 진출할 경우 HD(고화질)급 29, 32, 34인치 플라톤TV를 구입하는 고객들에게 21인치 TV를 보너스로 증정하는 행사를 6월 3일까지 실시한다고 8일 밝혔다. LG전자는 98년 프랑스 월드컵 때에도 29인치 TV를 구매하는 고객에게 한국팀의 16강 진출시 20인치 TV를 추가로 증정하는 판촉행사를 실시했었다.
- A 법무법인은 로스쿨 졸업예정자인 B를 채용하면서, B가 변호사시험에 합격할 것을 조건으로 하였다.

1. 의의

위의 사례처럼 법률행위를 하면서 그로 인한 의무의 발생을 장래 불확실한 사실 [382] 에 의존시킬 수도 있고(LG전자 사례), 일정한 계약을 체결하면서 그 계약의 효력이 즉시 발생하되 그 효력의 존속(소멸)을 장래 불확실한 사실의 발생에 의존시킬 수도 있다(로스쿨생 채용 사례). 이와 같이 법률행위 효력의 발생 또는 존속(소멸)을 장래 불확실한 사실의 성부에 의존시킬 때 이를 '조건부 법률행위'라고 한다.

법률행위에 조건을 붙인다는 점에 대해 의사의 합치가 있어야 하며, 조건의사 [383] 가 있더라도 이를 표시하지 않으면 동기에 불과하고 조건이 되지 않는다.

판례 186 | 대법원 2003. 5. 13. 선고 2003다10797 판결 [부당이득금]

조건은 법률행위의 효력의 발생 또는 소멸을 장래의 불확실한 사실의 성부에 의존케 하는 법률행위의 부관으로서 당해 법률행위를 구성하는 의사표시의 일체적인 내용을 이루는 것이므로, 의사표시의 일반원칙에 따라 조건을 붙이고자 하는 의사 즉 조건의사와 그 표시가 필요하며, 조건의사가 있더라도 그것이 외부에 표시되지 않으면 법률행위의 동기에 불과할 뿐이고 그것만으로는 법률행위의 부관으로서의 조건이 되는 것은 아니다. 甲이 乙에게 丙의 횡령금 중 일부를 지급하기로 한 약정은 甲이 丙의 오빠로서 丙이 乙에 대하여 부담하는 부당이득반환 또는 손해배상 채무 중 일부를 대신 변제한다는 취지이고, 그러한 약정을 하는 甲의 내심에는 丙이 처벌받지 않기를 바라는 동기 이외에 丙이 실제로 처벌을 받는 경우에는 위 약정 자체가 무효라는 조건의사까지 있었을지도 모르지만, 그것만으로는 丙의 선처를 조건으로 한 조건부 약정이 이루어졌다고 단정할 수 없고, 각서의 기재 내용과 그 작성당시의 상황 및 상대방인 乙의 의사 등 제반 사정에 비추어 보면 위 약정 자체의 효력이 乙의 정식 고소나 丙의 처벌이라는 사실의 발생만으로 당연히 소멸된다는 의미의 조건이 쌍방의 합의에 따라 위 약정에 붙어 있다고는 볼 수 없으며, 오히려 위 각서 중 '변제하고 선처를 받기로 한다.'라는 문구는 甲과 丙이 위 약정을 예정대로 이행하면 丙이 선처를 받을 수 있도록 乙이 협조한다는 취지에 불과한 것으로 보인다고 한 사례.

판례 187 | 대법원 2012. 4. 26. 선고 2011다105867 판결 [약정금]

• 사실관계: 보령의료재단이 피고(백양의료재단)에게 병원을 35억원에 팔기로 하면서, 의료법인 기본재산 처분허가를 받아주기로 하였다. 피고는 대금지급 방법의 하나로 보령의료재단의 원고에 대한 공사금 채무를 2억원으로 정하여 지불하기로 약정하였다. 그런데 보령의료재단이 기본재산 처분허가를 받지 못한 채 파산함으로써 병원 인수는 불가능해졌다. 원고는 피고를 상대로 약정금의 지급을 청구하였고, 피고는 지불을 거절했다.

• 법원의 판단: 원심법원은 처분허가를 받지 못하는 것을 해제조건이라고 보아 피고에게 약정금 지불의무가 없다고 했다. 그러나 대법원은 "처분문서인 약정서의 기재 내용 등에 비추어 병원 인수가 성사되지 않으면 약정의 효력이 소멸한다는 해제조건에 관하여 피고와 원고 사이에 의사 합치가 있었다고 볼 수 없"다면서 원심을 파기했다. 약정서상에는 병원의 인수나 기본재산 처분허가에 대한 언급이 전혀 없었기 때문에 이를 조건으로 볼 수 없다고 한 것이다.

---

[384]   계약상 의무의 불이행과 조건 미성취는 구별된다. 반대급부의 이행을 '조건'이라고 말하는 경우도 있으나, 조건이 되기 위해서는 이를 조건으로 하려는 의사가 표시되어야 한다.

판례 188 | 대법원 2000. 10. 27. 선고 2000다30349 판결 [지분소유권말소등기]

• 사실관계: 원고들(매도인)은 피고(매수인)에게 토지를 9억9천만원에 매도하되, 피고가 위 토지상에 연립주택을 신축하여 그 분양대금으로 토지 매매대금을 지급하기로 하였다. 원고들과 피고는 토지대금 지급을 담보하기 위하여 연립주택의 건축주를 원고들 명의로 했고, 연립주택이 완공된 후 17세대 전부에 관하여 원고들 명의로 소유권보존등기가 마쳐졌다. 피고는 연립주택 신축공사 중에 101호를 제외한 나머지를 분양했으며, 원고들은 소유권보존등기를 마침과 동시에 같은 날 수분양자들에게 지분소유권이전등기를 마쳐주었다. 그럼에도 토지 매매대금이 모두 지급되지 못하자, 피고는 원고들에게 101호에 관하여 피고 앞으로 소유권이전등기를 마쳐주면 이를 담보로 소외 보험회사로부터 대출을 받아 토지 매매대금을 지급하겠다고 제의하였다. 이에 원고들은 피고와 101호에 관하여 대금을 2억2천만원으로 하는 매매계약을 체결하고 소유권이전등기를 마쳐주었다. 피고는 소외 보험회사가 아닌 다른 사람들에게 근저당권을 설정해 주었다. 원고는 조건미성취를 이유로 매매계약이 무효라면서 피고를 상대로 등기말소를 주장하였다.

• 원심의 판단: 원고들은 연립주택에 대해 소유권보존등기를 마침으로써 약한 의미의 양도담보권을 취득하였고, 원고들과 피고 사이의 101호에 대한 소유권이전의 합의는 피고가 이를 담보로

대출을 받아 토지대금을 지급하는 것을 정지조건으로 한 것인데, 피고가 소외 보험회사로부터 대출을 받을 수 없게 되고, 오히려 101호에 관하여 소외 1, 2에게 근저당권을 설정하여 줌으로써 위 정지조건의 불성취가 확정되었으므로, 101호에 관하여 마쳐진 피고 명의의 위 소유권이전등기는 무효인 계약에 터 잡은 원인무효의 등기로서 말소되어야 한다.

• 대법원의 판단: 조건은 … 법률행위에 있어서의 효과의사와 일체적인 내용을 이루는 의사표시 그 자체이고, 따라서 조건의사가 법률행위의 내용으로 외부에 표시되어야 한다.

원고들은 101호에 관하여 피고 앞으로 소유권이전등기를 마쳐주면 이를 담보로 대출을 받아 토지대금을 지급하겠다는 피고의 제의를 받아들여 피고에게 소유권이전등기를 마쳐주었다는 것일 뿐이므로, 피고가 담보대출금으로 토지대금을 지급하겠다는 것은 101호의 소유권이전등기에 대한 반대채무에 해당할 뿐이지, 정지조건에 해당한다고는 볼 수 없다. 즉, 원고들이 소유권이전등기를 선이행하고 이에 대하여 피고가 토지대금을 지급하는 반대채무를 부담하는 것을 내용으로 하는 무조건의 쌍무계약이다. 이 경우 피고의 채무불이행에 따라 원고가 위 계약을 해제할 수 있음은 별론으로 하고, 위 소유권이전의 합의가 그 효력의 발생 자체를 장래의 불확실한 사실의 성부에 의존케 하는 정지조건부 법률행위에 해당한다고 볼 수는 없다.

2. 종류

2.1. 정지조건과 해제조건

> 제147조(조건성취의 효과) ① 정지조건있는 법률행위는 조건이 성취한 때로부터 그 효력이 생긴다.
> ② 해제조건있는 법률행위는 조건이 성취한 때로부터 그 효력을 잃는다.
> ③ 당사자가 조건성취의 효력을 그 성취전에 소급하게 할 의사를 표시한 때에는 그 의사에 의한다.

법률행위의 효력이 조건의 성취에 의해 발생하면 '정지조건'이고, 이미 발생한 [385] 법률행위의 효력이 조건의 성취에 의하여 소멸하면 '해제조건'이다. 정지조건 있는 법률행위는 일단 성립은 하지만 효력 발생은 조건성취 때까지로 미루는 것이고, 해제조건 있는 법률행위는 성립과 동시에 효력도 발생하지만 조건이 성취되면 효력이 소멸되는 것을 말한다. 가령 법률행위의 효력이 권리의무의 발생인 경우, 정지조건이면 조건성취 전까지 이러한 권리의무가 발생하지 않고(사례에서 TV의 증여의무), 해제조건이면 이러한 권리의무가 발생하되 조건의 성취로 인해 소멸한다(사례에서 고용계약관계).

(1) 정지조건부 법률행위의 사례

법률행위 성립시에는 아직 권리의무가 발생하지 않고 조건이 성취되어야 이를 [386]

행사할 수 있다. 가령, 매매당사자들이 유치원부지에 대하여 유치원을 다른 곳으로 이전하거나 폐원함으로써 매매목적 토지상에 유치원이 존재하지 아니할 것을 조건으로 매매계약을 체결한 경우(2002다29152)가 이에 해당한다.

판례 189 | 대법원 2000. 8. 22. 선고 2000다3675 판결 [현상광고보수금] – 신창원 사건

- 사실관계: 무기징역수이던 신창원이 탈옥하자 경찰은 '제보로 검거되었을 때에 신고인 또는 제보자에게 현상금을 지급한다.'는 내용의 현상광고를 하였다. 원고는 신창원을 제보했고, 경찰은 신창원을 체포하여 파출소에까지 데려 갔으나 신창원은 다시 탈출했다. 이후 신창원은 다시 잡혀 재판을 받았다. 경찰은 마지막 검거시의 제보자에게는 현상금을 지불했으나, 원고에게는 지불하지 않았다. 원고는 국가에 대해 현상금의 지급을 청구했다.
- 법원의 판단: "현상광고의 지정행위는 신창원의 거처 또는 소재를 경찰에 신고 내지 제보하는 것이고 신창원이 '검거되었을 때'는 지정행위의 완료에 조건을 붙인 것인데, 제보자가 신창원의 소재를 발견하고 경찰에 이를 신고함으로써 현상광고의 지정행위는 완료되었고, 그에 따라 경찰관 등이 출동하여 신창원이 있던 호프집 안에서 그를 검문하고 나아가 차량에 태워 파출소에까지 데려간 이상 그에 대한 검거는 이루어진 것이므로, 현상광고상의 지정행위 완료에 붙인 조건도 성취되었다."
- 정리: 현상금의 지불을 위해 필요한 행위는 '제보'까지이지만 모든 제보자에게 현상금을 지급할 수는 없으므로, 그 제보로 인해 '검거'될 때에만 현상금 지불의무가 발생하도록 조건을 붙인 것이다. 이때 검거는 현상금 지불의무의 '정지조건'이 된다.

판례 190 | 대법원 2015. 7. 23. 선고 2013다86878,86885 판결 [소유권말소등기 · 가등기에 기한본등기]

- 사실관계: 1989년 원고는 피고에게 자신의 농지를 매도하는 예약을 체결하였다. 피고는 주식회사로서 해당 농지를 전용하여 골프장을 지으려고 했으며 관련 계획서를 관할관청(가평군수)에 제시하였다. 원고는 대금을 모두 받았고, 피고 명의로는 가등기가 경료되었다(1990년). 20만원이 넘는 양도 소득세는 피고가 부담하기로 했고, 이러한 점은 2004년에도 다시 확인되었다. 농지전용허가는 2010년에 나왔으며, 골프장 조성계획은 2012년에 인가되었다. 그 후 원고는 피고를 상대로 매매계약의 무효를 이유로 가등기의 말소를 청구했고, 피고는 원고에게 본등기를 이행하라는 반소를 제기했다.
- 법원의 판단: 원심은 주식회사인 피고가 농지를 매수하는 내용의 위 매매예약은 원시적 불능인 급부를 목적으로 하는 계약으로 무효라고 했다. 그러나 대법원은 당시에도 골프장을 짓기 위해 농지전용허가를 받는 것은 가능했고, 이 점을 원고와 피고 모두 알고 있었으므로, 이는 <u>농지전용허가를 정지조건으로 한 매매예약으로 유효</u>하다고 하였다.
"비록 계약 당시에 그 계약상 의무를 즉시 이행하는 것이 불가능하더라도 계약의 이행이 장래에 가능하게 된 경우를 예정하여 계약을 체결하였다면 그러한 계약이 무효라고 할 수는 없는 것이고, 주식회사와 같은 법인이 농지를 취득하기 위한 매매계약을 체결하였으나 구 농지개혁법 또는 구 농지임대차관리법상 농지매매증명을 발급받을 수 없는 경우라도 그 법인이 매수한 농지에 관

하여 관련 법규상 농지전용허가를 받음으로써 농지의 매도인이 매수인에 대하여 소유권이전등기를 해주는 것이 가능하게 될 것을 정지조건으로 하여 매매계약을 체결하였다면 그 매매계약은 특별한 사정이 없는 한 유효하다 할 것이고, 이는 매매예약을 체결한 경우에도 마찬가지이다."

(2) 해제조건부 법률행위의 사례

법률행위가 성립한 때에 권리·의무가 발생하지만, 조건이 성취되면 그 효력이 사라지는 형태이다. [387]

| 판례 191 | 대법원 2001. 10. 26. 선고 2000다61435 판결 [계약이행보증금] |

도급인과 수급인이 공사도급계약을 해지하면서 그 동안의 기성고액을 수급인이 모두 수령한 것으로 하고, 그 대신 도급인이 수급인의 하수급인들에 대한 채무를 직접 지급하기로 정산합의를 한 경우, 당사자의 의사는 정산합의 시점에서 확정적으로 수급인의 기성금청구채권 포기의 효력이 생기도록 하고, 다만, 도급인이 하수급인들에 대한 채무의 이행을 하지 아니하는 것을 해제조건으로 하였다고 보는 것이 합당하다 할 것이므로, 일단 정산합의 시점부터 권리포기의 효과는 발생하였다고 봄이 상당하다.

• 요약: 도급인과 수급인이 공사도급계약을 해지하면서 그 동안의 기성고액을 수급인이 모두 수령한 것으로 하고, 그 대신 도급인이 수급인의 하수급인들에 대한 채무를 직접 지급하기로 정산합의를 했다. 도급인이 수급인(주채무자)의 보증인에게 계약이행보증금의 지급을 청구하자 보증인이 도급인에게 상계권을 행사했다. 상계권 행사시에 수급인이 도급인에게 채권이 있었는지가 문제되었다. 해제조건이면 채권을 이미 포기한 것이므로 상계할 수 없고, 정지조건이면 아직 포기하지 않은 것이므로 상계할 수 있다. 법원은 해제조건으로 보아 상계할 수 없다고 했다.

2.2. 수의조건과 비수의조건

'조건의 성취'와 '당사자의 의사'와의 관계에 따른 구분이다. 수의조건은 조건의 성취가 당사자 일방의 의사에 따르는 조건을 말한다. 수의조건 중 순수수의조건은 조건의 성취가 순전히 당사자 일방의 의사에만 의존하는 조건을 말한다. 예를 들어 '내가 기분이 좋으면 X 물건을 팔겠다는 매매계약' 등이 이에 해당한다. 이는 무효로 보는 것이 다수설이다. 단순수의조건은 조건의 성취를 당사자 일방의 의사 및 그 의사에 따른 작위 또는 부작위에 의존하게 하는 조건을 말한다. '내가 내일 서점에 나온다면 이 책을 사겠다는 계약'이 그 예이다. 유효로 보는 견해가 다수이다. [388]

비수의조건은 수의조건에 해당하지 않는 조건이다. 이에는 조건의 성부가 당사자의 의사와는 관계없이 자연적 사실 혹은 제3자의 의사나 행위에 의존하는 조건도 있고(우성조건: 이번 크리스마스에 눈이 온다면, 우리나라 축구팀이 이번 월드컵 16강에 오른다면), 조건의 성부가 당사자의 의사 외에 자연적 사실이나 제3자의 의사에 [389]

의존하는 조건(혼성조건: 네가 A와 화해한다면, 네가 소송을 제기하여 이긴다면, 네가 금광을 발견한다면)도 있다. 모두 유효하다.

2.3. 불법조건

> 제151조(불법조건, 기성조건) ① 조건이 선량한 풍속 기타 사회질서에 위반한 것인 때에는 그 법률행위는 무효로 한다.

[390]　　'선량한 풍속 기타 사회질서'에 반하는 조건이 붙은 법률행위는 정지조건이든 해제조건이든 묻지 않고 무효이다(제151조 1항). 예를 들어 '부첩 사이에 부부관계의 종료를 해제조건으로 하는 증여계약은 그 조건만이 무효인 것이 아니라 증여계약 자체가 무효이다'(66다530).

판례 192 | 대법원 2005. 11. 8.자 2005마541 결정 [감사지위확인가처분]

조건부 법률행위에 있어 조건의 내용 자체가 불법적인 것이어서 무효일 경우 또는 조건을 붙이는 것이 허용되지 아니하는 법률행위에 조건을 붙인 경우 그 조건만을 분리하여 무효로 할 수는 없고 그 법률행위 전부가 무효로 된다고 보아야 한다.
• 사실관계: 채무자(피고와 유사)의 대표이사가 채권자(원고와 유사)에 대하여 이사인 주주들을 상대로 대여금청구소송을 제기할 것과 주주 간 경영권 분쟁과 관련하여 특정 주주의 이익만을 위하여 감사의 지위를 악용하지 않을 것 등을 확약하는 내용의 서면을 제출할 것을 정지조건으로 하여 감사임용계약의 청약을 하였다.
• 법원의 판단: 채무자의 대표이사가 채권자에게 청약의 의사표시를 하면서 부가한 조건의 내용 자체가 무효이거나 조건을 부가하여 청약의 의사표시를 하는 것이 무효라면 그 조건뿐만 아니라 청약의 의사표시 전체가 무효로 되는 것이므로, 이에 대하여 채권자가 승낙의 의사표시를 하였다 하더라도 감사임용계약이 성립된 것으로 볼 수 없다.

2.4. 기성조건

> 제151조(불법조건, 기성조건) ② 조건이 법률행위의 당시 이미 성취한 것인 경우에는 그 조건이 정지조건이면 조건없는 법률행위로 하고 해제조건이면 그 법률행위는 무효로 한다.

[391]　　법률행위 당시에 이미 성립하고 있는 조건을 기성조건이라 한다. 기성조건이 정지조건이면 조건 없는 법률행위가 되고, 기성조건이 해제조건이면 그 법률행위는 무효로 된다(제151조 2항). 따라서 '정지조건부 화해계약 당시 이미 그 조건이 성취되었다면 이는 무조건부 화해계약이다'(4292민상670).

2.5. 불능조건

제151조(불법조건, 기성조건) ③ 조건이 법률행위의 당시에 이미 성취할 수 없는 것인 경우에는 그 조건이 해제조건이면 조건없는 법률행위로 하고 정지조건이면 그 법률행위는 무효로 한다.

실현이 불가능한 사실을 내용으로 하는 조건을 불능조건이라 한다. 불능조건이 정지조건이면 그 법률행위는 무효로 되고, 해제조건이면 조건 없는 법률행위가 된다(제151조 3항). [392]

3. 조건을 붙일 수 없는 법률행위

3.1. 의의

조건부 법률행위는 그 효과의 발생과 소멸이 장래에 대하여 불확정적이므로, 법률관계가 확정적이어야 하는 법률행위에는 조건을 붙일 수 없다. 이러한 법률행위를 소위 '조건과 친하지 않은 법률행위'라고 한다. [393]

3.2. 종류

(1) 단독행위

단독행위는 일방적 의사표시로 상대방의 법적 지위가 변하기 때문에 조건을 붙이면 상대방의 지위가 더욱더 불안정해 진다. 따라서 원칙적으로 조건을 붙일 수 없다. 상계, 취소, 해제·해지, 철회, 선택채권의 선택 등이 이에 속한다. 가령, 취소권자가 매매계약을 취소하면서 매수한 부동산의 가격이 매매대금 아래로 하락하는 것을 정지조건으로 하는 것은 허용되지 않는다(백경일). [394]

그러나 상대방의 동의가 있거나 상대방에게 이익만 주는 경우(채무의 면제나 유증) 그리고 상대방이 결정할 수 있는 사실을 조건으로 한 경우에는 상대방의 법적 지위나 이익을 해치지 않기 때문에 조건을 붙일 수 있다. 가령 '계약당사자 일방이 이행지체에 빠진 상대방에 대하여 일정한 기간을 정하여 채무이행을 최고함과 동시에 그 기간 내에 이행이 없을 시에는 계약을 해제하겠다는 정지조건부 계약해제의 의사표시'(70다1508)는 가능하다. [395]

(2) 신분행위

신분행위(혼인, 입양, 인지, 상속의 승인 및 포기)에는 원칙적으로 조건을 붙일 수 [396]

없다. 다만 유언에는 조건을 붙일 수 있다(제1073조 2항).

(3) 어음 및 수표행위

[397]   어음과 수표에는 조건 없이 일정 금액을 지급하겠다고 적어야 하므로(어음법 제1조 2호, 제75조 2호; 수표법 제1조 2호), 어음행위나 수표행위에서 조건을 붙이는 것은 허용될 수 없다. 양도성 보장이라는 어음 수표의 본래 취지에 반하기 때문이다.

3.3. 효과

[398]   조건을 붙일 수 없는 법률행위에 조건을 붙인 경우에 그 법률행위는 전부 무효가 된다. 그러나 어음법과 수표법상의 배서에 붙인 조건은 적지 않은 것으로 본다(어음법 제12조 1항, 제77조 1항 1호, 수표법 제15조 1항). 즉, 조건 없는 어음 및 수표행위로서 효력이 발생한다.

4. 조건의 성취와 불성취

4.1. 의의

[399]   조건에서 정한 사실이 발생하는 것을 '조건의 성취'라고 하고, 발생하지 않는 것을 '조건의 불성취'라고 한다. 이에 따라서 법률행위의 효력 여부가 확정된다. 조건의 성취로 법률행위의 효과가 확정되었음을 주장하는 자가 조건의 성취를 입증해야 한다(84다카967).

판례 193 │ 대법원 2002. 11. 8. 선고 2002다35867 판결 [상여금]

근로자들이 미지급 상여금을 포기한다는 동의서에 서명하면서 고용승계를 보장받는 것을 목적으로 특정 회사에 회사가 매각되는 것을 조건으로 한 경우, 그 후 특정 회사에의 회사 매각은 결렬되었으나 다른 회사가 동일한 조건으로 고용승계를 보장하여 회사를 인수한 이상 합목적적으로 해석하여 그 조건이 성취된 것으로 볼 수 있으나, 특정 회사에의 회사 매각이 결렬된 후 다른 회사로 회사가 매각되기 전에 퇴직한 근로자들에게는 그 조건이 성취된 것으로 보아서는 아니되고 그 조건의 문언대로 엄격하게 해석하여야 한다고 본 사례.

4.2. 신의칙에 반하는 행위에 의한 조건의 성취와 불성취

사례 37

A는 B와 달리기 시합을 하면서 B가 이기면 자신의 자전거를 주기로 했다. A가 B를 앞서가자 B는 A의 발을 걸어 넘어뜨린 후 시합에서 이겼다. B는 A에게 자전거를 달라고 요구할 수 있는

가? 반대로 앞서가는 B의 발을 A가 걸어 넘어뜨려서 이긴 경우에는 어떻게 되는가?

> 제150조(조건성취, 불성취에 대한 반신의행위) ① 조건의 성취로 인하여 불이익을 받을 당사자가 신의성실에 반하여 조건의 성취를 방해한 때에는 상대방은 그 조건이 성취한 것으로 주장할 수 있다.
> ② 조건의 성취로 인하여 이익을 받을 당사자가 신의성실에 반하여 조건을 성취시킨 때에는 상대방은 그 조건이 성취하지 아니한 것으로 주장할 수 있다.

신의칙에 반하는 방법으로 조건의 성취를 방해하면 조건이 성취된 것으로, 그 [400] 조건을 성취시키면 조건이 성취되지 않은 것으로 각각 주장할 수 있다. 조건의 성취 또는 불성취로 직접 불이익을 받게 되는 자의 행위로 인해 조건이 불성취 또는 성취되어야 하며, 이를 통해 권리를 취득하거나 의무를 면하는 것이 신의칙에 반해야 한다. 이와 관련하여 법원은 고의만이 아니라 과실에 의한 경우도 신의칙에 반한 방해 행위가 될 수 있다고 한다(98다42356). 다만 사회통념상 방해행위가 없었다면 조건이 성취되었을 것이라고 여겨져야 한다. 즉, 방해행위가 없었더라도 조건의 성취가능성이 현저히 낮은 경우에는 방해행위가 있었다는 것만으로 '조건의 성취를 방해한 때'에 포함되지 않는다(2022다266245).

상대방은 그 조건이 성취되거나 성취되지 않은 것처럼 '주장할 수 있다'. 이러한 [401] 주장에 의해 조건이 성취된 것으로 의제되는 시점은 방해가 없었다면 조건이 성취되었을 시점이다. 한편, 상대방은 조건부 법률행위의 침해(제148조)를 이유로 불법행위에 의한 손해배상청구권을 행사할 수도 있다. 따라서 상대방은 '조건의 성취 또는 불성취'의 주장이나 손해배상청구권의 행사 중에서 선택할 수 있다(통설).

판례 194 | 대법원 1998. 12. 22. 선고 98다42356 판결 [공사대금]

• 정리: 원고가 일정시기(1996. 10. 10.)까지 공사를 완성하여 준공필증을 제출하면 A는 공사대금채무를 지급하기로 했고 피고는 이를 보증하였다. 피고와 A는 출입문을 잠궈 원고의 공사현장 출입을 방해했고 공사에 필요한 전기용량 증강도 해주지 않았다. 준공이 완료되지 않았지만 원고는 피고와 A에게 공사대금을 청구했다. 피고측은 정지조건 미성취를 주장했고, 법원은 피고 측이 신의칙에 반하게 조건성취를 방해했다면서 공사대금을 지급하라고 명했다. 그리고 피고 측의 행위가 "고의에 의한 경우만이 아니라 <u>과실에 의한 경우</u>에도 A 및 피고가 신의성실에 반하여 조건의 성취를 방해한 때에 해당한다"고 하였다. 그리고 신의칙에 반하는 조건성취 방해시에 "조건이 성취된 것으로 의제되는 시점은 이러한 신의성실에 반하는행위가 없었더라면 조건이 성취되었으리라고 추산되는 시점"이라고 하였다.

*법원은 당사자 사이의 조건의사를 인정하여 신의칙에 반하는 조건성취방해로 보아 해결했다.

다만 채권자의 귀책사유에 의한 이행불능으로 보아 반대급부청구권을 인정하면 마찬가지의 결과를 얻을 수 있다.

판례 195 | 대법원 2015. 5. 14. 선고 2013다2757 판결 [상환금]

갑 주식회사의 보통주를 기초자산으로 하여 중간평가일의 종가인 평가가격이 발행일의 종가인 기준가격보다 높거나 같을 경우 중도상환금을 지급하는 주가연계증권을 발행하여 을 등 투자자에게 판매한 병 증권회사가 중간평가일의 장 종료 무렵 기준가격에 미치지 못하는 가격으로 대량의 매도 주문을 함에 따라 장 종료 10분 전까지 기준가격을 상회하던 갑 회사의 보통주 가격이 기준가격 아래로 떨어져 중도상환조건의 성취가 무산된 사안에서, 병 회사의 행위가 신의성실에 반하여 중도상환조건 성취를 방해한 것이라고 볼 여지가 충분하다고 한 사례.

판례 196 | 대법원 2022. 12. 29. 선고 2022다266645 판결 [약정금]

일방 당사자의 신의성실에 반하는 방해행위 등이 있었다는 사정만으로 곧바로 민법 제150조 제1항에 의해 그 상대방이 발생할 것으로 희망했던 결과까지 의제된다고 볼 수는 없으므로, 여기서 말하는 '조건의 성취를 방해한 때'란 사회통념상 일방 당사자의 방해행위가 없었더라면 조건이 성취되었을 것으로 볼 수 있음에도 방해행위로 인하여 조건이 성취되지 못한 정도에 이르러야 하고, 방해행위가 없었더라도 조건의 성취가능성이 현저히 낮은 경우까지 포함되는 것은 아니다. 만일 위와 같은 경우까지 조건의 성취를 의제한다면 단지 일방 당사자의 부당한 개입이 있었다는 사정만으로 곧바로 조건 성취로 인한 법적 효과를 인정하는 것이 되고 이는 상대방으로 하여금 공평·타당한 결과를 초과하여 부당한 이득을 얻게 하는 결과를 초래할 수 있기 때문이다. 한편 일방 당사자가 신의성실에 반하여 조건의 성취를 방해하였는지는 당사자들이 조건부 법률행위 등을 하게 된 경위나 의사, 조건부 법률행위의 목적과 내용, 방해행위의 태양, 해당 조건의 성취가능성 및 방해행위가 조건의 성취에 미친 영향, 조건의 성취에 영향을 미치는 다른 요인의 존재 여부 등 여러 사정을 고려하여 개별적·구체적으로 판단하여야 한다.

갑 주식회사가 지적재산권을 활용한 전자제품을 개발·판매하는 사업을 추진하고 있었고, 을이 갑 회사에 투자하면서 '갑 회사는 을에게 지적재산권을 통한 매출 발생 시마다 수익금 중 10%를 투자금 원금을 포함한 5배 금액이 될 때까지 상환한다.'는 내용의 투자협정을 체결하였는데, 그 후 을이 갑 회사를 상대로 갑 회사가 '지적재산권을 통한 매출 발생'이라는 투자상환금 지급 조건의 성취를 방해하였으므로 민법 제150조 제1항에 따라 조건의 성취가 의제되었다고 주장하며 약정금의 지급을 구한 사안에서, 갑 회사가 관련 전자제품을 실제 양산·판매하여 매출을 발생시키려는 의사나 능력 없이 을로부터 투자금을 지급받기만 하였다면 투자협정의 상대방인 을에 대한 관계에서 신의성실에 반하는 행위라고 평가할 여지는 있으나, 투자협정 체결 당시 해당 사업의 성공가능성을 예측하기 어려웠던 것으로 보이고, 을도 매출 발생이라는 조건이 성취되는 것이 쉬운 일이 아니라는 점을 인식하였던 것으로 보이는 등 갑 회사의 방해행위가 없었더라도 조건의 성취가능성은 현저히 낮았던 것으로 볼 여지가 있으므로, 을이 갑 회사의 전자제품 개발·판매 사업이 성공할 것으로 신뢰하였거나 이를 기대하여 투자를 하였더라도, 갑 회사가 개발하려는 전자제품 판매로 인한 매출 발생 가능성 자체가 현저히 낮았다면, 갑 회사가 사업 진행을 위해 진지한 노력을 기울이지 않았다거나 처음부터 그러한 의사가 없었다는 사정 등만으로 갑 회사가 매출 발생이라는 조건 성취를 방해한 경우라고 평가하기 부족한데도, 이와 달리 본 원심판단에 법리오해 등의 잘못이 있다고 한 사례.

5. 조건부법률행위의 효력

제147조(조건성취의 효과) ① 정지조건있는 법률행위는 조건이 성취한 때로부터 그 효력이 생긴다.
② 해제조건있는 법률행위는 조건이 성취한 때로부터 그 효력을 잃는다.
③ 당사자가 조건성취의 효력을 그 성취전에 소급하게 할 의사를 표시한 때에는 그 의사에 의한다.

5.1. 조건의 성취와 법률효과

조건의 성취 또는 불성취로 인하여 법률행위의 효력은 확정된다. 정지조건이 [402] 성취되면 법률행위의 효력이 확정적으로 발생하며, 해제조건이 성취되면 확정적으로 소멸한다.

5.2. 효과의 발생시기

조건의 성취로 인한 효력은 그때로부터 발생하며 소급효가 없다. 다만 당사자 [403] 는 조건성취의 효력에 소급효가 있는 것으로 합의할 수 있다(제147조 3항). 그러나 이러한 소급효로 제3자에게 대항하기 위해서는 (가)등기 등을 통한 공시가 있어야 할 것이다.

판례 197 | **대법원 1992. 5. 22. 선고 92다5584 판결 [근저당권설정등기말소]**

해제조건부증여로 인한 부동산소유권이전등기를 마쳤다 하더라도 그 해제조건이 성취되면 그 소유권은 증여자에게 복귀한다고 할 것이고, 이 경우 당사자 간에 별단의 의사표시가 없는 한 그 조건성취의 효과는 소급하지 아니하나, 조건성취 전에 수증자가 한 처분행위는 조건성취의 효과를 제한하는 한도 내에서는 무효라고 할 것이고, 다만 그 조건이 등기되어 있지 않는 한 그 처분행위로 인하여 권리를 취득한 제3자에게 위 무효를 대항할 수 없다고 할 것이다.

• 요약: 원고는 소외인에게 자신의 임야를 증여하되 서울시가 그 임야에 도로개설공사를 하면 이를 서울시에 무상증여하지 않을 것을 해제조건으로 하였다(1980. 5. 7. 무상증여하지 않으면 증여계약의 효력이 소멸됨). 소외인은 이 임야에 대해 피고에게 가등기를 경료해 주었다(1981. 7. 10.). 이후 서울시가 위 임야에 도로개설공사를 함에도 소외인은 위 임야를 서울시에 무상증여하

지 않았다(1987. 4. 30.). 원고는 해제조건의 성취로 인해 위 가등기가 무효라고 주장하였다. 원심법원은 해제조건 성취에 소급효가 없고, 소급효에 대한 약정도 없으므로 피고에게 대항할 수 없다고 하였다. 대법원은 원심법원의 설명에 오류는 있지만, 해제조건을 등기하지 않은 원고가 가등기권리자인 피고에게 해제조건 성취로 대항할 수 없으므로 원심의 결과는 정당하다고 하였다.

5.3. 조건성취 이전의 법률효과

제148조(조건부권리의 침해금지) 조건있는 법률행위의 당사자는 조건의 성부가 미정한 동안에 조건의 성취로 인하여 생길 상대방의 이익을 해하지 못한다.
제149조(조건부권리의 처분등) 조건의 성취가 미정한 권리의무는 일반규정에 의하여 처분, 상속, 보존 또는 담보로 할 수 있다.

[404]   조건의 성취 또는 불성취가 미정인 동안에 조건부 법률행위의 효력은 확정되지 않는다. 그렇지만 조건의 성부에 따라 권리취득이 확정된다는 기대이익을 가지므로 민법 제148조, 제149조는 이를 보호하고 있다. 제149조는 이를 처분, 상속, 보존, 담보로 할 수 있도록 하고 있다. 미정인 상태에서도 재산적 이익을 인정하는 것이다. 제148조는 이를 침해하지 못하도록 한다. 제148조를 위반한 처분행위가 후에 조건성취에 의하여 발생할 법률효과와 충돌되면 무효이다. 그러나 부동산에 대한 권리라면 (가)등기를 해야 제3자에게 대항할 수 있고, 동산일 경우에는 선의취득(제249조)에 의하여 제3자의 이익이 보호받을 수 있다.

II. 기한

사례 38

A는 1월 15일 B의 원룸에 대해 3월 1일부터 2년간 이를 임차하기로 하였다.

사례 39

A는 자신의 부동산을 B에게 증여하되 B가 사망하면 그 부동산의 소유권이 A에게 복귀한다는 특약을 하고 이를 등기부에 기재하였다. (곽윤직, 『부동산등기법』에 제시된 '권리의 소멸에 관한 약정'의 예)

사례 40

A는 남편 C의 의류회사가 B에게 갚아야 할 원단대금 5천만원에 대해 "C가 사업에 재기할

경우" 갚기로 약정하였다. C는 4년이 지나도록 재기에 성공하지 못하고 있다. A는 B에게 5천만원을 갚아야 하는가? (2008가단84172 참조)

1. 의의

법률행위의 당사자가 그 효력의 발생과 소멸, 채무의 이행50을 장래의 확실한   [405]
사실에 의존하게 하는 경우를 기한이라 한다. 그 도래 시점은 확정적일 수도 있고(확정기한, 예 2020년 1월 1일), 불확정적일 수도 있지만(불확정기한, 예 특정인이 사망한 경우) 그것이 발생한다는 것은 확실하다.

2. 종류

2.1. 시기와 종기

> 제152조(기한도래의 효과) ① 시기있는 법률행위는 기한이 도래한 때로부터 그 효력이 생긴다.
> ② 종기있는 법률행위는 기한이 도래한 때로부터 그 효력을 잃는다.

기한의 도래에 의해 법률행위에 의한 효력이 발생하면 시기이고(제152조 1항),   [406]
효력이 소멸하면 종기이다(제152조 2항). 가령 임대차계약을 체결하면서 그 시기와
종기를 정하는 것이 이에 해당한다.

2.2. 확정기한과 불확정기한

도래시기가 확정되어 있는 기한을 확정기한(예 2020년 6월 12일)이라 하고, 도래   [407]
시기가 확정되어 있지 않은 기한(예 특정인의 사망시)을 불확정기한이라 한다. 불확정
기한으로 정한 장래 사실 중에는 반드시 실현되는 경우도 있고(예 사람의 사망), 그렇
지 않은 경우(예 사업에 재기하면)도 있다. 후자의 경우에는 예정한 사실의 불발생이
확정된 시점에도 기한이 도래한다. 그런데 장래 사실의 발생이 불확실한 경우에는
먼저 이것이 기한인지 조건인지를 구별해야 한다. 가령 위의 사례에서 남편이 사업
재기에 실패하면 의무가 발생하지 않는지의 문제가 먼저 해결되어야 한다. 이는 의
사표시의 해석문제이며, 법률효과(사안에서 금전지급의무)의 발생이 확정적이라고 생
각했다면 불확정기한으로 본다. 가령, "대출을 받으면 돈을 지불하겠다."고 한 경우,

---

50 조건과 기한은 통상적으로 법률행위의 부관이라고 하는데, 채무의 이행기한은 부관으로서의 기한은
   아니다. 부관은 법률행위의 효력과 관련된 것이기 때문이다. 그러나 우리 민법은 제153조에서 채무
   의 이행기한도 부관으로서의 기한과 함께 설명하고 있으므로, 여기서는 이를 포함시켜서 서술한다
   (위 조문이 잘못 편재되었다는 것에 관하여는 양창수, "한국 민법학 50년의 성과와 앞으로의 과제",
   저스티스 92호, 183면, 2006 참조).

통상적으로는 대출을 못 받아도 돈은 지불해야 할 것이다. 이때는 대출을 조건으로 한 것이 아니라, 대출 여부가 확정된 시점을 (불확정) 기한으로 한 것이다. 그러나 대출 여부에 따라 지불의무의 발생 여부를 정하고자 했다면 조건이다.

판례 198 | 대법원 2003. 8. 19. 선고 2003다24215 판결 [퇴직금등]

부관이 붙은 법률행위에 있어서 부관에 표시된 사실이 발생하지 아니하면 채무를 이행하지 아니하여도 된다고 보는 것이 상당한 경우에는 조건으로 보아야 하고, 표시된 사실이 발생한 때에는 물론이고 반대로 발생하지 아니하는 것이 확정된 때에도 그 채무를 이행하여야 한다고 보는 것이 상당한 경우에는 표시된 사실의 발생 여부가 확정되는 것을 불확정기한으로 정한 것으로 보아야 한다. 따라서 이미 부담하고 있는 채무의 변제에 관하여 일정한 사실이 부관으로 붙여진 경우에는 특별한 사정이 없는 한 그것은 변제기를 유예한 것으로서 그 사실이 발생한 때 또는 발생하지 아니하는 것으로 확정된 때에 기한이 도래한다.

• 정리: 정리회사의 관리인이 원고에게 '희망퇴직신청을 하면 회사정리계획 인가결정일로부터 1개월 이내에 평균임금 3개월분의 퇴직위로금을 지급하겠다'고 하였다. 이후 회사정리절차는 폐지되어 정리계획인가를 받을 수 없게 되었다. 원고가 정리회사를 승계한 피고에게 위 금액의 지급을 청구하자 피고는 조건의 미성취를 들어 항변했다. 법원은 "회사정리계획인가를 조건으로 정한 것이 아니라 불확정한 사실의 도래를 변제기로 정한 것"이라면서 "회사정리절차가 폐지되어 정리계획인가를 받을 수 없는 것으로 확정되었으므로 그때에 기한이 도래하였다."고 하였다.

판례 199 | 대구지방법원 2009. 8. 13. 선고 2008가단84172 판결 : 항소 [물품대금]

갑이 남편 을이 의류사업의 재기에 성공할 경우 채권자 병에게 원단대금 잔액을 분할변제하기로 약정한 사안에서, 이는 이른바 불확정기한부 법률행위로서 객관적으로 보아 을이 재기에 성공한 때 또는 성공할 수 없는 것으로 확정된 때 그 이행기한이 도래하는 것으로 보아야 하고, 나아가 갑은 남편 을이 재기한 경우에는 그때부터 사회통념상 상당하다고 인정되는 기간 내에 위 약정금을 분할하여 지급할 것을 주장할 수 있지만, 재기 불능이 확정된 경우에는 그러한 추가적인 기한의 이익이 존재함을 주장할 수 없고 이를 일시불로 지급해야 한다고 한 사례.

3. 기한을 붙일 수 없는 법률행위

[408]   조건을 붙일 수 없는 법률행위는 대체로 기한도 붙일 수 없다. 가령, 혼인·이혼·입양·상속의 승인 등의 신분행위처럼 법률행위의 효과가 성립과 동시에 발생해야 하는 법률행위 또는 취소·추인·상계 등과 같이 소급효가 있는 법률행위에는 시기를 붙일 수 없다. 신분행위나 단독행위에 대해서는 종기를 붙일 수 없다. 기한과 친하지 않은 법률행위에 기한이 붙은 경우에는 법률행위 전체가 무효로 된다. 그러나 어음행위나 수표행위에는 시기를 붙일 수 있다.

4. 기한부 법률행위의 효력

4.1. 기한의 도래

기한이 기일이나 기간으로 정해져 있으면 기일의 도래 또는 기간의 경과로써 [409]
기한이 도래한다. 기한이 일정한 사실의 발생으로 정해져 있으면 그 사실의 발생뿐
만 아니라 그 사실이 불발생으로 확정된 때에도 기한이 도래한다(통설·판례: 88다카
10579). 반면, 위와 같이 정해져 있는 경우라 하더라도, 기한의 이익을 포기하거나
상실한 때에도 기한이 도래한다(통설).

4.2. 기한도래 전의 '기한부 법률행위'의 효력

제154조(기한부권리와 준용규정) 제148조와 제149조의 규정은 기한있는 법률행위에 준용한다.

기한은 도래하는 것이 확정적이므로 기한의 도래까지 기한부 권리를 보호할 필요 [410]
가 생긴다. 따라서 민법은 제148조와 제149조를 기한부 권리에 준용하고 있다(제154조).

4.3. '채무의 이행'에 붙은 기한

제152조는 법률행위의 부관인 시기와 종기를 규정하고 있으나, 제153조는 [411]
채무의 이행기한에 대하여도 다루고 있다. 실제로 '기한'이라는 말로는 채무의
'이행기'가 더 많이 언급된다. 이는 법률행위에 의해 채무는 이미 발생했으나, 그
이행에 기한이 설정되어 있는 경우이다. 가령, 돈을 빌려가면서 그 갚을 날을 정
하거나, 매매계약에서 대금지급시점을 정하는 것이 이에 해당한다. 제153조에
서 '기한의 이익'은 이러한 이행기를 의미한다. '시기부 법률행위'에서는 아직 채
권이 발생하지 않은 것임에 대하여, '채무의 이행에 기한이 붙은 법률행위'에서
는 이미 채권은 발생하였으나 그 이행기가 아직 도래하지 않은 것이다.

5. 기한의 이익

제153조(기한의 이익과 그 포기) ① 기한은 채무자의 이익을 위한 것으로 추정한다.
② 기한의 이익은 이를 포기할 수 있다. 그러나 상대방의 이익을 해하지 못한다.

5.1. 개념

기한의 이익이란 기한이 아직 도래하지 않음으로써 당사자가 받는 이익을 말한 [412]

다. 그리고 기한의 이익을 받는 당사자는 법률행위의 종류, 특약 또는 당시의 구체적인 사정 등에 따라 정해진다.

5.2. '기한의 이익'의 추정

[413] 기한이 누구를 위하여 존재하는지 불분명한 경우에 우리 민법은 채무자의 이익을 위한 것으로 추정한다(제153조 1항). 따라서 기한의 이익이 채권자를 위하거나 쌍방을 위해 존재한다는 것은 이를 주장하는 자가 증명해야 한다(통설).

5.3. '기한의 이익'의 포기

[414] 기한의 이익은 포기할 수 있다. 그러나 상대방의 이익을 해하지 못한다(제153조 2항). 포기는 '일방적 의사표시'에 의하며, 이로 인해 기한이 도래한 것과 같은 효과가 발생한다. 기한의 이익이 일방에게만 있다면 상대방에 대한 일방적 의사표시만으로 기한의 이익을 포기할 수 있다. 예를 들어 무이자소비대차의 차주는 언제든지 원금을 반환할 수 있다. 그러나 기한의 이익이 상대방에게도 있는 경우에는 상대방의 손해를 배상하고 포기할 수 있다. 가령 이자부소비대차의 차주는 기한도래 전에도 변제할 수 있지만 이행기까지의 이자를 지급해야 한다.

5.4. '기한이익'의 상실

[415] (1) 채무자가 담보를 손상·감소 또는 멸실하게 한 때(제388조 1호)
     (2) 채무자가 담보제공의 의무를 이행하지 아니한 때(제388조 2호)
     (3) 채무자가 파산선고를 받은 때(회생 및 파산에 관한 법률 제425조)

CHAPTER

3
기간

제3장　기간

제155조(본장의 적용범위) 기간의 계산은 법령, 재판상의 처분 또는 법률행위에 다른 정한 바가 없으면 본장의 규정에 의한다.

Ⅰ. 의의

기간이란 어느 시점에서 어느 시점까지의 계속된 시간을 말한다. 기일은 어느 [416] 특정의 시점을 말하지만, 기간은 시간의 연속을 의미한다. 성년, 시효, 실종 등에서는 기간의 경과 여부가 권리의무에 영향을 미치며, 경우에 따라서는 짧은 시간이 당사자의 이해관계에 중대한 영향을 미친다. 따라서 기간계산의 방법이 미리 정해져 있을 필요가 있다. 기간의 계산은 법령이나 법원에서 정하면 그에 따르고 법률행위로 미리 정할 수도 있다(2006다62942: 초일을 산입하기로 한 약정). 이러한 것들이 없다면 제155조 이하의 규정에 따른다(보충적 적용). 제155조 이하에서 정한 기간의 계산법은 사법관계에는 물론 공법관계에도 공통적으로 적용된다.

| 판례 200 | 대법원 2009. 11. 26. 선고 2009두12907 판결 [광업권설정출원서불수리처분취소] |

광업권설정 출원제한기간의 기산일인 2007. 7. 28.로부터 6개월의 기간이 경과하는 마지막 날인 2008. 1. 27.은 일요일인 사실을 알 수 있고, 한편 민법 제161조는 "기간의 말일이 토요일 또는 공휴일에 해당한 때에는 기간은 그 익일로 만료한다."고 규정하고 있는바, 이 사건 광구에 대한 출원제한기간은 민법 제161조의 규정에 따라 2008. 1. 27.의 익일인 2008. 1. 28. 만료된다고 보아야 할 것이므로, 결국 2008. 1. 28. 제기된 원고의 광업권설정출원은 광업법 제16조 소정의 출원제한기간이 만료되지 아니한 상태에서 제기된 것으로서 부적법하다고 할 것이다.

Ⅱ. 기간의 계산방법

1. 자연적 계산

기간을 시·분·초로 정한 경우에는 '즉시' 기산하고, 종료된 시·분·초에 만료한 [417] 다(제156조). 이를 자연적 계산방법이라고 한다.

2. 역법(曆法)적 계산

[418] 기간을 일·주·월·년으로 정한 때에는 역법적 계산방법에 의한다(제157조 이하). 이때 초일은 산입하지 않으며(제157조 본문), 말일의 종료로 기간은 만료한다(제159조). 가령 2020년 2월 1일 11시에 3일 내로 돈을 가져오기로 한 경우, 2월 4일 11시가 아니라 2월 4일의 종료시점에 만료한다(72시간 내로 돈을 가져오기로 했다면 2월 4일 11시가 된다). 다만 기간이 오전 0시로부터 시작하는 경우(제157조 단서)와 연령 계산에서는 초일을 산입한다(제158조). 따라서 생일이 2월 1일인 사람은 2월 1일이 시작하는 시점에 (만 나이로) 한 살이 늘어난다.

[419] 기간을 월·년으로 정한 때에는 이를 일로 환산하지 않고 역에 따라 계산한다(제160조 1항). 따라서 월이나 년에서 일수의 장단을 따지지 않는다. 가령 5달이나 3년으로 정한 경우, 그중에 2월처럼 날수가 짧은 달이 있거나, 윤년처럼 366일이 있는 해가 있더라도 이를 무시하고 계산한다.

[420] 주·월·년의 처음부터 기간을 계산하는 경우에는 그 주·월·년이 종료하는 때에 만료하지만, 처음부터 계산하지 않을 때에는 최후의 주·월·년에서 기산일에 해당하는 날의 전일로 기간은 만료한다(제160조 2항). 가령 1달이 기간인 경우, 2월 1일이 기산일이면 2월 28일(혹은 29일)에 기간이 만료하지만, 1월 27일이면 2월 26일에 기간이 만료한다.

[421] 기간을 월 또는 년으로 정한 경우에 최후의 월에 해당일이 없는 경우에는 그 월의 말일로 기간이 만료한다(제160조 3항). 가령 3월 30일에 11달 후에 돈을 갚기로 한 경우에는 2월 28일(혹은 29일)에 기간이 만료한다(3월 31일이 기산일이므로 2월 30일이 있다면 이날이 만료일이지만, 해당일이 없으므로 그 말일인 28일에 만료한다).

[422] 기간의 말일이 토요일 또는 공휴일에 해당하는 때에는 그 기간은 그 익일로 만료한다(제161조). 공휴일이란 국경일, 일요일을 비롯한 휴일을 의미하며, 임시공휴일이 포함된다(63다958).

Ⅲ. 기간역산(逆算)의 계산

[423] 민법의 계산방법은 일정한 기산일로부터 소급하여 과거에 역산되는 기간에도 준용된다(통설·판례: 87다카2901). 예를 들어 2020년 6월 15일에 사원총회가 개최되는 경우에는 늦어도 2020년 6월 7일에는 총회의 목적사항을 기재한 통지를 발송해야 한다(제71조).

소멸시효

제4장　소멸시효

Ⅰ. 시효제도 총설

1. 의의

시효라는 것은 일정한 사실상태가 오래 계속된 경우에 이 상태가 규범(권리상태) [424]
과 일치하지 않더라도 사실상태를 존중하여 이를 권리관계로 인정하려는 제도이다.
이는 법률관계의 안정에 기여하며, 증명곤란의 구제 및 권리불행사에 대한 제재의
기능도 있다.

시효에는 취득시효와 소멸시효가 있는데, 전자는 물권의 취득원인으로서 물권 [425]
편에, 후자는 권리의 소멸원인(혹은 항변권 발생원인)으로서 총칙편에 규정되어 있다.

2. 소멸시효와 제척기간과의 구별

제척기간은 일정한 권리에 관하여 법률이 예정한 존속기간으로, 권리관계 [426]
를 그 기간 내에 확정하려는 것이다. 법률관계의 안정을 위한다는 점에서 소멸
시효와 유사하다. 그러나 소멸시효는 권리불행사에 대한 제재적 성격이 있어서
권리를 행사할 수 있음에도 행사하지 않을 것을 요하지만, 제척기간은 그 기간
의 경과 자체만으로 권리소멸의 효과가 발생한다. 권리행사에 기간을 정해 놓은
경우에 이를 무엇으로 볼 것인가의 문제가 생긴다. 일반적으로 민법에서는 "시
효"라는 표현이 없으면 제척기간으로 본다. 이에 관해 분명한 구분기준은 없지
만 통상적으로 소멸시효는 청구권에, 제척기간은 형성권에 적용된다.

판례 201　대법원 2006. 6. 16. 선고 2005다25632 판결 [보험금지급청구권부존재확인]

구 공동주택관리령(1998. 12. 31. 대통령령 제16069호로 개정되기 전의 것) 제16조는, 제1항에
서 공동주택 등에 대한 하자보수기간은 그 사용검사일부터 주요시설인 경우에는 2년 이상으로
하고 그 외의 시설인 경우에는 1년 이상으로 하되 하자보수대상인 주요시설 및 그 외의 시설의
구분 및 범위에 따른 기간은 건설교통부령으로 정한다고 한 다음, 제2항에서 '제1항의 규정에
의한 기간 내에 공동주택 등의 하자가 발생한 때'에는 입주자대표회의 등이 사업주체에 대하여
그 하자의 보수를 요구할 수 있다고 규정하고 있을 뿐, 그 기간 내에 하자보수를 요구하여야
한다거나 그 기간 동안 담보책임이 있다고 규정하고 있지는 않으므로, 위 하자보수기간을 하자
보수청구권 행사의 제척기간으로 해석할 수는 없다. (소멸시효의 중단을 인정했다)

민법 제1019조 제3항의 기간은 한정승인신고의 가능성을 언제까지나 남겨둠으로써 당사자 사이에 일어나는 법적 불안상태를 막기 위하여 마련한 제척기간이고, 경과규정인 개정 민법 (2002. 1. 14. 법률 제6591호) 부칙 제3항 소정의 기간도 제척기간이라 할 것이며, 한편, 제척기간은 불변기간이 아니어서 그 기간을 지난 후에는 당사자가 책임질 수 없는 사유로 그 기간을 준수하지 못하였더라도 추후에 보완될 수 없다고 할 것이다.

같은 취지에서 원심이, 위 개정 민법 부칙 제3항에 의하여 행하여진 이 사건 한정승인신고는 같은 항에 규정된 제척기간인 개정 민법 시행일부터 3월 내에 이루어진 것이 아니어서 부적법하다고 판단한 조치는 정당하다.

▌권리의 구분 2: 청구권과 형성권

소멸시효와 제척기간의 구분은 청구권과 형성권을 구별해보면 더 쉽게 이해된다. 청구권은 일정한 행위를 요구할 수 있는 권리이다. 이러한 요구를 한다고 하여 바로 이익을 누릴 수는 없고, 상대방이 이에 응해 일정한 행위를 했을 때만 권리자가 이익을 누릴 수 있다(이런 점에서 지배권과 구별된다). 가령 매수인은 매도인에게 소유권이전을 청구할 수 있는데, 매도인이 이에 응해 소유권을 이전했을 때에만 매수인이 소유권을 취득할 수 있다. 돈을 빌려준 자가 대여금반환청구권을 가져도 마찬가지이다. 따라서 청구권이 있더라도 상대방의 이행이 없으면 이는 미실현상태가 되고, 권리는 있으되 실현되지 않는 '규범과 사실의 불일치'라는 문제가 생긴다. 소멸시효는 이런 규범과 사실의 불일치가 일정기간 지속된 경우 사실상태에 맞추어 권리를 소멸(제한)시키는 것이다. 형성권은 일방적 의사표시로 법률관계를 바꿀 수 있는 권리이다. 여기서는 상대방의 행위를 필요로 하지 않는다. 가령 미성년자가 법정대리인의 동의 없이 계약을 체결한 후 취소권을 행사하면, 그의 일방적 의사표시만으로 계약은 소급적으로 효력을 잃는다. 따라서 형성권의 경우에는 규범과 사실의 불일치라는 현상이 (원칙적으로) 생기지 않는다. 취소권이 있는데 행사하지 않고 있다면, 이는 그의 자유이며 따라서 이러한 법률관계도 규범과 일치하는 것이다. 이와 같이 형성권의 경우에는 (원칙적으로) 선택의 자유에 따른 법률관계의 미확정상태가 있을 뿐이고, 제척기간은 권리관계의 미확정상태가 일정기간 이상 길어지는 것을 막는 것이다. 청구권의 경우에는 상대방에게 이행을 청구하더라도 상대방이 이행하지 않으면 규범과 사실의 불일치는 발생한다. 이런 점에서 소멸시효는 중단과 재시작이 있다. 이와 달리 형성권의 경우에는 이를 행사하면 그대로 법률관계가 확정되므로, 다시 이를 행사할 필요가 없고 따라서 중단이 있을 수 없다. 이와 같이 소멸시효는 규범과 사실의 불일치가 지속된 경우 사실상태에 맞추어 권리를 소멸(제한)시키는 것이고, 제척기간은 권리관계의 미확정상태가 길어지는 것을 막는 것이다. 다만, 형성권은 (대부분) 제척기간에 걸리지만, 청구권 중에는 소멸시효가 아니라 제척기간에 걸리는 경우도 있다.

[427]   소멸시효와 제척기간의 차이점으로 첫째, 소멸시효는 당사자의 원용이 있어야 재판의 기초로 할 수 있는데, 제척기간은 당사자의 원용이 없어도 법원은 직권으로 이를 고려해야 한다. 둘째, 제척기간에서는 소급효가 인정되지 않는다. 셋째, 제척기

간에는 중단이 인정되지 않는다. 넷째, 소멸시효기간은 법률행위에 의하여 단축 또는 경감할 수 있지만, 제척기간은 자유로이 단축할 수 없다. 한편 그간 소멸시효의 이익은 포기할 수 있으나, 제척기간에서는 이익의 포기가 인정되지 않는다는 것이 일반적인 견해였으나, 2022년 대법원은 제척기간의 경우에도 그 완성으로 인한 이익의 포기가 인정된다고 하였다. 다만 이 사안에서는 청구권이 문제되었고, 당사자의 합의에 의해 그 기간연장도 가능하다는 점(상법 제814조 1항)에서 일반적인 제척기간과는 다른 점이 있다. 이 판결에서도 문제된 권리가 청구권이라는 점과 합의에 의해 기간연장이 가능하다는 점을 제척기간완성의 이익포기가 가능한 중요 이유로 제시하고 있다. 따라서 형성권에 설정된 제척기간에 대하여도 이러한 이익포기가 가능한지에 관하여는 아직 법원의 입장이 없다고 할 수 있다.

판례 203 | **대법원 2022. 6. 9. 선고 2017다247848 판결 [구상금]**

상법 제814조 제1항은 "운송인의 송하인 또는 수하인에 대한 채권 및 채무는 그 청구원인의 여하에 불구하고 운송인이 수하인에게 운송물을 인도한 날 또는 인도할 날부터 1년 이내에 재판상 청구가 없으면 소멸한다. 다만, 이 기간은 당사자의 합의에 의하여 연장할 수 있다."라고 정하고 있다. 이러한 해상운송인의 송하인이나 수하인에 대한 권리·의무에 관한 소멸기간은 제척기간에 해당한다.

상법 제814조 제1항에서 정한 제척기간이 지난 뒤에 그 기간 경과의 이익을 받는 당사자가 기간이 지난 사실을 알면서도 기간 경과로 인한 법적 이익을 받지 않겠다는 의사를 명확히 표시한 경우에는, 소멸시효 완성 후 이익의 포기에 관한 민법 제184조 제1항을 유추적용하여 제척기간 경과로 인한 권리소멸의 이익을 포기하였다고 인정할 수 있다. 그 이유는 다음과 같다.

(1) 상법 제814조 제1항에서 정한 제척기간은 청구권에 관한 것으로서 그 권리가 행사되지 않은 채 일정한 기간이 지나면 권리가 소멸하거나 효력을 잃게 된다는 점에서 소멸시효와 비슷하다. …

제척기간을 정한 규정의 취지와 목적, 권리의 종류·성질 등에 비추어, 당사자들이 합의하여 그 기간을 연장할 수 있는 경우와 같이 기간 경과로 인한 이익 포기를 허용해도 특별히 불합리한 결과가 발생하지 않는 경우라면, 시효이익 포기에 관한 민법 제184조 제1항을 유추적용하여 당사자에게 그 기간 경과의 이익을 포기할 수 있도록 하여 법률관계에 관한 구체적인 사정과 형평에 맞는 해결을 가능하게 하는 것이 부당하다고 할 수 없다.

(2) 제척기간은 일반적으로 권리자로 하여금 자신의 권리를 신속하게 행사하도록 함으로써 법률관계를 조속히 확정하려는 데 그 제도의 취지가 있으나, 법률관계를 조속히 확정할 필요성의 정도는 개별 법률에서 정한 제척기간마다 다를 수 있다.

상법 제814조 제1항은 해상운송과 관련한 법률관계에서 발생한 청구권의 행사기간을 1년의 제소기간으로 정하면서도 위 기간을 당사자의 합의에 의하여 연장할 수 있도록 하고 있다. 운송인과 송하인 또는 수하인 사이의 해상운송을 둘러싼 법률관계를 조속히 확정할 필요가 있으나, 해상운송에 관한 분쟁 가운데는 단기간 내에 책임소재를 밝히기 어려워 분쟁 협의에 오랜 시간이 걸리는 경우가 있다. 이 조항은 이러한 사정을 감안하여, 당사자들에게 제소기간에 구애받지 않고 분쟁에 대한 적정한 해결을 도모할 기회를 부여하고자 당사자들이 기간 연장을 합의할 수 있도록 한 것이다.

상법 제814조 제1항에서 정한 제척기간은 해상운송과 관련하여 발생하는 채권.채무에 적용되는데 해상운송인을 보호하고 시간의 경과에 따른 증명곤란의 구제를 도모하기 위한 것이지만, 당사자들이 합의하여 제척기간을 연장할 수 있도록 하였다는 점에서 일반적인 제척기간과는 구별되는 특성이 있다. 이와 같이 이 조항에서 제척기간을 정한 취지와 목적, 권리의 성질 등 여러 사정을 고려하면, 당사자에게 그 기간 경과의 이익을 포기할 수 있도록 하여 법률관계에 관한 구체적인 사정과 형평에 맞는 해결을 가능하게 하더라도 특별히 불합리한 결과가 발생하는 경우라고 볼 수 없다.

• 정리: 수하인은 피고(해상운송인)로부터 2013. 12. 4.에 훼손된 화물을 인도받았다. 인도일로부터 1년이 지난 뒤인 2014. 12. 18. 수하인의 제소기간 연장 요청에 대해 피고는 "시효를 2015년까지 연장하는 데 동의한다."라고 회신하였다. 수하인의 보험자인 원고는 수하인에게 화물훼손으로 인한 보험금을 지급한 후 2015. 12. 28. 피고에게 구상금을 청구하는 소를 제기하였다. 피고는 상법이 정한 제소기간인 '인도일로부터 1년'이 지났다면서 소의 부적법을 주장하였고, 원심은 제척기간이 지난 권리는 당사자의 원용 여부와 상관없이 당연히 소멸하여 그 기간 경과의 이익을 포기할 수 없다고 보아 소를 각하하였다. 그러나 대법원은 위의 법리를 근거로 피고가 제척기간의 이익을 포기했다고 보아 원심을 파기환송하였다.

[428]   제척기간이 지나기 전에 법이 예정한 절차를 밟아야 한다. 가령 신고(한정승인신고)를 하거나 재판을 제기해야 하는 것(채권자취소권)은 그 기간 내에 신고하지 않거나 소를 제기하지 않으면 소멸한다. 권리행사 방식이 법률에 명시되어 있지 않은 경우에는 해석에 의한다. 제한능력이나 착오·사기·강박을 이유로 한 일반적인 취소권의 행사는 재판 외의 의사표시로도 할 수 있다(92다52795 참조).

판례 204   대법원 2002. 4. 26. 선고 2001다8097,8103 판결 [토지인도등]

민법 제204조 제3항과 제205조 제2항에 의하면 점유를 침탈 당하거나 방해를 받은 자의 침탈자 또는 방해자에 대한 청구권은 그 점유를 침탈 당한 날 또는 점유의 방해행위가 종료된 날로부터 1년 내에 행사하여야 하는 것으로 규정되어 있는데, 여기에서 제척기간의 대상이 되는 권리는 형성권이 아니라 통상의 청구권인 점과 점유의 침탈 또는 방해의 상태가 일정한 기간을 지나게 되면 그대로 사회의 평온한 상태가 되고 이를 복구하는 것이 오히려 평화질서의 교란으로 볼 수 있게 되므로 일정한 기간을 지난 후에는 원상회복을 허용하지 않는 것이 점유제도의 이상에 맞고 여기에 점유의 회수 또는 방해제거 등 청구권에 단기의 제척기간을 두는 이유가 있는 점 등에 비추어 볼 때, 위의 제척기간은 재판외에서 권리행사하는 것으로 족한 기간이 아니라 반드시 그 기간 내에 소를 제기하여야 하는 이른바 출소기간으로 해석함이 상당하다.

Ⅱ. 소멸시효 완성의 요건

소멸시효는 권리를 행사할 수 있는데도 행사하지 않는 상태가 일정 기간 계속됨으로써 권리소멸의 효과가 생기는 것이다. 그 요건으로는, ① 권리가 소멸시효의 목적이 될 수 있는 것일 것, ② 권리자가 법률상 그 권리를 행사할 수 있는데도 행사하지 않을 것, ③ 권리를 행사하지 않는 상태가 일정 기간(소멸시효기간) 동안 계속될 것 등이다. [429]

1. 소멸시효에 걸리는 권리

우리 민법상 소유권 이외의 재산권과 채권은 소멸시효에 걸린다. 가족권(신분권)이나 인격권과 같은 비재산권은 소멸시효의 대상이 되지 않는다. [430]

소유권은 소멸시효에 걸리지 않는다. 또한 소유권에 기한 물권적 청구권이나 상린권도 소멸시효에 걸리지 않고, 공유관계가 지속되는 한 공유물분할청구권도 소멸시효에 걸리지 않는다(80다1888: 형성권이지만 '시효로 소멸하지 않는다'고 표현함). [431]

채권은 10년의 소멸시효에 걸린다. 대여금에 대해 근저당권을 설정하기로 약정한 경우, 근저당권설정등기청구권은 피담보채권과 별도로 소멸시효에 걸린다(2002다7213). 소유권 이외의 재산권은 20년의 소멸시효에 걸린다(제162조 2항). 다만 점유권은 점유를 잃으면 소멸하므로(제192조 2항) 소멸시효에 걸릴 여지가 없고, 유치권도 점유를 잃으면 소멸하므로(제328조) 마찬가지이다. 담보물권은 채권이 존속하는 한 소멸시효에 걸리지 않는다. 따라서 민법이 규정한 물권 중에서는 용익물권(예 지역권, 지상권)만이 그 자체로 소멸시효에 걸린다. [432]

2. 권리의 불행사

2.1. 법률상의 장애가 없을 것

권리행사에 법률상의 장애가 없음에도 권리를 행사하지 않아야 소멸시효가 진행한다(제166조). 따라서 법률상의 장애가 없어진 시점부터 기산한다. 법률상의 장애여야 하고 사실상의 장애가 있는 것에 불과하면 소멸시효가 진행된다. 권리의 존재나 권리행사가능성을 몰랐던 것은 사실상의 장애에 불과하다.[51] 반면 정지조건의 미 [433]

---

[51] 다만 신의칙에 따른 예외는 있다. 가령 보험사고의 발생여부가 불확실한 경우의 보험금청구권(92다39822), 건물신축시 수급인의 소유권취득으로 인한 하수급인의 수급인에 대한 저당권설정청구권의 경우(2014다211978)에는 청구권자의 인식(혹은 그 가능성)이 있어야 시효기간이 진행된다고 한다.

성취나 이행기의 미도래는 법률상의 장애에 해당한다.

[434] **소유권이전등기청구권의 행사**

현행 민법은 형식주의를 취하므로 소유권이전등기청구권은 채권이고, 10년의 소멸시효에 걸린다. 다만 판례는 부동산의 매수인이 매도인으로부터 목적물을 인도받아 사용·수익하고 있으면 소유권이전등기청구권의 소멸시효가 진행하지 않는다고 한다(76다148). 더 나아가 매수인이 이를 타인에게 매도한 후 점유를 이전해 준 경우에도 소멸시효가 진행되지 않는다고 본다(98다32175). 매수한 부동산을 자신이 점유하거나 타인에게 점유하게 함으로써 소유권이전등기청구권을 행사하고 있다고 보는 것이다.[52] 다만 권리행사로 볼 수 없는 방식으로 점유를 상실하면 시효가 진행된다(2023다249876: 매수한 토지위에 공장건물을 지어 소유하고 있다가 이 건물이 공매되어 소유권을 잃은 경우, 이는 토지에 대한 점유를 상실한 것이므로 이 시점부터 토지에 대한 소유권이전등기청구권의 소멸시효가 진행된다고 한 사례). 또한 임차인이 임차목적물을 점유하고 있는 한 임차보증금반환채권의 시효는 진행되지 않는다고 한다(2016다244224: 주택임대차 사례).

다만 「부동산 실권리자명의 등기에 관한 법률」이 시행되기 전에 계약명의신탁을 한 경우, 유예기간 경과 후에도 실명화하지 않으면 명의수탁자가 소유권을 취득하게 되는데, 이때 명의신탁자가 가지는 소유권이전등기청구권(그 성질은 부당이득반환청구권임)[53]의 소멸시효는 명의신탁자가 목적 부동산을 점유·관리한 경우에도 계속 진행된다(2009다23313).

| 판례 205 | 대법원 1976. 11. 6. 선고 76다148 전원합의체 판결 [소유권이전등기] |

[다수의견] 시효제도는 일정 기간 계속된 사회질서를 유지하고 시간의 경과로 인하여 곤란하게 되는 증거·보전으로부터의 구제 내지는 자기권리를 행사하지 않고 소위 권리 위에 잠자는 자는 법적 보호에서 이를 제외하기 위하여 규정된 제도라 할 것인바, … 형식주의를 취하는 우리의 법제상으로 보아 … 매수인의 등기청구권은 채권적 청구권에 불과하여 소멸시효제도의 일반 원칙에 따르면 매매목적물을 인도받은 매수인의 등기청구권도 소멸시효에 걸린다고 할 것이지만 … 시효

---

52 점유취득시효완성자의 소유자에 대한 소유권이전등기청구권도 점유를 상실한 때부터 소멸시효가 진행되는 것(95다24241)은 매매에서와 같지만, 시효취득자가 이를 타인에게 매도한 경우에는 점유를 넘겨준 시점부터 소유권이전등기청구권의 소멸시효가 진행된다는 점(95다34866; 2023다240428)은 매매와 다르다.

53 계약명의신탁이란 명의신탁의 한 방식으로 가령 A가 C의 X토지를 사고자 하면서, 자신과 명의신탁약정을 한 B를 당사자로 내세워 C로부터 매수하고, B 명의로 등기를 하는 경우이다. 부동산실명법이 시행되기 전의 판례에 따르면 이 경우에도 A와 B 사이의 내부관계에서는 A가 소유자였다. 그러나 부동산실명법에 따르면 이 경우에 상대방이 명의신탁약정을 몰랐다면 B가 소유자이다. 부동산실명법이 시행되기 전에 계약명의신탁을 한 경우에는 동법 시행 후 유예기간 내에 A 명의로 등기를 할 수 있지만, 그렇게 하지 않으면 B의 소유로 된다. 다만 B의 소유권 취득은 부당이득이므로 이를 A에게 반환할 의무를 지게 된다.

제도의 존재이유에 비추어 보아 부동산 매수인이 그 목적물을 인도받아서 이를 사용수익하고 있는 경우에는 그 매수인을 권리 위에 잠자는 것으로 볼 수도 없고 또 매도인 명의로 등기가 남아 있는 상태와 매수인이 인도받아 이를 사용·수익하고 있는 상태를 비교하면 매도인 명의로 잔존하고 있는 등기를 보호하기 보다는 매수인의 사용·수익상태를 더욱 보호하여야 할 것이므로 그 매수인의 등기청구권은 다른 채권과는 달리 소멸시효에 걸리지 않는다고 해석함이 타당하다.

판례 206 | **대법원 1999. 3. 18. 선고 98다32175 전원합의체 판결 [토지소유권이전등기]**

[다수의견] 부동산의 매수인이 그 부동산을 인도받은 이상 이를 사용·수익하다가 그 부동산에 대한 보다 적극적인 권리 행사의 일환으로 다른 사람에게 그 부동산을 처분하고 그 점유를 승계하여 준 경우에도 그 이전등기청구권의 행사 여부에 관하여 그가 그 부동산을 스스로 계속 사용·수익만 하고 있는 경우와 특별히 다를 바 없으므로 위 두 어느 경우에나 이전등기청구권의 소멸시효는 진행되지 않는다고 보아야 한다.

판례 207 | **대법원 2020. 7. 9. 선고 2016다244224,244231 판결 [임대보증금반환·건물명도]**

채권을 행사하여 실현하려는 행위를 하거나 이에 준하는 것으로 평가할 수 있는 객관적 행위 모습이 있으면 권리를 행사한다고 보는 것이 소멸시효 제도의 취지에 부합한다.
임대차가 종료함에 따라 발생한 임차인의 목적물반환의무와 임대인의 보증금반환의무는 동시이행관계에 있다. 임차인이 임대차 종료 후 동시이행항변권을 근거로 임차목적물을 계속 점유하는 것은 임대인에 대한 보증금반환채권에 기초한 권능을 행사한 것으로서 보증금을 반환받으려는 계속적인 권리행사의 모습이 분명하게 표시되었다고 볼 수 있다. 따라서 임대차 종료 후 임차인이 보증금을 반환받기 위해 목적물을 점유하는 경우 보증금반환채권에 대한 권리를 행사하는 것으로 보아야 하고, 임차인이 임대인에 대하여 직접적인 이행청구를 하지 않았다고 해서 권리의 불행사라는 상태가 계속되고 있다고 볼 수 없다.
… 만일 임차인이 임대차 종료 후 보증금을 반환받기 위해 목적물을 점유하여 적극적인 권리행사의 모습이 계속되고 있는데도 보증금반환채권이 시효로 소멸한다고 보면, 임차인은 목적물반환의무를 그대로 부담하면서 임대인에 대한 보증금반환채권만 상실하게 된다. 이는 보증금반환채무를 이행하지 않은 임대인이 목적물에 대한 자신의 권리는 그대로 유지하면서 보증금반환채무만을 면할 수 있게 하는 결과가 되어 부당하다. 나아가 이러한 소멸시효 진행의 예외는 어디까지나 임차인이 임대차 종료 후 목적물을 적법하게 점유하는 기간으로 한정되고, 임차인이 목적물을 점유하지 않거나 동시이행항변권을 상실하여 정당한 점유권원을 갖지 않는 경우에 대해서까지 인정되는 것은 아니다. 따라서 임대차 종료 후 보증금을 반환받기 위해 목적물을 점유하는 임차인의 보증금반환채권에 대하여 소멸시효가 진행하지 않는다고 보더라도 그 채권에 관계되는 당사자 사이의 이익 균형에 반하지 않는다.
… 주택임대차보호법에 따른 임대차에서 그 기간이 끝난 후 임차인이 보증금을 반환받기 위해 목적물을 점유하고 있는 경우 보증금반환채권에 대한 소멸시효는 진행하지 않는다고 보아야 한다.

• 정리: 피고(임대인)와 원고(임차인) 사이의 임대차계약의 기간이 2000. 5. 30. 만료되었다. 피고가 원고에게 주택인도를 요구했으나 원고는 보증금을 반환받지 못했다면서 이를 거절했다. 피고가 해당주택을 A에게 매도하자(2014. 12.) 원고는 2015. 6. 23. 주택을 A에게 인도하였다. 주택인도 전인 2014. 4. 22. 원고가 피고를 상대로 보증금반환의 소를 제기하였다. 원심은 보증금반환채권의 소멸시효가 완성되었다면서 원고의 청구를 기각했으나 대법원은 원고가 임차보증금반환채권을 계속 행사하고 있었다면서 소멸시효의 완성을 부정하였다.

2.2. 기산점

> 제166조(소멸시효의 기산점) ① 소멸시효는 권리를 행사할 수 있는 때로부터 진행한다.
> ② 부작위를 목적으로 하는 채권의 소멸시효는 위반행위를 한 때로부터 진행한다.

[435]　　　　각종의 채권에 관하여 소멸시효의 기산점은 다음과 같다. 일반적으로는 채권자가 법률상 권리를 행사할 수 있는 때로부터 진행된다.

[436]　　　　(1) 기한을 정한 채권은 그 기한이 도래하면 소멸시효가 진행된다. 동시이행의 항변권을 행사할 수 있는 상황이라 하더라도 마찬가지이다. 이 경우에도 이행기가 도래하면 자신의 급부를 제공하면서 상대방의 이행을 청구할 수 있기 때문이다. 불확정기한을 정한 경우에는 채무자가 기한 도래를 알든 모르든 객관적으로 기한이 도래한 때가 기산점이다.

[437]　　　　기한이익의 상실에 관한 특약이 있는 경우에는 이행기 전이라도 특약사항이 발생하면 채권자가 이행을 청구할 수 있다. 이때 특약사항 발생만으로 소멸시효가 진행하는지 아닌지가 문제된다. 이는 특약의 해석문제인데, 기한이익의 상실특약은 두 가지로 해석될 수 있다. 하나는 상실사유가 발생하면 바로 기한이 도래하는 것으로 보는 것이고, 다른 하나는 상실사유가 발생했을 때 상대방에게 기한도래를 선택할 형성권을 주는 것이다. 전자를 '정지조건부 기한이익상실특약'이라고 하고, 후자를 '형성권적 기한이익 상실특약'이라고 한다. 판례는 특별한 사정이 없는 한 형성권적 기한이익의 상실특약으로 보아 기한이익 상실사유가 발생한 때가 아니라 채권자가 청구(이를 통해 기한도래를 선택)하거나 원래의 기한이 도래한 때를 소멸시효의 기산점으로 본다(2002다28340).

판례 208 │ 대법원 2002. 9. 4. 선고 2002다28340 판결 [채무부존재확인]

[1] 기한이익 상실의 특약은 그 내용에 의하여 일정한 사유가 발생하면 채권자의 청구 등을 요함이 없이 당연히 기한의 이익이 상실되어 이행기가 도래하는 것으로 하는 정지조건부 기한

이익 상실의 특약과 일정한 사유가 발생한 후 채권자의 통지나 청구 등 채권자의 의사행위를 기다려 비로소 이행기가 도래하는 것으로 하는 형성권적 기한이익 상실의 특약의 두 가지로 대별할 수 있고, 기한이익 상실의 특약이 위의 양자 중 어느 것에 해당하느냐는 당사자의 의사해석의 문제이지만 일반적으로 기한이익 상실의 특약이 채권자를 위하여 둔 것인 점에 비추어 명백히 정지조건부 기한이익 상실의 특약이라고 볼 만한 특별한 사정이 없는 이상 형성권적 기한이익 상실의 특약으로 추정하는 것이 타당하다.

[2] 형성권적 기한이익 상실의 특약이 있는 경우에는 그 특약은 채권자의 이익을 위한 것으로서 기한이익의 상실 사유가 발생하였다고 하더라도 채권자가 나머지 전액을 일시에 청구할 것인가 또는 종래대로 할부변제를 청구할 것인가를 자유로이 선택할 수 있으므로, 이와 같은 기한이익 상실의 특약이 있는 할부채무에 있어서는 1회의 불이행이 있더라도 각 할부금에 대해 그 각 변제기의 도래시마다 그 때부터 순차로 소멸시효가 진행하고 채권자가 특히 잔존 채무 전액의 변제를 구하는 취지의 의사를 표시한 경우에 한하여 전액에 대하여 그 때부터 소멸시효가 진행한다.

• 요약 및 정리: 약정한 이행의무를 한번이라도 지체하면 기한의 이익을 잃고 즉시 채무금 전액을 완제해야 한다는 기한이익 상실약정이 있는 사례에서 할부금 채무의 1회 불이행시부터 전체 채무에 관하여 소멸시효가 진행된다고 판단한 원심판결(정지조건부 기한이익 상실특약으로 봄)을 파기하고 채권자가 청구하거나 원래의 기한이 도래한 때로부터 소멸시효가 진행된다고 하였다. 그러나 특약사항의 발생으로 '법률상 장애사유'가 사라진다는 점에서 이러한 판결이 일반이론에 부합하는지는 의심스럽다. 채권자 보호라는 관점에서 이해해야 할 것으로 보인다.

(2) 기한을 정하지 않은 채권은 채권의 성립시부터 소멸시효가 진행된다. 계약 [438] 에서 이행기를 정하지 않은 경우나 채무불이행으로 인한 손해배상청구권이 이에 해당한다. 법정채권(불법행위, 부당이득, 사무관리 등)도 대체로 이에 속한다. 손해배상청구권에서는 손해배상의 성립요건이 갖춰진 때, 가령 불법행위나 채무불이행이 성립한 때이다. 따라서 이행불능으로 인한 손해배상청구권은 이행불능시(본래의 채권을 행사할 수 있는 시점이 아님)가 소멸시효의 기산점이다(2005다29474: 소유권이전등기 말소등기의무의 이행불능으로 인한 전보배상청구권의 소멸시효는 말소등기의무가 이행불능이 된 때부터 진행). 구상금 채권에서는 변제의 효력이 발생한 때가 기산점이다.

| 판례 209 | 대법원 2000. 12. 22. 선고 2000다56259 판결 [구상금] – 박종철 물고문 사건 |

• 사실관계: 원고(대한민국) 소속 경찰관들인 피고는 망인에게 물고문 등의 불법행위를 하였고 망인이 사망하자 망인의 유족이 손해배상소송을 제기했다. 그 소송 도중 원고가 가집행 선고가 붙은 제1심 및 제2심판결에 기하여 불법행위로 인한 손해배상금을 1994. 7. 22. 지급하였고, 위 판결에 대하여 원·피고들이 상고하였으나 1995. 11. 7. 상고가 기각되어 확정되었다. 원고는 피고에게 구상금을 청구하였으나 피고는 1994. 7. 22.로부터 기산하여 5년이 지났으므로 시효가 완성되었다고 주장했다.

• 법원의 판단: 가집행선고가 붙은 제1, 2심판결에 기한 금원 지급에 의한 채권소멸의 효과는 확정적인 것이 아니라 상소심에서 가집행선고가 붙은 판결이 취소 또는 변경되지 아니하고 확정된 때에 비로소 발생한다. 원고의 금원 지급으로 인한 면책의 효과는 위 상고기각 판결선고시에 확정적으로 발생하므로 구상금채권의 시효도 그때부터 진행된다. 따라서 본 청구권에 대해서는 시효가 완성되지 않았다.

(3) 기산점의 주장과 변론주의

[439]

채무자가 소멸시효완성의 항변을 하면서 일정한 시점을 기산점으로 주장한 경우에, 실제의 기산점이 채무자가 주장하는 시점보다 앞이든 뒤이든 상관없이, 법원은 채무자가 주장한 시점을 기준으로 소멸시효의 완성여부를 계산한다. 기산점과 달리 시효기간은 법률상의 주장이므로 변론주의가 적용되지 않는다(가령 채무자가 10년이라고 주장해도 5년으로 판단할 수 있다).

판례 210 | 대법원 2017. 10. 26. 선고 2017다20111 판결 [근저당권설정등기말소]

• 요약: A의 B에 대한 대여금채권(상사채권)은 2008. 12. 10. 성립하였고 이에 대해 원고 소유 부동산에 근저당권이 설정되었다. 피고 1, 2는 A로부터 위 채권을 양도받았으며, B는 피고 1에 대하여는 2010. 1. 20. 피고 2에 대하여는 2012. 2. 26.에 차용지불약정서와 약속어음을 작성하여 교부하였다. 원고는 2008. 12. 10.을 기산일로 삼아 소멸시효가 완성되었다고 주장하며 근저당권말소를 청구하였다. 하지만 원심법원은 2010. 1. 20.과 2012. 2. 26.에 승인이 있었다면서 원고의 주장을 배척했다. 이에 대해 원고는 채무승인 발생시점으로부터 기산하더라도 원심 변론종결일인 2017. 3. 14. 이전에 5년이 경과하여 소멸시효가 완성되었는데 원심이 이를 간과했다면서 상고했다. 이에 대해 대법원은 변론주의에 따라 당사자가 주장하는 기산일과 다른 날짜를 소멸시효의 기산일로 삼을 수 없고, 원고가 채무승인의 시점을 새로운 소멸시효의 기산일로 주장하지 않았으므로 원심의 판단에는 잘못이 없다면서 상고를 기각하였다.
• 정리: 적어도 2012. 2. 26.을 기산점으로 하면 소멸시효는 완성되지 않은 것으로 보인다. 변론종결일이 3. 14.이라면 소 제기일은 2. 26.보다 앞섰을 것으로 보이기 때문이다. 그러나 법원의 일반론에 따르면 소제기시에 소멸시효가 완성되었을 것이 분명한 사안에서도 소멸시효 완성이 부정된다는 것이 된다. 따라서 <u>실제의 기산점이 주장된 시점보다 후라면 소멸시효 완성이 항상 부정될 것이다.</u>

판례 211 | 대법원 1995. 8. 25. 선고 94다35886 판결 [보증채무금]

소멸시효의 기산일은 채무의 소멸이라고 하는 법률효과 발생의 요건에 해당하는 소멸시효기간 계산의 시발점으로서 소멸시효 항변의 법률요건을 구성하는 구체적인 사실에 해당하므로 이는 변론주의의 적용 대상이라 할 것이고, 따라서 <u>본래의 소멸시효 기산일과 당사자가 주장하는 기산일이 서로 다른 경우에는 변론주의의 원칙상 법원은 당사자가 주장하는 기산일을 기준으로 소</u>

멸시효를 계산하여야 하는데(83다카437 참조), 이는 당사자가 본래의 기산일보다 뒤의 날짜를 기산일로 하여 주장하는 경우는 물론이고, 특별한 사정이 없는 한 그 반대의 경우에 있어서도 마찬가지라고 보아야 할 것이다. 왜냐하면 본래의 기산일이 당사자가 주장하는 기산일보다 뒤의 날짜라 하여 법원이 본래의 기산일에 따라 소멸시효기간을 인정하게 되면 그 기간 가운데에는 당사자가 주장한 기간 속에 들어 있지 아니한 부분이 있어 위 양자 사이에 전체가 부분을 포함하는 관계가 있다고는 할 수 없으므로 법원의 인정사실은 당사자의 주장사실과 전혀 별개의 것으로서 양자 사이에는 동일성이 없다 할 것이고, 나아가 당사자가 주장하는 기산일을 기준으로 심리·판단하여야만 상대방으로서도 법원이 임의의 날을 기산일로 인정하는 것에 의하여 예측하지 못한 불이익을 받음이 없이 이에 맞추어 권리를 행사할 수 있는 때에 해당하는지의 여부 및 소멸시효의 중단사유가 있었는지의 여부 등에 관한 공격방어방법을 집중시킬 수 있을 것이기 때문이다.

• 정리: 피고는 원고에 대하여 물품의 외상거래로 인한 채무(연대보증채무)를 지고 있으며, 위 거래의 종료시점은 1990. 9. 30.이고 이 채무의 지급을 위하여 원고에게 교부된 약속어음들의 최종지급기일은 1991. 3. 30.이었다. 원고의 청구에 대하여 피고는 소멸시효를 원용하면서 기산점을 물품거래의 종료시점(1990. 9. 30.)으로 주장하였는데, 원심은 약속어음들의 최종지급기일(1991.3.30.)을 기산점으로 판단하여 소멸시효가 완성됐다고 판단했다. 이에 대하여 대법원은 기산점 선택이 변론주의에 반한다면서 원심을 파기했다.

3. 소멸시효기간

3.1. 보통의 채권

제162조(채권, 재산권의 소멸시효) ① 채권은 10년간 행사하지 아니하면 소멸시효가 완성한다.

일반적 채권은 10년의 소멸시효에 걸린다. 상법에서는 5년으로 규정하고 있다. [440] 민법상의 부당이득반환청구라 하더라도, 상행위에 해당하는 보증보험계약에 기초한 급부가 이루어짐에 따라 발생한 경우에는 5년의 상사소멸시효가 적용된다(2006다 63150). 기존채무의 이행확보를 위해 어음이 발행된 경우에 기존채권과 어음채권에는 별개의 시효기간이 적용되며(4294민상816), 공동불법행위자 간의 구상권에 대해서는 해당 불법행위에 대한 시효기간이 아니라 10년의 일반시효기간이 적용된다(78다528).

3.2. 단기소멸시효

(1) 3년의 소멸시효에 걸리는 채권

제163조(3년의 단기소멸시효) 다음 각호의 채권은 3년간 행사하지 아니하면 소멸시효가 완성

한다.

> 1. 이자, 부양료, 급료, 사용료 기타 1년 이내의 기간으로 정한 금전 또는 물건의 지급을 목적으로 한 채권

[441]   1년 내의 기간으로 정한 채권이란 1년 이내의 정기로 지급하는 채권이라는 뜻이지 변제기가 1년 이내의 채권이라는 의미가 아니다. 따라서 변제기가 1년 이내라도 1회의 변제로서 소멸되는 소비대차의 원리금채권은 이에 포함되지 않는다(64다1731; 71다2420; 76다2224; 79다2169). 이자가 아닌 지연손해금도 이에 해당하지 않는다(91다7156).

판례 212 | **대법원 2001. 6. 12. 선고 99다1949 판결 [보증채무금]**

리스료 채권은, 그 채권관계가 일시에 발생하여 확정되고 다만 그 변제방법만이 일정 기간마다의 분할변제로 정하여진 것에 불과하기 때문에(기본적 정기금채권에 기하여 발생하는 지분적 채권이 아니다) 3년의 단기 소멸시효가 적용되는 채권이라고 할 수 없고, 한편 매회분의 리스료가 각 시점별 취득원가분할액과 그 잔존액의 이자조로 계산된 금액과를 합한 금액으로 구성되어 있다 하더라도, 이는 리스료액의 산출을 위한 계산방법에 지나지 않는 것이므로 그중 이자부분만이 따로 3년의 단기 소멸시효에 걸린다고 할 것도 아니다.

---

[442]   급료채권(근로기준법상 임금채권 포함)도 3년의 시효에 걸린다.

판례 213 | **대법원 1966. 9. 20. 선고 65다2506 판결 [국회의원세비]**

국회의원이 이미 발생된 세비, 차마비, 대유비, 통신수당 등의 보수금을 의원직을 그만둔 후에 국고에 대하여 청구하는 경우에, 그것은 민법 제163조에서 말하는 급료채권에 해당한다고 할 것인바, 5년의 소멸시효를 규정한 예산회계법의 시효규정이 적용되는 것이 아니고 민법 제163조 제1호의 적용을 받는다.

> 2. 의사, 조산사, 간호사 및 약사의 치료, 근로 및 조제에 관한 채권

[443]   이들 채권은 진료 혹은 조제의 종료시마다 시효가 진행된다. 장기입원의 경우에도 퇴원시가 아니라 개개의 진료행위가 종료한 때부터 진행된다(2001다52568).

> 3. 도급받은 자, 기사 기타 공사의 설계 또는 감독에 종사하는 자의 공사에 관한 채권

[444]   "도급을 받은 자의 공사에 관한 채권"이란 도급받은 공사채권뿐만 아니라 그 공사에 부수되는 채권도 포함한다(86다카2549). 가령 본래 도급받은 공사를 하다가 수해 등의 상황이 발생하여 복구공사를 한 경우 그 대금채권도 '공사에 관한 채권'에 해당한다(94다17185). 그리고 복구공사대금채권은 복구공사가 완료된 때부터 시효가 진행되는 것이지, 전체 도급공사가 모두 완료된 때에 진행되는 것이 아니다(2008다

41451). 공사에 대한 대가가 금전이 아니라 부동산에 대한 소유권이전이여도 3년의 시효기간은 마찬가지이며, 소멸시효가 완성된 이상 소유권이전의무의 이행불능으로 인한 손해배상청구도 인정되지 않는다(86다카2549).

판례 214 | **대법원 1987. 6. 23. 선고 86다카2549 판결 [손해배상(기)]**

민법 제163조 제3호는 "도급을 받은 자의 공사에 관한 채권"이라고 규정하여 도급받은 공사채권 뿐만 아니라 그 공사에 부수되는 채권도 포함하고 있고 … 계약 중에 택지조성공사 이외에 부수적으로 토지형질변경허가신청과 준공허가 및 환지예정지지정신청등의 사무가 포함되어 있다고 하여 위 공사완성 후의 계약에 따른 보수청구가 도급받은 자의 공사에 관한 채권이 아니라고 할 수는 없다.

피고들은 원고가 이 사건 공사를 마치고 환지예정지가 지정되면 환지로 받은 토지 중 일정 평수의 토지를 제외한 나머지 토지를 이 사건 공사에 관한 보수로서 원고에게 양도하기로 한 사실과 이 사건 토지들에 대하여 1972. 10. 21. 환지예정지지정공고 및 통보가 있었던 사실을 인정할 수 있으므로 원고는 그때부터 위 약정에 따른 공사비채권인 소유권이전등기청구권을 행사할 수 있었다 할 것이고 따라서 특별한 사정이 없는 한 그때부터 3년이 경과한 1975. 10. 21.로서 위 공사비채권은 시효소멸되었다고 할 것이다.

그리고 이와 같이 본래의 공사비채권이 시효소멸된 이상 그 채권이 이행불능이 되었다 하여 이를 원인으로 한 손해배상청구권이 허용될 수 있는 것도 아니다.

판례 215 | **대법원 2009. 11. 12. 선고 2008다41451 판결 [공사대금]**

원고는 제1차 홍수피해의 복구공사를 1995. 7. 29.경에, 제3차 홍수피해의 복구공사를 1995. 9. 16.경에 완료하였음을 알 수 있는바, 그에 관련하여 원고가 피고에 대하여 가지는 복구공사비 청구채권은 이 사건 공사도급계약에 부수되는 채권이고, 그 채권의 행사에 법률상의 장애가 있었다고는 보이지 아니하므로 그 복구공사가 완료한 때부터 그 채권을 행사할 수 있었다고 할 것이고, 소멸시효 또한 그때부터 진행한다고 할 것이다.

그럼에도 불구하고 원심은 이와 달리, 위 각 홍수피해 복구공사비 청구채권에 대한 소멸시효의 기산점을 그 각 복구공사가 완료된 시점이 아니라 이 사건 도급공사가 모두 완료된 다음 날인 1999. 1. 1.이라고 보아 그 소멸시효가 완성되지 아니하였다고 판단하고 말았으니, 원심판결에는 소멸시효의 기산점에 관한 법리를 오해하여 판결에 영향을 미친 위법이 있다.

> 4. 변호사, 변리사, 공증인, 공인회계사 및 법무사에 대한 직무상 보관한 서류의 반환을 청구하는 채권
> 5. 변호사, 변리사, 공증인, 공인회계사 및 법무사의 직무에 관한 채권

법원은 제163조 4·5호를 열거규정으로 보아 여기서 열거되지 않은 자격사에 [445] 대하여는 이 조문을 유추적용하지 않는다(2021다311111: 세무사의 직무에 관한 채권이 10년의 소멸시효에 걸린다고 한 사례).

6. 생산자 및 상인이 판매한 생산물 및 상품의 대가

[445-1]   상인의 상품에 대한 매매대금 청구권은 3년의 시효기간에 걸리며, 생산자의 그 생산물에 대한 매매대금(◉ 한전이 생산한 전기의 요금: 85가합311) 청구권도 마찬가지이다.

| 판례 216 | 대법원 2000. 2. 11. 선고 99다53292 판결 [물품대금] |

농업협동조합법에 의하여 설립된 조합이 영위하는 사업의 목적은 조합원을 위하여 차별 없는 최대의 봉사를 함에 있을 뿐 영리를 목적으로 하는 것이 아니므로, 동 조합이 그 사업의 일환으로 조합원이 생산하는 물자의 판매사업을 한다 하여도 동 조합을 상인이라 할 수는 없고, 따라서 그 물자의 판매대금 채권은 3년의 단기소멸시효가 적용되는 민법 제163조 제6호 소정의 '상인이 판매한 상품의 대가'에 해당하지 아니한다.

7. 수공업자 및 제조자의 업무에 관한 채권

(2) 1년의 소멸시효에 걸리는 채권

제164조(1년의 단기소멸시효) 다음 각호의 채권은 1년간 행사하지 아니하면 소멸시효가 완성한다.
1. 여관, 음식점, 대석, 오락장의 숙박료, 음식료, 대석료, 입장료, 소비물의 대가 및 체당금의 채권
2. 의복, 침구, 장구 기타 동산의 사용료의 채권
3. 노역인, 연예인의 임금 및 그에 공급한 물건의 대금채권
4. 학생 및 수업자의 교육, 의식 및 유숙에 관한 교주, 숙주, 교사의 채권

| 판례 217 | 대법원 2020. 2. 13. 선고 2019다271012 판결 [사용료] |

• 정리: 건설업을 하는 피고가 공사에 투입한 인원이 공사 기간 중에 리조트의 객실과 식당을 사용한 데에 대한 사용료를 원고에게 매월 말 지급하기로 약정했다. 피고는 2016. 5. 1.~2016. 7. 29.까지의 리조트 사용료 9,790만원을 미지급했고, 원고는 2018. 5. 9. 소를 제기하였다. 원심은 원고의 채권을 '1년 이내의 기간으로 정한 금전의 지급을 목적으로 한 채권'으로 보고 시효기간이 3년이라면서 원고의 청구를 인용했지만 대법원은 1년이라고 보아 원심을 파기환송 했다. 피고가 리조트 사용료를 월 단위로 지급하기로 약정하였더라도, 리조트 사용료 채권은 민법 제164조 제1호에 정한 '숙박료 및 음식료 채권'으로서 소멸시효기간은 1년이라는 것이 그 이유였다.

제163조, 제164조 각 호상의 단기소멸시효는 개별채권에 적용되므로, 하나의　[445-2]
계약에 의해 쌍방의 채권이 생기는 경우에도 위에서 제시된 채권이 아닌 반대채권은
일반시효가 적용된다(2013다65178: 간병채무의 불이행을 이유로 한 손해배상청구에 대해
간병인이 자신의 채권은 시효가 1년이므로 상대방의 채권도 시효가 1년이라고 주장한 사안).
또한 이들 채권도 당사자 사이에 준소비대차의 약정이 있으면 소비대차의 소멸시효
가 적용된다(80다1363).

판례 218 | **대법원 1981. 12. 22. 선고 80다1363 판결 [대여금]**

민법 제164조 제3호 소정의 단기소멸시효의 적용을 받는 노임채권이라도 채권자와 채무자 사
이에 이 노임채권에 관하여 준소비대차의 약정이 있었다면, 이 채권은 준소비대차상의 채권으
로서 일반시효에 관한 규정의 적용을 받는다. 따라서 준소비대차계약이 상인인 채무자가 영업
을 위하여 한 상행위로 인정된다면 이에 의하여 새로 발생한 채권은 상사채권으로서 5년의 상
사시효의 적용을 받는다.

---

(3) 특별법상의 단기소멸시효

상행위로 인한 채권은 원칙적으로 5년의 시효에 걸리며, 이와 다른 개별규　[446]
정이 있다면 그에 의한다(상법 제64조). 국가의 금전채무와 금전채권은 모두 5년의
시효에 걸린다(국가재정법 제96조).

판례 219 | **대법원 2011. 3. 24. 선고 2010다92612 판결 [보험료불입금반환]**

상법은 보험료반환청구권에 대해 2년간 행사하지 아니하면 소멸시효가 완성한다는 취지를 규
정할 뿐(제662조[54]) 그 소멸시효의 기산점에 관하여는 아무것도 규정하지 아니하므로, 그 소
멸시효는 민법 일반 법리에 따라 객관적으로 권리가 발생하고 그 권리를 행사할 수 있는 때로
부터 진행한다고 보아야 할 것이다. 그런데 상법 제731조 제1항을 위반하여 무효인 보험계약
에 따라 납부한 보험료에 대한 반환청구권은 특별한 사정이 없는 한 그 보험료를 납부한 때에
발생하여 행사할 수 있다고 할 것이므로, 위 보험료반환청구권의 소멸시효는 특별한 사정이
없는 한 각 보험료를 납부한 때부터 진행한다고 볼 것이다.
원심판결 이유에 의하면, 원고가 2003. 8. 28.부터 2005. 11. 30.까지 피고와 사이에 체결한
원심판결 별지 제1목록 기재 각 보험계약은 모두 피보험자의 사망을 보험사고로 하는 보험계
약인데 각 계약 체결 당시 피보험자들의 서면 동의를 받지 아니하였으므로 무효이고, 그와 같
이 무효인 보험계약에 기하여 원고가 피고에게 납부한 보험료 중 이 사건 소제기일로부터 역
산하여 2년 전인 2007. 4. 26. 이전에 납입한 보험료 합계는 57,421,520원(이하 '이 사건 보
험료'라 한다)임을 알 수 있다.
이를 위 법리에 비추어 살펴 보면, 원고가 무효인 위 각 보험계약에 따라 납부한 이 사건 보험

---

54 2014년에 3년으로 개정되었다.

료의 반환청구권은 특별한 사정이 없는 한 2년의 소멸시효 기간이 경과하여 시효소멸하였다고 볼 것이다.

3.3. 판결 등으로 확정된 권리의 소멸시효기간

제165조 (판결등에 의하여 확정된 채권의 소멸시효) ① 판결에 의하여 확정된 채권은 단기의 소멸시효에 해당한 것이라도 그 소멸시효는 10년으로 한다.
② 파산절차에 의하여 확정된 채권 및 재판상의 화해, 조정 기타 판결과 동일한 효력이 있는 것에 의하여 확정된 채권도 전항과 같다.
③ 전2항의 규정은 판결확정당시에 변제기가 도래하지 아니한 채권에 적용하지 아니한다.

[447]   소멸시효가 완성되기 전에 소송을 제기하면 소멸시효는 중단된다. 그러나 확정판결을 받은 후 방치하면 소멸시효는 다시 진행한다. 이때 이미 확정판결로 존재가 확인된 권리에 관해 단기의 소멸시효를 인정할 필요가 없다. 그래서 민법은 본래 단기소멸시효에 걸릴 채권도 판결에 의해 확정된 경우에는 그 소멸시효를 10년으로 한다고 규정하였다(제165조 1항).

그밖에 파산절차에 의해 확정된 채권 및 재판상의 화해, 조정 기타 판결과 동일한 효력을 갖는 것에 의해 확정된 채권은 본래 채권 그 자체로서는 10년보다 짧게 정해졌더라도 10년의 시효기간으로 된다(제165조 2항). 그러나 기한부채권에 관하여 기한이 도래하기 전에 확정판결을 받은 경우와 같이 확정될 당시에 변제기가 도래하지 않은 채권에는 전항의 규정이 적용되지 않는다(제165조 3항).

3.4. 기타의 재산권의 소멸시효기간

제162조(채권, 재산권의 소멸시효) ② 채권 및 소유권이외의 재산권은 20년간 행사하지 아니하면 소멸시효가 완성한다.

Ⅲ. 소멸시효의 중단(■)

1. 의의

[448]   소멸시효의 기초인 사실상태(권리를 행사하지 않고 있는 상태)와 맞지 않는 사실이 생기면 소멸시효는 그것으로 중단되는데, 진행해 온 소멸시효기간은 효력을 잃는다.

이것이 소멸시효의 중단이다. 시효의 중단은 취득시효에 관해서도 발생한다.

2. 중단사유

> 제168조(소멸시효의 중단사유) 소멸시효는 다음 각호의 사유로 인하여 중단된다.
> 1. 청구   2. 압류 또는 가압류, 가처분   3. 승인

민법은 소멸시효 중단의 사유로 청구, 압류·가압류 또는 가처분, 승인의 세 가 [449] 지를 들고 있으며(제168조), 다시 청구에 속하는 6가지를 규정하고 있다(제170조~ 제176조).

2.1. 청구(제168조 1호)

청구는 권리자가 소멸시효로 인해 이익을 얻는 자에게 권리내용을 주장하는 재 [450] 판상 및 재판 외의 행위를 총칭한 것이다.

(1) 재판상의 청구(제170조)

> 제170조(재판상의 청구와 시효중단) ① 재판상의 청구는 소송의 각하, 기각 또는 취하의 경우 에는 시효중단의 효력이 없다.
> ② 전항의 경우에 6월내에 재판상의 청구, 파산절차참가, 압류 또는 가압류, 가처분을 한 때에는 시효는 최초의 재판상 청구로 인하여 중단된 것으로 본다.

재판상의 청구란 재판에서 권리의 존재를 주장하는 것을 말한다. 소의 제기가 [451] 대표적인데, 이때 소의 종류, 본소인지 반소인지 여부는 상관없다. 시효중단의 효력 은 소제기시에 생긴다. 그밖에 공시최고 신청, 보조참가(2012다105314), 재심청구(96 다11334), 소송계속 중 청구의 변경이나 확장도 포함된다. 대여금에 대해 근저당권을 설정하기로 약정한 경우, 근저당권설정등기청구의 소를 제기하는 것도 대여금채권 에 대한 재판상 청구로 인정된다(2002다7213). 상대방이 제기한 소송에서 적극적으 로 응소하는 것도 포함되며, 이때는 현실적으로 권리를 행사하여 응소한 때(예 답변 서 제출)에 시효중단의 효력이 생긴다(2008다42416). 채권 중 일부만 청구한 경우에 는(예 3억원 중 2억원만 청구) 그 일부에 대해서만 시효중단의 효력이 생긴다(2019다 223723). 다만 그 취지상 전부에 관해 판결을 구하는 것으로 해석되면 그 동일성의 범위 내에서 전부에 대해 시효중단효가 발생한다(99다72521). 그리고 일부청구를 하 면서 미리 청구확장의 뜻을 밝히고 이후에 실제로 청구를 확장하면 확장된 청구금액 에 대해 처음부터 시효중단의 효가 생긴다(2019다223723). 미리 청구확장의 뜻을 밝

혔으나 마지막까지 청구를 확장하지 않은 경우에는 재판상 청구에 의한 시효중단효는 없고, 최고로써의 효력만 인정된다(2019다223723).

판례 220 | **대법원 2020. 2. 6. 선고 2019다223723 판결 [부당이득금]**

• 사실관계: 원고는 피고(서울시 노원구)로부터 이주대책의 일환으로 아파트를 분양받게 되었고, 2008. 10. 31.까지 분양대금을 완납한 후, 분양대금중 피고가 부담해야 할 금액이 포함된 것을 알고 부당이득반환을 청구하는 소를 제기했다(선행소송, 2013. 7. 30. 소제기). 선행소송의 소장에는 '일부청구'라는 제목하에 "… 정확한 금액은 추후 피고로부터 생활기본시설 관련 자료를 받아 계산하도록 하고 우선 이 중 일부인 2,000,000원에 대하여만 청구하게 되었습니다."라고 기재되어 있다. 원고는 선행소송이 종료될 때까지 청구금액을 확장하지 않았고, '피고는 원고에게 2,000,000원 및 이에 대한 지연손해금을 지급하라'는 판결이 2016. 11. 8. 확정되었다. 원고는 2017. 5. 18. 선행소송에서 인정된 금액을 제외한 나머지 금액 18,808,243원 및 이에 대한 지연손해금을 청구하였다.

• 법원의 판단: 선행소송에서 원고는 장차 청구금액을 확장할 뜻을 표시하였지만 소송이 종료될 때까지 청구금액을 확장하지 않아서 소멸시효중단의 효력은 2백만원 및 이에 대한 지연손해금에 관하여만 발생한다. 나머지 부분에 대하여는 선행소송이 계속 중인 동안에는 최고에 의한 권리행사 상태가 지속되고 있었으나, 원고가 선행소송이 종료된 때부터 6월 내에 민법 제174조에서 정한 조치를 취하지 않았으므로 시효중단의 효력이 없어 소멸시효가 완성되었다.

[451-2]   재판상의 청구는 소의 각하, 포기 또는 취하의 경우에서는 시효중단의 효력이 생기지 않는다(제170조 1항). 위의 사유로 시효중단의 효력을 갖지 못하는 경우에, 각하 등의 시점으로부터(2019다212945 참조) 6개월 이내에 다시 재판상의 청구, 파산절차참가, 압류 또는 가압류, 가처분을 하면 최초의 재판상 청구가 있었던 때에 소급하여 시효중단의 효력이 발생한다(제170조 2항).

판례 221 | **대법원 2010. 8. 26. 선고 2008다42416,42423 판결 [대여금]**

• 사실관계: ○○저축은행과 피고들이 변제기가 2002. 4. 및 2002. 10.~12.로 된 대출계약을 체결했다. 피고들은 2005. 5. 7. 채무부존재확인의 소(통정허위표시라고 주장)를 제기했고, 원고(○○저축은행의 파산관재인)는 2005. 5. 13. 위 소장 부본을 송달받은 후 2005. 6. 17. 피고들의 주장을 다투는 답변서를 제출했다. 그 후 원고는 2006. 11. 7. 피고 1을 상대로, 2007. 3. 9. 나머지 피고들을 상대로 대출금의 지급을 구하는 반소를 제기했다. 2007. 8. 16. 제1심에서 본소는 인지대 미보정 등의 사유로 각하판결이 나서 확정되었고, 반소에 관하여는 본안판결이 선고되었다.

• 쟁점 및 법원의 판단: 1년 이내의 정기로 정한 이자채무의 소멸시효기간은 3년인데, 피고의 반소 제기 시점에서 3년 전의 이자도 받을 수 있는지가 문제되었다. 이에 관해 법원은 피고들의 채무부존재확인의 소에 대한 원고의 응소행위시(답변서 제출)에 시효가 중단되었고, 위 본소가

비록 각하되었다고 하더라도 확정판결이 나기 전에 반소를 제기했으므로 시효중단효는 계속된다고 보았다.

(2) 파산절차참가(제171조)

> 제171조(파산절차참가와 시효중단) 파산절차참가는 채권자가 이를 취소하거나 그 청구가 각하된 때에는 시효중단의 효력이 없다.

파산절차참가는 채권자가 파산의 배당에 가입하기 위하여 채권신고를 하는 것이다. 채권자가 채권신고를 철회하거나 또는 신고가 각하된 때에는 중단의 효력이 없다(제171조). 「채무자 회생 및 파산에 관한 법률」상의 회생절차참가(동법 제32조)도 중단사유가 된다. 이 경우 면책결정이 확정되면 다시 시효기간이 진행되며 그 전에는 시효중단상태가 계속 유지된다(2019다235528). 면책결정이 확정되기 전에 변제계획인가결정이 있어도 시효중단 상태는 유지된다.

판례 222 | 대법원 2022. 4. 28. 선고 2020다251403 판결 [청구이의]

• 사실관계: 피고의 원고에 대한 지급명령신청이 2007. 7. 26. 확정되었다. 피고는 시효중단을 위해 2017. 7. 17. 원고에게 지급명령을 신청했고, 이의신청 등을 거쳐 소제기로 간주되었다. 피고가 추가인지를 내지 않아 피고의 소는 각하되었다(2018. 4. 16.). 피고는 2018. 1. 23. 원고의 재산(채권)에 대해 압류명령을 신청하여 압류명령을 받았다. 피고가 압류에 따른 집행(추심명령이행)을 하자 원고는 시효완성을 이유로 청구이의의 소를 제기하였다.
• 법원의 판단: 원심법원은 2017. 7. 17.에 제기된 피고의 소는 각하되어 시효중단의 효력이 없고, 2018. 1. 23.의 압류명령신청은 시효기간이 지난 뒤에 이뤄졌다면서 피고의 채권이 시효완성으로 소멸되었다고 보았다(원고의 청구이의 인정). 그러나 대법원은, 소가 각하되어도 최고의 효력은 각하시까지 지속되는데 그 전에 압류명령을 신청해서 이를 받았으므로 소제기시의 시효중단 효력이 유지되고 있다고 보았다.

판례 223 | 대법원 2019. 8. 30. 선고 2019다235528 판결 [양수금]

개인회생절차에서 개인회생채권자목록이 제출되거나 그 밖에 개인회생채권자가 개인회생절차에 참가한 경우에는 시효중단의 효력이 있고(채무자 회생 및 파산에 관한 법률 제32조 제3호, 제589조 제2항), 시효중단의 효력은 특별한 사정이 없는 한 개인회생절차가 진행되는 동안에는 그대로 유지된다(2013다42878 참조). 개인회생절차에서 변제계획인가결정이 있더라도 변제계획에 따른 권리의 변경은 면책결정이 확정되기까지는 생기지 않으므로(채무자 회생 및 파산에 관한 법률 제615조 제1항), 변제계획인가결정만으로는 시효중단의 효력에 영향이 없다.
한편 주채무자에 대한 시효의 중단은 보증인에 대하여 그 효력이 있다(민법 제440조).

채권자인 원고가 연대보증인인 피고를 상대로 대출금의 지급을 구하자, 피고는 주채무자에 대한 개인회생절차에서 변제계획인가결정이 있었으므로 그때부터 보증채무의 소멸시효가 다시 진행하여 자신의 연대보증채무가 시효소멸하였다고 주장하였지만, 개인회생절차에서 변제계획인가결정이 있더라도 시효중단의 효력에 영향이 없다고 판단하여(시효가 계속 중단 중) 상고기각한 사례.

[453]　　　(3) 지급명령(제172조)

> 제172조(지급명령과 시효중단) 지급명령은 채권자가 법정기간내에 가집행신청을 하지 아니함으로 인하여 그 효력을 잃은 때에는 시효중단의 효력이 없다.

지급명령은 독촉절차로서 소송절차에 의하지 않고 간이·신속하게 집행권원을 갖추기 위한 절차이다. 지급명령이 중단의 효력을 발생하는 시기는 지급명령신청서를 관할법원에 제출한 때이다. 지급명령은 채권자가 법정기간 내에 가집행을 신청하지 않아 효력을 잃은 때에는 시효중단의 효력이 없다.

[454]　　　(4) 화해를 위한 소환(제173조), 조정신청

> 제173조(화해를 위한 소환, 임의출석과 시효중단) 화해를 위한 소환은 상대방이 출석하지 아니하거나 화해가 성립되지 아니한 때에는 1월내에 소를 제기하지 아니하면 시효중단의 효력이 없다. 임의출석의 경우에 화해가 성립되지 아니한 때에도 그러하다.

이는 재판상 화해를 위해 상대방을 소환하는 것이다. 상대방이 출석하지 않거나 화해가 성립되지 않는 때에는 1개월 이내에 소를 제기하지 않으면 중단의 효력이 없다. 조정은 재판상의 화해와 같은 효력이 있으므로, 조정신청도 화해신청과 마찬가지로 시효중단의 효력이 있다.

[455]　　　(5) 최고(제174조)

> 제174조(최고와 시효중단) 최고는 6월내에 재판상의 청구, 파산절차참가, 화해를 위한 소환, 임의출석, 압류 또는 가압류, 가처분을 하지 아니하면 시효중단의 효력이 없다.

최고는 채무자에게 이행을 청구하는 것으로 재판상 청구에 속하지 않는 것이다. 최고는 6개월 이내에 위의 5가지 청구 중 어느 것을 하든가, 압류·가압류·가처분을 해야 중단의 효력이 있다. 한번 최고를 한 후에 계속 최고를 하는 것은 효력이 없다. 따라서 시효기간의 만료가 가까울 때 다른 중단방법을 위한 예비행동으로서 실익이 있다. 가령, 시효기간만료가 가까운데 소를 제기하기 위해 필요한 증거나 증인을 확보하지 못한 상황이라면, 우선 최고를 하고 6개월 이내에 소를 제기하면 된

다. 최고가 상대방에 도달하는 시점부터 6개월의 기간이 기산되는 것이 일반적이나, 상대방이 이행의무의 존부에 대해 조사해보고 회답을 주겠다고 한 경우에는 회답을 받은 때부터(2005다25632), 소송고지의 경우에는 소송고지서를 법원에 제출한 때부터 기산된다(2014다16494).

판례 224 | **대법원 2006. 6. 16. 선고 2005다25632 판결 [보험금지급청구권부존재확인]**

소멸시효제도 특히 시효중단제도는 그 제도의 취지에 비추어 볼 때 이에 관한 기산점이나 만료점은 원권리자를 위하여 너그럽게 해석하는 것이 상당하다 할 것이므로, 민법 제174조 소정의 시효중단 사유로서의 최고에 있어서 채무이행을 최고받은 채무자가 그 이행의무의 존부 등에 대하여 조사를 해 볼 필요가 있다는 이유로 채권자에 대하여 그 이행의 유예를 구한 경우에는 채권자가 그 회답을 받을 때까지는 최고의 효력이 계속된다고 보아야 하고, 따라서 같은 조에 규정된 6월의 기간은 채권자가 채무자로부터 회답을 받은 때로부터 기산되는 것이라고 해석하여야 할 것이[다.]

• 정리: 원고의 공사하자로 인해 피고가 손해를 입었고, 이에 관해 서울보증보험이 보증을 했다. 피고는 소멸시효 완성 전인 2000. 9. 28. 서울보증보험에 보험금지급을 청구했고(최고), 서울보증보험은 보험금지급심사에 필요한 추가구비서류의 제출을 요구하였다. 피고는 서울보증보험의 회신이 있기 전인 2001. 4. 13.경 보험금지급청구권부존재확인 소송에 응소하였다. 법원은 서울보증보험의 추가서류제출요구가 '지급의무여부의 조사를 위해 그 지급의 유예를 구한 경우'에 해당한다고 보아 그 회신이 있을 때까지는 최고의 효력이 계속된다고 하였다. 그리고 그 전에 피고의 응소행위가 있었으므로 보험금청구권의 소멸시효는 2000. 9. 28.자 최고에 의하여 중단되었다고 보았다.

판례 225 | **대법원 2015. 5. 14. 선고 2014다16494 판결 [손해배상(자)]**

소송고지의 요건이 갖추어진 경우에 소송고지서에 고지자가 피고지자에 대하여 채무의 이행을 청구하는 의사가 표명되어 있으면 민법 제174조에 정한 시효중단사유로서의 최고의 효력이 인정된다. 나아가 시효중단제도는 제도의 취지에 비추어 볼 때 기산점이나 만료점을 원권리자를 위하여 너그럽게 해석하는 것이 바람직하고, 소송고지에 의한 최고는 보통의 최고와는 달리 법원의 행위를 통하여 이루어지는 것이므로 만일 법원이 소송고지서의 송달사무를 우연한 사정으로 지체하는 바람에 소송고지서의 송달 전에 시효가 완성된다면 고지자가 예상치 못한 불이익을 입게 된다는 점 등을 고려하면, 소송고지에 의한 최고의 경우에는 민사소송법 제265조를 유추적용하여 당사자가 소송고지서를 법원에 제출한 때에 시효중단의 효력이 발생한다.

2.2. 압류·가압류·가처분(제168조 2호)

압류는 금전채권자가 집행권원(승소판결문 등)이나 담보권에 기하여 채무자(혹은 물상보증인)의 재산을 붙잡아 두는 것으로, 통상적으로 경매의 첫단계이다(부동산이나 동산에 대한 압류의 경우. 채권에 대한 압류는 추심명령이나 전부명령으로 이어진다). 가압류·가처분은 집행대상 재산을 임시로 붙잡아 두는 것으로, 집행권원을 갖출 때까지 기다리 [456]

면 강제집행이 불가능하거나 곤란해질 염려가 있는 경우에 유용하다.55 압류·가압류·가처분은 재판상의 청구가 없어도 할 수 있다는 점, 판결이 있어도 확정시부터 다시 시효가 진행된다는 점에서 이러한 사유를 따로 중단사유로 할 이유가 있다. 집행권원에 기하여 배당요구를 한 경우도 압류에 준하는 시효중단의 효력이 있다(2000다25484). 압류에 의해 중단된 시효는 집행절차가 완료되면(예 경매절차 완료, 전부명령) 다시 시작된다. 압류명령이 계속된다면 시효중단효도 계속된다. 가압류나 가처분에 의한 시효중단은 보전효력이 지속되는 동안에는 계속되며(2011다10044), 가압류등기 등이 완료되었다거나(2006다32781: 자동차에 대한 가압류 등록 완료시부터 다시 시효가 진행된다는 원심을 파기), 본안소송이 종료되었다는 사유로는 소멸하지 않는다(2000다11102).

[457]   압류명령 등의 결정시가 아니라 신청시에 시효중단의 효력이 발생하며(2016다35451), 다만 권리자의 청구에 의하여 또는 법률의 규정에 위배되어 위 명령이 취소된 때에는 시효중단의 효력이 없다(제175조). 처음부터 무효였던 경우에도 시효중단은 없다(2004다26287: 사자를 피신청인으로 한 가압류의 시효중단효 부정). 유체동산에 대해 가압류결정이 있었으나 집행절차에 착수하지 않은 경우에도 시효중단효는 인정되지 않는다(2011다10044).

판례 226 │ **대법원 2011. 5. 13. 선고 2011다10044 판결 [전세금반환]**

• 사실관계: 임대차계약이 만료(1996. 1. 10.)된 후 임차인인 원고는 1996. 8. 17. 임대인에 대해 임차보증금반환채권을 피보전채권으로 하여 유체동산에 대한 가압류를 신청하고 1996. 9. 14. 이사를 나갔다. 원고는 2009. 3. 12. 피고를 상대로 임대차보증금반환을 구하는 소를 제기하였다.
• 법원의 판단: 원심은 유체동산에 대한 가압류결정이 있으면 시효가 중단되고, 그 결정이 취소되지 않았으므로 시효중단의 효력이 계속된다고 보아 원고의 청구를 인용하였다. 그러나 대법원은 유체동산에 대한 가압류결정을 받은 사실만으로는 시효가 중단되지 않고, 가압류결정의 집행절차에 착수해야 시효가 중단된다면서 원심을 파기했다.
"유체동산에 대한 가압류의 집행절차에 착수하지 않은 경우에는 시효중단의 효력이 없고, 그 집행절차를 개시하였으나 가압류할 동산이 없기 때문에 집행불능이 된 경우에는 집행절차가 종료된 때로부터 시효가 새로이 진행된다."

[457-1]   압류·가압류·가처분은 시효의 이익을 받을 자에 대해 하지 않은 경우 그 자에게 통지한 후가 아니면 시효중단의 효력이 없다(제176조). 예컨대 채무자 이외의 제3자(물상보증인)로부터 설정받은 저당물을 압류한 경우, 채무자에게 그 사실을 통지한

---

55 가령 승소판결을 받았는데 채무자가 그 전에 자신의 유일한 부동산을 팔아버리면 집행할 재산이 없어지므로 이를 막기 위한 절차로 쓰인다.

때에 피담보채권에 관하여 시효중단의 효력이 생기게 된다.

판례 227 | 대법원 1990. 1. 12. 선고 89다카4946 판결 [대여금]

가. 물상보증인에 대한 임의경매의 신청은 피담보채권의 만족을 위한 강력한 권리실행수단으로
서, 채무자 본인에 대한 압류와 대비하여 소멸시효의 중단사유로서 차이를 인정할 만한 실질적인
이유가 없기 때문에, 중단행위의 당사자나 그 승계인 이외의 시효의 이익을 받는 채무자에게도
시효중단의 효력이 미치도록 하되, 다만 채무자가 시효의 중단으로 인하여 예측하지 못한 불이익
을 입게 되는 것을 막아주기 위하여 채무자에게 압류사실이 통지되어야만 시효중단의 효력이 미
치게 함으로써, 채권자와 채무자간에 이익을 조화시키려는 것이, 민법 제169조에 규정된 시효중
단의 상대적 효력에 대한 예외를 인정한 민법 제176조의 취지라고 해석되는 만큼, 압류사실을
채무자가 알 수 있도록 경매개시결정이나 경매기일통지서가 우편송달(발송송달)이나 공시송달의
방법이 아닌 교부송달의 방법으로 채무자에게 송달되어야만 압류사실이 통지된 것으로 볼 수 있
는 것이다.

　임차권등기명령은 그 절차에서 가압류를 준용하고 있지만 가압류처럼 보전처분 [458]
적 성격을 가지는 것이 아니라 대항력과 우선변제권을 유지시키기 위한 담보적 기능
을 가지는 것이므로 시효중단효력이 없다는 것이 판례의 입장이다(2017다226629).

판례 228 | 대법원 2019. 5. 16. 선고 2017다226629 판결 [보증금 반환청구의 소]

주택임대차보호법 제3조의3에서 정한 임차권등기명령에 따른 임차권등기는 특정 목적물에 대한 구
체적 집행행위나 보전처분의 실행을 내용으로 하는 압류 또는 가압류, 가처분과 달리 어디까지나
주택임차인이 주택임대차보호법에 따른 대항력이나 우선변제권을 취득하거나 이미 취득한 대항력
이나 우선변제권을 유지하도록 해 주는 담보적 기능을 주목적으로 한다. … 임차권등기명령에 따른
임차권등기에는 민법 제168조 제2호에서 정하는 소멸시효 중단사유인 압류 또는 가압류, 가처분에
준하는 효력이 있다고 볼 수 없다.
임차인인 원고가 임대차기간 만료 후 임대인이던 망인에게 보증금반환을 요구하였으나 망인이 반
환해 주지 않아 원고가 임차권등기명령을 원인으로 한 주택임차권등기를 마쳤고 그로부터 10년이
더 지나서 망인의 상속인인 피고들을 상대로 임대차보증금반환을 청구하였는데, 원고의 임차권등
기명령에 따른 임차권등기가 소멸시효의 진행에 아무런 영향이 없다면서 임대차보증금반환채권은
시효가 완성되어 소멸하였다고 본 사례.

2.3. 승인(제168조 3호)

　승인이란 시효의 이익을 받을 당사자가 시효로 인해 권리를 잃는 자에 대하여 [459]
그 권리의 존재를 인식하고 있다는 뜻을 표시하는 것이다. 이러한 승인의 법률상의
성질은 관념의 통지이다. 승인에는 특별한 방식을 필요로 하지 않아서 명시적 · 묵시
적 승인 모두에 중단의 효력이 있다. 가령 B에 대해 별개의 이유로 6천만원, 5천만

원, 8천만원의 채무를 부담하는 A가 B에게 1억원을 지급하면서 어느 채무를 소멸시킬 것인지 지정하지 않은 경우, 이는 A가 모든 채무에 대해 승인한 것으로 인정될 수 있다(2021다239745).

판례 229 대법원 2001. 2. 23. 선고 2000다65864 판결 [대여금]

채무자가 수 건의 대출금 채무 중 변제되지 않고 있는 모든 채무를 변제한다는 의사로 채권자에게 잔존 채무를 정산해 달라고 하였는데, 채권자의 실수로 일부의 채무를 제외한 나머지 대출금 채무만이 남아 있는 것처럼 정산하여 채무자가 위 나머지 채무가 남아 있는 전채무인 것으로 알고 이를 변제한 경우, 채무자로서는 채권자가 제외된 채무까지 포함하여 정산하고 이를 잔존 채무로 제시하였다 하더라도 당연히 변제하였을 것이므로, 채무자의 행위는 정산된 채무만이 전채무이고 그 이상의 채무는 존재하지 아니한다는 인식을 표시하거나 특정 채무를 지정하여 그 일부의 변제를 한 것이 아니라, 당시 자신이 부담하고 있던 모든 채무를 그대로 인정한다는 관념을 표시한 것으로 본 사례.

판례 230 대법원 2005. 2. 17. 선고 2004다59959 판결 [물품대금]

소멸시효 중단사유로서의 채무의 승인은 시효이익을 받을 당사자인 채무자가 소멸시효의 완성으로 권리를 상실하게 될 자에 대하여 그 권리가 존재함을 인식하고 있다는 뜻을 표시함으로써 성립한다고 할 것이며, 그 표시의 방법은 아무런 형식을 요구하지 아니하고, 또 그 표시가 반드시 명시적일 것을 요하지 않고 묵시적인 방법으로도 가능한 것이기는 하지만(98다63193 참조), 그 묵시적인 승인의 표시는 적어도 채무자가 그 채무의 존재 및 액수에 대하여 인식하고 있음을 전제로 하여 그 표시를 대하는 상대방으로 하여금 채무자가 그 채무를 인식하고 있음을 그 표시를 통해 추단하게 할 수 있는 방법으로 행해져야 할 것이다.
당사자 간에 계속적 거래관계가 있다고 하더라도 물품 등을 주문하고 공급하는 과정에서 기왕의 미변제 채무에 대하여 서로 확인하거나 확인된 채무의 일부를 변제하는 등의 절차가 없었다면 기왕의 채무의 존부 및 액수에 대한 당사자 간의 인식이 다를 수도 있는 점에 비추어 볼 때, 피고가 단순히 기왕에 공급받던 것과 동종의 물품을 추가로 주문하고 공급받았다는 사실만으로는 기왕의 채무의 존부 및 액수에 대한 인식을 묵시적으로 표시하였다고 보기 어[렵다].

판례 231 대법원 2021. 9. 30. 선고 2021다239745 판결 [공사대금]

동일한 채권자와 채무자 사이에 다수의 채권이 존재하는 경우 채무자가 변제를 충당하여야 할 채무를 지정하지 않고 모든 채무를 변제하기에 부족한 금액을 변제한 때에는 특별한 사정이 없는 한 그 변제는 모든 채무에 대한 승인으로서 소멸시효를 중단하는 효력을 가진다. 채무자는 자신이 계약당사자로 있는 다수의 계약에 기초를 둔 채무들이 존재한다는 사실을 인식하고 있는 것이 통상적이므로, 변제 시에 충당할 채무를 지정하지 않고 변제를 하였으면 특별한 사정이 없는 한 다수의 채무 전부에 대하여 그 존재를 알고 있다는 것을 표시했다고 볼 수 있기 때문이다.

승인으로 되기 위해서는 원칙적으로 권리자에 대해 행해져야 한다. 채무자가 시 [460]
효의 당사자가 아닌 제3자에 대하여 채무있음을 승인했다 하더라도 이것은 소멸시효
중단사유인 승인은 아니다.

시효중단의 효력이 있는 승인에는 상대방의 권리에 관한 처분의 권능이나 권한 [461]
있음을 요하지 않는다(제177조). 중단사유인 승인은 시효완성 전에 하는 것이고, 완성
후에는 시효이익의 포기가 문제된다.

판례 232 | 대법원 2009. 11. 26. 선고 2009다64383 판결 [소유권이전등기]

비법인사단이 총유물에 관한 매매계약을 체결하는 행위는 총유물 그 자체의 처분이 따르는 채
무부담행위로서 총유물의 처분행위에 해당하나, 그 매매계약에 의하여 부담하고 있는 채무의
존재를 인식하고 있다는 뜻을 표시하는 데 불과한 소멸시효 중단사유로서의 승인은 총유물 그
자체의 관리·처분이 따르는 행위가 아니어서 총유물의 관리·처분행위라고 볼 수 없다. 따라서
피고의 대표자가 이 사건 매매계약에 따른 소유권이전등기의무에 대하여 소멸시효 중단의 효력
이 있는 승인을 하는 경우에 있어 주민총회의 결의를 거치지 않았다고 하더라도 그것만으로
그 승인이 무효라고 할 수는 없다.

---

3. 효력

3.1. 시효의 중단은 당사자 및 승계인 간에만 효력이 있다(제169조). 당사자란 [462]
법정중단행위에 관여한 자이고, 승계인은 포괄승계인과 특정승계인을 말한다.

판례 233 | 대법원 2015. 5. 28. 선고 2014다81474 판결 [관리비]

집합건물의 관리회사인 원고가 전 구분소유자를 상대로 관리비의 지급을 구하는 소를 제기하여
승소판결을 받은 이후에 피고가 그 전유부분에 관한 구분소유권을 취득함으로써 전 구분소
유자의 공용부분 체납관리비채무를 인수(중첩적 채무인수)한 사안에서, 피고가 민법 제169
조에서 정한 시효중단의 효력을 받는 승계인에 해당한다고 보았다.

3.2. 중단 후의 소멸시효기간 재시작(▶)

중단사유가 종료된 후에도 청구권의 미실현 상태에 있으면 소멸시효는 다시 진 [463]
행된다. 시효기간은 처음부터 다시 시작되며, 기산점은 중단사유의 종료시이다(제178
조 1항). 즉 재판상의 청구는 재판이 확정된 때, 압류·가압류·가처분은 그 절차가
종료한 때, 승인은 승인이 도달한 때이다.

Ⅳ. 소멸시효의 정지(≒Ⅱ)

1. 의의

[464] 소멸시효의 정지란 소멸시효가 완성될 즈음에 권리자가 중단행위를 하는 것이 불가능하거나 곤란한 사정이 있는 경우에, 소멸시효의 완성을 유예하는 것이다. 정지사유가 종료하고 나서 일정한 유예기간을 경과하여 소멸시효는 완성되므로, 중단과 같이 이미 경과한 기간이 무효가 되는 것은 아니다.

[465] 소멸시효의 중단에 관한 규정은 취득시효에 준용하면서(제247조 2항), 정지에 관한 규정은 준용하지 않았다. 시효정지제도를 취득시효에 관해서만 배척할 이유는 없으므로, 취득시효에서도 소멸시효의 정지 사유에 관한 규정을 유추하여 취득시효의 정지를 인정해야 한다는 것이 통설이다.

2. 소멸시효 정지의 사유

> 제179조(제한능력자의 시효정지) 소멸시효의 기간만료 전 6개월 내에 제한능력자에게 법정대리인이 없는 경우에는 그가 능력자가 되거나 법정대리인이 취임한 때부터 6개월 내에는 시효가 완성되지 아니한다.
>
> 제180조(재산관리자에 대한 제한능력자의 권리, 부부 사이의 권리와 시효정지) ① 재산을 관리하는 아버지, 어머니 또는 후견인에 대한 제한능력자의 권리는 그가 능력자가 되거나 후임 법정대리인이 취임한 때부터 6개월 내에는 소멸시효가 완성되지 아니한다.
>
> ② 부부 중 한쪽이 다른 쪽에 대하여 가지는 권리는 혼인관계가 종료된 때부터 6개월 내에는 소멸시효가 완성되지 아니한다.
>
> 제181조(상속재산에 관한 권리와 시효정지) 상속재산에 속한 권리나 상속재산에 대한 권리는 상속인의 확정, 관리인의 선임 또는 파산선고가 있는 때로부터 6월내에는 소멸시효가 완성하지 아니한다.
>
> 제182조(천재 기타 사변과 시효정지) 천재 기타 사변으로 인하여 소멸시효를 중단할 수 없을 때에는 그 사유가 종료한 때로부터 1월내에는 시효가 완성하지 아니한다.

(1) 제한능력자를 위한 정지(제179조, 제180조 1항)

[466] (2) 부부 간의 권리의 경우(제180조 2항)

(3) 상속재산에 관한 정지(제181조)

(4) 천재·사변(제182조)

V. 소멸시효의 효과

1. 소멸시효 완성의 효과

민법은 소멸시효 완성의 효과에 대해 규정을 두지 않고 '… 소멸시효가 완성한 [467] 다'고만 할 뿐이다. 이 '완성한다'의 의미에 대해서는, 소멸시효의 완성(소멸시효기간 의 만료)으로 권리는 당연히 소멸한다고 하는 절대적 소멸설과 시효의 이익을 받을 자가 시효완성을 원용하면 비로소 권리가 소멸한다는 상대적 소멸설, 권리는 소멸하 지 않고 그 이행을 거절할 수 있는 항변권이 생길 뿐이라고 하는 항변권설 등이 대립 해 있다.

판례는 절대적 소멸설을 취한다고 밝힌 이후 이를 명시적으로 번복한 적이 없 [468] 다. 다만 소송에서 주장하지 않으면 고려되지 않는다고 하며, 소송에서의 시효완성 항변이 신의칙에 반하면 인정하지 않기도 한다. 판례는 이를 '변론주의'나 권리남용 으로만 설명하지만, 상대적 소멸설이나 항변권설에 더 가깝다고 할 수도 있다.

판례 234 | 대법원 1979. 2. 13. 선고 78다2157 판결 [소유권이전등기말소]

신민법상은 당사자의 원용이 없어도 시효완성의 사실로서 채무는 당연히 소멸되는 것이고, 다 만 변론주의의 원칙상 소멸시효의 이익을 받을 자가 그것을 포기하지 않고 실제 소송에 있어서 권리를 주장하는 자에 대항하여 시효소멸의 이익을 받겠다는 뜻을 항변을 하지 않는 이상 그 의사에 반하여 재판할 수 없을 뿐이다.

판례 235 | 대법원 1994. 12. 9. 선고 93다27604 판결 [국세환급금등]

• 요약 및 정리: 시효완성 항변에 대해 신의칙을 적용한 최초의 판결로 보인다. 사안은 허위의 과세자료를 강압적으로 작성하게 한 후 세금을 부과하여 세금징수가 무효인 경우였다. 국가의 소 멸시효완성항변에 대해 원심은 신의칙에 반한다면서 배척했으나 대법원은 신의칙에 반하지 않는 다고 하였다. 다만 시효완성항변도 신의칙에 의해 배척될 수 있다는 것을 선언하였다. 이러한 법 리는 이후에 계속 반복되었으며, 특히 국군에 의한 양민학살이나 군사정권 시절의 각종 조작사건 등에서 적용되었다. 다만 「진실·화해를 위한 과거사정리 기본법」상의 국가범죄에 대하여는 헌법 재판소에서 별도의 결정이 있었고(2014헌바148 결정), 이에 따른다면 신의칙 이론이 이러한 사안 에 적용될 가능성은 적다고 할 수 있다(입법적으로 해결되었으므로). 그러나 신의칙에 따른 시효 완성항변제한은 일반적인 이론이기 때문에 일반적 사건에도 적용된다.

---

[4] 소멸시효를 이유로 한 항변권의 행사도 민법의 대원칙인 신의성실의 원칙과 권리남용금지의 원칙의 지배를 받는 것이어서, 채무자가 시효완성 전에 채권자의 권리행사나 시효중단을 불가능 또는 현저히 곤란하게 하였거나, 그러한 조치가 불필요하다고 믿게 하는 행동을 하였거나, 객관적으로 채권자가 권리를 행사할 수 없는 장애사유가 있었거나, 또는 일단 시효완성 후에 채무자가 시효를 원용하지 아니할 것 같은 태도를 보여 권리자로 하여금 그와 같이 신뢰하게 하였거나, 채권자보호의 필요성이 크고 같은 조건의 다른 채권자가 채무의 변제를 수령하는 등의 사정이 있어 채무이행의 거절을 인정함이 현저히 부당하거나 불공평하게 되는 등의 특별한 사정이 있는 경우에는 채무자가 소멸시효의 완성을 주장하는 것이 신의성실의 원칙에 반하여 권리남용으로서 허용될 수 없다.

2. 소멸시효의 소급효

제167조(소멸시효의 소급효) 소멸시효는 그 기산일에 소급하여 효력이 생긴다.

[469]　　　소멸시효가 완성되면 이에 걸린 권리는 그 기산일에 소급하여 소멸한 것으로 된다(제167조). 소급효에 따라서 채무자는 시효기산일 이후의 이자, 지연배상 등의 의무도 없는 것으로 된다. 주된 권리의 소멸시효가 완성한 때에는 종속된 권리에 그 효력이 미친다(제183조).

3. 소멸시효 이익의 포기

[470]　　　소멸시효가 완성되기 전에 시효이익을 포기하는 것은 인정되지 않는다(제184조 1항). 그러나 소멸시효가 완성된 후에 그 이익을 포기하는 것은 유효하다. 시효이익의 포기는 통상적으로 기한의 유예요청이나 일부변제, 채무승인의 방식으로 행해진다. 승인의 방식으로 시효이익을 포기하는 경우, 이는 시효중단 사유로서의 승인과 유사성이 있다. 그러나 시효중단사유로서의 승인이 채무가 있음을 알고 있다는 '관념의 통지'라면 시효이익의 포기는 '의사표시'이고, 따라서 채무를 승인한다는 의사가 표시될 것을 요한다.

[1] 소멸시효 이익의 포기사유로서의 채무의 승인은 그 표시의 방법에 아무런 제한이 없어 묵시적인 방법으로도 가능하기는 하지만, 적어도 채무자가 채권자에 대하여 부담하는 채무의 존재에 대한 인식의 의사를 표시함으로써 성립하게 되고, 그러한 취지의 의사표시가 존재하는지 여부의 해

석은 그 표시된 행위 내지 의사표시의 내용과 동기 및 경위, 당사자가 그 의사표시 등에 의하여 달성하려고 하는 목적과 진정한 의도 등을 종합적으로 고찰하여 사회정의와 형평의 이념에 맞도록 논리와 경험의 법칙, 그리고 사회일반의 상식에 따라 객관적이고 합리적으로 이루어져야 한다. [2] 채무자가 채권자로부터 소멸시효가 완성된 연대보증채무의 이행청구를 받고 그 채무액의 일부를 지급하고 사건을 종결하자는 내용의 합의안을 제의하였다가 거절당한 사안에서, 합의안 제의의 배경 등 제반 사정에 비추어 채무자가 위 합의안을 제의한 사실만으로 채권자에게 연대보증채무를 부담하고 있다는 채무승인의 뜻을 확정적으로 표시한 것이라고 해석하기 어렵다고 한 사례.

소멸시효완성 후의 소멸시효이익의 포기의 효과는 상대적이다. 즉 포기할 수 있는 자가 수인 있는 경우에는 1인의 포기는 타인에게 영향을 미치지 않는다. [471]

4. 시효에 관한 합의

제184조(시효이익의 포기 기타) ② 소멸시효는 법률행위에 의하여 이를 배제, 연장 또는 가중할 수 없으나 이를 단축 또는 경감할 수 있다.

소멸시효의 완성을 어렵게 하는 특약은 무효이나 이를 단축·경감시키는 합의 는 유효하다. [472]

5

주소,
부재와 실종

제5장 주소, 부재와 실종

I. 주소

1. 주소의 기능

주소란 생활의 근거가 되는 장소를 말하는데, 주소는 법률관계에서도 중요한 [473]
기능을 한다. 가령, 취소의 의사표시를 위해 내용증명우편을 보낸다고 했을 때, 이를
어디에 보내야 할 것인지도 주소에 의해 정해진다. 또한 민법에서는 ① 부재 및 실종
의 표준(제22조 이하), ② 채무이행의 장소를 정하는 표준(제467조), ③ 상속의 개시지
(제981조, 제998조) 등이 주소에 의해 정해지고, 민사소송법에서도 ④ 재판관할의 표
준(민사소송법 제3조), ⑤ 소송서류의 송달장소(민사소송법 제183조) 등이 주소에 의해
정해진다.

[참조] 주민등록지: 30일 이상 거주할 목적으로 일정한 장소에 주소 또는 거소 [474]
를 갖는 자가 주민등록법 제6조에 의거하여 등록한 장소를 말한다. 이와 같이 주소
는 주민등록의 요건이 되지만, 주민등록지와 사법관계상의 주소가 항상 일치하는 것
은 아니다. 다만 주민등록지는 반증이 없는 한 주소로 추정된다.

판례 238 | **대법원 1998. 4. 10. 선고 98두1161 판결 [양도소득세부과처분취소]**

국세기본법 제8조 제1항에 의하면 세법이 규정하는 서류는 그 명의인의 주소·거소·영업소
또는 사무소에 송달하도록 규정되어 있는바, 여기서 주소라 함은 원칙적으로 생활의 근거가 되
는 곳을 가리키지만 민법 제21조 소정의 가주소 또는 그 명의인의 의사에 따라 전입신고된 주
민등록지도 특별한 사정이 없는 한 이에 포함된다.
납세고지서의 명의인이 다른 곳으로 이사하였지만 주민등록을 옮기지 아니한 채 주민등록지로
배달되는 우편물을 새로운 거주자가 수령하여 자신에게 전달하도록 한 경우, 그 새로운 거주자
에게 우편물 수령권한을 위임한 것으로 보아 그에게 한 납세고지서의 송달이 적법하다고 한
사례(송달 후 60일이 경과하여 제기된 이의신청을 각하).

---

2. 민법상의 주소

제18조(주소) ① 생활의 근거되는 곳을 주소로 한다.
② 주소는 동시에 두 곳 이상 있을 수 있다.

주소에 관한 입법주의로는 형식주의와 실질주의, 객관주의와 의사주의, 단일주 [475]

의와 복수주의의 구별이 있는 것으로 설명된다. 우리 민법 제18조는 생활의 실질에 따라 주소를 정하며, 동시에 두 곳 이상 있을 수 있다고 하여 실질주의와 복수주의를 명시하고 있다. 객관주의와 의사주의는 정주의 사실 외에 정주의 의사를 주소결정의 요소로 할 것인가의 문제이다. 우리 민법은 객관주의를 택한 것으로 이해된다(통설).

판례 239 | 대법원 1990. 8. 14. 선고 89누8064 판결 [상속세등부과처분취소]

민법 제18조 제1항은 생활의 근거되는 곳을 주소로 한다고 규정하였는데, 생활의 근거되는 곳이란 생활관계의 중심적 장소를 말하고, 이는 국내에서 생계를 같이하는 가족 및 국내에 소재하는 자산의 유무 등 생활관계의 객관적 사실에 따라 판정하여야 한다.

그리고 주소는 동시에 두 곳 이상 있을 수 있는데, 국내에 주소지가 둘 이상인 자에 대하여는 주민등록법의 규정에 의하여 등록된 곳을 상속세법이 규정하는 주소지로 본다고 한 상속세법시행령 제1조의2는 국내에 주민등록지가 있는 경우에 관한 규정이라고 해석되고, 주소를 결정함에 있어 주민등록이 중요한 자료가 되기는 하지만 그것만으로 주소가 결정되는 것은 아니다.

• 요약: 피상속인이 해외이주 후 주민등록이 말소되었으나 다시 귀국하여 사망할 때까지 국내에 거주했다. 국세청은 국내에 주민등록이 없어 주소가 없다고 보고 과세했다. 그러나 법원은 사망 당시의 생활근거지가 주소지라면서 피상속인을 '국내에 주소를 둔 자'로 취급해야 한다고 보았다(국내 주소의 보유 여부에 따라 상속세 공제액이 달라지는 상황).

---

3. 거소 · 현재지 · 가주소

> 제19조(거소) 주소를 알 수 없으면 거소를 주소로 본다.
> 제20조(거소) 국내에 주소없는 자에 대하여는 국내에 있는 거소를 주소로 본다.
> 제21조(가주소) 어느 행위에 있어서 가주소를 정한 때에는 그 행위에 관하여는 이를 주소로 본다.

(1) 거소

[476] 사람이 다소의 기간 계속해서 거주하지만, 밀접의 정도가 주소보다 적은 장소를 거소라고 한다. 주소를 알 수 없거나 국내에 주소가 없는 경우에는 거소를 주소로 보아 법률관계를 정한다. '주소를 알 수 없는 경우'란 주소가 전혀 없는 경우와 있어도 알 수 없는 경우를 포함한다.

(2) 현재지

[477] 토지와의 관계가 거소보다 적은 장소를 거소와 구별하여 현재지라 부르는 경우가 있다. 가령 여행자가 잠시 머무는 곳이 이에 속한다. 이론상으로는 거소와 현재지의 구별이 가능하지만, 법률에 거소라 하는 경우에 현재지를 배척하는 취지가 아니면 이를 거소라고 할 수 있다.

236 민법총칙

(3) 가주소

당사자는 어떤 거래에 관하여 일정한 장소를 선정해서 가주소로 할 수 있는데, [478]
이 경우에는 가주소를 주소로 보고, 주소에 관해 생기는 효과를 발생하게 한다(제21
조). 가령, 계약서에 가주소를 적은 경우, 그 주소로 의사표시가 도달되면 의사표시
의 효력발생이 인정된다.

Ⅱ. 부재와 실종

부재와 실종은 모두 일정한 사람이 주소를 떠나 쉽게 돌아올 가능성이 없는 경 [479]
우에 대한 것이다. 부재는 본인의 생존을 추정하여 그의 재산을 관리하는 제도이고,
실종은 남은 배우자나 가족 등과의 관계에서 법률관계를 확정하기 위해 부재자를 사
망한 것으로 간주하는 것이다.

1. 부재자의 재산관리

사례 41

A는 영혼의 구원을 위해 네팔로 떠나면서 자신의 재산관리를 친구인 C에게 맡겼다. A에게는 별
거 중인 아내와 아들이 있었고, 주요 재산으로는 X 토지와 Y 주택이 있었다. C는 X 토지를 B에
게 매도하는 계약을 체결했다. A의 사망이 확정되자 B는 A의 상속인(아내와 아들)을 상대로 X
토지의 소유권이전등기를 청구한다. 다음 각 경우에 어떻게 되는가?
① A가 C에게 아들이 성인이 되면 토지를 처분하여 아들의 학자금으로 써달라고 한 경우
② A가 C에게 재산관리를 맡긴다고만 하고 구체적인 이야기는 하지 않은 경우
③ A가 C에게 토지의 처분권한을 주었는데, C가 토지를 매도하기 전에 A가 히말라야 등정 과정
에서 실종되자 C가 법원에 신청하여 법원으로부터 부재자 재산관리인으로 선임된 경우
– 위와 같은 상황에서 A가 재산관리를 누구에게도 맡기지 않았다면 어떻게 해야 하는가?

제22조(부재자의 재산의 관리) ① 종래의 주소나 거소를 떠난 자가 재산관리인을 정하지 아니
한 때에는 법원은 이해관계인이나 검사의 청구에 의하여 재산관리에 관하여 필요한 처분을
명하여야 한다. 본인의 부재중 재산관리인의 권한이 소멸한 때에도 같다.

1.1. 부재자

부재자란 종래의 주소 또는 거소를 떠나서 용이하게 돌아올 가능성이 없는 자이 [480]
다(제22조). 주소를 떠나있다 하더라도 자신이 직접 재산관리를 하고 있다면 이 조문의

부재자로 볼 이유가 없다. 생사불명인 경우도 실종선고를 받을 때까지는 부재자이다.

<hr/>

판례 240 | 대법원 1960. 4. 21. 선고 4292민상252 판결 (김대원, "不在와 失踪에 관한 判例 分析", 실무연구 X, 2005)

부재자라 함은 종래의 주소나 거소를 떠나 용이하게 귀래할 수 있는 가망이 없는 자를 말하며 반드시 그 생사가 불분명한 자에 한하지 않는 것이다. 다만, 그 용이하게 귀래할 수 있는 가망의 유무는 제반 사정을 종합하여 고찰하여야 할 것인바, 당사자가 외국에 가 있다 하더라도 그것이 정주의 의사로서 한 것이 아니고 유학의 목적으로 간 것에 불과하고 현재 그 국의 일정한 주거지에 거주하여 그 소재가 분명할 뿐 아니라 계쟁 부동산이나 기타의 그 소유재산을 국내에 있는 사람을 통하여 그 당사자가 직접 관리하고 있는 사실이 인정되는 때에는 부재자라고 할 수 없다.

<hr/>

1.2. 부재자의 재산관리

[481]   부재자의 재산은 이를 관리할 자가 필요하고, 재산관리인이 있는 경우에는 그의 권한과 범위가 문제될 수 있다. 민법은 부재자 자신이 관리인을 둔 경우와 관리인을 두지 않은 경우를 구별한다. 전자의 경우는 당사자 사이에 계약이 있으므로 이에 따르면 되고 국가의 간섭은 최소한에 그친다. 따라서 민법의 규정은 주로 후자에 관한 것이다.

[482]   부재자에게 법정대리인과 같은 법률상의 재산관리인이 있는 때에는 부재자에 관한 규정이 적용되지 않는다. 부재자의 재산관리에 관한 규정은, 부재 이외의 이유로 재산을 관리할 자가 없는 경우에 법원이 관리인을 선임한 때에도 널리 준용되고 있다.

(1) 부재자가 관리인을 둔 경우

> 제23조(관리인의 개임) 부재자가 재산관리인을 정한 경우에 부재자의 생사가 분명하지 아니한 때에는 법원은 재산관리인, 이해관계인 또는 검사의 청구에 의하여 재산관리인을 개임할 수 있다.
> 제24조(관리인의 직무) ③ 부재자의 생사가 분명하지 아니한 경우에 이해관계인이나 검사의 청구가 있는 때에는 법원은 부재자가 정한 재산관리인에게 전2항의 처분을 명할 수 있다.

[483]   부재자가 관리인을 선임했다면 그는 부재자의 수임인이며 임의대리인이므로, 권한의 범위와 관리의 방법 등은 모두 당사자의 의사에 의해 정해지고, 정한 바가 없으면 제118조에 의하여 보존·이용·개량행위만 할 수 있다. 이 경우에는 원칙적으로 법원이 간섭할 필요가 없다. 위 사례의 ①에서 A는 구체적 범위를 정해주었으므로, C가 이에 따랐다면 유효이고 아니라면 무효이다(무권대리). 가령 A 아들이 성년이 되기 전에 X 토지를 처분했다면 무효이다. 위 사례의 ②에서 A가 C에게 재산

관리만 맡겼다면 처분행위는 할 수 없으므로 이 처분은 무효이고(제118조), B는 A의 상속인에게 소유권이전을 청구할 수 없다.

| 판례 241 | 대법원 1973. 7. 24. 선고 72다2136 판결 [소유권이전등기말소] |

• 요약: 원고는 1950.9.28.경 월북하면서 자신의 부동산에 대한 관리와 처분의 대리권을 어머니인 소외인에게 수여하였다. 소외인은 이를 피고에게 매도한 후 소유권이전등기를 경료하였다. 이후 원고는 소외인이 법원의 허가없이 부동산을 처분했다면서 피고를 상대로 등기말소소송을 제기하였다. 이에 대해 법원은 "부재자가 스스로 위임한 재산관리인이 있는 경우에는, 그 재산관리인의 권한은 그 위임의 내용에 따라 결정될 것이며 그 위임관리인에게 재산처분권까지 위임된 경우에는 그 재산관리인이 그 재산을 처분함에 있어 법원의 허가를 요하는 것은 아니"고, 따라서 "소외인이 법원의 허가를 얻음이 없이 이 사건 부동산을 처분하였다 하여도 무효라고는 볼 수 없"다고 하면서 원고의 청구를 기각하였다.

그러나 나중에 부재자의 생사가 분명하지 않게 된 때에는 법원이 재산관리인을 [484] 개임할 수도 있고(제23조), 개임하지 않고 재산목록작성등의 처분을 명할 수도 있다(제24조 3항). 재산관리인의 권한이 본인의 부재중에 소멸한 때에는, 처음부터 관리인이 없었던 경우와 마찬가지의 조치를 취한다(제22조 1항 후단). 법원이 재산관리인을 개임하거나(제23조), 선임한 경우(제22조)에 재산관리인의 권한은 부재자가 관리인을 두지 않은 경우와 같다. 법원은 원래의 재산관리인을 그대로 선임한 경우에도 마찬가지라고 하였다(76다1437). 따라서 위 사례의 ③에서 A의 생사가 분명하지 않게 되자 C의 신청에 의해 법원이 C를 재산관리인으로 선임했으므로, C는 이제 법원이 선임한 재산관리인이 되고, 이 경우에 처분행위를 하기 위해서는 법원으로부터 '권한초과 행위 허가'를 받아야 한다. C가 이를 받지 않았다면 X 토지의 매도는 무효이다.

| 판례 242 | 대법원 1977. 3. 22. 선고 76다1437 판결 [소유권이전등기말소등] |

부재자가 6.25사변 전부터 일체와 재산의 관리 및 처분의 권한을 그 모인 "갑"에 위임하였다 가정하더라도 "갑"이 부재자의 실종후(1954. 5. 8.) 법원에 신청하여 동 부재자의 재산관리인으로 선임된 경우에는 부재자의 생사가 분명하지 아니하여 민법 제23조의 규정에 의한 개임이라고 보지 못할바 아니므로 이때부터 부재자의 위임에 의한 "갑"의 재산관리 처분권한은 종료되었다고 봄이 상당하고, 따라서 그 후 "갑"의 부재자 재산처분에 있어서는 민법 제25조에 따른 권한 초과 행위 허가를 받아야 하며 그 허가를 받지 아니하고 한 부재자의 재산매각은 무효이다.

---

(2) 부재자가 관리인을 두지 않은 경우

부재자가 재산관리인을 두지 않은 경우에 가정법원은 이해관계인 또는 검사의 [485] 청구에 의하여 재산관리에 필요한 처분을 명해야 하는데(제22조 1항 단서), 가장 대표적인 처분이 재산관리인의 선임이다.

[486] 　　　　이해관계인이란 재산관리인이 없다는 사실에 대하여 법률상의 이해관계를 갖는 자(추정상속인 · 채권자 · 보증인 등)를 말한다. 검사를 청구권자로 한 것은 공익에 관한 사항이기 때문이다.

> 제24조(관리인의 직무) ① 법원이 선임한 재산관리인은 관리할 재산목록을 작성하여야 한다.
> ② 법원은 그 선임한 재산관리인에 대하여 부재자의 재산을 보존하기 위하여 필요한 처분을 명할 수 있다.
> ③ 부재자의 생사가 분명하지 아니한 경우에 이해관계인이나 검사의 청구가 있는 때에는 법원은 부재자가 정한 재산관리인에게 전2항의 처분을 명할 수 있다.
> ④ 전3항의 경우에 그 비용은 부재자의 재산으로써 지급한다.
> 제25조(관리인의 권한) 법원이 선임한 재산관리인이 제118조에 규정한 권한을 넘는 행위를 함에는 법원의 허가를 얻어야 한다. 부재자의 생사가 분명하지 아니한 경우에 부재자가 정한 재산관리인이 권한을 넘는 행위를 할 때도 같다.
> 제26조(관리인의 담보제공, 보수) ① 법원은 그 선임한 재산관리인으로 하여금 재산의 관리 및 반환에 관하여 상당한 담보를 제공하게 할 수 있다.
> ② 법원은 그 선임한 재산관리인에 대하여 부재자의 재산으로 상당한 보수를 지급할 수 있다.
> ③ 전2항의 규정은 부재자의 생사가 분명하지 아니한 경우에 부재자가 정한 재산관리인에 준용한다.
> 제22조(부재자의 재산의 관리) ② 본인이 그 후에 재산관리인을 정한 때에는 법원은 본인, 재산관리인, 이해관계인 또는 검사의 청구에 의하여 전항의 명령을 취소하여야 한다.

[487] 　　　　재산관리인은 언제든 사임할 수 있고, 법원도 언제든 개임할 수 있다. 부재자 본인의 의사로 선임되는 것이 아니므로 일종의 법정대리인이며, 제118조가 정한 행위는 자유롭게 할 수 있지만 그 이상의 행위(재산의 처분 등)를 할 때에는, 반드시 가정법원의 허가를 얻어야 한다(제25조 단서). 따라서 법원의 허가 없이 부재자 소유재산을 처분하면 무효이고(69다1820), 법원의 허가를 얻지 않고 한 재판상 화해는 재심사유가 된다(67다2117). 그러나 부재자의 권리보존에 이익되는 화해를 함에 있어서는 법원의 허가를 얻지 않아도 무방하다고 한다(62다582: 부재자의 부동산에 등기를 하고 있는 자가 이 등기를 포기하겠다고 재산관리인과 화해함).

[488] 　　　　부재자재산관리인이 권한초과행위의 허가를 받고 그 선임결정이 취소되기 전에 위 권한에 의하여 이뤄진 행위는 부재자에 대한 실종선고기간이 만료된 후에 이뤄졌다고 하더라도 유효하고 그 재산관리인의 적법한 권한 행사의 효과는 이미 사망한

부재자의 재산상속인에게 미친다(73다2023; 80다2668).

부재자재산관리인은 수임인과 동일한 의무를 부담한다(통설). 관리인은 보수청 [489]
구권이 있고, 재산관리를 위해 지출한 필요비와 그 이자의 반환, 과실 없이 받은 손
해의 배상 등을 청구할 수 있다. 가정법원은 관리인에게 상당한 보수를 부재자의 재
산에서 지급할 수 있다(제26조 2항).

부재자가 후에 재산관리인을 정하면 가정법원은 본인 또는 이해관계인의 청구 [490]
에 의하여 재산관리인 선임명령을 취소해야 한다(제22조 2항). 본인이 스스로 그의
재산을 관리할 수 있게 된 때 또는 그 사망이 분명하게 되거나 실종선고가 있은 때에
도 마찬가지로 본다.

판례 243 | 대법원 1971. 3. 23. 선고 71다189 판결 [소유권이전등기말소]

• 요약: 소외 1은 1949년부터 행방불명이었고 그 어머니(소외 2)가 법원의 결정에 의해 부재자
재산관리인으로 선임되었다. 1968. 9. 19.에 소외 1의 사망이 확인되었고 상속인들이 소외 1의
X 임야를 상속받았다. 소외 2는 소외 1의 사망이 확인된 후인 1969. 1. 5. 부재자재산관리인
자격으로 법원의 초과행위허가를 얻어 X 임야를 소외 6에게 매도하고 소유권 이전등기를 하였
다. 원고(누구인지 불명확, 상속인 중 1명은 아님)는 등기의 원인인 매매가 당연무효라고 주장하
였다. 이에 대해 법원은 "법원의 결정으로서 부재자의 재산관리인에 선임된 자는 그 부재자의
사망이 확인된 후라 할지라도 그에 대한 부재자 관리인 선임결정이 취소되지 않는 한 그 관리인
으로서의 권한이 소멸되는 것은 아니"라면서 매매와 소유권이전의 유효성을 인정하였다.
• 정리: 사망했다면 이제 상속인의 소유인데, 사망자의 재산관리인이 한 소유권이전이 유효하다
고 하는 것은 이론적으로 설명하기 어렵다. 다만 법원의 재산관리인 선임과 초과행위허가라는
점을 중시하여 그 유효성을 인정한 것으로 보인다.

판례 244 | 대법원 1991. 11. 26. 선고 91다11810 판결 [토지소유권이전등기말소등기등]

사망한 것으로 간주된 자가 그 이전에 생사불명의 부재자로서 그 재산관리에 관하여 법원으로
부터 재산관리인이 선임되어 있었다면 재산관리인은 그 부재자의 사망을 확인했다고 하더라도
선임결정이 취소되지 아니하는 한 계속하여 권한을 행사할 수 있다 할 것이므로 재산관리인에
대한 선임결정이 취소되기 전에 재산관리인의 처분행위에 기하여 경료된 등기는 법원의 처분허
가 등 모든 절차를 거쳐 적법하게 경료된 것으로 추정된다.

판례 245 | 대법원 1987. 3. 24. 선고 85다카1151 판결 [부동산소유권확인]

부재자의 재산관리인에 의하여 소송절차가 진행되던 중 부재자 본인에 대한 실종선고가 확정되
면 그 재산관리인으로서의 지위는 종료되는 것이므로 상속인등에 의한 적법한 소송수계가 있을
때까지는 소송절차가 중단된다(실종선고가 확정되었고, 부재자의 상속인등에 의한 소송절차의

수계가 없었음에도 불구하고, 부재자 재산관리인에 의해 소송행위가 진행되고 판결이 이뤄졌다는 이유로 원심을 파기했다).

판례 246 | **대법원 2002. 1. 11. 선고 2001다41971 판결 [소유권이전등기절차이행등]**

부재자재산관리인의 부재자 소유 부동산에 대한 매매계약에 관하여 부재자재산관리인이 권한을 초과하여서 체결한 것으로 법원의 허가를 받지 아니하여 무효라는 이유로 소유권이전등기절차의 이행청구가 기각되어 확정되었다고 하더라도, 패소판결의 확정 후에 위 권한초과행위에 대하여 법원의 허가를 받게 되면 다시 위 매매계약에 기한 소유권이전등기청구의 소를 제기할 수 있다. 법원의 선임에 의한 부재자재산관리인이 권한을 초과하여서 체결한 부동산 매매계약에 관하여 허가신청절차를 이행할 것을 약정하는 것은 관리권한행위에 해당한다고 할 것이고, 이러한 약정을 이행하지 아니하는 경우 매수인으로서는 재산관리인을 상대로 하여 그 이행을 소구할 수 있다. 재산관리인이 부재자를 대리하여 부재자 소유의 부동산을 매매하고 매수인에게 이에 대한 허가신청절차를 이행하기로 약정하고서도 그 이행을 하지 아니하여 매수인으로부터 허가신청절차의 이행을 소구당한 경우, 재산관리인의 지위는 형식상으로는 소송상 당사자이지만 그 허가신청절차의 이행으로 개시된 절차에서 만일 법원이 허가결정을 하면 재산관리인이 부재자를 대리하여서 한 매매계약이 유효하게 됨으로써 실질적으로 부재자에게 그 효과가 귀속되는 것이므로 법원에 대하여 허가신청절차를 이행하기로 한 약정에 터잡아 그 이행을 소구당한 부재자 재산관리인이 소송계속중 해임되어 관리권을 상실하는 경우 소송절차는 중단되고 새로 선임된 재산관리인이 소송을 수계한다고 봄이 상당하다.

---

2. 실종선고

사례 42

A는 화물용비행기의 추락으로 인해 무인도에 표류했다. A에게는 배우자 B와 자녀 C가 있고, X주택과 Y 토지가 있다. B에게 사랑하는 사람이 생긴 경우에 B는 어떻게 해야 다시 혼인할 수 있는가?

제27조(실종의 선고) ① 부재자의 생사가 5년간 분명하지 아니한 때에는 법원은 이해 관계인이나 검사의 청구에 의하여 실종선고를 하여야 한다.
② 전지에 임한 자, 침몰한 선박 중에 있던 자, 추락한 항공기 중에 있던 자 기타 사망의 원인이 될 위난을 당한 자의 생사가 전쟁종지후 또는 선박의 침몰, 항공기의 추락 기타 위난이 종료한 후 1년간 분명하지 아니한 때에도 제1항과 같다.

2.1. 의의

[491]   부재자의 생사불명상태가 장기간 계속된 경우에 불확정적인 법률관계를 확정시

키기 위하여 부재자의 사망을 의제하는 것이 실종선고제도이다.

2.2. 요건

(1) 부재자의 생사불명

부재자의 생사가 분명하지 않아야 하며, 이는 생존의 증명도 사망의 증명도 없 [492]
는 경우를 말한다. 가족관계등록부에 사망자로 등록되어 있다면 특별한 사정이 없는
한 실종선고를 할 수 없다.

판례 247	대법원 1997. 11. 27.자 97스4 결정 [실종선고]

호적부의 기재사항은 이를 번복할 만한 명백한 반증이 없는 한 진실에 부합하는 것으로 추정되
고, 특히 호적부의 사망기재는 쉽게 번복할 수 있게 해서는 안되며, 그 기재내용을 뒤집기 위해
서는 사망신고 당시에 첨부된 서류들이 위조 또는 허위조작된 문서임이 증명되거나 신고인이
공정증서원본불실기재죄로 처단되었거나 또는 사망으로 기재된 본인이 현재 생존해 있다는 사
실이 증명되고 있을 때, 또는 이에 준하는 사유가 있을 때 등에 한해서 호적상의 사망기재의
추정력을 뒤집을 수 있을 뿐이고, 그러한 정도에 미치지 못한 경우에는 그 추정력을 깰 수 없다
할 것이므로, 호적상 이미 사망한 것으로 기재되어 있는 자는 그 호적상 사망기재의 추정력을
뒤집을 수 있는 자료가 없는 한 그 생사가 불분명한 자라고 볼 수 없어 실종선고를 할 수 없다.

(2) 실종기간의 경과

생사불명의 상태가 일정기간 계속되어야 하는데, 이 기간을 실종기간이라고 한다. [493]
실종기간은 보통실종에 있어서는 5년이고(제27조 1항), 특별실종의 경우에는 1년이다. 특
별실종은 사망의 개연성이 특히 높은 경우에 실종기간을 단축하는 것이다(제27조 2항).

보통실종에서는 부재자의 생존이 알려진 최후시점부터 실종기간을 기산하고, 특 [494]
별실종에서는 전쟁종료시, 선박이 침몰한 때, 항공기가 추락한 때, 위난이 끝난 때부
터 실종기간을 기산한다.

(3) 이해관계인 또는 검사의 청구 [495]

이해관계인이란 실종선고에 대하여 신분상이나 재산상의 이해관계가 있는 자이다.

판례 248	대법원 1992. 4. 14.자 92스4,92스5,92스6 결정 [실종선고]

부재자에 대하여 실종선고를 청구할 수 있는 이해관계인은 그 실종선고로 인하여 일정한 권리를
얻고 의무를 면하는 등의 신분상 또는 재산상의 이해관계를 갖는 자에 한한다고 할 것이다.
부재자의 종손자로서, 부재자가 사망할 경우 제1순위의 상속인이 따로 있어 제2순위의 상속인에
불과한 청구인은 특별한 사정이 없는 한 위 부재자에 대하여 실종선고를 청구할 수 있는 신분상
또는 경제상의 이해관계를 가진 자라고 할 수 없다고 한 사례.

(4) 공시최고를 할 것

위의 세 요건을 갖춘 경우 법원은 6개월 이상의 기간을 정하여 그 기간 내에 부재자 본인이나 부재자의 생사를 아는 자에 대해 신고하도록 공고해야 한다. 공시최고기간이 지나도록 신고가 없을 때에 비로소 실종을 선고하게 된다.

* 인정사망

> 가족관계의 등록 등에 관한 법률 제87조(재난 등으로 인한 사망) 수해, 화재나 그 밖의 재난으로 인하여 사망한 사람이 있는 경우에는 이를 조사한 관공서는 지체 없이 사망지의 시·읍·면의 장에게 통보하여야 한다. 다만, 외국에서 사망한 때에는 사망자의 등록기준지의 시·읍·면의 장 또는 재외국민 가족관계등록사무소의 가족관계등록관에게 통보하여야 한다.
> 인정사망에 따른 가족관계등록사무 처리지침 [가족관계등록예규 제477호] 제3조(사망통보) ① 법 제87조에 따라 사망자를 조사한 관공서가 사망지 또는 사망자 등록기준지의 시(규)·읍·면의 장에게 사망의 통보를 할 때에는 법 제84조제2항에 기재된 사항과 사망자의 생년월일과 주소를 기재하여야 한다.
> ③ 제항에 따른 통보는 사체가 발견된 자(사망자를 인식할 수 없는 때를 포함한다. 이하 "시신 확인 사망자"라 한다) 뿐만 아니라, 사체 발견 등의 확증은 없으나 주위의 여러 상황을 고려하여 볼 때 사망이 확실하거나 그 개연성이 매우 높다고 판단한 때(이하 "시신 미확인 사망자"라 한다)에는, 유족의 의사와 관계없이 사망통보를 하여야 한다.

수해, 화재나 그밖의 재난으로 인하여 사망한 사람이 있는 경우에 이를 조사한 관공서가 사망지의 시·읍·면장에게 통고를 하면, 가족관계등록부에 사망의 기재를 한다. 이때에는 시체 등 사망의 확증이 없어도 사망의 개연성이 매우 높으면 사망통보를 하게 되며, 이에 의해 가족관계등록부에 사망이 기록되고 가족관계등록부는 폐쇄된다(인정사망). 인정사망이 되었더라도 사망의제의 효력을 위해서 실종선고를 청구할 수 있다(가족관계등록예규). 생사불명임에도 불구하고 사망으로 다룬다는 점에서 실종선고와 유사하나 즉시 효력이 발생하고, 사망의제가 아니라 추정이라는 점이 다르다. 실종선고나 인정사망이 없다하더라도 법원은 경험법칙에 근거해서 사람의 사망을 인정할 수 있다.

판례 249 │ 대법원 1989. 1. 31. 선고 87다카2954 판결 [손해배상(산)]

갑판원이 시속 30노트 정도의 강풍이 불고 파도가 5~6미터 가량 높게 일고 있는 등 기상조건이 아주 험한 북태평양의 해상에서 어로작업 중 갑판 위로 덮친 파도에 휩쓸려 찬 바다에 추락하여 행방불명이 되었다면 비록 시신이 확인되지 않았다 하더라도 그 사람은 그 무렵 사망한 것으로 확정함이 우리의 경험칙과 논리칙에 비추어 당연하다.

수난, 전란, 화재 기타 사변에 편승하여 타인의 불법행위로 사망한 경우에 있어서는 확정적인 증거의 포착이 손쉽지 않음을 예상하여 법은 인정사망, 위난실종선고 등의 제도와 그 밖에도 보통실종선고제도도 마련해 놓고 있으나 그렇다고 하여 위와 같은 자료나 제도에 의함이 없는 사망사실의 인정을 수소법원이 절대로 할 수 없다는 법리는 없다.

2.3. 효과

> 제28조(실종선고의 효과) 실종선고를 받은 자는 전조의 기간이 만료한 때에 사망한 것으로 본다.

실종선고를 받은 자는 사망한 것으로 간주된다. '본다'는 것은 증명 여부와 관계 없이 사망한 것으로 의제한다는 것이다. 따라서 본인이 생존했다든가 기타의 반증을 들어서 선고의 효과를 다투지 못하며, 효과를 뒤집으려면 실종선고를 취소해야 한다. 사망의 효과는 신청인에 대해서 뿐 아니라 모든 사람에 대한 관계에서 생긴다. 실종선고를 받은 자가 사망한 것으로 간주되는 시기는 실종기간이 만료된 때이다. 그 기간 전까지는 생존한 것으로 추정된다.

[498]

판례 250 | 대법원 1994. 9. 27. 선고 94다21542 판결 [소유권보존등기말소]

실종선고를 받은 자는 실종기간이 만료한 때에 사망한 것으로 간주되는 것이므로, 실종선고로 인하여 실종기간 만료시를 기준으로 하여 상속이 개시된 이상 설사 이후 실종선고가 취소되어야 할 사유가 생겼다고 하더라도 실제로 실종선고가 취소되지 아니하는 한, 임의로 실종기간이 만료하여 사망한 때로 간주되는 시점과는 달리 사망시점을 정하여 이미 개시된 상속을 부정하고 이와 다른 상속관계를 인정할 수는 없다.

실종선고는 실종자의 종래 주소를 중심으로 하는 사법적 법률관계만을 종료시 킨다. 따라서 ① 돌아온 후의 법률관계나 실종자의 다른 곳에서의 새 주소를 중심으로 하는 법률관계에 관해서는 사망의 효과가 미치지 않는다. ② 사법적 법률관계에 관한 것이므로, 공법상의 법률관계(선거권·피선거권의 유무, 범죄 성부 등)는 실종선고와는 관계없다.

[499]

판례 251 | 대법원 1995. 12. 22. 선고 95다12736 판결 [소유권이전등기말소]

실종자에 대하여 1950. 7. 30. 이후 5년간 생사불명을 원인으로 이미 1988. 11. 26. 실종선고가 되어 확정되었는데도, 그 이후 타인의 청구에 의하여 1992. 12. 28. 새로이 확정된 실종신고를 기초로 상속관계를 판단한 것은 잘못이다.

대법원 1995. 2. 17. 선고 94다52751 판결 [소유권이전등기말소]

민법 제28조는 실종선고를 받은 자는 민법 제27조 제1항 소정의 생사불명기간이 만료된 때에 사망한 것으로 본다고 규정하고 있으므로 실종선고가 취소되지 않는 한 반증을 들어 실종선고의 효과를 다툴 수는 없다고 할 것인바, 원심이 적법하게 인정한 바와 같이 소외 망 정○○에 대한 실종선고가 확정되었고 그 후 취소되지 않았다면, 망인은 생사불명기간이 만료된 1955. 9. 30.에 사망한 것으로 간주되는 것이고 위 망인이 1961년경에 생존하였다는 자료가 있다고 하더라도 이와 달리 볼 수 있는 것은 아니다.

소외 망 정××가 1960. 1. 1. 신민법이 시행되기 이전인 1958. 9. 30.에 사망하였다면 위 망인의 재산상속에 관하여는 구 관습에 의하여야 할 것이고 구 관습에 의하면 호주가 상속인이 없이 절가가 되었을 경우에는 최근친자에게 유산이 귀속된다고 할 것인바, 원심이 적법하게 인정한 사실관계에 의하면 위 정××의 유산은 최근친자인 피고에게 귀속되었다고 볼 것이다. 위 정○○은 실종선고가 확정됨에 따라 위 정××가 사망하기 이전인 1955. 9. 30.에 사망한 것으로 간주되므로 위 정○○은 위 정××의 재산상속인이 될 수 없다.

판례 253 대법원 1992. 7. 14. 선고 92다2455 판결 [토지소유권이전등기말소]

실종선고의 효력이 발생하기 전에는 실종기간이 만료된 실종자라 하여도 소송상 당사자능력을 상실하는 것은 아니므로 실종선고 확정 전에는 실종기간이 만료된 실종자를 상대로 하여 제기된 소도 적법하고 실종자를 당사자로 하여 선고된 판결도 유효하며 그 판결이 확정되면 기판력도 발생한다고 할 것이고, 이처럼 판결이 유효하게 확정되어 기판력이 발생한 경우에는 그 판결이 해제조건부로 선고되었다는 등의 특별한 사정이 없는 한 그 효력이 유지되어 당사자로서는 그 판결이 재심이나 추완항소 등에 의하여 취소되지 않는 한 그 기판력에 반하는 주장을 할 수 없는 것이 원칙이라 할 것이며, 비록 실종자를 당사자로 한 판결이 확정된 후에 실종선고가 확정되어 그 사망간주의 시점이 소 제기 전으로 소급하는 경우에도 위 판결 자체가 소급하여 당사자능력이 없는 사망한 사람을 상대로 한 판결로서 무효가 된다고는 볼 수 없다.

2.4. 실종선고의 취소

사례 43

A는 화물용비행기의 추락으로 인해 무인도에 10년간 표류했다. A에게는 배우자 B와 자녀 C가 있었고, 재산으로는 현금 1억원 및 X주택과 Y 토지가 있었다. A에 대한 실종선고가 내려진 후 B는 X주택을 상속받고 D와 재혼했으며, C는 현금과 Y 토지를 상속받았다. 그런데 C는 현금은 써버렸고 Y 토지는 E에게 매도하였다. 이후 A는 뗏목을 타고 섬을 탈출하여 고향으로 돌아왔다. A의 청구에 의해 실종선고가 취소된 경우,
B와 D의 재혼은 어떻게 되는가?
현금과 X 및 Y 부동산의 반환이나 소유관계는 어떻게 되는가?

제29조(실종선고의 취소) ① 실종자의 생존한 사실 또는 전조의 규정과 상이한 때에 사망한 사실의 증명이 있으면 법원은 본인, 이해관계인 또는 검사의 청구에 의하여 실종선고를 취소하여야 한다. 그러나 실종선고 후 그 취소 전에 선의로 한 행위의 효력에 영향을 미치지 아니한다.
② 실종선고의 취소가 있을 때에 실종의 선고를 직접원인으로 하여 재산을 취득한 자가 선의인 경우에는 그 받은 이익이 현존하는 한도에서 반환할 의무가 있고 악의인 경우에는 그 받은 이익에 이자를 붙여서 반환하고 손해가 있으면 이를 배상하여야 한다.

(1) 의의

실종선고의 기초가 된 사실과 다른 사실이 증명된 경우에, 법률관계를 실재 사실에 맞추기 위해 있는 것이 실종선고 취소이다. [500]

(2) 실종선고 취소의 요건

실종자가 현재 생존하고 있는 사실, 실종기간이 만료한 때와 다른 때에 사망한 사실, 실종기간의 기산점 이후의 어느 시기에 생존하고 있었던 사실(법문에는 없으나 이론상 인정된다) 중 한 가지가 증명되어야 하며, 본인·이해관계인 또는 검사의 청구가 있어야 한다(제29조 1항 본문). [501]

(3) 효과

실종선고가 취소되면 실종선고가 처음부터 없었던 것으로 된다(소급적 무효). 실종자가 살아 돌아왔다면 실종선고로 인해 소멸한 신분관계는 부활하고, 실종선고를 원인으로 하여 취득한 재산(상속받은 재산 등)은 그에게 반환되어야 한다. 다른 시기에 사망한 것으로 된다면, 그에 따라 상속 등을 달리 해야 한다. [502]

그러나 실종선고 후 그 취소 전에 선의로 한 행위의 효력에는 영향이 없다(제29조 1항 단서). 선의란 실종선고가 사실과 다른 것을 모르는 것이다. 계약의 경우에는 모든 당사자의 선의가 필요하다. [503]

실종선고를 직접원인으로 하여 재산을 취득한 자가 선의인 경우에는 그 받은 이익이 현존하는 한도에서 반환할 의무가 있고, 악의인 경우에는 받은 이익에 이자를 붙여서 반환하고 손해가 있으면 배상해야 한다(제29조 2항). 실종선고를 직접원인으로 하여 재산을 취득한 자란 상속인, 수유자, 생명보험금의 수취인 등을 말한다. [504]

위 사례에서 실종선고가 취소되면 A의 사망의제로 일어났던 효과가 모두 사라진다. 사망이 없어 상속도 없었으므로 현금 및 X, Y는 모두 A의 것이며, A와 B는 여전히 혼인 중이다. 따라서 상속을 이유로 이전된 재산은 반환되어야 하고, B와 D [505]

의 혼인은 중혼으로 취소되어야 한다. 그러나 실종선고 후에 선의로 한 행위에는 영향을 미치지 않으므로(제29조 1항), B와 D가 A의 생존사실을 몰랐다면 이들의 혼인은 그대로 유효이다. 마찬가지로 C와 E가 선의라면 E의 소유권취득도 그대로 유효이다(이때는 이렇게 유효한 법률관계와 반하는 기존 법률관계가 사라진다). 상속인인 B와 C는 A에 대해 반환의무가 있는데(제29조 2항), B는 X주택을 그대로 반환해야 하고, C는 현금 및 Y 토지의 가액을 반환해야 한다(C와 E가 선의인 경우). 다만 금액으로 반환의무를 이행할 때 선의자는 현존이익만 반환하면 된다.

3. 부재선고

[506] 「부재선고 등에 관한 특별조치법」에서는 "대한민국의 군사분계선 이북(以北) 지역에서 그 이남(以南) 지역으로 옮겨 새로 가족관계등록을 창설한 사람 중 군사분계선 이북 지역의 잔류자(殘留者)에 대한 부재선고(不在宣告)의 절차에 관한 특례"를 두고 있다(동법 제1조). 1개월 이상의 공시최고절차를 거쳐서(동법 제8조) 부재선고를 받은 자는 가족관계등록부를 폐쇄하며, 상속이나 혼인에 관하여는 실종선고를 받은 것으로 본다(동법 제4조).

4. 동시사망의 추정

[507] 민법 제30조에서는 2인 이상이 동일한 위난으로 사망한 경우에 '동시에 사망한 것으로 추정'하고 있다. 이는 동시에 사망한 자들 사이에는 상속이 발생하지 않게 하려는 취지이다. 민법 제30조의 규정은 상속뿐만 아니라 대습상속 및 유증에도 적용된다. 수인이 상이한 위난으로 사망한 경우까지 본 규정을 유추적용할 수 있는가에 관하여 긍정·부정의 견해가 대립한다.

법인

제6장 법인

I. 일반론

1. 의의

법인이란 사람의 모임(사단)이나 재산의 모임(재단)으로 권리능력을 가진 것을 [508] 말한다. 법인의 본질에 관해서는 법인실재설, 법인의제설 등이 있다.

법인의 종류는 통상 공법인·사법인, 영리법인·비영리법인, 내국법인·외국법인, [509] 사단법인·재단법인 등으로 분류한다. 현행 민법은 비영리법인에 관하여 사단법인·재단법인으로 나누어 규율하고 있다. 따라서 이하에서는 이에 관하여만 일별한다.

2. 법인의 종류

2.1. 영리법인·비영리법인

법인이 영리를 목적으로 하는지 여부에 따른 구분이다. 영리를 목적으로 한다 [510] 는 것은 구성원의 이익을 위한다는 것이므로 공익사업을 하더라도 그 이익을 사원에게 분배하면 영리법인이다. 구성원의 이익을 위해야 하므로 사단법인만이 영리법인이 될 수 있다. 영리법인에는 상사회사와 민사회사가 있는데, 영리를 목적으로 하는 사단(민사회사)은 상사회사설립의 조건에 좇아 이를 법인으로 할 수 있고(제39조 1항), 이 경우 사단법인에는 모두 상사회사에 관한 규정을 준용한다(제39조 2항). 이와 같이 민사회사도 상법의 규정에 따르므로 양자를 구별할 실익은 없다.

비영리법인은 학술·종교·자선·기예·사교 기타 영리 아닌 사업을 목적으로 하 [511] 는 사단법인 또는 재단법인을 말한다(제32조). 영리법인에는 상법이 적용되며, 비영리법인은 민법의 규정에 따른다.

2.2. 사단법인·재단법인

사단법인은 일정한 목적을 위하여 결합한 사람의 단체로서 사원을 요소로 하며, [512] 사원총회에 의하여 그 의사를 자주적으로 결정한다. 영리 및 비영리 사단법인이 있다. 재단법인은 일정한 목적에 바쳐진 재산으로서 재산의 존재를 요소로 하며, 언제나 비영리법인이다.

3. 법인의 설립

제31조(법인성립의 준칙) 법인은 법률의 규정에 의함이 아니면 성립하지 못한다.

제32조(비영리법인의 설립과 허가) 학술, 종교, 자선, 기예, 사교 기타 영리아닌 사업을 목적으로 하는 사단 또는 재단은 주무관청의 허가를 얻어 이를 법인으로 할 수 있다.

제33조(법인설립의 등기) 법인은 그 주된 사무소의 소재지에서 설립등기를 함으로써 성립한다.

제36조(법인의 주소) 법인의 주소는 그 주된 사무소의 소재지에 있는 것으로 한다.

3.1. 사단법인의 설립행위와 정관작성

제40조(사단법인의 정관) 사단법인의 설립자는 다음 각호의 사항을 기재한 정관을 작성하여 기명날인하여야 한다.
1. 목적
2. 명칭
3. 사무소의 소재지
4. 자산에 관한 규정
5. 이사의 임면에 관한 규정
6. 사원자격의 득실에 관한 규정
7. 존립시기나 해산사유를 정하는 때에는 그 시기 또는 사유

[513]   사단법인은 일정한 목적으로 사람들이 모여서(단체형성) 규칙을 만들고(설립행위: 정관작성) 주무관청의 허가를 받아 설립등기를 하면 성립된다. 설립자(발기인)들이 공동의 목적을 위해 모이고 이들 사이에 법률관계가 발생하는 단계를 설립자(발기인)조합이라고 한다. 이들이 정관을 작성하여 법인설립을 위한 요건을 갖추는 단계를 설립 중의 법인이라고 한다. 이후 주무관청의 허가와 설립등기를 함으로써 법인격을 취득한다.

[514]   발기인조합은 민법상의 조합으로 이해된다. 이 조합이 그 조합계약의 이행으로서 정관을 작성하고, 법인의 최초의 구성원을 확정하면 설립중의 법인이 된다.

[515]   사단법인의 정관에는 목적, 명칭, 사무소의 소재지, 자산에 관한 규정, 이사의 임면에 관한 규정, 사원자격의 득실에 관한 규정을 기재해야 하고, 존립시기나 해산사유를 정하는 때에는 그 시기 또는 사유도 기재한 후, 설립자가 기명날인해야 한다. 이러한 기재가 없는 정관은 무효이다.

3.2. 재단법인의 재산출연과 정관작성

> 제43조(재단법인의 정관) 재단법인의 설립자는 일정한 재산을 출연하고 제40조제1호 내지 제
> 5호의 사항을 기재한 정관을 작성하여 기명날인하여야 한다.
> 제44조(재단법인의 정관의 보충) 재단법인의 설립자가 그 명칭, 사무소소재지 또는 이사임면
> 의 방법을 정하지 아니하고 사망한 때에는 이해관계인 또는 검사의 청구에 의하여 법원이
> 이를 정한다.

재단법인은 설립자가 일정한 목적으로 재산을 출연하고, 정관을 작성한 후 주무관 [516]
청의 허가와 설립등기를 하면 성립된다. 정관작성시에 설립자는 법인의 근본규칙을 정
하여 이를 서면에 기재하고 기명날인해야 한다. 사단법인의 정관기재사항 중 사원자격
의 득실에 관한 규정과 법인의 존립시기나 해산사유를 제외한 나머지 5개는 필요적 기
재사항이다(제43조). 다만 재단법인 설립자가 필요적 기재사항 중 목적과 자산만 정하
고 나머지 사항은 정하지 않고서 사망한 경우에 이해관계인 또는 검사의 청구에 의하여
법원이 이들 사항을 정하여 정관을 보충하여 법인을 성립시킨다(제44조).

3.3. 등기

> 제49조(법인의 등기사항) ① 법인설립의 허가가 있는 때에는 3주간내에 주된 사무소소재지에
> 서 설립등기를 하여야 한다.
> ② 전항의 등기사항은 다음과 같다.
> 1. 목적 2. 명칭
> 3. 사무소 4. 설립허가의 연월일
> 5. 존립시기나 해산이유를 정한 때에는 그 시기 또는 사유
> 6. 자산의 총액 7. 출자의 방법을 정한 때에는 그 방법
> 8. 이사의 성명, 주소 9. 이사의 대표권을 제한한 때에는 그 제한
> 제52조(변경등기) 제49조제2항의 사항 중에 변경이 있는 때에는 3주간내에 변경등기를 하여
> 야 한다.
> 제54조(설립등기 이외의 등기의 효력과 등기사항의 공고) ① 설립등기 이외의 본절의 등기사
> 항은 그 등기후가 아니면 제삼자에게 대항하지 못한다.
> ② 등기한 사항은 법원이 지체없이 공고하여야 한다.

법인은 그 주된 사무소의 소재지에서 설립등기를 함으로써 성립한다(제33조). [517]
등기는 설립허가 후 3주 이내에 한다(제49조 1항). 그리고 등기할 때는 "목적, 명칭,
사무소, 설립허가의 연월일, 존립시기나 해산사유를 정한 때에는 그 시기 또는 사유,

재산의 총액, 출자의 방법을 정한 때에는 그 방법, 이사의 성명과 주소, 이사의 대표
권을 제한한 때에는 그 제한"을 적어야 한다(제49조 2항).

4. 재단법인의 출연재산귀속시기

> 제47조(증여, 유증에 관한 규정의 준용) ① 생전처분으로 재단법인을 설립하는 때에는 증여에
> 관한 규정을 준용한다.
> ② 유언으로 재단법인을 설립하는 때에는 유증에 관한 규정을 준용한다.
> 제48조(출연재산의 귀속시기) ① 생전처분으로 재단법인을 설립하는 때에는 출연재산은 법인
> 이 성립된 때로부터 법인의 재산이 된다.
> ② 유언으로 재단법인을 설립하는 때에는 출연재산은 유언의 효력이 발생한 때로부터 법인
> 에 귀속한 것으로 본다.

[518] 재단법인의 설립자가 재산을 출연할 경우, 생전행위로 한다면 증여에 관한 규
정을, 유언으로 설립하는 경우에는 유증에 관한 규정을 준용한다(제47조).

[519] 생전처분으로 재단법인을 설립하는 경우에는 법인이 성립한 때로부터 출연재산
이 법인의 재산이 되고(제48조 1항), 유언으로 재단법인을 설립하는 경우에는 유언의
효력이 발생한 때로부터 출연재산이 법인에 귀속한다(제48조 2항)고 규정되어 있다.

[520] 그러나 ⓐ 출연재산이 물권인 경우에 법인 설립등기시나 설립자 사망시에 당연
히 재단법인에 귀속되는가, 아니면 공시방법(예 부동산 소유권이전등기)을 갖춘 때 귀
속되는가에 관해서는 다툼이 있다. 학설상으로는 제48조를 제187조의 '기타 법률의
규정'에 해당한다고 보아 공시방법을 갖추지 않더라도 법인설립등기시나 설립자의
사망시에 출연재산이 법인에 귀속된다고 하는 견해와 법인이 물권 이전의 형식(공시
방법)을 갖춘 때에 출연재산이 이전된다는 견해로 나뉜다.

[521] 판례는 제48조의 규정은 출연자와 법인과의 관계를 상대적으로 결정하는 기준
에 불과하며, 출연재산이 부동산인 경우에 출연자와 법인 사이에는 법인의 성립 이
외에 (소유권이전)등기를 필요로 하는 것은 아니지만, 제3자에 대한 관계에 있어서는
출연행위는 법률행위이므로 출연재산의 법인에의 귀속에는 (소유권이전)등기를 필요
로 한다(78다481,482)고 한다.

판례 254 | 대법원 1993. 9. 14. 선고 93다8054 판결 [소유권이전등기말소]

가. 민법 제48조는 재단법인 성립에 있어서 재산출연자와 법인과의 관계에 있어서의 출연재산의
귀속에 관한 규정이고, 이 규정은 그 기능에 있어서 출연재산의 귀속에 관하여 출연자와 법인과의

관계를 상대적으로 결정함에 있어서의 기준이 되는 것에 불과하여, 출연재산은 출연자와 법인과의 관계에 있어서 그 출연행위에 터잡아 법인이 성립되면 그로써 출연재산은 민법의 위 조항에 의하여 법인성립시에 법인에게 귀속되어 법인의 재산이 되는 것이고, 출연재산이 부동산인 경우에 있어서도 위 양 당사자 간의 관계에 있어서는 위 요건(법인의 성립) 외에 등기를 필요로 하는 것이 아니나, 제3자에 대한 관계에 있어서는 출연행위가 법률행위이므로 출연재산의 법인에의 귀속에는 부동산의 권리에 관해서는 법인성립 외에 등기를 필요로 한다.

나. 유언으로 재단법인을 설립하는 경우에도 제3자에 대한 관계에서는 출연재산이 부동산인 경우는 그 법인에의 귀속에는 법인의 설립 외에 등기를 필요로 하는 것이므로, 재단법인이 그와 같은 등기를 마치지 아니하였다면 유언자의 상속인의 한 사람으로부터 부동산의 지분을 취득하여 이전등기를 마친 선의의 제3자에 대하여 대항할 수 없다.

ⓑ 출연재산이 채권인 경우에 지명채권은 제48조가 규정하는 시기에 법인에 귀 [522] 속된다는 데(제449조, 제450조)에 학설은 일치하지만, 지시채권과 무기명채권에 관해서는 학설이 나뉜다. 지시채권의 배서·교부(제508조)나 무기명채권의 교부(제523조)가 필요하지 않다는 견해와 제48조의 규정에도 불구하고 지시채권의 배서·교부나 무기명채권의 교부를 요구하는 견해로 나뉜다. 판례는 아직 없는 것으로 보인다.

Ⅱ. 법인의 활동

사례 44

A 법인의 이사 C는 법인의 목적에 위반하여 B에게 어음을 발행해주었다. A는 B에게 어음금지급의무가 있는가? A의 어음금지급의무가 부정된다면 B는 어떻게 구제받을 수 있는가?

사례 45

A 법인은 어음발행이 법인의 목적상 가능하지만 이를 위해서는 총회의 의결을 거쳐야 한다는 조항을 정관과 등기부에 기재하여 두고 있다. A 법인의 이사인 C는 총회의 결의없이 B에게 어음을 발행해 주었다. A는 B에게 어음금지급의무가 있는가? A의 어음금지급의무가 부정된다면 B는 어떻게 구제받을 수 있는가?

사례 46

A 주택조합은 등기상으로는 C가 대표자이지만, 이를 실질적으로 운영하는 사람은 B이다. B의 원활한 업무처리를 위해 C는 자신의 임무를 B에게 포괄적으로 위임하였다. D는 B와 A주택조합으로의 조합원가입계약을 체결하였다. D는 A조합의 조합원자격이 있는가? D가 조합원자격이 없다면 D는 어떻게 구제받을 수 있는가?

1. 권리능력

제34조(법인의 권리능력) 법인은 법률의 규정에 좇아 정관으로 정한 목적의 범위내에서 권리와 의무의 주체가 된다.

1.1. 의의

[523]   법인은 설립과 동시에 권리능력이 생기고, 청산이 종결되면 권리능력이 사라진다. 다만 사람처럼 모든 범위에서 권리능력이 있는 것은 아니고, 그 목적의 범위 내에서만 권리능력을 가진다. 더 나아가 성질상 가질 수 없는 권리도 있고, 법률에 의해 제한되기도 한다.

1.2. 권리능력의 제한

(1) 성질에 의한 제한

[524]   법인의 권리능력은 성질에 의해 제한된다. 법인은 자연인의 속성을 전제로 하는 권리·의무의 주체가 될 수 없다(예 생명권·친권·부권·상속권: 성질에 의한 권리능력의 제한). 그러나 재산권·명예권·성명권 등은 향유할 수 있으며, 유증은 가능하므로 포괄유증을 받음으로써 재산상속과 같은 효과를 얻을 수 있다(제1078조).

판례 255 | 대법원 2022. 11. 17. 선고 2018다249995 판결 [명칭사용금지 청구의 소]

비법인사단도 인격권의 주체가 되므로 명칭에 관한 권리를 가질 수 있고, 자신의 명칭이 타인에 의해 함부로 사용되지 않도록 보호받을 수 있다. 또한 비법인사단의 명칭이 지리적 명칭이나 보편적 성질을 가리키는 용어 등 일반적인 단어로 이루어졌다고 하더라도 특정 비법인사단이 그 명칭을 상당한 기간 사용하여 활동해 옴으로써 그 명칭이 해당 비법인사단을 표상하는 것으로 널리 알려졌다면 비법인사단은 그 명칭에 관한 권리를 인정받을 수 있다. 다만 특정 비법인사단의 명칭에 관한 권리 보호는 다른 비법인사단 등(이하 '타인'이라고 한다)이 명칭을 선택하고 사용할 자유를 제한할 수 있으므로, 타인이 특정 비법인사단의 명칭과 같거나 유사한 명칭을 사용하는 행위가 비법인사단의 명칭에 관한 권리를 침해하는 것인지 여부는 특정 비법인사단과 그 명칭을 사용하려는 타인의 권리나 이익을 비교.형량하여 신중하게 판단하여야 한다.
• 정리: 원고는 대한산부인과의사회라는 명칭으로 약 10여 년을 활동했는데, 회장선출에 직선제 도입을 주장하던 회원들이 원고를 탈퇴하여 원고와 동일한 대한산부인과의사회라는 명칭으로 새로운 단체를 설립하였다. 원고는 피고가 원고의 명칭에 관한 권리를 침해했다면서 명칭사용의 금지를 구했다. 원심은 원고의 청구를 기각했으나 대법원은 비법인사단의 명칭에 관한 권리는 신중하게 인정하여야 한다고 보면서도 이 사건에서는 명칭사용금지 청구를 인정할 수 있다는 취지로 원심을 파기하였다.

---

(2) 법률에 의한 제한

법인의 권리능력은 법률에 의해 제한할 수 있다(제81조, 상법 제173조: 법률에 의 [525]
한 권리능력의 제한).

판례 256 | 대법원 1962. 5. 10. 선고 62다127 판결 [약속어음금]

• 사실관계: 동래군 농업협동조합(피고)의 부산지소장이던 A는 갑(원고)으로부터 이 조합의 초
창기의 자금난을 완화하기 위하여 금원을 차입하고 약속어음을 발행하였다. 그리하여 갑이 위
조합에 대하여 어음금의 지급을 소구하였다.
• 원심의 판단: 농업협동조합법 제111조의 규정에 의하여 피고조합은 그 사업목적을 위하여 필
요한 물자의 구매나 판매를 할 수 있음은 물론 신용사업으로서 조합원에게 필요한 자금의 대
출·예금의 수입 등 금융업무를 할 수 있으므로 어음을 발행하는 것도 그 목적 범위 내에 속한
다. ⇨ 원고의 청구 인용
• 대법원의 판단: 농업협동조합법에 의하면 피고조합의 사업능력은 중앙회로부터의 자금차입
에 국한되고, A의 약속어음 발행이 중앙회가 아닌 자로부터의 자금차입이므로 이 사건 약속어
음발행은 피고조합의 사업능력범위를 벗어난 것으로서 무효이다.

---

(3) 법인의 목적에 의한 제한

또한 법인의 권리능력은 정관으로 정한 '목적의 범위 내'에서 인정된다(제34조: [526]
목적에 의한 권리능력의 제한). 권리능력의 제한은 결국 대표자의 행위가 언제 법인에
게 귀속될지를 정하기 위한 것으로 이는 법인과 상대방 중 누구의 이익을 보호할 것
인가의 문제이다. 가령 대표이사가 법인의 목적에 반하면서 법인에 불이익을 끼
치는 거래를 한 경우(예 보증), 법인은 그 거래에 구속되지 않고자 할 것이고, 상대방
은 신뢰의 보호를 주장할 것이다. 이에 대해 목적에 따른 권리능력 제한은 법인등기
부에 기재되어 있는 '목적'을 통해서 상대방의 신뢰가 보호가치 있는지를 판단하도록
해준다. 즉, −대표권의 제한이 등기되어 있지 않다 하더라도− 목적을 통해서 대표
자가 할 수 있는 행위의 범위를 알 수 있으므로 그 범위를 벗어난 거래를 한 상대방
의 신뢰는 보호하지 않는 것이다. 또한 권리능력의 제한은 이를 벗어난 대표자의 법
률행위가 법인에 귀속되는 것을 막을 뿐만 아니라 불법행위도 법인에게 귀속되지 않
도록 한다. 따라서 법인에 대해서는 불법행위책임도 물을 수 없다. 다만 이러한 거래
로 인해 피해를 입은 상대방은 그 행위를 한 대표기관(해당 이사)에게 손해배상을 청
구할 수 있다.

대법원 1972. 7. 11. 선고 72다801 판결 (강봉석, "法人의 能力에 관한 判例硏究", 사법연구 제6집, 2001)

건설공제조합은 건설사업의 규정에 의하여 면허를 받은 건설업자로서 동 조합에 출자한 자를 조합원으로 설립된 특수법인으로서 조합원인 건설업자가 국가 또는 공공단체로부터 도급받은 건설공사에 대한 보증과 공사자금의 융자 또는 융자알선 및 그 주요건설기자재의 공급대행이나 그 알선에 관한 사업을 행함을 목적으로 하고 있으므로 동 조합의 전북출장소장이 비조합원의 대금행위에 대하여 보증한 것은 동 조합의 목적범위를 이탈한 것으로서 무효라 할 것이다.

[527]   '목적의 범위 내'가 무엇인지에 대해서는 학설이 나뉜다. 목적을 수행하는 데 필요한 행위라는 견해도 있고, 목적에 위반하지 않는 범위 내에서라는 견해가 있다. 판례는 행위의 객관적 성질상 법인의 목적수행에 직간접적으로 필요한 행위는 목적범위 내의 행위로 본다(86다카1349).

판례 258 대법원 2005. 5. 27. 선고 2005다480 판결 [부당이득금]

회사의 권리능력은 회사의 설립 근거가 된 법률과 회사의 정관상의 목적에 의하여 제한되나 그 목적범위 내의 행위라 함은 정관에 명시된 목적 자체에 국한되는 것이 아니라 그 목적을 수행하는 데 있어 직접, 간접으로 필요한 행위는 모두 포함되고 목적수행에 필요한지의 여부는 행위자의 주관적, 구체적 의사가 아닌 행위 자체의 객관적 성질에 따라 판단하여야 할 것인데, 그 판단에 있어서는 거래행위를 업으로 하는 영리법인으로서 회사의 속성과 신속성 및 정형성을 요체로 하는 거래의 안전을 충분히 고려하여야 할 것인바, 회사가 거래관계 또는 자본관계에 있는 주채무자를 위하여 보증하는 등의 행위는 그것이 상법상의 대표권 남용에 해당하여 무효로 될 수 있음은 별론으로 하더라도 그 행위의 객관적 성질에 비추어 특별한 사정이 없는 한 회사의 목적범위 내의 행위라고 봄이 상당하다 할 것이다.

• 사실관계: 원고 회사의 지배주주이자 대표이사인 A가 원고회사의 주식을 상속받음으로 인해 발생한 상속세를 분할납부하기 위해 피고(서울보증보험)와 납세보증보험계약을 체결했고, A의 피고에 대한 채무에 대해 원고회사가 연대보증을 하였다(A가 대표자로 계약체결). 원고회사는 이러한 연대보증행위가 권리능력범위 밖의 행위로서 무효라면서 원고회사가 피고에게 지급한 약 13억원과 지연손해금의 부당이득 반환을 청구하였다.

• 법원의 판단: 연대보증행위 당시 원고 회사의 경영난과 위 상속재산 중 원고 회사의 주식을 제외한 나머지 상당 부분을 차지하는 부동산(A의 부동산)이 원고 회사의 금융기관 대출을 위하여 담보로 제공되어 있던 점 및 원고 회사로서는 위 상속세의 일시 납부를 위하여 위 부동산의 담보를 즉시 해제하여 주기 어려운 형편이었던 점 등의 사정에 비추어 이 사건 연대보증행위는 그 실질 및 객관적 성질상 원고 회사를 위한 측면과 아울러 회사와 거래관계 혹은 자본관계에 있는 주채무자를 위하여 보증하는 경우와 유사하게 회사의 목적 수행에 간접적으로 필요한 행위로서 원고 회사의 목적범위 내의 것으로 봄이 상당하다.

• 요약: 원고회사의 대주주이자 대표이사인 A가 자신의 채무에 대해 원고회사를 보증인으로 세웠

다. 타인의 채무에 보증서는 것이 회사의 목적범위 내에 있는지 일률적으로 말할 수는 없지만, 이 사안에서 A가 상속세납부금액을 확보하려면 원고회사의 대출금에 담보로 내놓은 부동산을 팔아야 하고, 이를 위해서는 원고회사가 대출금을 갚아야 하는 상황에서 A가 상속세를 분할납부할 수 있도록 원고회사가 보증선 것은 회사의 경영상 필요한 행위라고 보았다.

2. 법인의 법률행위

> 제59조(이사의 대표권) ① 이사는 법인의 사무에 관하여 각자 법인을 대표한다. 그러나 정관에 규정한 취지에 위반할 수 없고 특히 사단법인은 총회의 의결에 의하여야 한다.
> ② 법인의 대표에 관하여는 대리에 관한 규정을 준용한다.
> 제62조(이사의 대리인 선임) 이사는 정관 또는 총회의 결의로 금지하지 아니한 사항에 한하여 타인으로 하여금 특정한 행위를 대리하게 할 수 있다.

법인의 법률행위는 모두 자연인의 현실적 행위에 의할 수밖에 없는데, 이 자연 [528] 인이 법인의 이사(를 비롯한 대표기관)이다. 따라서 이사가 법인을 위해 한 법률행위는 모두 법인에 귀속되어야 한다. 그러나 대표기관의 법률행위라 하더라도 법인에 귀속되지 않는 경우가 있는데, 목적범위 바깥의 법률행위를 하거나('권리능력'에 기초한 제한) 강행규정에 반하는 경우 그리고 등기부에 대표권 제한이 기재되어 있는 경우(이에 관해서는 후술)가 그것이다. 따라서 강행규정이나 등기부상에 별도의 제한이 없다면, 법인의 목적범위 내에 있는 법률행위를 이사가 한 경우 이것이 법인의 행위로 인정된다.56

대표가 대표권 범위 내의 법률행위를 했지만, 자기나 타인의 이익을 위해 대표 [529] 권을 남용한 경우에도 원칙적으로 유효하다(대리권 남용사례 참조). 다만 상대방이 악의나 (중)과실이 있다면 무효로 하는데, 이때는 대리권 남용이론과 마찬가지로 해결한 판례도 있고(98다39602: 상대방이 악의나 과실인 경우에 무효), 신의칙설에 따라 판결한 사례(2016다222453: 상대방이 악의인 경우에 무효)도 있다.

판례 259 | **대법원 1999. 1. 15. 선고 98다39602 판결 [손해배상(기)] – 대리권남용유추**

[1] 진의 아닌 의사표시가 대리인에 의하여 이루어지고 그 대리인의 진의가 본인의 이익이나 의사에 반하여 자기 또는 제3자의 이익을 위한 배임적인 것임을 그 상대방이 알았거나 알 수 있었을 경우에도 민법 제107조 제1항 단서의 유추해석상 그 대리인의 행위에 대하여 본인은 아무런 책임

---

56 이를 '행위능력'이라는 관점에서 설명하기도 하지만, '대리권의 범위'와 유사하다고 생각된다. 대리에서는 개별적으로 대리권이 수여되어야 하고 이를 넘어서면 무효이지만, 대표에서는 포괄적으로 대표권이 인정되고, 그 제한이 개별적으로 등기되는 것이라고 할 수 있다.

을 지지 않는다고 보아야 하고, 그 상대방이 대리인의 표시의사가 진의 아님을 알았거나 알 수 있었는가의 여부는 표의자인 대리인과 상대방 사이에 있었던 의사표시 형성 과정과 그 내용 및 그로 인하여 나타나는 효과 등을 객관적인 사정에 따라 합리적으로 판단하여야 한다.

[2] 예금자가 같은 교회 신도인 신용협동조합 이사장에게 신용협동조합에 예탁하여 달라면서 여러 번에 걸쳐 돈을 맡겼는데, 그 이사장이 예탁금으로서의 입금절차를 밟지 아니하고 자신이 경영하던 회사들의 운영자금으로 유용하고, 그에 대한 이자는 자신의 돈으로 신용협동조합의 금리보다 높은 이율로 계산하여 지급하면서, 위 예금자에게는 마치 예탁금 입금이 된 양 신용협동조합이 업무전산화를 한 이후에는 사용하지 않는 수기식 정기예탁금 증서를 작성하여 교부한 경우, 위 예금자로서는 통상의 주의를 기울였다면 위 신용협동조합 이사장의 예금계약 체결의 의사표시가 진의가 아니라는 것을 알 수 있었으므로, 위 예금자와 신용협동조합 사이의 예금계약이 성립되지 않았다고 본 사례.

[3] 신용협동조합 이사장이 타인으로부터 예금 명목으로 교부받은 돈을 정상적으로 입금시키지 아니하고 자신의 필요에 따라 임의로 유용한 경우, 이사장의 이러한 행위는 외형적·객관적으로 보아 신용협동조합 이사장으로서의 직무행위와 관련을 가지는 행위라 할 것이므로 신용협동조합은 이사장의 불법행위로 인한 손해를 배상할 책임이 있다고 한 사례.

*참조: 이 판결에서는 대표권에 대한 언급없이 대리권남용이론만을 제시하고 있다. 또한 이 판결의 참조조문에는 제35조(법인의 불법행위)가 아닌 제756조(사용자책임)를 제시하고 있다. 따라서 대표권남용에 대한 판결인지 불분명하다. 그러나 신협의 이사장에게 대표권이 있다는 것은 분명하므로(신용협동조합법 제27조 제4항; 2005다2554), 위 판결은 대표권남용사례에 대리권남용이론을 적용한 것으로 보아야 할 것이다.

판례 260 | 대법원 1987. 10. 13. 선고 86다카1522 판결 [약속어음금] – 신의칙설

주식회사의 대표이사가 그 대표권의 범위 내에서 한 행위는 설사 대표이사가 회사의 영리목적과 관계없이 자기 또는 제3자의 이익을 도모할 목적으로 그 권한을 남용한 것이라 할지라도 일응 회사의 행위로서 유효하고, 다만 그 행위의 상대방이 그와 같은 점을 알았던 경우에는 그로 인하여 취득한 권리를 회사에 대하여 주장하는 것이 신의칙에 반하므로 회사는 상대방의 악의를 입증하여 그 행위의 효과를 부인할 수 있을 뿐이라고 함이 상당하다.

• **요약**: 피고회사의 대표이사가 오로지 소외회사의 자금조달의 편의를 위하여 어음에 배서하였다. 원심법원은 위 어음배서행위가 대표이사로서의 권한을 남용한 행위에는 해당하나 거래의 상대방인 원고에게 고의나 중과실이 없으므로 원고에 대한 관계에서는 배서가 유효하다고 판단하였다. 이에 대해 대법원은 대표권의 남용시에는 상대방이 악의인 경우에만 무효인데, 중과실로 몰랐던 때에도 무효인 것처럼 설시한 것은 잘못이지만, 결과적으로 원심이 원고의 악의를 부정하면서 피고회사의 주장을 배척한 것은 정당하다고 보았다. 98다39602 판결은 이 판결과 달리 민법 제107조 2항을 유추적용했지만 이후 대법원은 대표권남용에 대해 이 판결과 동일한 입장을 취했다(2016다222453). 현재는 이 판결의 입장이 대법원의 기본적 태도로 보인다.

---

[530]　　　　이사는 일정 법률행위에 대해 법인을 위한 대리인을 선임할 수 있다. 이 경우에 그 대리인이 법인을 위해서 한 법률행위는 법인에 귀속된다. 단 정관 또는 총회의

의결로 대리인 선임을 금지한 사항에 대하여는 대리인을 둘 수 없다(제62조). 개별 사항에 대한 대리만 가능하지 포괄적 위임은 금지된다(2008다15438).

판례 261 | **대법원 2011. 4. 28. 선고 2008다15438 판결 [분양대금반환] – 대표권포괄위임 사례**

[1] 비법인사단에 대하여는 사단법인에 관한 민법 규정 가운데 법인격을 전제로 하는 것을 제외 하고는 이를 유추적용하여야 하는데, 민법 제62조에 비추어 보면 비법인사단의 대표자는 정관 또는 총회의 결의로 금지하지 아니한 사항에 한하여 타인으로 하여금 특정한 행위를 대리하게 할 수 있을 뿐 비법인사단의 제반 업무처리를 포괄적으로 위임할 수는 없으므로 비법인사단 대표 자가 행한 타인에 대한 업무의 포괄적 위임과 그에 따른 포괄적 수임인의 대행행위는 민법 제62 조를 위반한 것이어서 비법인사단에 대하여 그 효력이 미치지 않는다.

[2] 갑 주택조합 등 다수의 주택조합을 설립한 을이 갑 주택조합 대표자에게서 권한을 위임받아 갑 주택조합의 업무를 수행하면서 분양대행회사와 조합원모집대행계약을 체결하였고, 그에 따라 병 등이 분양대행회사를 통해 조합원가입계약을 체결하였는데, 계약서에는 계약당사자로 갑 주 택조합 등 위 다수의 주택조합을 통칭하는 명칭으로 사용되는 정 주택조합이 기재되어 있는 사안 에서, 비록 계약서에 정 주택조합이라고 기재되어 있더라도 병 등과 분양대행회사 사이에는 계약 당사자를 갑 주택조합으로 보는 의사합치가 있었으므로 위 조합원가입계약의 계약당사자는 갑 주택조합이고, 다만 갑 주택조합의 대표자가 갑 주택조합 대표자로서의 모든 권한을 을에게 포괄 적으로 위임한 것은 민법 제62조에 위반한 것이어서 위 조합원가입계약이 갑 주택조합에 효력이 없다고 한 사례.

• 요약: 사단법인의 이사가 자신의 업무를 다른 사람에게 위임하는 것은 가능하지만, 포괄적으로 위임하는 것은 안 된다. 따라서 비법인사단의 정관상 대표자로부터 포괄적 위임을 받은 실질적 대표자에게는 대표권이나 대리권이 없고, 그자와 계약을 체결한 자는 비법인사단에 대해 계약책 임을 묻지 못한다(비법인사단의 불법행위책임은 인정).

---

3. 법인의 불법행위

제35조(법인의 불법행위능력) ① 법인은 이사 기타 대표자가 그 직무에 관하여 타인에게 가한 손해를 배상할 책임이 있다. 이사 기타 대표자는 이로 인하여 자기의 손해배상책임을 면하 지 못한다.
② 법인의 목적범위외의 행위로 인하여 타인에게 손해를 가한 때에는 그 사항의 의결에 찬성하거나 그 의결을 집행한 사원, 이사 및 기타 대표자가 연대하여 배상하여야 한다.

3.1. 의의

법인의 대표기관이 직무에 관해서 한 불법행위에 대하여는 그 대표기관만이 아 [531] 니라 법인도 손해배상책임을 진다(제35조 1항). 다만 목적범위를 벗어난 행위로 인해 타인에게 손해를 가한 경우에는 법인이 불법행위책임을 지지 않는다. 이 경우에는 그 행위자뿐만 아니라 의결에 찬성하거나 집행한 자도 배상책임을 진다(제35조 2항).

3.2. 요건

[532]

(1) 대표기관의 행위

대표기관으로는 이사, 임시이사(제63조), 특별대리인(제64조), 청산인(제82조, 제83조) 등이 있다. 따라서 대표기관이 아닌 지배인(상법 제11조)이나 임의대리인(제62조)의 불법행위에 대해서는 법인이 제35조의 책임을 부담하는 것이 아니라 제756조에 의한 사용자책임을 부담한다(통설). 불법행위책임에서 말하는 '법인의 대표자'에는 그 명칭이나 직위 여하 또는 대표자로 등기되었는지 여부를 불문하고 당해 법인을 실질적으로 운영하면서 법인을 사실상 대표하여 법인의 사무를 집행하는 사람을 포함한다.

판례 262 | **대법원 2011. 4. 28. 선고 2008다15438 판결 [분양대금반환] – 대표권포괄위임 사례**

[3] 민법 제35조 제1항은 "법인은 이사 기타 대표자가 그 직무에 관하여 타인에게 가한 손해를 배상할 책임이 있다"라고 정한다. 여기서 '법인의 대표자'에는 그 명칭이나 직위 여하, 또는 대표자로 등기되었는지 여부를 불문하고 당해 법인을 실질적으로 운영하면서 법인을 사실상 대표하여 법인의 사무를 집행하는 사람을 포함한다고 해석함이 상당하다. 구체적인 사안에서 이러한 사람에 해당하는지는 법인과의 관계에서 그 지위와 역할, 법인의 사무 집행 절차와 방법, 대내적·대외적 명칭을 비롯하여 법인 내부자와 거래 상대방에게 법인의 대표행위로 인식되는지 여부, 공부상 대표자와의 관계 및 공부상 대표자가 법인의 사무를 집행하는지 여부 등 제반 사정을 종합적으로 고려하여 판단하여야 한다. 그리고 이러한 법리는 주택조합과 같은 비법인사단에도 마찬가지로 적용된다.

[4] 갑 주택조합의 대표자가 을에게 대표자의 모든 권한을 포괄적으로 위임하여 을이 그 조합의 사무를 집행하던 중 불법행위로 타인에게 손해를 발생시킨 데 대하여 불법행위 피해자가 갑 주택조합을 상대로 민법 제35조에서 정한 법인의 불법행위책임에 따른 손해배상청구를 한 사안에서, 갑 주택조합의 등기부상 대표자는 조합 설립 시부터 을에게 대표자로서의 모든 권한을 일임하여 을이 조합의 도장, 대표자의 신분증 등을 소지하면서 조합 대표자로서 사무를 집행한 점, 갑 주택조합의 등기부상 대표자는 을로부터 월급을 받는 직원에 지나지 아니하여 을의 사무집행에 관여할 지위에 있지 않았고, 실제로도 일절 대표자로서의 사무를 집행하지 않은 점 등 여러 사정에 비추어 볼 때, 을은 갑 주택조합을 실질적으로 운영하면서 법인을 사실상 대표하여 법인의 사무를 집행하는 사람으로서 민법 제35조에서 정한 '대표자'에 해당한다고 보아야 함에도, 을이 갑 주택조합의 적법한 대표자 또는 대표기관이라고 볼 수 없다는 이유로 갑 주택조합에 대한 법인의 불법행위에 따른 손해배상청구를 배척한 원심판결에는 법리오해의 위법이 있다고 한 사례.

• 요약: 비법인사단의 대표자로부터 포괄적 위임을 받은 실질적 대표자와 조합원모집계약을 체결한 자가 계약이 무효로 되어 손해를 입자 비법인사단을 상대로 손해배상책임을 물었다. 원심은 실질적 대표자는 대표자가 아니라면서 불법행위책임을 부정했지만, 대법원은 실질적 대표

자도 민법 제35조가 말하는 '대표자'에 속하기 때문에 법인에게 불법행위책임을 물을 수 있다고
했다.

(2) 직무행위 [533]

행위의 외형상 '기관의 직무수행행위'라고 볼 수 있는 행위 및 '직무행위와 사회
관념상 견련성이 있는 행위'를 말한다(73다2014). 행위의 형식상 법인 대표자의 직무
행위라고 인정할 수 있는 것이면 법령의 규정에 위배된 것이라도 직무에 관한 행위
에 해당한다. 따라서 법인의 대표기관이 자신의 개인적 이익을 꾀할 목적으로 권한
을 남용하여 부정한 대표행위를 한 경우(대표권 남용)도 직무에 관한 행위로 될 수
있다(68다2320). 대표권남용행위가 외형상 대표기관의 직무행위에 속한다면, 상대방
은 법률행위의 효력이 법인에게 귀속됨을 주장할 수 있다(대리권 남용 사례 참조). 하
지만 이 경우에도 법률행위의 효력을 주장하는 대신 법인에게 불법행위책임을 물을
수도 있다(89다카555 참조).

(3) 불법행위의 일반적 요건(제750조) [534]

대표기관의 고의 또는 과실 있는 가해행위, 가해행위의 위법성, 피해자에 대한
손해, 가해와 손해 사이에 인과관계, 대표기관의 책임능력이 있어야 한다(통설).

3.3. 효과

피해자는 법인에 대해 손해배상을 청구할 수 있다(제35조 1항 전단). 그 밖에 가해 [535]
행위를 한 대표자도 책임을 지며(제35조 1항 후단), 법인과 대표자의 채무는 부진정연대
채무이다. 법인이 피해자에게 배상하면 법인은 대표자자 구상권을 행사할 수 있다.
법인의 불법행위가 성립하지 않는 경우(법인의 목적범위를 벗어나는 이사의 행위로 인한
손해)에는 대표자가 불법행위책임을 진다(제750조). 나아가 피해자를 보호하기 위하
여 그 사항의 의결에 찬성한 사원과 이사 그리고 그것을 집행한 이사 기타 대표기관
은 공동불법행위의 성립 여부를 묻지 않고 언제나 연대하여 배상책임을 진다(제35조
2항). 이도 부진정연대이다.

Ⅲ. 법인의 기관

1. 이사

제57조(이사) 법인은 이사를 두어야 한다.

[536] 이사는 대외적으로 법인을 대표하고 대내적으로 법인의 업무를 집행하는 상설 필요기관이다. 그 수에는 제한이 없으므로(제57조, 제58조) 정관에서 임의로 정할 수 있다(제40조, 제43조). 이사는 자연인만이 될 수 있으며 자격상실 내지 자격정지의 형을 받은 자는 이사가 될 수 없다(형법 제43조 참조). 이사의 임면 방법은 정관에 의한다(제40조 5호, 제43조). 이사의 성명, 주소는 등기사항이며(제49조 2항), 이를 등기하지 않으면 이사의 선임, 해임, 퇴임은 제3자에게 대항할 수 없다(제54조 1항). 이사 선임은 법인과 이사 간의 위임계약이며, 정관에 특별한 정함이 없으면 위임의 일반 법리가 적용된다(제127조, 제689조, 제59조). 이사의 직무권한은 다음과 같다.

1.1. 이사의 대표권(대외적 권한)

제41조(이사의 대표권에 대한 제한) 이사의 대표권에 대한 제한은 이를 정관에 기재하지 아니하면 그 효력이 없다.
제59조(이사의 대표권) ① 이사는 법인의 사무에 관하여 각자 법인을 대표한다. 그러나 정관에 규정한 취지에 위반할 수 없고 특히 사단법인은 총회의 의결에 의하여야 한다.
② 법인의 대표에 관하여는 대리에 관한 규정을 준용한다.
제60조(이사의 대표권에 대한 제한의 대항요건) 이사의 대표권에 대한 제한은 등기하지 아니하면 제삼자에게 대항하지 못한다.

[537] 이사가 법인을 대표하여 타인과 법률행위를 할 때는 각자가 법인을 대표한다(제59조 1항 1문: 각자대표의 원칙). 대표의 방식에는 대리에 관한 규정이 준용되므로(제59조 2항), 법인을 위한 것임을 표시해야 하며(제114조: 현명주의), 무권대리·표현대리 등의 규정을 포함한 모든 대리의 규정이 법인의 대표에 준용된다.

[538] 이사의 대표권은 제한될 수 있다. 대표권의 제한은 일정 법률행위에 이사회나 총회의 의결 등 별도의 요건을 갖추도록 하는 방식에 의한다(일정 법률행위를 전혀 할 수 없다면 이는 권리능력의 제한에 해당될 것이다). 제59조 1항은 이사가 법인을 대표할 때 "정관에 규정한 취지에 위반할 수 없고, 특히 사단법인의 경우 총회의 의결에 의

하여야 한다"고 하고 있다. 이에 따라 다수학설은 정관만이 아니라 총회의결로도 이사의 대표권을 제한할 수 있다고 본다. 다만, 총회의결로 대표권을 제한하더라도 이를 정관에 기재하지 않으면 효력이 없다(제41조. 대외적으로는 효력이 없지만, 이러한 제한을 위반하면 법인과 이사 사이의 위임계약에 대한 채무불이행이 된다). 또한 대표권 제한은 등기하지 않으면 '제3자'에게 대항할 수 없다(제60조). 대표권 제한이 등기되어 있지는 않지만 그 제한사실을 알고 있는 자도 '제3자'로 보호되는가? 악의의 제3자는 보호할 필요가 없다는 것이 다수의 견해이지만 소수의 견해와 판례는 등기가 없는 한 악의의 제3자도 보호된다고 한다(91다24564).

판례 263 | **대법원 1992. 2. 14. 선고 91다24564 판결 [물품대금]**

가. 재단법인의 대표자가 그 법인의 채무를 부담하는 계약을 함에 있어서 이사회의 결의를 거쳐 노회와 설립자의 승인을 얻고 주무관청의 인가를 받도록 정관에 규정되어 있다면 그와 같은 규정은 법인 대표권의 제한에 관한 규정으로서 이러한 제한은 등기하지 아니하면 제3자에게 대항할 수 없다.

나. <u>법인의 정관에 법인 대표권의 제한에 관한 규정이 있으나 그와 같은 취지가 등기되어 있지 않다면 법인은 그와 같은 정관의 규정에 대하여 선의냐 악의냐에 관계없이 제3자에 대하여 대항할 수 없다.</u>

• 요약: 피고 재단법인이 A에게 건설공사를 맡겼고, 원고는 A에게 레미콘을 공급했다. A의 원고에 대한 레미콘대금채무에 대해 피고가 보증을 섰다. 원고가 피고에게 물품대금지급을 청구하자 피고는 정관상 이사의 대표권이 제한되어 있다며 항변했다. 법원은 이러한 제한이 등기되어 있지 않다면서 원고청구를 인용했다.

법률의 규정에 의해 대표권이 제한되기도 한다. 법률규정이 해당 법률행위 자 [539] 체를 금지한다면 권리능력의 제한이겠지만, 해당 법률행위를 할 수는 있지만 이사회나 총회의 의결을 거치도록 한다면 대표권 제한이다.

판례 264 | **대법원 2002. 2. 5. 선고 2001다66369 판결 [예탁금반환등]**

<u>새마을금고가 이사회의 의결을 얻지 아니하고 소요자금을 차입한 것은 새마을금고법의 관련 규정에 위배되어 무효이지만,</u> 새마을금고의 이사장과 상무가 새마을금고의 소요자금 명목으로 금융기관으로부터 돈을 대출받으면서 새마을금고의 예금계좌로 송금받아 이를 보관하였으므로, 비록 그 뒤 이사장과 상무가 그 돈을 인출하여 임의로 소비하였다고 할지라도, 새마을금고로서는 법률상 원인 없이 이익을 얻고 이로 인하여 금융기관에게 손해를 가한 결과가 되어 금융기관에 대하여 그 대출금 상당액의 부당이득을 반환할 의무가 있고, 이때 새마을금고의 이사장과 상무가 이사회의 의결을 얻지 아니하고 금융기관으로부터 자금을 차입하는 것이 무효라는 사정을 알고 있었으므로, 그 대출금 상당의 이익을 얻은 새마을금고는 악의의 수익자이다.

---

[540]   법인과 이사의 이익상반행위에 대하여는 대표권이 없으며, 특별대리인이 법인을 대표한다(제64조). 이해상반관계가 아니라도 주식회사와 그 이사간의 소송에서는 대표이사가 아니라 감사가 회사를 대표하며(상법 제394조), 감사가 없는 경우에는 "회사, 이사 또는 이해관계인은 법원에 회사를 대표할 자를 선임하여 줄 것을 신청"해야 하고(상법 제409조 5항), 이를 하지 않은 채 대표이사가 회사를 대표해 소를 제기하는 것은 부적법하다(2023다210953).

1.2. 법인의 업무집행(대내적 권한)

> 제58조(이사의 사무집행) ① 이사는 법인의 사무를 집행한다.

[541]   이사는 법인 내부의 사무를 집행할 권한이 있다(제58조 1항). 이사의 주요사무는 재산목록작성(제55조 1항), 사원명부작성(제55조 2항), 사원총회소집(제69조, 제70조), 총회의사록작성(제76조), 파산신청(제79조), 각종의 법인등기를 하는 것이다.

1.3. 이사의 주의의무

> 제61조(이사의 주의의무) 이사는 선량한 관리자의 주의로 그 직무를 행하여야 한다.
> 제65조(이사의 임무해태) 이사가 그 임무를 해태한 때에는 그 이사는 법인에 대하여 연대하여 손해배상의 책임이 있다.

[542]   이사는 대외적이든 대내적이든 직무수행시 선량한 관리자로서의 주의의무가 있으며(제61조, 제681조, 제691조), 이사가 임무를 해태한 때에는 법인에 대하여 연대하여 손해배상의 책임이 있다(제65조).

2. 이사회

> 제58조(이사의 사무집행) ② 이사가 수인인 경우에는 정관에 다른 규정이 없으면 법인의 사무집행은 이사의 과반수로써 결정한다.

[543]   이사가 수인인 경우에는 정관에 다른 규정이 없으면 법인의 사무집행은 이사의 과반수로써 결정한다(제58조 2항). 가령 재단법인이 운영하는 학교의 총장을 선임할 때 이사들 간에 의견이 일치되지 않으면 과반수로 결정하는 것이다. 이러한 의결기관이 이사회이다. 또한 이사가 여러 명인 경우에 이사의 대표권 행사에서는 각자대표가 원칙이지만, 정관과 등기에 의해 이사회의 결의를 거치도록 할 수 있다(이사의 대표권 제한).

3. 직무대행자

이사의 선임과정에 문제가 있거나 직무집행이 부적당하면 이사의 직무를 정지 [544] 시키고 직무대행자를 선임하는 가처분을 할 수 있다(제52조의2; 이사직무집행정지가처분). 본안소송(해당 이사를 선임한 이사회 혹은 총회 결의무효확인의 소)에 의해 이사가 지위를 잃기 전까지 이사의 직은 유지하지만 직무는 정지되고, 직무대행자가 이를 대신하는 것이다. 이렇게 선임된 직무대행자는 가처분명령에 달리 정해져 있거나, 법원의 허가가 없는 한 법인의 통상사무만을 처리할 수 있다. 다만 직무대행자가 그 범위를 벗어난 행위를 했더라도 법인은 선의의 제3자에게는 책임을 져야 한다(제60조의2).

판례 265 | 대법원 2006. 1. 26. 선고 2003다36225 판결 [이사회결의무효확인]

[1] … 가처분결정에 의하여 학교법인의 이사의 직무를 대행하는 자를 선임한 경우에 그 직무대행자는 단지 피대행자의 직무를 대행할 수 있는 임시의 지위에 놓여 있음에 불과하므로, 가처분결정에 다른 정함이 있는 경우 외에는 학교법인을 종전과 같이 그대로 유지하면서 관리하는 한도 내의 학교법인의 통상업무에 속하는 사무만을 행할 수 있다.
[2] 가처분결정에 의하여 선임된 학교법인 이사직무대행자가 그 가처분의 본안소송인 이사회결의무효확인의 제1심판결에 대하여 항소권을 포기하는 행위는 학교법인의 통상업무에 속하지 않는다고 보아야 할 것이므로, 그 가처분결정에 다른 정함이 있거나 관할법원의 허가를 얻지 아니하고서는 이를 할 수 없다.
• 정리: 원고가 피고법인을 상대로 이사회결의무효확인소송을 제기하면서 가처분을 신청하여 직무대행자가 선임되었다. 1심에서 피고가 패소한 후 직무대행자는 항소를 포기했다. 그러자 위 이사회에서 이사로 선임된 피고보조참가인이 항소를 제기했다. 원심(서울고법)은 직무대행자의 항소포기가 적법하다고 보아 소송종료를 선언했다(피참가인이 적법하게 항소를 포기하면 보조참가인은 항소할 수 없음). 그러나 대법원은 직무대행자는 항소포기 권한이 없다면서 원심을 파기하고 환송했다.

---

4. 임시이사

> 제63조(임시이사의 선임) 이사가 없거나 결원이 있는 경우에 이로 인하여 손해가 생길 염려
> 있는 때에는 법원은 이해관계인이나 검사의 청구에 의하여 임시이사를 선임하여야 한다.

[545]   이사는 필수기관이지만, 일시적으로 이사가 없거나 결원이 되어도 법인이 소멸하는 것은 아니다. 이때 법인이나 상대방에게 손해가 생길 염려가 있으면 법원은 이해관계인 또는 검사의 청구로 임시이사를 선임해야 한다(제63조).

[546]   임시이사는 정식이사가 선임될 때까지의 일시적 기관이라는 점을 제외하고는 정식이사와 동일한 권한을 가진 법인의 기관이다(62다800). 따라서 임시이사가 이사로서의 직권으로 적법한 절차에 의해 변경한 정관은 유효하다(63다449).

5. 특별대리인

> 제64조(특별대리인의 선임) 법인과 이사의 이익이 상반하는 사항에 관하여는 이사는 대표권이
> 없다. 이 경우에는 전조의 규정에 의하여 특별대리인을 선임하여야 한다.

[547]   법인과 이사와의 이익이 상반되는 사항에 대하여는 이사에게 대표권이 없으며, 이 경우에는 이해관계인 또는 검사의 청구로 법원이 특별대리인을 선임한다(제64조). 이 경우에는 특별대리인이 법인을 대표한다.

6. 감사

> 제66조(감사) 법인은 정관 또는 총회의 결의로 감사를 둘 수 있다.
> 제67조(감사의 직무) 감사의 직무는 다음과 같다.
>   1. 법인의 재산상황을 감사하는 일
>   2. 이사의 업무집행의 상황을 감사하는 일
>   3. 재산상황 또는 업무집행에 관하여 부정, 불비한 것이 있음을 발견한 때에는 이를 총회
>   또는 주무관청에 보고하는 일
>   4. 전호의 보고를 하기 위하여 필요있는 때에는 총회를 소집하는 일

[548]   감사는 정관 또는 사원총회의 결의로 둘 수 있는 임의기관으로 법인의 감독기관이다. 감사는 법인을 대표하지 않아 제3자의 이해에 영향을 미치지 않으므로 등기하지 않아도 된다. 감사의 직무는 제67조에서 정하고 있다. 감사는 법인의 재산상황과 이사의 업무집행 상황을 감사하고, 여기에서 부정이나 불비한 것을 발견하면 총회나

주무관청에 보고한다. 그리고 총회에 보고하기 위해 총회를 소집할 수 있다.

7. 사원총회

> 제68조(총회의 권한) 사단법인의 사무는 정관으로 이사 또는 기타 임원에게 위임한 사항외에는
> 총회의 결의에 의하여야 한다.
> 제69조(통상총회) 사단법인의 이사는 매년 1회 이상 통상총회를 소집하여야 한다.
> 제70조(임시총회) ① 사단법인의 이사는 필요하다고 인정한 때에는 임시총회를 소집할 수 있다.
> ② 총사원의 5분의 1 이상으로부터 회의의 목적사항을 제시하여 청구한 때에는 이사는 임시
> 총회를 소집하여야 한다. 이 정수는 정관으로 증감할 수 있다.
> ③ 전항의 청구있는 후 2주간내에 이사가 총회소집의 절차를 밟지 아니한 때에는 청구한 사
> 원은 법원의 허가를 얻어 이를 소집할 수 있다.
> 제71조(총회의 소집) 총회의 소집은 1주간전에 그 회의의 목적사항을 기재한 통지를 발하고 기
> 타 정관에 정한 방법에 의하여야 한다.

7.1. 지위

사원총회는 사원 전원으로 구성되는 의사결정기관이다. 사원총회는 사단법인에서   [549]
최고의 의사결정기관이자 정관의 규정으로도 배제하거나 폐지할 수 없는 필수 기관이다.

7.2. 소집

이사는 1년에 1회 이상 통상총회를 소집해야 하며(제69조), 필요할 경우에는 임   [550]
시총회를 소집할 수 있다(제70조 1항). 감사도 필요하다고 인정하면 임시총회를 소집
할 수 있다(제67조 4호). 또한 총사원의 5분의 1 이상(정관으로 변경 가능)이 청구하면
이사는 임시총회를 소집해야 하고(제70조 2항), 2주 이내에 소집절차를 진행하지 않으
면 청구한 사원이 법원의 허가를 얻어 임시총회를 소집할 수 있다(제70조 3항). 총회
를 소집할 때는 1주일 전에 회의의 목적사항을 기재한 통지를 발송해야 한다(제71조).

7.3. 총회의 권한

사원총회는 사단법인의 최고 의사결정기관이므로, 정관으로 이사 기타 임원에게   [551]
위임한 것을 제외하고 법인의 모든 사항에 관해 결의할 권한을 갖는다(제68조). 특히,
정관의 변경과 임의해산은 총회의 전권사항이다. 총회는 다수결에 의해 의결하지만, 결
의내용이 사회질서에 반해서는 안 된다. 따라서 남녀평등에 반하거나, 소수에게 특혜를
주거나, 소수에게 심히 불리한 내용의 결의(⑩ 소수사원권을 빼앗는 결의 등)는 무효이다.

대법원 2010. 9. 30. 선고 2007다74775 판결 [분배금]

<u>종중재산의 분배에 관한 종중총회의 결의 내용이 현저하게 불공정하거나 선량한 풍속 기타 사회질</u>
<u>서에 반하는 경우 또는 종원의 고유하고 기본적인 권리의 본질적인 내용을 침해하는 경우 그 결의</u>
<u>는 무효라고 할 것이다.</u> … 공동선조와 성과 본을 같이하는 후손은 남녀의 구별 없이 성년이 되면
당연히 그 구성원(종원)이 되는 것이므로, <u>종중재산을 분배함에 있어 단순히 남녀 성별의 구분에</u>
<u>따라 그 분배 비율, 방법, 내용에 차이를 두는 것은</u> 개인의 존엄과 양성의 평등을 기초로 한 가족생
활을 보장하고, 가족 내의 실질적인 권리와 의무에 있어서 남녀의 차별을 두지 아니하며, 정치 · 경
제 · 사회 · 문화 등 모든 영역에서 여성에 대한 차별을 철폐하고 <u>남녀평등을 실현할 것을 요구하는</u>
<u>우리의 전체 법질서에 부합하지 아니한 것으로 정당성과 합리성이 없어 무효라고 할 것이다.</u>
• 요약: 종중 소유 부동산에 대한 수용보상금 130여억원을 총회와 이사회 결의에 따라 분배하자,
원고가 총회 결의가 무효라고 주장하며 재분배를 요구한 사안이다. 총회의 포괄적 결의는 합리적
으로 평가되었으나(세대주에게 50억, 20세 이상 비세대주에게 40억) 세부사항을 위임받은 이사회
가 남녀차별적인 결의를 했다(남성세대주 가족은 중복수여, 여성종원은 비세대주로만 분배). 원고
는 총회결의의 무효확인과 분배금 지급을 요구했는데, 법원은 총회결의는 유효이고 이사회결의만
무효라면서 원고의 청구를 기각했다. 또한 총회결의가 무효라고 하더라도 종중재산을 분배받기
위해서는 새로운 총회의 소집을 요구해야지 바로 분배를 요구할 수는 없다고 했다.

대법원 2017. 10. 26. 선고 2017다231249 판결 [소유권말소등기]

• 사실관계: 종중회장등이 종토반환소송 중 임시총회를 소집하여(2007년 초, 225명 참석) 승소
금액의 7%를 분배받기로 결의하였고, 이는 다음 임시총회에서(2008년 초, 328명 참석) 추인되
었다. 승소 후 정기총회에서 종중회장등에게 반환토지면적의 17%를 분배하기로 의결했다(2009
년 말, 35명 참석 그중 13명은 위임장). 종중회장등이 분배받은 토지를 A에게 매도하고, 이후
종중이 총회결의무효를 주장하며 회장등과 A를 상대로 등기말소소송을 제기했다.
• 법원의 판단: 원심은 종헌에서 종토분배가 금지되어 있다고 하더라도 총회에서 이와 다른 결의
를 할 수 있고, 분배받은 것이 회장 등의 수고에 비해 과도하지도 않다면서 총회결의가 유효하다
고 했다. 그러나 대법원은 애초의 총회결의보다 많은 17% 면적의 토지를 분배하는 것이 구성원
의 총의에 부합하는지도 의심스럽고(기존 총회에 비해 현저히 소수가 참석), 변호사비용은 반환
종토의 13%를 주기로 한 것이어서 종중회장등이 변호사비용을 들였는지도 증명되지 않았다면서,
"회장 등이 종중재산의 회복에 기여한 부분이 있다고 하더라도 이는 선관주의의무를 부담하는
종중의 임원으로서 당연히 해야 할 업무를 수행한 것에 지나지 않으므로 이들에게 실비를 변상하
거나 합리적인 범위 내에서 보수를 지급하는 외에 이를 벗어나 회복한 종중재산의 상당 부분을
병 등에게 분배하는 위 증여결의는 내용이 현저하게 불공정하거나 사회적 타당성을 결하여 무효"
라고 했다(파기환송).

[552]　　　각 사원은 그 동의 없이는 총회의 결의로도 **빼앗기지** 않는 권리를 갖는데, 이를
고유권이라 한다.

7.4. 총회의 결의

제72조(총회의 결의사항) 총회는 전조의 규정에 의하여 통지한 사항에 관하여서만 결의할 수
있다. 그러나 정관에 다른 규정이 있는 때에는 그 규정에 의한다.
제73조(사원의 결의권) ① 각 사원의 결의권은 평등으로 한다.
② 사원은 서면이나 대리인으로 결의권을 행사할 수 있다.
③ 전2항의 규정은 정관에 다른 규정이 있는 때에는 적용하지 아니한다.
제74조(사원이 결의권없는 경우) 사단법인과 어느 사원과의 관계사항을 의결하는 경우에는 그
사원은 결의권이 없다.
제75조(총회의 결의방법) ① 총회의 결의는 본법 또는 정관에 다른 규정이 없으면 사원 과반수
의 출석과 출석사원의 결의권의 과반수로써 한다.
② 제73조제2항의 경우에는 당해사원은 출석한 것으로 한다.
제76조(총회의 의사록) ① 총회의 의사에 관하여는 의사록을 작성하여야 한다.
② 의사록에는 의사의 경과, 요령 및 결과를 기재하고 의장 및 출석한 이사가 기명날인하여야
한다.
③ 이사는 의사록을 주된 사무소에 비치하여야 한다.

정당한 소집절차를 통해서 의사정족수를 갖추면 총회가 성립한다. 의사정족수 [553]
는 민법이나 정관에 다른 규정이 없는 한 사원의 과반수이며, 출석한 사원의 과반수
가 의결하면 결의가 성립한다(제75조 1항). 총회에서 결의할 수 있는 사항은 정관에
다른 규정이 없는 한, 그 소집을 할 때에 미리 통지한 사항에 한한다(제72조).

각 사원은 원칙적으로 평등한 결의권을 갖지만(제73조 1항), 정관으로 변경할 수 [554]
있다(제73조 3항). 결의는 서면이나 대리인으로도 할 수 있고(제73조 2항), 이렇게 결
의권을 행사한 사원은 출석한 것으로 본다(제75조 2항). 사단법인과 어느 사원과의
관계사항을 의결할 때에 그 사원에게는 의결권이 없다(제74조). 이러한 사원에게는
총회소집을 통지하지 않아도 절차에 문제가 없으며 의결정족수에서 배제된다. 다만
이 사원도 의사정족수를 정할 때에는 계산에 포함된다. 가령 9인의 사원 중 관계사
원이 2명이고, 이들과 나머지 3인이 총회에 출석했다면, 의사정족수에는 이들을 포
함하므로 9인 중 5인 출석으로 계산되고, 의결정족수에서는 3인을 기준으로 과반수
를 정한다(2008다1521 참조: 이사회의 결의에서 제74조를 유추한 사안).

총회의 의결 과정과 결과는 의사록으로 작성해야 하고, 의장과 출석이사가 기 [555]
명날인해야 한다. 이사는 의사록을 주사무소에 비치해야 한다(제76조).

8. 사원

> 제55조(재산목록과 사원명부) ② 사단법인은 사원명부를 비치하고 사원의 변경이 있는 때에는 이를 기재하여야 한다.
> 제56조(사원권의 양도, 상속금지) 사단법인의 사원의 지위는 양도 또는 상속할 수 없다.

[556]　　　　사원은 사단법인의 구성요소이지만 기관이 아니다. 그러나 사원은 사단법인 존립의 기초이고, 사원총회를 구성하는 자로서, 여러 권능과 의무의 담당자이다(가령, 학회 회원이 학술지를 받아볼 권리와 회비를 낼 의무). 사원으로서 가지는 권리와 의무의 총체를 사원권이라고 한다. 사원의 권능은 공익권과 자익권으로 나뉜다. 공익권은 사단의 관리·운영에 참여하는 권능으로 결의권이 이에 속한다. 자익권은 이익을 누릴 수 있는 권능으로 사단의 설비를 이용하는 권리(가령 학회회원이 홈페이지에서 학술 논문을 열람할 권리) 등이 있다. 의무로서는 회비납부의무가 대표적이다. 사원의 지위는 양도 또는 상속할 수 없다(제56조).

Ⅳ. 정관의 변경

1. 의의

[557]　　　　정관변경이란 법인이 동일성을 유지하면서 그 운영규칙을 바꾸는 것이다. 사단법인은 사람의 모임이므로 정관변경이 상대적으로 자유롭지만, 재단법인은 특정 목적에 바쳐진 재산이므로, 그 목적에 구속되어 정관변경이 자유롭지 않다.

2. 사단법인의 정관변경

> 제42조(사단법인의 정관의 변경) ① 사단법인의 정관은 총사원 3분의 2 이상의 동의가 있는 때에 한하여 이를 변경할 수 있다. 그러나 정수에 관하여 정관에 다른 규정이 있는 때에는 그 규정에 의한다.
> ② 정관의 변경은 주무관청의 허가를 얻지 아니하면 그 효력이 없다.

[558]　　　　사단법인은 사람의 모임이므로, 모인 사람(사원)의 뜻에 따라 정관을 변경할 수 있다. 다만 사단의 동일성을 유지하는 선에서 정관을 변경해야 하며, 사단법인의 본질에 반해서는 안 된다(78다1435: 일부 종원을 제외시키는 정관변경은 무효).
[559]　　　　정관변경을 위해서는 총사원 3분의 2 이상이 동의한 사원총회의 결의(제42조)와

주무관청의 허가(법적 성질은 인가)가 있어야 한다. 정관에 그 정관을 변경할 수 없다는 규정이 있는 경우에도, 사단법인의 본질상 변경이 가능하고, 다만 전 사원의 동의를 요한다(통설). 사원총회의 결의와 주무관청의 허가가 있으면 정관변경의 효과가 발생한다. 다만 변경된 사항이 등기사항인 경우에는(제49조 2항), 그 변경을 등기하지 않으면 정관의 변경을 제3자에게 대항하지 못한다(제54조 1항).

3. 재단법인의 정관변경

제45조(재단법인의 정관변경) ① 재단법인의 정관은 그 변경방법을 정관에 정한 때에 한하여 변경할 수 있다.
② 재단법인의 목적달성 또는 그 재산의 보전을 위하여 적당한 때에는 전항의 규정에 불구하고 명칭 또는 사무소의 소재지를 변경할 수 있다.
③ 제42조 제2항의 규정은 전2항의 경우에 준용한다.
제46조(재단법인의 목적 기타의 변경) 재단법인의 목적을 달성할 수 없는 때에는 설립자나 이사는 주무관청의 허가를 얻어 설립의 취지를 참작하여 그 목적 기타 정관의 규정을 변경할 수 있다.

재단법인은 설립자가 결정한 근본규칙인 정관에 따라 이사가 활동할 뿐, 법인의 [560] 의사를 자주적으로 결정하는 기관이 없으므로, 정관변경을 할 수 없는 것이 원칙이다. 단 정관에 그 변경방법을 정하고 있는 경우에는 가능하다(제45조 1항). 그러나 명칭, 사무소의 소재지와 같이 재단법인의 본질과 관계가 없는 것은 변경해도 상관없다. 또한 재단법인의 목적을 달성할 수 없는 때에는 설립자나 이사는 주무관청의 허가를 얻어 설립의 취지를 참작하여 그 목적 기타 정관의 규정을 변경할 수 있다(제46조). 주무관청의 허가를 얻지 않으면 효력이 생기지 않는다.

재단법인의 기본재산은 정관 기재사항이므로 이를 처분하거나 편입하는 것 [561] 은 정관변경에 해당하고 따라서 주무관청의 허가가 필요하다.

판례 268 | 대법원 1982. 9. 28. 선고 82다카499 판결 [신탁해지로인한토지소유권이전등기]

재단법인의 기본재산에 관한 사항은 정관의 기재사항으로서 기본재산의 변경은 정관의 변경을 초래하기 때문에 주무부장관의 허가를 받아야 하고 따라서 기존의 기본재산을 처분하는 행위는 물론 새로이 기본재산으로 편입하는 행위도 주무부장관의 허가가 있어야만 유효하다 할 것이므로 재단법인 명의로 소유권이전등기가 경료된 부동산이 재단법인의 기본재산에 편입되었다고 인정하기 위해서는 그 편입에 관한 주무부장관의 허가가 있었음이 먼저 입증되어야 한다.
• 요약: 원고가 피고(재단법인)에게 신탁해지를 이유로 X토지에 대한 소유권이전등기를 청구했는데, 원심은 이러한 이전등기도 기본재산의 처분이므로 주무관청의 허가가 없는 한 신탁해지를 이

유로 이전등기를 청구할 수 없다고 보았다. 하지만 대법원은 기본재산으로의 편입도 주무관청의 허가대상인데 이런 허가가 없었으므로 기본재산으로 편입되지도 않았다면서 원심을 파기했다.

Ⅴ. 비법인 사단과 재단(법인격 없는 사단과 재단)

[562]　　원칙적으로 법인은 등기가 있어야지 성립된다. 하지만 법인으로서의 실체는 갖추고 있지만 등기가 되어 있지 않은 경우도 있다. 이를 비법인(권리능력 없는) 사단 혹은 재단이라고 한다.

1. 비법인 사단

1.1. 의의

[563]　　비법인 사단이란 사단의 실체를 갖추고 있으나 법인등기를 하지 않은 단체를 말한다. 권리능력 없는 사단 또는 법인격 없는 사단이라고도 한다. 종중, 교회가 대표적이며, 어촌계(2002다68034), 아파트입주자대표회의(91다4478), 연합주택조합(2000다96; 2000다50688), 재건축조합(2000다10246), 동ㆍ리나 자연부락(90다카25895), 성균관(2002다46423) 등이 이에 속한다. 사찰은 비법인사단인 경우(94다41249), 비법인 재단인 경우(93다43545), 개인재산인 경우(96다46484) 등 다양하다.

1.2. 성립요건 및 법적 지위

[564]　　단체의 조직과 규칙제정(정관작성)이 있어야 하고, 대표자와 의결기구(총회)를 두어 구성원의 변경에도 불구하고 단체로서 유지될 수 있어야 한다. 다만 종중이나 자연부락처럼 자연발생적인 경우에는 조직행위나 성문의 규칙을 필요로 하지 않는다(91다16525). 비법인 사단의 업무집행이나 대외활동에 관해서는 우선 정관이 적용되지만, 정관이 없는 경우에는 사단법인에 관한 규정이 유추 적용된다. 비법인 사단에 대표자가 있으면 민사소송상 당사자능력이 인정된다(민사소송법 제52조).

> **판례 269**　대법원 1991. 8. 27. 선고 91다16525 판결 [토지소유권이전등기말소등기]
>
> 종중은 공동선조의 분묘수호와 제사 그리고 종중원 상호간의 친목 등을 목적으로 하는 자연발생적인 관습상의 종족집단체로서 특별한 조직행위를 필요로 하거나 성문의 규약을 필요로 하는 것이 아니고 그 공동선조의 후손 중 성년 이상의 남자는 당연히 그 구성원(종원)이 되는 것이며,57 종중

---

57 성인 남자만 종원이 된다는 이 관습은 이후 판결에서 변경되었고(2002다1178), 이제는 성인 남녀가

의 규약이나 관습에 따라 선출된 대표자 등에 의하여 대표되는 정도로 조직을 갖추고 지속적인 활동을 하고 있다면 비법인사단으로서의 단체성이 인정되는 것이다.

1. 고유한 의미의 종중은 공동선조의 후손들에 의하여 그 선조의 분묘수호와 제사 및 후손 상호간의 친목을 목적으로 형성되는 자연발생적인 종족단체로서 그 성립을 위하여 특별한 조직행위를 필요로 하지 아니하고 그 선조의 사망과 동시에 그 자손에 의하여 성립되는 것이며, 이와 같은 고유한 의미의 종중이 아니라 하더라도 독립된 단체로서의 실체를 인정할 수 있을 경우에는 비법인사단으로서의 단체성을 인정할 수는 있을 것이다(90다카22537; 2005다69908 등 참조).

각 공동선조를 달리하는 안동 권씨 28세손인 필상의 후손들과 그와 6촌지간인 같은 28세손 필정의 후손들 중 화성시 매송면 천천리 거주자들을 중심으로 모임을 만들어 매년 위 양인의 시제를 함께 지내다가 정식으로 총회를 열어 명칭을 확정하고 조직을 구성하는 등 활동을 하여 [왔다면], 고유한 의미의 종중은 아니지만 그 판시 재산관리를 위하여 위 천천리에 거주해 왔던 필상, 필정의 후손들로 범위를 제한하여 구성한 종중에 유사한 비법인사단이라고 [볼 수 있다].

그러나 원고의 이 사건 청구에 관하여 보건대, 「부동산 실권리자명의 등기에 관한 법률」 제8조 제1항에서 말하는 종중은 고유한 의미의 종중만을 말하고 종중 유사의 비법인사단은 포함하지 아니하므로(2006다14165 참조), 설사 종중 유사의 단체에 해당하는 원고가 이 사건 부동산을 피고들 측에 명의신탁하였다 하더라도 원고로서는 명의신탁약정의 유효를 전제로 그 해지를 원인으로 한 소유권이전등기를 청구할 수는 없[다].

비법인 사단은 법인등기 없이 사람이 결합되어 있다는 점에서 조합과 유사하나, [565] 단체성이 강하다는 점에서 구별된다.

| 판례 270 | 대법원 1999. 4. 23. 선고 99다4504 판결 [매매대금] |

민법상의 조합과 법인격은 없으나 사단성이 인정되는 비법인사단을 구별함에 있어서는 일반적으로 그 단체성의 강약을 기준으로 판단하여야 하는바, 조합은 2인 이상이 상호간에 금전 기타 재산 또는 노무를 출자하여 공동사업을 경영할 것을 약정하는 계약관계에 의하여 성립하므로(민법 제703조) 어느 정도 단체성에서 오는 제약을 받게 되는 것이지만 구성원의 개인성이 강하게 드러나는 인적 결합체인 데 비하여 비법인사단은 구성원의 개인성과는 별개로 권리·의무의 주체가 될 수 있는 독자적 존재로서의 단체적 조직을 가지는 특성이 있다 하겠는데, 어떤 단체가 고유의 목적을 가지고 사단적 성격을 가지는 규약을 만들어 이에 근거하여 의사결정기관 및 집행기관인 대표자를 두는 등의 조직을 갖추고 있고, 기관의 의결이나 업무집행방법이 다수결의 원칙에 의하여 행하여지며, 구성원의 가입, 탈퇴 등으로 인한 변경에 관계없이 단체 그 자체가 존속되고, 그 조직에 의하여 대표의 방법, 총회나 이사회 등의 운영, 자본의 구성, 재산의 관리 기타 단체로서의 주요사항이 확정되어 있는 경우에는 비법인사단으로서의 실체를 가진다고 할 것이다.

또한, 민사소송법 제48조가 비법인의 당사자능력을 인정하는 것은 법인이 아닌 사단이나 재단이라도 사단 또는 재단으로서의 실체를 갖추고 대표자 또는 관리인을 통하여 사회적 활동이나 거래를 하는 경우에는, 그로 인하여 발생하는 분쟁은 그 단체의 이름으로 당사자가 되어 소송을 통하

모두 종원이 된다.

여 해결하게 하고자 함에 있다 할 것이므로 여기서 말하는 사단이라 함은 일정한 목적을 위하여 조직된 다수인의 결합체로서 대외적으로 사단을 대표할 기관에 관한 정함이 있는 단체를 말한다고 할 것이고, 종중 또는 문중과 같이 특별한 조직행위 없이도 자연적으로 성립하는 예외적인 사단이 아닌 한, 비법인사단이 성립하려면 사단으로서의 실체를 갖추는 조직행위가 있어야 하는 바, 만일 어떤 단체가 외형상 목적, 명칭, 사무소 및 대표자를 정하고 있다고 할지라도 사단의 실체를 인정할 만한 조직, 그 재정적 기초, 총회의 운영, 재산의 관리 기타 단체로서의 활동에 관한 입증이 없는 이상 이를 법인이 아닌 사단으로 볼 수 없는 것이다. 그리고, 사단으로서의 실체를 갖추는 조직행위가 사단을 조직하여 그 구성원으로 되는 것을 목적으로 하는 구성원들의 의사의 합치에 기한 것이어야 함은 앞서 본 사단의 특성에 비추어 당연하다고 할 것이다.

• 요약: 소외회사에 대한 채권자 133명이 채권회수를 위해 10명의 대표자를 뽑고 채권단을 결성하여 소를 제기하였다. 법원은 이 채권단이 대표자에게 채권회수권한이 위임되었을 뿐이고, 단체로서의 활동도 없으며, 채권단이라는 단체도 당사자능력을 해결하기 위해서 급조된 것이므로 비법인사단이 아니라고 보았다.

1.3. 비법인 사단의 재산관계(총유)

사례 47

비법인 사단인 A 교회는 원래 갑종파에 속했는데, 담임목사의 입장이 바뀌면서 을종파로 옮기고자 하고 절반의 교인이 이를 따르고 있다. 나머지 절반은 여전히 갑종파를 따르고 있다. 이에 을종파를 따르는 자들이 교회재산을 반으로 나눠가지자고 한다. 이런 주장은 타당한가? (2004다37775 참조)
– 담임목사를 따라 을종파로 바꾸고자 하는 교인이 3분의 2가 넘는다면 어떻게 되는가?

제275조(물건의 총유) ① 법인이 아닌 사단의 사원이 집합체로서 물건을 소유할 때에는 총유로 한다.
② 총유에 관하여는 사단의 정관 기타 계약에 의하는 외에 다음 2조의 규정에 의한다.
제276조(총유물의 관리, 처분과 사용, 수익) ① 총유물의 관리 및 처분은 사원총회의 결의에 의한다.
② 각 사원은 정관 기타의 규약에 좇아 총유물을 사용, 수익할 수 있다.
제277조(총유물에 관한 권리의무의 득상) 총유물에 관한 사원의 권리의무는 사원의 지위를 취득 상실함으로써 취득상실된다.
제278조(준공동소유) 본절의 규정은 소유권 이외의 재산권에 준용한다. 그러나 다른 법률에 특별한 규정이 있으면 그에 의한다.

[566]   권리능력 없는 사단의 재산은 사원의 총유에 속하고(제275조), 소유권 이외의 재산권이나 채권은 사원의 준총유로 된다(제278조). 총유물의 관리 및 처분은 정관의 규

정에 다르게 정하지 않는 한 총회의 결의를 거쳐야 한다(제276조 1항).

총유는 이를 비법인 사단의 단독소유라고 보면 이해하기 쉽다(비법인 사단에게 권 [567]
리능력이 인정되지 않아 사원의 총유로 구성하는 것일 뿐, 실질은 비법인 사단의 단독소유라
고 해야 할 것이다). 이에 따라 비법인 사단을 구성하는 각 사원은 지분권이나 분할청
구권이 없고 사용·수익권을 가질 뿐이다. 또한 총유재산의 처분·관리는 물론 보존
행위도 비법인 사단의 명의로 해야 한다(2004다44971 참조).

판례 271 | **대법원 2005. 9. 15. 선고 2004다44971 전원합의체 판결 [소유권이전등기말소]**

민법 제276조 제1항은 "총유물의 관리 및 처분은 사원총회의 결의에 의한다.", 같은 조 제2항은
"각 사원은 정관 기타의 규약에 좇아 총유물을 사용·수익할 수 있다."라고 규정하고 있을 뿐
공유나 합유의 경우처럼 보존행위는 그 구성원 각자가 할 수 있다는 민법 제265조 단서 또는
제272조 단서와 같은 규정을 두고 있지 아니한바, 이는 법인 아닌 사단의 소유형태인 총유가 공
유나 합유에 비하여 단체성이 강하고 구성원 개인들의 총유재산에 대한 지분권이 인정되지 아니
하는 데에서 나온 당연한 귀결이라고 할 것이므로 총유재산에 관한 소송은 법인 아닌 사단이 그
명의로 사원총회의 결의를 거쳐 하거나 또는 그 구성원 전원이 당사자가 되어 필수적 공동소송의
형태로 할 수 있을 뿐 그 사단의 구성원은 설령 그가 사단의 대표자라거나 사원총회의 결의를
거쳤다 하더라도 그 소송의 당사자가 될 수 없고, 이러한 법리는 총유재산의 보존행위로서 소를
제기하는 경우에도 마찬가지라 할 것이다.

총유가 사단법인의 단독소유와 유사하다는 점은 비법인사단의 채무에 대하 [568]
여도 마찬가지이다. 즉, 비법인사단의 채무는 비법인사단에만 속하여 구성원에게는
미치지 않고, 따라서 그 채무는 비법인사단의 재산으로만 변제된다.[58] 다만 정관 기
타 규약에 따라 총회 등에서 비법인사단의 채무초과분을 구성원들에게 분담시키는
결의를 하면 구성원은 비법인사단에 대해 이를 지급할 의무를 부담하게 된다. 이 경
우에는 비법인사단의 채권자가 비법인사단의 구성원에 대한 분담금(정산금)청구권을
대위행사할 수도 있다.

판례 272 | **대법원 2021. 12. 30. 선고 2017다203299 판결 [정산금]**

구 주택건설촉진법에 의하여 설립된 주택조합은 민법상 조합이 아니라 비법인 사단에 해당하므
로, 민법의 법인에 관한 규정 중 법인격을 전제로 하는 조항을 제외한 나머지 조항들이 원칙적
으로 준용된다. 따라서 그 조합이 사업을 수행하면서 부담하게 된 채무를 조합의 재산으로 변제
할 수 없게 되었다고 하더라도 그 채무는 조합에 귀속되고, 정관 기타 규약에 따라 조합원총회
등에서 조합의 자산과 부채를 정산하여 그 채무초과분을 조합원들에게 분담시키는 결의를 하지
않는 한, 조합원이 곧바로 조합에 대하여 그 지분 비율에 따른 분담금 채무를 부담하지 않는다.

---

58 이와 달리 조합의 경우에는 조합에 대한 채권자가 조합원의 개인재산으로도 변제를 받을 수 있다.

• 정리: 주택조합이 조합원(피고)에 대하여 조합채무에 관한 정산금(분담금)채권을 가진다고 주장하면서 주택조합의 채권자가 주택조합을 대위하여 정산금(분담금)의 지급을 청구한 사안이다. 원심은 총회 결의가 없어서 주택조합이 피고들에 대하여 정산금(분담금)채권을 가지지 않는다고 하여 원고청구를 기각했고 대법원은 상고를 기각하였다.

[569]   사단법인의 경우 구성원의 탈퇴나 해산은 인정되지만 구성원들이 2개의 법인으로 나뉘어 각각 독립한 법인으로 존속하면서 종전 사단법인에 귀속되었던 재산을 나눠가지는 사단법인의 분열은 인정되지 않는다(지분권이나 분할청구권이 없으므로). 그리고 이 법리는 비법인 사단에 대하여도 동일하게 적용된다. 즉, 비법인 사단의 구성원들이 집단적으로 탈퇴하여 비법인 사단이 2개로 분열되고 분열되기 전 비법인 사단의 재산이 분열된 비법인 사단들의 구성원들에게 총유적으로 귀속되는 것은 허용되지 않는다(2004다37775). 재산 처분이 규약의 변경을 수반하는 때에는 사단법인 정관변경에 관한 민법 제42조 제1항을 유추적용하여 총 구성원의 3분의 2 이상의 동의를 필요로 한다.

[570]   법원은 2006년의 전원합의체 판결이 있기 전까지는 비법인사단인 교회의 교인들이 집단적으로 교회를 탈퇴한 경우, 교회가 2개로 분열되고 분열되기 전 교회의 재산이 분열된 각 교회의 구성원들에게 각각 총유적으로 귀속되는 '교회의 분열'을 인정한 바 있다(70다2478; 91다1226 등 참조). 하지만 이는 지분권과 분열을 인정하지 않는 비법인사단의 기본적인 법리에 반했다. 이에 따라 2006년의 대법원 판결은 교회도 비법인사단의 일반법리에 따르도록 하고 있다.

판례 273 | **대법원 2006. 4. 20. 선고 2004다37775 전원합의체 판결 [소유권말소등기]**

[1] [다수의견] … 교인들은 교회 재산을 총유의 형태로 소유하면서 사용·수익할 것인데, 일부 교인들이 교회를 탈퇴하여 그 교회 교인으로서의 지위를 상실하게 되면 탈퇴가 개별적인 것이든 집단적인 것이든 이와 더불어 종전 교회의 총유 재산의 관리처분에 관한 의결에 참가할 수 있는 지위나 그 재산에 대한 사용·수익권을 상실하고, 종전 교회는 잔존 교인들을 구성원으로 하여 실체의 동일성을 유지하면서 존속하며 종전 교회의 재산은 그 교회에 소속된 잔존 교인들의 총유로 귀속됨이 원칙이다.…

[2] [다수의견] 특정 교단에 가입한 지교회가 교단이 정한 헌법을 지교회 자신의 자치규범으로 받아들였다고 인정되는 경우에는 소속 교단의 변경은 실질적으로 지교회 자신의 규약에 해당하는 자치규범을 변경하는 결과를 초래하고, 만약 지교회 자신의 규약을 갖춘 경우에는 교단변경으로 인하여 지교회의 명칭이나 목적 등 지교회의 규약에 포함된 사항의 변경까지 수반하기 때문에, 소속 교단에서의 탈퇴 내지 소속 교단의 변경은 사단법인 정관변경에 준하여 의결권을 가진 교인 2/3 이상의 찬성에 의한 결의를 필요로 하고, 그 결의요건을 갖추어 소속 교단을 탈퇴하거

나 다른 교단으로 변경한 경우에 종전 교회의 실체는 이와 같이 교단을 탈퇴한 교회로서 존속하고 종전 교회 재산은 위 탈퇴한 교회 소속 교인들의 총유로 귀속된다.

• 정리: 기독교대한성결교회에 소속되어 있는 갑교회에서 그 담임목사와 교단 간의 갈등으로 인해 담임목사가 독립교회(피고)를 만들어 위 교단에서 탈퇴하고, 갑교회가 소유하던 부동산을 피고 명의로 이전하자, 갑교회(기독교대한성결교회 갑교회)가 피고교회를 상대로 소유권등기말소소송을 제기하였다. 대법원은 교회분열은 부정되고, 탈퇴한 구성원이 3분의 2가 안되므로, 여전히 갑교회가 해당 부동산의 소유자라면서 피고교회의 소유권등기가 말소되어야 한다고 보았다.

1.4. 비법인 사단의 활동

사례 48

−A 재건축조합의 대표자 C는 새로 지을 건물의 설계를 B설계회사에 맡기는 계약을 체결했다. 그리고 시공을 맡은 건축회사 D가 건축재료를 납품하는 E회사에 부담하는 납품대금채무에 대해 보증을 섰다. 정관에는 건축설계나 보증을 할 때는 임원회의의 결의를 거치도록 하고 있었으나 C는 이런 절차를 거치지 않았다. 위 설계계약과 보증계약은 유효한가? (2002다64780; 2004다60072 참조)

사례 49

A 재건축조합의 대표자 C는 조합소유의 아파트를 B에게 분양했다. 정관상 분양계약은 총회결의사항인데 이를 거치지 않았다. 이 분양계약은 유효한가? (2001다73626 참조)

(1) 대외활동(대표권의 제한)

사단법인의 경우 대표자는 원칙적으로 전범위에 걸쳐 대표권이 있고, 그것이 [571] 제한되면 정관과 등기에 기재되어야 한다. 따라서 이러한 기재가 없는 한 법인의 대표자로서 한 법률행위는 (그것이 권리능력의 범위 내에 있는 한) 모두 법인에 귀속된다. 이러한 법리는 기본적으로 비법인 사단에도 마찬가지로 적용된다. 즉, 비법인 사단의 경우 대표자에게 전범위에 걸친 대표권이 있는 것이 원칙이다. 다만 정관으로 대표권을 제한할 수 있는데, 이 제한이 등기될 수 없으므로 상대방의 선의·무과실을 기준으로 법률효과의 귀속을 결정한다. 그리고 상대방의 선의·무과실은 추정된다. 따라서 대표권의 제한이 정관에 기재되어 있더라도 상대방의 악의나 과실이 증명되지 않는 한, 비법인 사단은 상대방에게 책임을 져야 한다(2002다64780).

그렇지만 총유물의 관리·처분에 관하여는 대표권이 제한된다는 점이 법률로 규 [572] 정되어 있다(제276조). 따라서 이에 관해서는 정관에 그 제한이 기재되어 있지 않더라도 상대방이 대표권 제한을 알았어야 한다(물론 정관에서 대표권제한을 풀어놓았다면 이에 따른다). 이에 따라 총회 결의 없이 대표자가 무단으로 한 총유물의 관리·처분은 '상대방의 선의·무과실을 묻지 않고' 법적 효과가 비법인 사단에게 귀속되지 않는다 (2001다73626). 결국 많은 경우에는 대표자의 행위가 총유물의 관리·처분인지 아닌 지에 따라서 법적 효과가 달라진다. 총유물의 관리·처분이란 총유물 그 자체에 관한 이용·개량행위(임대차 등)나 법률적·사실적 처분행위(매매, 저당권 설정 등)를 말한다. 법원은 설계용역계약체결, 보증계약 체결에 대해서는 총유물의 처분이 아니라고 했다.

판례 274 │ 대법원 2003. 7. 11. 선고 2001다73626 판결 [매매계약금등]

가. … 주택조합이 주체가 되어 신축 완공한 건물로서 일반에게 분양되는 부분은 조합원 전원 의 총유에 속하며, 총유물의 관리 및 처분에 관하여 주택조합의 정관이나 규약에 정한 바가 있으면 이에 따라야 하고, 그에 관한 정관이나 규약이 없으면 조합원 총회의 결의에 의하여야 할 것이며, 그와 같은 절차를 거치지 않은 행위는 무효라고 할 것이다.
나. … 주택조합의 대표자가 행한 총유물인 이 사건 건물의 처분행위에 관하여는 민법 제126조 의 표현대리에 관한 규정이 준용될 여지가 없다 할 것이다.

판례 275 │ 대법원 2003. 7. 22. 선고 2002다64780 판결 [용역비]

[1] … 총유물의 관리 및 처분행위라 함은 총유물 그 자체에 관한 법률적·사실적 처분행위와 이용, 개량행위를 말하는 것으로서 재건축조합이 재건축사업의 시행을 위하여 설계용역계약을 체결하는 것은 단순한 채무부담행위에 불과하여 총유물 그 자체에 대한 관리 및 처분행위라고 볼 수 없다.
[2] 비법인사단의 경우에는 대표자의 대표권 제한에 관하여 등기할 방법이 없어 민법 제60조의 규정을 준용할 수 없고, 비법인사단의 대표자가 정관에서 사원총회의 결의를 거쳐야 하도록 규 정한 대외적 거래행위에 관하여 이를 거치지 아니한 경우라도, 이와 같은 사원총회 결의사항은 비법인사단의 내부적 의사결정에 불과하다 할 것이므로, 그 거래 상대방이 그와 같은 대표권 제한 사실을 알았거나 알 수 있었을 경우가 아니라면 그 거래행위는 유효하다고 봄이 상당하고, 이 경우 거래의 상대방이 대표권 제한 사실을 알았거나 알 수 있었음은 이를 주장하는 비법인사 단 측이 주장·입증하여야 한다.

판례 276 │ 대법원 2009. 11. 26. 선고 2009다64383 판결 [소유권이전등기]

비법인사단이 총유물에 관한 매매계약을 체결하는 행위는 총유물 그 자체의 처분이 따르는 채무 부담행위로서 총유물의 처분행위에 해당하나, 그 매매계약에 의하여 부담하고 있는 채무의 존재 를 인식하고 있다는 뜻을 표시하는 데 불과한 소멸시효 중단사유로서의 승인은 총유물 그 자체 의 관리·처분이 따르는 행위가 아니어서 총유물의 관리·처분행위라고 볼 수 없다. 따라서 피고 의 대표자가 이 사건 매매계약에 따른 소유권이전등기의무에 대하여 소멸시효 중단의 효력이 있는 승인을 하는 경우에 있어 주민총회의 결의를 거치지 않았다고 하더라도 그것만으로 그 승 인이 무효라고 할 수는 없다.

대법원 2007. 4. 19. 선고 2004다60072,60089 전원합의체 판결 [공사대 금·손해배상(기)]

[다수의견] … 비법인사단이 타인 간의 금전채무를 보증하는 행위는 총유물 그 자체의 관리·처 분이 따르지 아니하는 단순한 채무부담행위에 불과하여 이를 총유물의 관리·처분행위라고 볼 수는 없다. 따라서 비법인사단인 재건축조합의 조합장이 채무보증계약을 체결하면서 조합규약 에서 정한 조합 임원회의 결의를 거치지 아니하였다거나 조합원총회 결의를 거치지 않았다고 하더라도 그것만으로 바로 그 보증계약이 무효라고 할 수는 없다. 다만, 이와 같은 경우에 조합 임원회의의 결의 등을 거치도록 한 조합규약은 조합장의 대표권을 제한하는 규정에 해당하는 것이므로, 거래 상대방이 그와 같은 대표권 제한 및 그 위반 사실을 알았거나 과실로 인하여 이를 알지 못한 때에는 그 거래행위가 무효로 된다고 봄이 상당하며, 이 경우 그 거래 상대방이 대표권 제한 및 그 위반 사실을 알았거나 알지 못한 데에 과실이 있다는 사정은 그 거래의 무효 를 주장하는 측이 이를 주장·입증하여야 한다.

(2) 업무집행

업무집행은 사단법인 일반론이 준용된다. [573]

2. 비법인 재단

비법인 재단이란 특정한 목적에 바쳐진 재산과 이에 관한 운영규칙은 존재하지 [574] 만 아직 등기를 하지 않아 법인격을 취득하지 못한 재단을 말한다. '육영회', '유치 원'(65다1651: 피고 유치원이 어린이 보육을 위하여 원사를 신축하고 관계당국으로부터 개원 허가를 받았으며 한편으로 교육법에 따른 원칙을 제정하여 계속 운영하여 왔다면 이는 법인 아닌 재단이라 할 것이고 설립자가 관리인으로서 당사자능력이 있다고 할 것이므로 피고 유 치원에 본건의 당사자능력을 인정한 조치는 정당하다), '종교재단' 등이 여기에 해당한다.

설립은 설립자의 단독행위이므로 증여·유증의 규정이 준용된다(제47조). 내부 [575] 관계에 대해서는 재단법인의 규정이 유추적용된다. 그리고 권리능력 없는 재단도 등 기능력·당사자능력을 가지며, 명예권 등의 인격권을 향유한다.

비법인 재단에서는 정관변경이 원칙적으로 불가능하므로 비법인 재단의 재산 [576] (시설)을 이용하는 사람의 3분의 2가 결의한다고 하더라도 정관변경에 해당하는 일 을 할 수는 없다.

대법원 1994. 12. 13. 선고 93다43545 판결 [주지직무집행정지,대행자선임가처분]

신청인 1 사찰은 종래부터 존재하여 오던 사찰의 재산을 기초로 한 사찰로서의 성격, 즉 권리능 력없는 재단으로서의 성격을 가지고 있다고 볼 것이므로, 비록 그 신도들이 그 사찰의 재산을 조성하는 데 공헌을 하였다 할지라도 그 사찰의 재산은 신도와 승려의 총유에 속하는 것이 아니라 권리능력없는 사찰 자체에 속한다고 할 것이고, 또 신청인 1 사찰이 최초에 대한불교 조계종에 가입하여 그 소속이 된 이상 소속 종단의 종헌에 따르지 아니하고 그 신도와 승려가 결합하여 다른 종파의 신도가 되는 데에 그치고 권리능력 없는 재단인 신청인 1 사찰의 소속 종단이 변경되는 것은 아니며, 이러한 법리는 신청인 1 사찰을 불교단체로 등록한 근거법인 구 불교재산관리법이 폐지되었고, 신청인 1 사찰이 새로 시행된 전통사찰보존법의 적용을 받지 않는다고 하더라도 기왕에 형성된 법률관계에는 아무런 영향이 없다.

• 요약: A 사찰은 기존에 있던 절건물을 주변지역 신도들이 돈을 모아 증축 개선한 것으로, 신도들은 소속 종단인 조계종이 파견한 주지의 취임을 거부하며 B를 주지로 삼고 있었다. B와 신도들이 A 사찰의 소속 종단을 바꾸기로 결의하고, 새 종단(태고종)에서 B를 주지로 임명하자, 기존 종단(조계종)에서 다른 주지 C를 임명하면서 기존 주지 B의 직무집행정지 가처분을 신청하였다. 법원은 비법인재단에서는 정관변경이 허용되지 않으므로 소속종단 변경도 안되고, 따라서 A사찰은 여전히 조계종 소속이므로 C가 주지라고 하였다("절이 싫으면 중이 떠나야 한다": 김제완).

Ⅵ. 법인의 소멸

1. 법인소멸의 의의

[577]   법인이 권리능력을 상실하는 것을 법인의 소멸이라고 한다. 법인은 소멸되기 전에 대내적 · 대외적인 법률관계를 정리하는 과정이 가능하고 필요한데 이 과정이 법인의 해산과 청산이다. 해산은 적극적 활동을 정지하고 청산으로 들어가는 것을 말하며, 청산은 법인의 재산관계를 정리하는 절차를 말한다. 따라서 해산으로 법인의 권리능력이 곧 소멸하는 것은 아니고, 청산에 필요한 한도로 제한되는 것이다. 청산이 종결될 때까지 법인은 청산법인으로서 청산에 필요한 한도로 축소된 범위에서 권리능력이 지속된다. 청산의 종결로 법인은 완전히 소멸하게 된다.

2. 해산

제77조(해산사유) ① 법인은 존립기간의 만료, 법인의 목적의 달성 또는 달성의 불능 기타 정관에 정한 해산사유의 발생, 파산 또는 설립허가의 취소로 해산한다.
② 사단법인은 사원이 없게 되거나 총회의 결의로도 해산한다.
제78조(사단법인의 해산결의) 사단법인은 총사원 4분의 3 이상의 동의가 없으면 해산을 결의하지 못한다. 그러나 정관에 다른 규정이 있는 때에는 그 규정에 의한다.
제79조(파산신청) 법인이 채무를 완제하지 못하게 된 때에는 이사는 지체없이 파산신청을 하여야 한다.

법인이 적극적 활동을 정지하고 청산으로 들어가는 것이 해산인데, 그 사유는 [578]
다음과 같다.

2.1. 사단법인·재단법인에 공통한 사유(제77조 1항) [579]

(1) 존립기간의 만료, 기타 정관에 정한 해산사유의 발생

존립기간을 정한 법인은 정관의 필요적 기재사항으로 하고 있으므로, 이와 대
응하여 존립기간의 만료를 해산사유로 한 것이다. 정관에 정한 해산사유는 객관적으
로 확정되는 것이어야 한다.

(2) 법인의 목적달성 또는 달성 불능

(3) 파산

법인이 채무를 완제할 수 없는 상태, 즉 채무초과가 된 경우에는 이사는 지체없
이 파산을 신청해야 한다(제79조).

(4) 설립허가의 취소

법인이 목적 이외의 사업을 하거나 설립허가의 조건에 위반 기타 공익을 해하는
행위를 한 때에는 주무관청은 그 허가를 취소할 수 있다(제38조). 이 취소의 효력은
장래에 향해 발생한다.

판례 279 | 대법원 2020. 2. 27. 선고 2019두39611 판결 [재단법인설립허가취소처분취소청
구의소]

비영리법인이 '공익을 해하는 행위를 한 때'란 법인의 기관이 그 직무의 집행으로서 공익을 침
해하는 행위를 하거나 그 사원총회가 그러한 결의를 한 경우를 의미한다. 그리고 민법 제38조
는 법인이 설립될 당시에는 그가 목적하는 사업이 공익을 해하는 것이 아니었으나 그 후의 사
정변경에 의하여 그것이 공익을 해하는 것으로 되었을 경우에 대처하기 위한 규정인 점, 법인
설립허가취소는 법인을 해산하여 결국 법인격을 소멸하게 하는 제재처분인 점(민법 제77조 제1
항) 등에 비추어 보면, 민법 제38조에서 정한 '공익을 해하는 행위'를 한 때에 해당하려면 당해
법인의 목적사업 또는 존재 자체가 공익을 해한다고 인정되거나 당해 법인의 행위가 직접적이
고도 구체적으로 공익을 침해하는 것이어야 하고, 목적사업의 내용, 행위의 태양 및 위법성의
정도, 공익 침해의 정도와 경위 등을 종합하여 볼 때 당해 법인의 소멸을 명하는 것이 불법적인
공익 침해 상태를 제거하고 정당한 법질서를 회복하기 위한 제재수단으로서 긴요하게 요청되는
경우이어야 한다.

• **정리:** 케이스포츠재단(원고)에 출연하지도 않았고 임직원도 아닌 소외인이 원고를 사실상 지
배·경영하였으며, 소외인이 당시 대통령과 공모한 상태에서 원고의 임직원이 소외인의 지시
에 따라 ㅇㅇ그룹에 75억원을 요구하여 70억원을 수령하고, △△△△그룹에 89억원을 요구했

다. 주무관청인 문화체육관광부는 이러한 행위를 이유로 원고의 설립허가를 취소했다. 원고가 설립허가취소처분의 취소를 구하는 소를 제기했으나 법원은 이를 기각했다. 위의 금품요구 및 수령행위는 재단 임직원 등의 단순한 개인적인 일탈이 아니라 민법 제38조에서 정한 설립허가 취소사유인 '원고가 공익을 해하는 행위를 한 때'에 해당하며, 원고에 대한 설립허가를 취소할 경우에 원고와 그 임직원들이 입을 수 있는 불이익을 감안하더라도 위법한 공익 침해 상태를 제거하고 정당한 법질서를 회복하기 위해 원고에 대한 설립허가를 취소하는 것이 긴요하게 요청된다는 것이 그 이유였다.

[580]
2.2. 사단법인에만 특유한 해산사유(제77조 2항)

(1) 사원이 없게 된 때

(2) 총회의 결의

총회의 결의에 의한 해산을 임의해산이라 하며, 사원총회만이 의결할 수 있다. 해산결의는 정관에 다른 규정이 없으면 총사원의 4분의 3 이상의 동의가 있어야 한다(제78조). 제3자를 해칠 염려가 있는 기한부 또는 조건부 해산결의는 할 수 없다.

3. 청산

3.1. 청산절차

[581]
파산에 의해 청산하는 경우에는 「채무자 회생 및 파산에 관한 법률」상의 절차에 따라 청산이 이뤄진다. 나머지 경우에는 민법의 규정에 의해 청산된다. 청산절차에 관한 민법 규정은 강행규정이며, 총회의 결의나 정관으로 다른 절차를 정할 수 없다. 청산절차는 제3자의 이해에 관계되기 때문이다.

3.2. 청산법인의 능력

제81조(청산법인) 해산한 법인은 청산의 목적범위 내에서만 권리가 있고 의무를 부담한다.

[582]
해산한 법인은 청산의 목적범위 내로 권리능력이 축소된다. 청산이라는 목적을 벗어나거나 해산 전의 본래의 적극적인 사업을 할 수는 없다. 청산법인은 청산 전의 법인과 동일성을 갖는다.

대법원 1980. 4. 8. 선고 79다2036 판결 [소유권이전등기말소]

• 사실관계: 피고 재단법인이 1969. 9. 10. 그 소유 대지를 직업보도원으로 쓰게 할 목적으로
원고인 여수시에 증여를 하였는데 아직 그 소유권이전등기가 경료되지 않던 중, 1970. 7. 20.
해산등기를 한 피고의 대표이사가 1972. 3. 6. 이사회 결의 없이 위 대지를 B·C에게 매도하
고 소유권이전등기를 하였다. 피고의 정관 제28조에 의하면 법인의 해산시 잔여재산은 이사회
의 결의에 의하여 주무관청의 승인을 얻어 피고 재단법인과 유사한 목적을 가진 단체에 기부한
다고 규정되어 있었다. 그 후 위 대지는 다시 D에게 매도되어 D의 명의로 소유권이전등기가
되어 있다. 여수시(원고)는 1978년에 청산 중에 있던 피고 재단법인이 위 대지를 B·C에게 매
도하고 소유권이전등기를 해 준 것은 청산법인의 목적범위 외의 행위로써 무효이고 이를 기초
로 이루어진 D의 소유권이전등기도 무효라는 이유로 B·C·D를 상대로 각 소유권이전등기의
말소를 청구하고 피고 재단법인에게는 증여를 원인으로 한 소유권이전등기를 청구하였다.
• 법원의 판단: 원심은 피고법인의 정관 28조의 규정은 일종의 대표청산인의 대표권에 관한
제한이라고 보고 이러한 제한은 등기하여야만 제3자에게 대항할 수 있는데 이러한 등기가 없으
므로 본건 대지의 처분행위는 무효가 아니라고 판시하였다.
하지만 대법원은 민법 제80조, 제81조, 제87조와 같은 청산절차에 관한 규정은 모두 제3자의
이해관계에 중대한 영향을 미치기 때문에 소위 강행규정이라고 해석되므로 만일 그 청산법인이
나 그 청산인이 청산법인의 목적범위 외의 행위를 한 때는 무효라고 하였다.

3.3. 청산법인의 기관

> 제82조(청산인) 법인이 해산한 때에는 파산의 경우를 제하고는 이사가 청산인이 된다. 그러나
> 정관 또는 총회의 결의로 달리 정한 바가 있으면 그에 의한다.
> 제83조(법원에 의한 청산인의 선임) 전조의 규정에 의하여 청산인이 될 자가 없거나 청산인의
> 결원으로 인하여 손해가 생길 염려가 있는 때에는 법원은 직권 또는 이해관계인이나 검사의
> 청구에 의하여 청산인을 선임할 수 있다.
> 제84조(법원에 의한 청산인의 해임) 중요한 사유가 있는 때에는 법원은 직권 또는 이해관계인
> 이나 검사의 청구에 의하여 청산인을 해임할 수 있다.
> 제96조(준용규정) 제58조제2항, 제59조 내지 제62조, 제64조, 제65조 및 제70조의 규정은 청
> 산인에 이를 준용한다.

법인이 해산하면 청산인이 기존의 이사 역할을 한다. 파산의 경우를 제하고는 [583]
이사가 청산인이 되지만 정관 또는 총회의 결의로 달리 정하면 그에 의한다(제82조).
청산인의 결원으로 손해발생의 우려가 있는 때에는 법원은 직권 또는 이해관계인이
나 검사의 청구로 청산인을 선임할 수 있다(제83조). 중요한 사유가 있는 때에는 법
원은 직권 또는 이해관계인이나 검사의 청구로 청산인을 해임할 수 있다(제84조). 이
것은 청산인에 특별한 규정으로 청산이 제3자에게 미치는 영향이 크기 때문에 법원

의 감독권을 강화한 것이다.

3.4. 청산사무(청산인의 직무권한)

제85조(해산등기) ① 청산인은 파산의 경우를 제하고는 그 취임후 3주간내에 해산의 사유 및 연
월일, 청산인의 성명 및 주소와 청산인의 대표권을 제한한 때에는 그 제한을 주된 사무소 및
분사무소소재지에서 등기하여야 한다.
② 제52조의 규정은 전항의 등기에 준용한다.
제86조(해산신고) ① 청산인은 파산의 경우를 제하고는 그 취임후 3주간내에 전조제1항의 사항
을 주무관청에 신고하여야 한다.
② 청산중에 취임한 청산인은 그 성명 및 주소를 신고하면 된다.
제87조(청산인의 직무) ① 청산인의 직무는 다음과 같다.
1. 현존사무의 종결
2. 채권의 추심 및 채무의 변제
3. 잔여재산의 인도
② 청산인은 전항의 직무를 행하기 위하여 필요한 모든 행위를 할 수 있다.
제88조(채권신고의 공고) ① 청산인은 취임한 날로부터 2월내에 3회 이상의 공고로 채권자에 대하
여 일정한 기간내에 그 채권을 신고할 것을 최고하여야 한다. 그 기간은 2월 이상이어야 한다.
② 전항의 공고에는 채권자가 기간내에 신고하지 아니하면 청산으로부터 제외될 것을 표시하
여야 한다.
③ 제1항의 공고는 법원의 등기사항의 공고와 동일한 방법으로 하여야 한다.
제89조(채권신고의 최고) 청산인은 알고 있는 채권자에게 대하여는 각각 그 채권신고를 최고하여
야 한다. 알고 있는 채권자는 청산으로부터 제외하지 못한다.
제90조(채권신고기간내의 변제금지) 청산인은 제88조제1항의 채권신고기간내에는 채권자에 대
하여 변제하지 못한다. 그러나 법인은 채권자에 대한 지연손해배상의 의무를 면하지 못한다.
제91조(채권변제의 특례) ① 청산 중의 법인은 변제기에 이르지 아니한 채권에 대하여도 변제할
수 있다.
② 전항의 경우에는 조건있는 채권, 존속기간의 불확정한 채권 기타 가액의 불확정한 채권에
관하여는 법원이 선임한 감정인의 평가에 의하여 변제하여야 한다.
제92조(청산으로부터 제외된 채권) 청산으로부터 제외된 채권자는 법인의 채무를 완제한 후 귀속
권리자에게 인도하지 아니한 재산에 대하여서만 변제를 청구할 수 있다.
제93조(청산중의 파산) ① 청산중 법인의 재산이 그 채무를 완제하기에 부족한 것이 분명하게
된 때에는 청산인은 지체없이 파산선고를 신청하고 이를 공고하여야 한다.
② 청산인은 파산관재인에게 그 사무를 인계함으로써 그 임무가 종료한다.
③ 제88조제3항의 규정은 제1항의 공고에 준용한다.

제94조(청산종결의 등기와 신고) 청산이 종결한 때에는 청산인은 3주간내에 이를 등기하고 주무관청에 신고하여야 한다.

제80조(잔여재산의 귀속) ① 해산한 법인의 재산은 정관으로 지정한 자에게 귀속한다.

② 정관으로 귀속권리자를 지정하지 아니하거나 이를 지정하는 방법을 정하지 아니한 때에는 이사 또는 청산인은 주무관청의 허가를 얻어 그 법인의 목적에 유사한 목적을 위하여 그 재산을 처분할 수 있다. 그러나 사단법인에 있어서는 총회의 결의가 있어야 한다.

③ 전2항의 규정에 의하여 처분되지 아니한 재산은 국고에 귀속한다.

민법이 청산인의 직무를 규정하고 있지만, 그에 한하지 않고 청산의 본질상 필요한 사항은 모두 그 직무권한으로 한다. [584]

(1) 등기와 신고(제85조, 제86조)

(2) 현존사무의 종결(제87조 1항 1호)

(3) 채권의 추심 및 채무의 변제(제87조 1항 2호)

ㄱ. 채권신고의 최고(제88조, 제89조)

청산인은 취임한 날로부터 2개월 내에 3회 이상 일반채권자에 대해 제척공고를 한다.

ㄴ. 변제(제90조~제92조)

청산인은 채권신고의 제척기간 내에는 채권자에게 변제하지 못한다(제90조). 그 결과 변제기가 도래한 후에도 채권자는 채권신고기간이 경과할 때까지 채권의 만족을 얻지 못하므로 법인은 채권자에게 지연손해배상을 해야 한다(제90조 단서). 청산 중의 법인은 아직 변제기가 도래하지 않은 채권에 대하여 변제를 할 수 있다(제91조 1항). 즉 청산법인은 기한의 이익을 포기해서 변제할 수 있다.

(4) 잔여재산의 인도(제87조 1항 3호)

위의 절차를 마치고 잔여재산이 있는 경우에는 귀속권자에게 인도한다. 잔여재산은 제1순위로 정관에 지정한 자에게 귀속하고, 제2순위로 이사 또는 청산인이 주무관청의 허가를 얻어 그 법인의 목적과 유사한 목적을 위해 처분하고, 제3순위로 국고의 일반수입이 된다(제80조).

(5) 파산신청

청산 중에 법인의 재산이 채무를 완제하기에 부족한 것이 분명하면 청산인은 지체 없이 파산선고를 신청하고 이를 공고한다(제93조 1항). 이 공고에는 법원의 등기사항의 공고방법을 준용한다(제93조 3항). 법인의 파산관재인이 정해지면 청산인은 파산관재인에게 사무를 인계하고 그로써 청산인의 임무는 종료한다(제93조 2항). 파산관재인에게 인계되는 것은 파산재단에 관한 권리의무에 한정된다. 그러므로 그밖의 사무에 관한 청산인의 임무는 여전히 계속되는 것이다.

(6) 청산종결의 등기와 신고(제94조)

Ⅶ. 법인의 감독

1. 법인의 감독

> 제37조(법인의 사무의 검사, 감독) 법인의 사무는 주무관청이 검사, 감독한다.
> 제38조(법인의 설립허가의 취소) 법인이 목적 이외의 사업을 하거나 설립허가의 조건에 위반하거나 기타 공익을 해하는 행위를 한 때에는 주무관청은 그 허가를 취소할 수 있다.
> 제95조(해산, 청산의 검사, 감독) 법인의 해산 및 청산은 법원이 검사, 감독한다.

[585]   민법에서 규율되고 있는 비영리법인은 설립에서 소멸에 이르기까지 국가의 감독을 받는다.
- 업무감독(제37조, 제38조) - 주무관청
- 해산과 청산의 감독(제95조) - 법원

[586]   업무집행은 법인의 목적별로 다양하기 때문에 설립허가를 준 주무관청이 감독하도록 하며, 해산·청산은 법인의 목적에 관계없이 재산관계를 정리하는 것이고 제3자의 이해에 미치는 영향이 크기 때문에 법원이 감독하도록 하고 있다. 이러한 권한에 기초하여 주무관청은 설립허가를 취소할 수 있고(제38조), 법원은 청산인을 해임할 수 있다(제84조).

2. 벌칙

[587]   법인에 대한 감독의 실효성을 확보하기 위해서 이사, 감사, 청산인에게 과태료의 처분을 내릴 수 있다(제97조). 과태료는 질서벌로서 「비송사건절차법」에 따른다.

권리의 객체

제7장 권리의 객체

사례 50

A는 B가 소유한 주유소부지(X)와 주유소 건물(Y)에 저당권을 설정했다. C는 위 주유소에 있는 주유기와 땅속에 묻혀 있는 유류탱크에 대해 별도의 저당권을 설정했다(2번 저당권). X와 Y에 대해 경매가 실행되어 A가 경매대금을 받았지만 자신의 채권이 모두 만족되지 않았다. 그런데 주유기와 유류탱크의 대금은 C에게 돌아갔다. A는 C를 상대로 배당이의를 제기하여 주유기와 유류탱크의 대금도 자신에게 배당되어야 한다고 주장한다. 타당한가?

이 사안에서는 주유기와 유류탱크가 X와 Y와의 관계에서 별개의 물건인지, 종물인지의 여부에 따라 A 주장의 당부가 달라진다(94다6345 참조).

1. 의의

권리의 객체란 권리의 대상을 말한다. 인간의 행위도 권리의 대상이 될 수 있지 [588] 만, 민법은 '물건'에 관해서만 규정을 두고 있다(제98조).

2. 물건

제98조(물건의 정의) 본법에서 물건이라 함은 유체물 및 전기 기타 관리할 수 있는 자연력을 말한다.

민법은 유체물은 모두 물건으로 파악하고, 무체물 가운데 전기와 같은 관리할 수 [589] 있는 자연력도 물건으로 보고 있다. 그러나 관리가능성은 물건 일반에 대한 요건이므로, 유체물도 관리가능성(배타적 지배가능성)이 없다면 물건이라고 할 수 없을 것이다.

또한 물건은 독립성이 있어야 한다. 물건의 일부에 대해서 채권은 성립할 수 있 [590] 으나, 물권은 성립할 수 없는 것이 원칙이다(일물일권주의).

판례 281 | 대법원 1990. 10. 11.자 90마679 결정 [경락허가결정]

• 요약: 건물 가, 나, 다, 라, 마는 서로 인접해 있는 목조주택으로 하나의 건물로 등기되어있다. 가, 나, 다, 라, 마 건물(주택)에 대한 경매신청에 따른 경매에서 집행법원은 가, 라 건물과 나, 다, 마 건물을 서로 다른 사람에게 경락하였고, 경매신청되지 않았지만 인접해 있던 바, 사(미등기 창고)에 대해서도 경락을 허가하였다(누구에게 경락되었는지는 미확인). 이러한 경락허가결정에 대한 재항고절차에서 대법원은 "1동의 건물은 그 전체를 경락허가의 대상으로 삼아야 할 것이고 그 일부분을 분리하여 따로 경락허가의 대상으로 삼을 수는 없"다면서 가, 라와 나, 다, 마

건물을 서로 다른 사람에게 경락허가한 것은 일물일권주의에 위반되어 위법하다고 하였다. 또한 바, 사 건물이 등기된 건물에 부속된 것이라면 일물일권주의에 반하여 위법하고, 독립된 건물이라면 경매신청이 없는데 경락을 허가하여 위법하다고 하였다.

[591]　　　　독립성 여부는 독립적으로 거래의 객체가 될 수 있는지에 따라 판단하며 물리적 상태에 따라서만 판단할 수는 없다. 가령 자동차의 엔진은 자동차에 포함되어 있을 때는 자동차의 구성부분으로 취급되지만, 따로 떼서 팔면 독립된 물건이다. 이와 같이 물건 자체의 물리적 속성이 아니라, 거래의 대상성 여부에 의해 판단된다. 판례는 임야 내에 자연석을 조각하여 제작한 석불(70다1494: 사찰이 국가소유 임야의 자연석에 조각된 석불에 대해 소유권확인소송을 제기하여 승소), 견고하게 설치된 저유조(90다카6160)를 독립한 물건으로 취급하였다. 그러나 건물의 옥개(지붕)부분(4292민상859: 민법주해 II 33면), 논의 논둑(64다120: 민법주해 II 33면), 시설지에 정착된 레일(72마741: '레일 2Km'에 대한 집행을 불허한 집행법원의 결정이 정당하다고 함)에 대해서는 독립한 물건이 아니라고 하였다.

| 판례 282 | 대법원 1990. 7. 27. 선고 90다카6160 판결 [소유권보존등기말소등] |

이 건 저유조는 그 설치된 장소에서 손쉽게 이동시킬 수 있는 구조물이 아니고 그 토지에 견고하게 부착시켜 그 상태로 계속 사용할 목적으로 축조된 것임이 분명하고 거기에 저장하려고 하는 원유, 혼합유 등을 풍우 등 자연력으로부터 보호하기 위하여 둥그런 벽면과 삿갓모양의 지붕을 갖추고 있으므로 그 저유조는 유류창고로서의 기능을 가진 독립된 건물로 보아야 할 것이다.
• 요약: 원고는 피고 1 소유의 토지와 공장건물에 저당권을 가지고 있다. 피고 1은 위 토지에 설치된 저유조에 대해 별도의 소유권보존등기를 하고 이에 대해 피고 2에게 근저당권을 설정해 주었다. 원고는 저유조가 독립된 물건이 아니어서 물권이 설정될 수 없다면서 피고 1의 소유권보존등기와 피고 2의 근저당권을 말소하라는 소송을 제기하였다. 원심은 저유조의 독립성을 부정하여 원고승소판결을 내렸지만 대법원은 독립성을 인정하여 원심을 파기하였다.

[592]　　　　사람 또는 사람의 일부분은 물건이 아니다. 그러나 모발·혈액 등은 인체로부터 분리되면 물건이 된다. 인체의 장기 등의 적출·이식·판매는 원칙적으로 금지된다. 다만, 일정한 요건하에서 기증은 허용된다(장기등 이식에 관한 법률 참조). 시체·유골에 대해서는 학설이 갈린다. 물건으로 파악하는 견해는 소유권의 대상성을 인정한다. 그러나 사용·수익·처분이 아니라 오로지 매장·제사·공양 등을 내용으로 하는 특수한 소유권으로서 제사주재자에게 귀속한다고 한다. 물건성을 부정하는 견해도 있다.

3. 물건의 분류

(1) 단일물·합성물·집합물

ㄱ. 단일물이란 형체상 단일한 일체를 이루고 각 구성부분의 개성이 사라진 물 [593]
건을 말한다. 이러한 단일물은 하나의 물건이다. 다만, 거래관념상 분리처분의 가능
성이 인정되기도 한다. 가령, 토지는 원래 1필지로서 거래되는 것이지만 1필지의 토
지의 일부라도 공시할 수 있는 것이면 용익물권의 객체가 될 수 있다(부동산등기
법 제69조, 제70조, 제72조).

ㄴ. 합성물이란 여러 개의 물건이 각각 개성을 잃지 않고 결합하여 단일한 형체 [594]
를 이루고 있는 물건을 말한다(**예** 보석반지·자동차). 합성물은 법률상 하나의 물건으
로 다루어진다.

ㄷ. 집합물이란 다수의 물건이 집합하여 경제적으로 단일한 가치를 가지는 것 [595]
을 말한다. 일물일권주의에 따르면 집합물 위에는 하나의 물권이 성립할 수 없다.
그러나 예외적으로 「공장저당법」 등에 의하여 공시방법이 인정되면 법률상 하나의
물건으로 다루어진다. 하나의 양도담보권이 인정되는 경우도 있다(**예** 돈사에 있는 돼
지들, 양식장에 있는 뱀장어들 등).

(2) 융통물과 불융통물

융통물은 사법상 거래의 객체가 될 수 있는 물건이며, 불융통물은 사법상 거래 [596]
의 객체가 될 수 없는 물건(**예** 공용물·공공용물 등)을 말한다.

4. 부동산과 동산

제99조(부동산, 동산) ① 토지 및 그 정착물은 부동산이다.
② 부동산 이외의 물건은 동산이다.

(1) 의의

토지와 그 정착물은 부동산이다(제99조 1항). 일반적으로 부동산은 동산에 [597]
비해 경제적 가치가 크며, 희소성(토지)이나 경제활동에서 가지는 중요성 때문
에 특별한 규율이 적용된다.

(2) 부동산

ㄱ. 토지 [598]

토지란 일정한 지면과 그 지면의 상·하를 말한다. 토지의 구성물은 토지의 일

부이다. 1필의 토지의 일부는 분필절차 전에는 양도되거나 제한물권이 설정될 수 없다. 다만 용익물권의 설정에는 예외가 있다.

[599]   ㄴ. 건물

건물(주벽과 지붕을 갖추어야 함)은 토지와는 별개의 부동산이다. 따라서 토지소유자가 그 위에 건물을 지으면 이 건물에 대해 별개의 소유권이 인정된다. 제3자가 건물을 지은 경우에도 마찬가지이다. 그 제3자가 토지소유자의 허락을 받았는지는 묻지 않는다. 1동의 건물의 일부는 등기하면 독립된 소유권의 객체가 될 수 있다(제215조: 구분소유권).

[600]   ㄷ. 나무

토지에 심어진 상태에서는 토지의 일부이다. 가령 토지소유자가 나무를 심으면, 이 나무에 대하여는 별도의 권리가 인정되지 않고 토지의 일부로 취급된다. 토지소유자 아닌 제3자가 정당한 권원(⑩ 임차권이나 지상권) 없이 나무를 심은 경우도 마찬가지이다. 그러나 제3자가 정당한 권원에 의해 심은 나무는 토지의 일부가 아니고, 제3자의 소유인 별개의 물건이다(제256조 단서).

[601]   토지소유자가 「입목에 관한 법률」에 의하여 소유권보존등기를 한 수목집단도 독립한 부동산이다(동법 제3조 1항. 다만, 소유권과 저당권의 객체가 될 뿐이다). 임야상의 수목을 팔고 이에 대해 명인방법을 갖추면 이 수목은 임야와는 별개의 물건이며, 이후 임야만을 매수한 자는 수목에 대해 소유권을 취득하지 못한다(74다542).

[602]   ㄹ. 농작물

원칙적으로는 수목과 마찬가지로 취급되어야 할 것이다. 그러나 판례는 아무런 권원 없이 타인의 토지에서 경작·재배한 경우에도 그 농작물의 소유권은 경작자에게 있다고 한다(62다913). 여기서의 농작물은 1년 이하의 기간으로 경작되는 것(⑩ 벼나 배추 등)을 말하며, 다년생 과수(⑩ 사과나무나 배나무 등)는 이에 해당하지 않는다고 본다.

(3) 동산

[603]   부동산 이외의 물건은 모두 동산이다(제99조 2항). 또한 토지의 정착물이 아닌 부착물건, 전기 기타 관리할 수 있는 자연력은 동산이다. 동산은 점유에 의해 공시된다. 그러나 선박·자동차·항공기·일정한 중기는 동산이지만 등기·등록에 의해 그 권리관계를 공시하는 점에서 법률상 부동산과 같이 다루어진다.

(4) 금전

[604]   통설은 금전을 특수한 동산이라고 한다. 그러나 금전채권의 대상인 금전에 대

해서는 '동산'으로서의 성격을 부여할 실익이 없다. 통상적인 물건급부에서 급부목적물은 그 자체가 현실적 기능을 갖지만, 금전은 급부수단에 불과하며 금액에 화체되어 있는 재산가치의 조달을 목적으로 하기 때문이다. 따라서 동산에 관한 규정이 적용되지 않는다. 오로지 예외적으로 바로 그 금전이 급부목적물이 되는 경우에만 그 금전을 동산으로 다룰 실익이 있을 것이다(수집화폐).

5. 종물

> 제100조(주물, 종물) ① 물건의 소유자가 그 물건의 상용에 공하기 위하여 자기소유인 다른 물건을 이에 부속하게 한 때에는 그 부속물은 종물이다.
> ② 종물은 주물의 처분에 따른다.

(1) 의의

물건의 소유자가 어느 물건(주물)의 경제적 가치를 높이기 위하여 자기 소유의 다른 물건을 이에 부속시킨 보조적 물건을 종물이라 한다. [605]

(2) 요건(제100조 1항)

첫째, 주물의 상용(常用)에 기여해야 한다. 이는 사회통념상 계속해서 주물의 경제적 가치를 높이는 작용을 하는 것(87다카600)을 말한다. 둘째, 주물과 공간적으로 가까이 있어야 한다(4288민상526). 셋째, 주물의 구성부분이 아니라 독립한 물건이어야 한다. 동산·부동산은 구별하지 않는다. 넷째, 주물과 종물이 모두 동일한 소유자에게 속해야 한다. 그러나 제3자의 권리를 해치지 않는 범위에서는 주물과 종물 상호간의 경제적 효용을 중시하여 다른 소유자에게 속하는 물건도 종물이 될 수 있다(통설). [606]

(3) 효과

종물은 주물의 처분에 따른다(제100조 2항). 주물 위에 저당권이 설정된 경우에 그 저당권의 효력은 저당권설정 당시의 종물은 물론 설정 후의 종물에도 미친다(제358조). 다만 제100조 2항은 강행규정이 아니므로(78다2028) 당사자는 다른 약정을 할 수 있다. 주물·종물에 관한 규정은 권리상호 간에도 유추적용된다(건물소유권과 건물을 위한 대지임차권, 원본채권과 이자채권 등). [607]

판례 283 　대법원 1995. 6. 29. 선고 94다6345 판결 [배당이의]

이 사건 유류저장탱크를 토지로부터 분리하는 데는 과다한 비용이 들고 … 지하에 매설된 유류저장탱크를 분리하여 발굴할 경우 그 경제적 가치가 현저히 감소할 것임은 경험칙상 분명하므로 이

사건 유류저장탱크는 이 사건 토지에 부합된 것이라고 할 것이다.

이 사건 주유기는 비록 독립된 물건이기는 하나 유류저장탱크에 연결되어 유류를 수요자에게 공급하는 기구로서 주유소 영업을 위한 이 사건 건물이 있는 이 사건 토지의 지상에 설치되었고 그것이 설치된 이 사건 건물은 당초부터 주유소 영업을 위한 건물로 건축되었다는 것인바, 이러한 점 등을 종합하여 보면, 이 사건 주유기는 계속해서 이 사건 주유소 건물 자체의 경제적 효용을 다하게 하는 작용을 하고 있으므로 이 사건 건물의 상용에 공하기 위하여 부속시킨 종물이라고 보아야 할 것이다.

이 사건 주유기는 이 사건 주유소 건물의 종물이고 유류저장탱크는 이 사건 토지에 부합되었으므로 민법 제358조에 의하여 이 사건 토지 또는 건물에 설정된 원고의 저당권의 효력이 그 종물 또는 부합물인 이 사건 주유기 및 유류저장탱크에도 … 당연히 미친다고 할 것이다.

6. 원물과 과실

> 제101조(천연과실, 법정과실) ① 물건의 용법에 의하여 수취하는 산출물은 천연과실이다.
> ② 물건의 사용대가로 받는 금전 기타의 물건은 법정과실로 한다.
> 제102조(과실의 취득) ① 천연과실은 그 원물로부터 분리하는 때에 이를 수취할 권리자에게 속한다.
> ② 법정과실은 수취할 권리의 존속기간일수의 비율로 취득한다.

(1) 의의

[608] 　물건으로부터 생기는 경제적 이익을 과실(果實)이라 하고, 과실을 생기게 하는 물건을 원물이라고 한다. 현행 민법은 과실의 구별(천연과실·법정과실) 및 과실의 수취권자에 관한 규정을 두고 있다(제101조, 제102조). 과실은 물건 자체에서 또는 물건의 사용대가에서 생기는 이익이므로 '권리'로부터 파생되는 이익(특허권의 사용료 등)은 과실이 아니다.

(2) 천연과실

[609] 　천연과실이란 '물건의 용법'에 의하여 수취되는 산출물이다(제101조 1항). 산출물에는 자연적·유기적으로 생산되는 물건(예 과수열매, 우유, 말의 새끼 등)뿐만 아니라 인공적·무기적으로 수취되는 물건(예 석재·토사 등)도 포함된다.

[610] 　천연과실은 그 원물로부터 '분리하는 때'에 이를 '수취할 권리자'에게 속한다(제102조 1항). 수취권자는 원칙적으로 원물의 소유자이다(제211조). 소유자로부터 그 물건을 점유할 권리(가령 지상권, 전세권, 임차권 등)를 설정 받은 자도 과실수취권이 있다. 예외적으로 선의 점유자에게도 인정된다(제201조).

(3) 법정과실

법정과실이란 물건의 사용대가로 받는 금전 기타의 물건을 말한다(제101조 2항).　[611]
예를 들어 물건의 임대차에서 생기는 사용료가 이에 속한다. 판례는 이자도 법정과
실이라고 한다(2000다22416). 원물은 물건이어야 한다. 따라서 권리사용의 대가 · 노
동의 대가 등은 법정과실이 아니다. 법원은 주식배당금을 과실이라고 하고 있다
(2006므2757).59

　법정과실은 수취할 권리의 존속기간일수의 비율로 취득한다(제102조 2항).　[612]

판례 284 ┃ 대법원 2001. 12. 28. 선고 2000다27749 판결 [공원입장료분배청구]

국립공원의 입장료는 토지의 사용대가라는 민법상 과실이 아니라 수익자 부담의 원칙에 따라
국립공원의 유지 · 관리비용의 일부를 국립공원 입장객에게 부담시키고자 하는 것이어서 토지의
소유권이나 그에 기한 과실수취권과는 아무런 관련이 없고, 국립공원의 유지 · 관리비는 원칙적
으로 국가가 부담하여야 할 것이지만 형평에 따른 수익자부담의 원칙을 적용하여 국립공원 이용
자에게 입장료를 징수하여 국립공원의 유지 · 관리비의 일부에 충당하는 것도 가능하다고 할 것
이며, 징수된 공원입장료 전부가 자연공원법 제33조 제2항에 의하여 국립공원의 관리와 국립공
원 안에 있는 문화재의 관리 · 보수를 위한 비용에만 사용되고 있는 점 등에 비추어 국립공원
내 토지소유자에게 입장료 수입을 분배하지 않고 공원관리청에 전부 귀속되도록 규정한 자연공
원법 제33조 제1항이 헌법상의 평등권이나 재산권 보장을 침해하는 규정이라고 볼 수 없다.

판례 285 ┃ 서울중앙지방법원 2005. 6. 14. 선고 2004가합98799 판결 : 항소 [부당이득금반환]

상속개시 후 발생한 상속주식의 배당금, 상속부동산의 차임, 예금의 이자 등 상속재산의 과실은
상속인들이 상속분에 따라 취득하는 그들의 공유재산으로서 그 성격상 상속재산 자체가 아니[므
로] 원칙적으로 상속재산분할의 대상이 되지 아니[한다.]

---

59 그러나 다수의 학자는 주식배당금이 과실이 아니라고 한다. 주식이 권리를 화체하고 있는 증권이라
　고 하면 과실이 아니라고 할 것이지만, 주식배당금을 투자금의 사용대가라고 보면 과실이라고도 볼
　수 있을 것이다.

민법의 법원

제8장 민법의 법원

> 제1조(법원) 민사에 관하여 법률에 규정이 없으면 관습법에 의하고 관습법이 없으면 조리에 의한다.

1. 의의

재판을 위해서는 이에 적용할 규범을 확인해야 한다. 위 조문은 민사 소송사건 [613] 에서 적용될 규범의 순서를 정한 것이라고 할 수 있다. 즉, 민사사건에서 법률이 없으면 관습법, 그 다음은 조리에 의해 판결하도록 하고 있다. 법원(法源)은 법의 존재 형식(법이 어떻게 존재하는가)이라고 하는데(민법주해 I), 법원(法院)에서 분쟁을 해결할 때 기준으로 삼는 규범은 모두 법원(法源)이 된다.

2. 법률

민법 제1조에서 말하는 법률은 국회에서 제정된 법률뿐만 아니라, 유효하게 형성 [614] 되어 강제력을 가지는 모든 성문규범을 의미한다. 대통령령이나 행정규칙도 포함한다.

| 판례 286 | 대법원 2002. 11. 22. 선고 2001다35785 판결 [공사대금] |

계약의 효력에 관하여는 그 체결 당시의 법률이 적용되어야 하고, 계약이 일단 구속력을 갖게 되면 원칙적으로 그 이후 제정 또는 개정된 법률의 규정에 의하여서도 변경될 수 없으며, 예외적으로 입법에 의한 변경을 하거나 계약 체결 후에 제정 또는 개정된 법률에 의하여 계약내용이 변경되는 것으로 해석한다고 하더라도, 그러한 입법 내지 법률의 해석에는 계약침해 금지나 소급입법 금지의 원칙상 일정한 제한을 받는다 할 것인바, 신법 부칙에서 제14조에 관하여 이미 체결된 계약에 대하여도 소급적용한다는 등의 특별한 규정이 없는 이상, 신법 시행 당시에 이미 계약이 체결된 하도급계약의 하도급거래에 관하여는 구법이 적용되어야 한다고 해석함이 옳고, 제13조에 관하여만 경과규정을 둔 신법 부칙 제2항의 반대해석으로서 제14조에 관하여는 신법 시행 당시 이미 하도급계약이 체결된 하도급거래에 대하여도 신법이 적용된다고 해석할 것은 아니다.

• 요약: 하수급인(원고)이 도급인(피고: 발주자)에게 공사대금의 직접지급을 청구했는데, 그 근거로 직접지급에 대한 합의(계약), 하도급공정화에 관한 법률, 채권양도를 주장했다. 법원은 계약은 부정했고, 채권양도도 없었다고 했다. 또한 재판 당시의 법률에는 도급인의 하수급인에 대한 직접지급의무가 규정되어 있지만, 계약체결 당시에 적용되던 구 하도급공정화에 관한 법률에서는 도급인의 이러한 의무가 규정되어 있지 않다면서 원고의 피고에 대한 공사대금 직접청구권을 부정했다.

3. 관습법

[615] 　　　　시민생활상의 관습이 법적 확신을 얻은 것을 관습법이라 한다. 법적 확신을 얻었는지의 여부는 법원이 판단한다.

판례 287 | 대법원 1983. 6. 14. 선고 80다3231 판결 [분묘이장]

• 사실관계와 요약: 원고가 피고를 상대로 그의 어머니 묘를 이장하라는 소를 제기했다. 원심은 아들인 피고가 아니라 배우자이자 호주인 피고의 아버지가 제주로서 분묘에 대한 처분권이 있으므로 그를 상대로 소를 제기했어야 한다면서 소를 각하했다. 대법원은 원심이 인정한 관습이 가정의례준칙에 반한다면서 원심을 파기환송했다.

• 대법원의 이론: 관습법이란 사회의 거듭된 관행으로 생성한 사회생활규범이 사회의 법적 확신과 인식에 의하여 법적규범으로 승인 강행되기에 이르는 것을 말하고 사실인 관습은 사회의 관행에 의하여 발생한 사회생활규범인 점에서는 관습법과 같으나, 다만 사실인 관습은 사회의 법적 확신이나 인식에 의하여 법적 규범으로서 승인될 정도로 이르지 않은 것을 말하여 관습법은 바로 법원으로서 법령과 같은 효력을 갖는 관습으로서 법령에 저촉되지 않는 한 법칙으로서의 효력이 있는 것이며 이에 반하여 사실인 관습은 법령으로서의 효력이 없는 단순한 관행으로서 법률행위의 당사자의 의사를 보충함에 그치는 것이다.

법령과 같은 효력을 갖는 관습법은 당사자의 주장 입증을 기다림이 없이 법원이 직권으로 이를 확정하여야 하고 사실인 관습은 그 존재를 당사자가 주장 입증하여야 [한다.]

가정의례준칙 제13조는 사망자의 배우자와 직계비속이 상제가 되고 주상은 장자가 된다고 정하고 있으므로 원심인정의 관습(사망자의 배우자인 호주가 제주라는 관습)이 관습법이라는 취지라면 관습법의 제정법에 대한 열후적, 보충적 성격에 비추어 그와 같은 관습법의 효력을 인정하는 것은 관습법의 법원으로서의 효력을 정한 민법 제1조의 취지에 어긋나는 것이라고 할 것이고 이를 사실인 관습으로 보는 취지라면 우선 그와 같은 관습을 인정할 수 있는 당사자의 주장과 입증이 있어야 할 것일 뿐만 아니라 사실인 관습의 성격과 효력에 비추어 이 관습이 사법자치가 인정되는 임의규정에 관한 것이어야만 비로소 이를 재판의 자료로 할 수 있을 따름이므로 이 점에 관하여도 아울러 심리판단하였어야 할 것이다.

판례 288 | 대법원 2005. 7. 21. 선고 2002다1178 전원합의체 판결 [종회회원확인] − 소위 '딸들의 반란' 사건

[1] 관습법은 법원(法源)으로서 법령에 저촉되지 아니하는 한 법칙으로서의 효력이 있는 것이고, 또 사회의 거듭된 관행으로 생성한 어떤 사회생활규범이 법적 규범으로 승인되기에 이르렀다고 하기 위하여는 헌법을 최상위 규범으로 하는 전체 법질서에 반하지 아니하는 것으로서 정당성과 합리성이 있다고 인정될 수 있는 것이어야 하고, 그렇지 아니한 사회생활규범은 비록 그것이 사회의 거듭된 관행으로 생성된 것이라고 할지라도 이를 법적 규범으로 삼아 관습법으로서의 효력을 인정할 수 없다.

[2] 사회의 거듭된 관행으로 생성된 사회생활규범이 관습법으로 승인되었다고 하더라도 사회 구성원들이 그러한 관행의 법적 구속력에 대하여 확신을 갖지 않게 되었다거나, 사회를 지배하는 기본적 이념이나 사회질서의 변화로 인하여 그러한 관습법을 적용하여야 할 시점에 있어서의 전체 법질서에 부합하지 않게 되었다면 그러한 관습법은 법적 규범으로서의 효력이 부정될 수밖에 없다.

[3] … 공동선조의 후손 중 성년 남자만을 종중의 구성원으로 하고 여성은 종중의 구성원이 될 수 없다는 종래의 관습은, 공동선조의 분묘수호와 봉제사 등 종중의 활동에 참여할 기회를 출생에서 비롯되는 성별만에 의하여 생래적으로 부여하거나 원천적으로 박탈하는 것으로서, 위와 같이 변화된 우리의 전체 법질서에 부합하지 아니하여 정당성과 합리성이 있다고 할 수 없으므로, 종중 구성원의 자격을 성년 남자만으로 제한하는 종래의 관습법은 이제 더 이상 법적 효력을 가질 수 없게 되었다.

[4] … 공동선조와 성과 본을 같이 하는 후손은 성별의 구별 없이 성년이 되면 당연히 그 구성원이 된다고 보는 것이 조리에 합당하다.

[5] … 위와 같이 변경된 대법원의 견해는 이 판결 선고 이후의 종중 구성원의 자격과 이와 관련하여 새로이 성립되는 법률관계에 대하여만 적용된다고 함이 상당하다.

[6] … 원고들이 피고 종회의 회원(종원) 지위의 확인을 구하는 이 사건 청구에 한하여는 위와 같이 변경된 견해가 소급하여 적용되어야 할 것이다.

4. 조리

자신이 입법자였다면 정했을 내용을 말한다. 가령 제사주재자에 관해 민법에는 [616] 규정이 없고, 기존 관습법은 헌법에 반해 무효라고 한다면, 조리에 의해 이를 정하는 것이다(2007다27670; 종원의 자격에 관한 2002다1178도 마찬가지이다). 무엇이 조리인지는 법원이 판단하며, 이 경우 시대에 따른 변화를 반영하게 된다. 가령 대법원은 2008년에는 공동상속인간 협의가 없으면 장자나 장손 등의 남성 상속인이 제사주재자가 되는 것이 조리라고 했으나 15년 후인 2023년에는 남녀와 무관하게 최근친의 연장자가 제사주재자가 된다고 했다. 민사사건에서 조리를 법원으로 하는 것은 재판규범이 없다는 이유로 재판을 거부할 수 없고, 어떤 기준에 의해서든 결론을 내야만 한다는 의미이다. 형사사건에서는 법률이 없으면 무죄판결을 내리면 되지만, 민사사건에서는 '법이나 관습법이 없으면 원고패소'라는 식의 판결을 내릴 수 없다.

판례 289	대법원 2008. 11. 20. 선고 2007다27670 전원합의체 판결 [유체인도등]

민법 제1조는 민사에 관하여 법률에 규정이 없으면 관습법에 의하고 관습법이 없으면 조리에 의하도록 정하고 있는바, 누가 제사주재자가 되는지에 관하여는 법률에 아무런 규정이 없고, 제사

주재자에 관한 종래의 관습 내지 판례법이 그 효력을 유지할 수 없게 된 현재의 상황에서는, 민법의 일반원리와 아울러 제사용 재산의 성격, 제사용 재산의 승계에 관한 민법 제1008조의3의 입법목적, 제사가 가지는 역사적 · 사회적 의미 등을 종합적으로 고려하여 <u>조리에 의해 제사주재자의 결정방법을 정해야 할 것이다.</u>

판례 290 │ **대법원 2023. 5. 11. 선고 2018다248626 전원합의체 판결 [유해인도]**

1. 공동상속인들 사이에 협의가 이루어지지 않는 경우 제사주재자 결정방법에 관한 2008년 전원합의체 판결의 법리(공동상속인간 협의나 특별한 사정이 없는 한 장남 또는 장손자 등 남성 상속인이 제사주재자라고 한 것)는 더 이상 조리에 부합한다고 보기 어려워 유지될 수 없다. 그 이유는 다음과 같다.

가. 과거에는 조리에 부합하였던 법규범이라도 사회관념과 법의식의 변화 등으로 인해 헌법을 최상위 규범으로 하는 전체 법질서에 부합하지 않게 되었다면, 대법원은 전체 법질서에 부합하지 않는 부분을 배제하는 등의 방법으로 그러한 법규범이 현재의 법질서에 합치하도록 하여야 한다.

라. 제사 및 제사용 재산의 승계제도는 조상숭배라는 전통에 근거하는 것이면서도 헌법상 개인의 존엄 및 양성평등의 이념과 조화되도록 운영하여야 한다는 한계를 가진다. 제사주재자를 정할 때 여성 상속인을 열위에 두는 것은 이러한 현대적 의미의 전통에 부합하지 않는다. 제사주재자로 남성 상속인을 우위에 두지 않는다고 하여 제사제도에 내포된 숭조사상, 경로효친과 같은 전통문화나 미풍양속이 무너진다고 볼 수도 없다.

2. 공동상속인들 사이에 협의가 이루어지지 않는 경우에는 제사주재자의 지위를 인정할 수 없는 특별한 사정이 있지 않는 한 피상속인의 직계비속 중 남녀, 적서를 불문하고 최근친의 연장자가 제사주재자로 우선한다고 보는 것이 가장 조리에 부합한다.

• **정리**: 망인은 배우자와 사이에 장녀와 차녀(이상 원고들)가 있는 상태에서 피고 2와 사이에 장남을 두었다. 망인이 사망하자 피고 2는 망인의 유체를 화장한 후 그 유해를 피고 1 재단이 운영하는 추모공원 내 봉안당에 봉안하였다. 원고들은 피고들을 상대로 망인의 유해인도를 구하였다. 원심은 기존 대법원 판결에 따라 피고 2의 아들(장남)이 제사주재자라면서 원고들의 청구를 기각했으나 대법원은 기존 대법원 판결을 변경하면서 -특별한 사정이 없는 한- 최근친의 연장자인 장녀가 제사주재자라면서 원심을 파기환송했다.

---

5. 판례

[617] 법원으로 인정될 수는 없지만 사실상의 구속력은 있다.

판례 291 │ **대법원 1977. 1. 11. 선고 76다81 판결 [부당이득금]**

• **사실관계**: 원고는 피고에게 5천만원을 지급할 의무가 판결로 확정되었다. 하지만 판결확정 전에 그중 1천만원은 이미 피고에게 지급한 상태였다(전부명령). 피고는 이런 사정에도 불구하고 1천만원을 포함하여 5천만원 전액에 대해 강제집행을 하였다. 원고는 피고에게 불법행위로 인한

손해금으로 1천만원의 배상을 구한다.

· 원심의 판단: 판결이 확정된 이상 그 판결이 재심등의 법정절차에 따라 취소되지 않는 한 피고가 위 판결이 부당한 판결이라는 것을 알고서 강제집행을 하였다고 해도 민법상의 불법행위가 될 수 없다면서 원고의 청구를 기각하였다.

· 대법원의 판단: 원심의 설시가 상당한 설득력을 가진 이론이라고 인정한다. 그러나 이와 같은 법이론은 아직 이와 정반대 취지의 본원판례(68다1624; 4292민상856)가 있고 이 판례의 정신은 아직도 변경할 단계라고는 볼 수 없으므로, 결국 원판결은 위 판례의 정신에 위반하므로 이를 파기하기로 한다.

| 판례 292 | 대법원 2015. 7. 23. 선고 2015다200111 전원합의체 판결 [부당이득금] |

"대법원이 이 판결을 통하여 형사사건에 관한 성공보수약정이 선량한 풍속 기타 사회질서에 위배되는 것으로 평가할 수 있음을 명확히 밝혔음에도 불구하고 향후에도 성공보수약정이 체결된다면 이는 민법 제103조에 의하여 무효로 보아야 한다."

· 정리: 이 판결에서 대법원은 형사사건의 성공보수약정이 무효라고 하면서도 그동안의 관행상 당연히 받을 보수도 성공보수약정으로 받고 있었으므로, 지금까지의 성공보수약정은 (일부) 유효하고, 이 판결 이후의 성공보수약정은 무효라고 하였다. 따라서 성공보수약정이 전부무효라는 것은 당해 사안에서는 적용되지 않고, 향후 사안해결의 기준으로 제시된 것이다. 법원은 당해 사건의 해결을 통해서만 향후 사안해결에 대한 기준을 제시할 수 있다는 점에서 이 법원 판결의 정당성에 대해서는 의문이 제기된다. 다만 이런 대법원의 입장은 향후에도 대법원에서 받아들여질 것이 거의 확실하고, 따라서 '사실상의 구속력'을 가진다.

신의성실의 원칙

제9장 신의성실의 원칙

Ⅰ. 의의

신의성실의 원칙은, "법률관계의 당사자는 상대방의 이익을 배려하여 형평에 [618]
어긋나거나 신뢰를 저버리는 내용 또는 방법으로 권리를 행사하거나 의무를 이행하
여서는 안 된다."는 추상적 규범을 말한다(87다카2407; 91다36642; 91다3802; 92다
42330). 신의칙에 반하는 권리행사는 실현될 수 없으며, 신의칙에 반하는 의무의 이
행은 의무이행으로 인정되지 못한다.

민법 제2조는 '신의에 맞는 행위를 하라' 및 '권리를 남용하지 말라'는 요구라고 [619]
할 수 있다. 이는 신의칙에 반하는 조건성취방해에 대한 제재와 같이 법률에 반영된
경우도 있고, 신의칙상의 고지의무와 같이 판례에 의해 구체화되기도 한다. 그러나 법
원에서 신의칙은, 법리의 형식적 획일성에 따른 문제점을 해결하여 구체적 타당성을
실현하는 법적 장치로도 많이 이용된다.60 가령 상대방에게 계약체결에 대한 정당한
신뢰를 부여한 후에 별 이유없이 이를 파기하는 것은 신의칙에 반하여 위법하고, 따라
서 손해배상의무를 부담하게 된다고 한 판결(2002다32301)처럼, 계약체결의 자유라는
법논리를 형식적으로 적용할 때 나오는 부당한 결과를 교정하는 역할을 한다. 이와 같
이 신의성실의 원칙이나 권리남용은 법의 해석과 적용에서 법원이 예외를 설정하는
것이므로, 당사자의 주장이 없더라도 법원이 직권으로 판단할 수 있다(94다42129).

신의칙상 설정된 여러 예외들은 범주화되면서 독자적 이론을 형성하기도 한다. [620]
아래에서 볼 신의칙의 파생원칙도 이에 속한다. 또한 계약교섭의 부당파기에 관한 판
례법리나, 신의칙에 의한 소멸시효항변배제도 신의칙의 적용이 개별적인 법리를 형

---

60 현실은 울퉁불퉁한 데 비해 이론은 직선이라고 비유할 수 있다. 법리가 형성되면 남녀노소나 빈부
와 같은 구체적 차이를 무시하고 적용되어야 하기 때문이다(법적 안정성의 요청). 따라서 이론만으
로는 현실을 제대로 반영할 수 없다. 물론 새로운 직선을 만들어 현실을 더 잘 반영한 이론체계를
구축할 수도 있지만, 그럼에도 불구하고 남는 빈틈은 있게 마련이다. 이때 직선을 구부려서 현실을
더 잘 반영한 결론을 도출할 수 있도록 해주는 것이 바로 신의칙이라고 할 수 있다(구체적 타당성의
실현, 정의의 요청). 판례에서 흔히 보이는 '특별한 사정이 없는 한'이라는 문장은 이런 신의칙의 적용
여지를 남겨두는 것이다. 따라서 특별사정을 이유로 예외를 설정하는 것도 신의칙의 적용에 해당한다.

성한 경우라고 할 수 있다.

[621]   신의칙은 구체적 타당성의 실현을 위해서 보충적으로 적용되는 원리이다. 법률이나 계약상의 약정 혹은 유추해석이나 묵시적 의사에 의해서 타당한 해결이 가능한 경우에는 신의칙을 적용해서는 안 된다. 즉 법논리에 의한 해결을 먼저 시도해야 한다.

Ⅱ. 파생원칙

1. 모순행위 금지의 원칙(금반언의 원칙)

[622]   선행행위와 모순되는 행위는 허용되지 않는다는 원칙으로, 어떤 자의 일정한 행위(선행행위)로 인한 상대방의 신뢰를 보호하기 위한 원칙이다.

판례 293 | **대법원 1987. 5. 12. 선고 86다카2788 판결 [건물명도]**

갑이 을 소유의 건물을 보증금 15,000,000원에 임차하여 입주하여 있던 중 을이 병을 위하여 은행에 위 건물을 물상담보로 제공함에 있어 을의 부탁으로 갑이 은행직원에게 보증금 없이 입주하고 있다고 말하고 그와 같은 내용의 확약서까지 만들어 줌으로써 위 은행으로 하여금 위 건물에 대한 담보가치를 높게 평가하도록 하여 병에게 계속 대출하도록 하였다면, 위 은행의 위 건물명도청구에 있어서 갑이 이를 번복하면서 위 임차보증금의 반환을 내세워 그 명도를 거부하는 것은 금반언 및 신의칙에 위반된다.

판례 294 | **대법원 1995. 9. 26. 선고 94다54160 판결 [소유권이전등기말소등]**

당연무효인 수용결정에 대하여 아무런 이의 없이 보상금을 수령하고 수용자의 점유를 12년간 용인하여 온 경우, 새삼 그 수용결정의 하자를 이유로 그 소유권이전등기의 말소를 구하는 것은 선행행위에 모순되어 신의성실의 원칙에 반한다.

• 정리: 실효의 법리가 적용되어도 마찬가지의 결과가 나오겠지만, '보상금 수령'이라는 선행행위와 등기말소청구라는 후행행위가 서로 모순된다는 점을 더 주목한 것으로 보인다.

---

[623]   강행법규에 위반한 법률행위를 하고 나중에 그 무효를 주장하는 것은 선행행위와 모순되는 면이 있다. 그러나 이러한 주장을 신의칙에 반한다고 하여 배척하면 "강행법규에 의하여 배제하려는 결과를 실현시키는 셈이 되어 입법 취지를 완전히 몰각하게 되므로" 자신의 법률행위가 강행법규에 반한다는 주장은 원칙적으로 신의칙에 반하지 않는다(2017다288757). 이는 합법성과 신의칙의 관계에 있어서 합법성을 더 우선시하는 것이다. 다만 이는 일률적인 것은 아니며, 강행규정 위반의 무효를 주장하는 것이 신의칙에 반하게 되는 경우도 있다.

판례 295 | **대법원 2014. 5. 29. 선고 2012다44518 판결 [가등기말소]**

사적 자치의 영역을 넘어 공공질서를 위하여 공익적 요구를 선행시켜야 할 경우 합법성의 원칙은 신의성실의 원칙보다 우월한 것이므로, 신의성실의 원칙은 합법성의 원칙을 희생하여서라도 구체적 신뢰보호의 필요성이 인정되는 경우에 한하여 예외적으로 적용되는 것인바(99다62609, 62616 등 참조), 어떠한 경우에 합법성의 원칙보다 구체적 신뢰보호를 우선할 필요가 있는지를 판단하기 위하여는 신뢰보호를 주장하는 사람에게 위법행위와 관련한 주관적 귀책사유가 있는지 여부 및 그와 같은 신뢰가 법적으로 보호할 가치가 있는지 여부 등을 종합적으로 고려하여야 한다.

• 요약: 원고(의 피승계인)는 1990년경 법인인 피고에게 자신의 농지를 매도하고 가등기를 경료해주었다. 피고는 매매대금을 모두 지급하고 세금도 납부하였다. 원고는 피고를 상대로 매매계약의 무효를 이유로 가등기말소를 청구하였다. 원심은 신의칙 위반을 이유로 원고의 청구를 부정했으나 대법원은 이 사안에서 합법성의 원칙이 신의칙에 우선한다면서 원심을 파기했다.

판례 296 | **대법원 2019. 2. 14. 선고 2015다217287 판결 [임금]**

단체협약 등 노사합의의 내용이 근로기준법의 강행규정을 위반하여 무효인 경우에, 그 무효를 주장하는 것이 신의칙에 위배되는 권리의 행사라는 이유로 이를 배척한다면, 강행규정으로 정한 입법 취지를 몰각시키는 결과가 될 것이므로, 그러한 주장은 신의칙에 위배된다고 볼 수 없음이 원칙이다. 그러나 노사합의의 내용이 근로기준법의 강행규정을 위반한다고 하여 그 노사합의의 무효 주장에 대하여 예외 없이 신의칙의 적용이 배제되는 것은 아니다. 위에서 본 신의칙을 적용하기 위한 일반적인 요건을 갖춤은 물론, 근로기준법의 강행규정성에도 불구하고 신의칙을 우선하여 적용하는 것을 수긍할만한 특별한 사정이 있는 예외적인 경우에 한하여, 그 노사합의의 무효를 주장하는 것은 신의칙에 위배되어 허용될 수 없다.

• 요약: 노사 간에 정기상여금을 통상임금 산정기준에서 제외하기로 합의하고 이를 전제로 임금 수준을 정하였는데, 근로자 측에서 정기상여금을 통상임금에 가산하고 이를 토대로 추가적인 법정수당의 지급을 구하였다. 사측은 이러한 주장이 신의칙에 반한다고 하고, 노측은 강행규정 위반을 주장하였다. 원심은 사측의 주장을 받아들였지만, 대법원은 추가로 지급해야 할 법정수당이 회사의 경영을 어렵게 할 정도라면 노측의 주장이 신의칙에 반하겠지만, 해당 사안은 그렇지 않다면서 노측의 편을 들어주었다.

판례 297 | **대법원 1990. 7. 24. 선고 89누8224 판결 [증여세등부과처분취소]**

농지의 명의수탁자가 적극적으로 농가이거나 자경의사가 있는 것처럼 하여 소재지관서의 증명을 받아 그 명의로 소유권이전등기를 마치고 그 농지에 관한 소유자로 행세하면서, 한편으로 증여세등의 부과를 면하기 위하여 농가도 아니고 자경의사도 없었음을 들어 농지개혁법에 저촉되기 때문에 그 등기가 무효라고 주장함은 전에 스스로 한 행위와 모순되는 행위를 하는 것으로 자기에게 유리한 법지위를 악용하려 함에 지나지 아니하므로 이는 신의성실의 원칙이나 금반언의 원칙에 위배되는 행위로서 법률상 용납될 수 없다.

2. 사정변경의 원칙

[624]   사정변경의 원칙이란 계약준수 원칙의 예외로서 "계약성립 당시 당사자가 예견할 수 없었던 현저한 사정의 변경"으로 인해 "계약내용대로의 구속력을 인정한다면 신의칙에 현저히 반하는 결과가 생기는 경우에" 사정 변경에 책임 없는 당사자가 계약의 수정이나 해제·해지를 요구할 수 있도록 하는 것을 말한다(2004다31302).

[625]   일시적 계약의 경우 판례는 초기에는 사정변경 원칙의 적용을 부정했지만(4286 민상231 등), 현재는 이에 기한 계약해제가 가능하다는 입장이다. 다만 일시적 계약에서 계약수정이나 계약해제를 인정한 사례는 아직 없다.

판례 298 | 대법원 2007. 3. 29. 선고 2004다31302 판결 [매매대금]

이른바 사정변경으로 인한 계약해제는, 계약성립 당시 당사자가 예견할 수 없었던 현저한 사정의 변경이 발생하였고 그러한 사정의 변경이 해제권을 취득하는 당사자에게 책임 없는 사유로 생긴 것으로서, 계약내용대로의 구속력을 인정한다면 신의칙에 현저히 반하는 결과가 생기는 경우에 계약준수 원칙의 예외로서 인정되는 것이고, 여기에서 말하는 사정이라 함은 계약의 기초가 되었던 객관적인 사정으로서, 일방당사자의 주관적 또는 개인적인 사정을 의미하는 것은 아니다. 또한, 계약의 성립에 기초가 되지 아니한 사정이 그 후 변경되어 일방당사자가 계약 당시 의도한 계약목적을 달성할 수 없게 됨으로써 손해를 입게 되었다 하더라도 특별한 사정이 없는 한 그 계약내용의 효력을 그대로 유지하는 것이 신의칙에 반한다고 볼 수도 없다.

---

[626]   계속적 계약에서는 사정변경의 원칙이 보다 관대하게 적용된다.

판례 299 | 대법원 2020. 12. 10. 선고 2020다254846 판결 [보증금반환]

[1] 계약 성립의 기초가 된 사정이 현저히 변경되고, 당사자가 계약의 성립 당시 이를 예견할 수 없었으며, 그로 인하여 계약을 그대로 유지하는 것이 당사자의 이해에 중대한 불균형을 초래하거나 계약을 체결한 목적을 달성할 수 없는 경우에는 계약준수 원칙의 예외로서 사정변경을 이유로 계약을 해제하거나 해지할 수 있다.

[2] 갑이 주택건설사업을 위한 견본주택 건설을 목적으로 임대인 을과 토지에 관하여 임대차계약을 체결하면서 임대차계약서에 특약사항으로 위 목적을 명시하였는데, 지방자치단체장으로부터 가설건축물 축조신고 반려통보 등을 받고 위 토지에 견본주택을 건축할 수 없게 되자, 갑이 을을 상대로 임대차계약의 해지 및 임차보증금 반환을 구한 사안에서, 견본주택 건축은 위 임대차계약 성립의 기초가 된 사정인데, 견본주택을 건축할 수 없어 갑이 임대차계약을 체결한 목적을 달성할 수 없게 되었고, 위 임대차계약을 그대로 유지하는 것은 갑과 을 사이에 중대한 불균형을 초래하는 경우에 해당하므로, 위 임대차계약은 갑의 해지통보로 적법하게 해지되었고, 을이 갑에게 임대차보증금을 반환할 의무가 있다고 한 사례.

판례 300	대법원 1990. 2. 27. 선고 89다카1381 판결 [물품대금등]

회사의 임원이나 직원의 지위에 있기 때문에 회사의 요구로 부득이 회사와 제3자 사이의 계속적 거래로 인한 회사의 채무에 대하여 보증인이 된 자가 그후 회사로부터 퇴사하여 임원이나 직원의 지위를 떠난 때에는 보증계약성립 당시의 사정에 현저한 변경이 생긴 경우에 해당하므로 사정변경을 이유로 보증계약을 해지할 수 있다고 보아야 하며, 위 계속적 보증계약에서 보증기간을 정하였다고 하더라도 그것이 특히 퇴사 후에도 보증채무를 부담키로 특약한 취지라고 인정되지 않는 한 위와 같은 해지권의 발생에 영향이 없다.

3. 실효의 법리

실권 또는 실효의 법리는 '본래 권리행사의 기회가 있음에도 불구하고 권리자가 장기간에 걸쳐 그의 권리를 행사하지 아니하여 의무자인 상대방으로서도 이제는 권리자가 권리를 행사하지 아니할 것으로 믿을 만한 정당한 사유가 있게 된 경우에 새삼스럽게 그 권리를 행사하는 것이 신의성실의 원칙에 반하는 결과가 될 때 그 권리행사를 허용하지 않는 것'을 의미한다. 소멸시효나 제척기간이 적용되지 않는 권리행사, 특히 각종 '무효확인의 소'에서 많이 활용된다. 소멸시효나 제척기간이 적용된다면, 그 기간이 도래하기 전에 실효의 법리를 적용하여 권리행사를 저지할 수는 없을 것이다. [627]

판례 301	대법원 1992. 1. 21. 선고 91다30118 판결 [사원확인]

권리자가 실제로 권리를 행사할 수 있는 기회가 있어서 그 권리 행사의 기대가능성이 있었음에도 불구하고 상당한 기간이 경과하도록 권리를 행사하지 아니하여 의무자인 상대방으로서도 이제는 권리자가 권리를 행사하지 아니할 것으로 신뢰할 만한 정당한 기대를 가지게 된 다음에 새삼스럽게 그 권리를 행사하는 것이 법질서전체를 지배하는 신의성실의 원칙에 위반하는 것으로 인정되는 결과가 될 때에는, 이른바 실효의 원칙에 따라 그 권리의 행사가 허용되지 않는다고 보아야 할 것이다.

사용자와 근로자 사이의 고용관계(勤勞者의 地位)의 존부를 둘러싼 노동분쟁은, … 신속히 해결되는 것이 바람직하므로 실효의 원칙이 다른 법률관계에 있어서보다 더욱 적극적으로 적용되어야 할 필요가 있다. 더군다나 사용자에 의하여 해고된 근로자가 해고의 효력을 다투는 경우, 해고가 부당노동행위라고 주장하여 노동위원회에 구제신청을 하는 경우에 관하여는 기간이 부당노동행위가 있은 날로부터 3월 이내로 규정되어 있으나, 해고가 무효라고 주장하여 법원에 해고무효확인의 소 등을 제기하는 경우의 제소기간에 관하여는 우리 법에 아무것도 규정되어 있지 않기 때문에, 위와 같은 필요성은 더 절실하다.

이 사건과 같은 징계해임처분의 효력을 다투는 분쟁에 있어서는, 징계사유[61]와 그 징계해임처분의 무효사유 및 징계해임된 근로자가 그 처분이 무효인 것을 알게 된 경위는 물론, 그 근로자가 그 처분의 효력을 다투지 아니할 것으로 사용자가 신뢰할 만한 다른 사정(예를 들면, 근로자가 퇴직금이나 해고수당 등을 수령하고 오랫동안 해고에 대하여 이의를 하지 않았다든지 해고된 후 곧 다른 직장을 얻어 근무하였다는 등의 사정), 사용자가 다른 근로자를 대신 채용하는 등 새로운 인사체제를 구축하여 기업을 경영하고 있는지의 여부 등을 모두 참작하여 그 근로자가 새삼스럽게 징계해임처분의 효력을 다투는 것이 신의성실의 원칙에 위반하는 결과가 되는지의 여부를 가려야 할 것이다.

III. 권리남용 금지의 원칙

1. 의의

[628]   권리남용금지란 권리의 행사라 하더라도 법질서가 수용할 수 있는 한계를 벗어 나면 허용되지 않는다는 것이다.

2. 요건

[629]   권리남용이라고 하기 위해서는 객관적으로 권리행사가 사회질서에 위반되어야 한다. 권리행사자가 얻는 이익보다 현저히 큰 손해를 타인에게 입힌다면 이에 해당할 것이다. 그밖에 주관적으로 권리행사자에게 가해의사가 있어야 하는지가 문제된다. 다수설은 부정하지만 다수의 판례에서는 "권리행사의 목적이 오직 상대방에게 고통 을 주고 손해를 입히려는데 있을 뿐"이어야 한다고 하여 가해의사를 요구하였다. 이 에 따르면, 자신의 이익을 위해서 권리를 행사하는 것이라면 이로 인해 타인에게 현 저한 손해가 발생하더라도 권리남용이 아니다. 이러한 판례는 주로 토지 소유자의 인 도청구나 건물철거청구에서 축적되어 있다. 다만 해당 토지가 도로로 사용되거나(92 다19378), 학교건물이 있는 등(92다20170) 공익적 성격으로 이용되고 있는 경우에는 이러한 해악의 의사를 요하지 않는 경우도 있다. 이런 경우에 권리행사를 긍정하면 "사회통념상 도저히 용인될 수 없는 부당한 결과"를 초래하기 때문이라고 한다. 이를 종합해본다면, 권리행사자에게 이익이 생기면 원칙적으로 권리남용이 아니지만, 이 러한 이익이 사회통념상 용인될 수 없는 결과를 통해서 얻어지는 것이라면 권리남용 으로 금지된다고 할 수 있다.

| 판례 302 | 대법원 1987. 3. 10. 선고 86다카2472 판결 [방해배제] |

권리의 남용에 해당한다고 할 수 있으려면 주관적으로 그 권리행사의 목적이 오직 상대방에게

---

61 이 사안에서는 원고가 금품을 받아서 해임되었다.

고통을 주고 손해를 입히려는데 있을 뿐 행사하는 사람에게 아무런 이익이 없을 경우이어야 하고 객관적으로는 그 권리행사가 사회질서에 위반된다고 볼 수 있어야 하는 것이므로 이와 같은 경우에 해당하지 않는 한 비록 그 권리의 행사에 의하여 권리행사자가 얻는 이익보다 상대방이 입을 손해가 현저히 크다 하여도 그러한 사정만으로는 권리남용이라 할 수 없다. 1983년 및 1984년도에 이르러 피고가 현재의 건물을 신축 또는 증축함에 있어 지적도상의 경계선을 정확히 측량하여 이를 준수하지 아니하였으면서도 이제와서 그 건물의 효용가치만을 이유로 철거 등에 응할 수 없다고 주장하는 것은 조리에 부합한다 할 수 없을 뿐 아니라 원고의 이 사건 청구가 원고에게는 아무런 이익이 없고 피고에게만 손해를 끼칠 의도하에 이루어진 것이라고 인정할 만한 증거도 없다[.]

| 판례 303 | 대법원 2010. 2. 25. 선고 2009다58173 판결 [토지인도등] |

[2] 경매를 통하여 토지를 취득한 자가 그 지상 건물의 철거와 토지의 인도를 구하는 사안에서, 건물의 철거로 인한 권리행사자의 이익보다 건물 소유자의 손해가 현저히 크고 사회경제적으로도 큰 손실이 될 것으로 보이기는 하나, 건물소유자가 위 건물에 대한 권리를 인수할 당시 그 철거가능성을 알았다고 보이는 점, 토지에 대한 투자가치가 있어 건물 철거 등의 청구가 권리행사자에게 아무런 이익이 없다거나 오직 상대방에게 손해를 입히려는 것이라고 보기 어려운 점 등에 비추어, 권리남용에 해당하지 않는다고 한 사례.

| 판례 304 | 대법원 1978. 2. 14. 선고 77다2324,2325 판결 [건물철거] |

권리남용이라 함은, 권리자가 그 권리를 행사함으로 인하여 사회적, 경제적으로 얻는 이익보다도 권리행사를 당하는 상대방에게 과대한 손해를 입게 함에도 불구하고, 권리자가 권리행사에 이름을 빌려, 상대방에게 손해를 가할 것만을 목적으로 하거나 또는 객관적으로 우리의 사회통념상 도저히 용인될 수 없는 부당한 결과를 자아내는 등 공공복리를 위한 권리의 사회적 기능을 무시하고, 신의성실의 원칙과 국민의 건전한 권리의식에 반하는 행위를 함을 뜻한다고 할 것으로서 어느 권리행사가 권리남용이 되는가의 여부는 이를 일률적으로 정할 수는 없는 것이고, 오직 각 구체적인 사안에 따라 판단되어야 할 것인바, …
토지취득 당시 그 위에 국민학교가 서 있고 현재 학교교사로 사용하고 있다는 사실을 알면서도 이를 취득한 후 이에 대한 권리행사로서 학교교사 철거청구를 함은 공공복리를 위한 사회적 기능을 무시한 것이 되고 신의성실의 원칙과 국민의 건전한 권리의식에 반하는 행위로서 권리남용에 해당된다.

외국에 이민을 가 있는 딸이 고령과 지병으로 고통을 겪는 아버지와 그를 부양 [630] 하면서 동거하고 있는 남동생을 상대로 자기 소유 주택의 인도 및 퇴거를 청구하는 행위는 인륜에 반하는 행위로서 권리남용에 해당한다(96다52670).

대법원 1998. 6. 12. 선고 96다52670 판결 [건물명도]

• 사실관계: 원고는 자신의 건물에 살고 있는 아버지(피고 2)와 동생(피고 1)을 상대로 건물명도를 청구했다. 피고 1은 간염 등의 지병을 앓으면서도 고령의 피고 2와 모친을 모시고 있고, 다른 형제들의 도움과 피고 1의 처가 벌어오는 돈으로 부모를 부양하고 있다. 원고는 비교적 여유 있는 생활을 하고 있으나, 원고를 제외한 다른 형제들은 별다른 자력이나 경제적 여유가 없고, 피고들은 원고의 이 사건 주택 매수에 비용을 일부 부담하기도 했고, 주택매수 이후 계속하여 거주하여 왔으며 주택을 명도하여 줄 경우에는 피고들의 가족 6명이 거주할 만한 별다른 거처도 없는 반면, 원고는 외국에 이민을 가 있어 스스로 이 사건 주택에 입주하지 않으면 안 되는 등의 급박한 사정은 없었다.

• 법원의 판단: 피고 2의 경우에는 고령과 지병으로 인하여 자기의 자력 또는 근로에 의하여 생활을 유지할 수 없으므로 원고로서는 피고 2을 부양할 의무와 책임이 있다 할 것이고, 이처럼 부양의무 있는 자(子)가 특별한 사정도 없이 또한 부(父)의 주거에 관하여 별다른 조치를 취하지 아니한 채 단지 이 사건 주택의 소유권자임을 내세워 고령과 지병으로 고통을 겪고 있는 상태에서 달리 마땅한 거처도 없는 부(父)인 피고 2에 대하여 이 사건 주택에서의 퇴거를 청구하는 것은 부자(父子) 간의 인륜을 파괴하는 행위로서 권리남용에 해당된다고 할 것이고, 한편 원고는 피고 1과 생계를 같이하지는 아니하므로 위 피고에 대하여 부양의무를 부담하는 것은 아니라고 할 것이지만, 위 피고는 스스로의 어려운 처지에도 불구하고 연로한 부모를 모시면서 그 부양의무를 다하고 있고 피고 2 등 부모의 입장에서도 생활을 함에 있어서 피고 1과 그 가족의 도움을 받지 않을 수 없는 처지에 있다고 할 것이므로, 이와 같은 상황에서 달리 마땅한 거처도 없는 피고 1과 그 가족에 대하여 이 사건 주택의 명도를 청구하는 행위 또한 인륜에 반하는 행위로서 권리남용에 해당된다.

• 정리: 권리행사자에게 이익이 있기는 하지만, 이를 허용하면 인륜에 반하는 "사회통념상 도저히 용인될 수 없는 부당한 결과"가 생기기 때문에 권리남용인 것이다.

3. 효과

[631]　　　　남용이 인정되면 그 권리행사는 받아들여지지 않고, 그 권리행사로 기대한 법률효과가 발생하지 않는다.

대법원 1993. 8. 24. 선고 92므907 판결 [혼인취소]

• 사실관계: 망 A는 망 B와 혼인하여(1955년) 딸을 1명 두었으나 사이가 나빠 사실상 이혼상태에 있었다. 그 후 망 A는 혼인사실을 숨긴 채 피고를 만나 결혼식(1965년)을 올린 후 2남 2녀를 출산하였으며, 새로운 호적을 만들어 피고와 혼인신고까지 하였다(1978년). 원고는 망 A의 이복동생으로 A와 피고의 결혼 직후 피고의 집에 기거하면서 학교를 다닌 일이 있기도 하였다. 그 후 원고는 피고를 상대로 중혼을 근거로 한 혼인취소소송을 제기하였다.

• 대법원의 판단: 권리의 행사가 사회생활상 도저히 용인할 수 없는 부당한 결과를 야기하거나 타인에게 손해를 줄 목적만으로 하여지는 것과 같이 공서양속에 위반하고 도의상 허용될 수 없는

때에는 권리의 남용으로서 허용될 수 없는 것이다. 피고와 그 소생의 2남2녀는 A의 사망 후 정리된 호적을 바탕으로 일가를 이루어 원만하게 사회생활을 하고 있는데, 만일 이 사건 혼인이 취소된다면 피고는 A와의 혼인관계가 해소됨과 동시에 A의 호적에서 이탈하여야 하고 위 2남2녀는 혼인외 출생자로 되고 마는 등 신분상 및 사회생활상 큰 불편과 불이익을 입어야 하는 점,[62] 이에 비하여 원고는 이 사건 혼인이 존속하든지 취소되든지 간에 경제적으로나 사회생활상으로 아무런 이해관계를 가지지 아니하며 신분상으로도 별다른 불이익을 입을 것으로 보이지는 아니하는 점, B는 생존하는 동안 피고와 A 사이의 혼인에 대하여 아무런 이의를 제기한 일이 없으며 현재 생존하고 있는 A 소생의 딸도 다른 친척들과 마찬가지로 피고와 A 사이의 혼인을 인정하고 있는 점, 그리고 A와 B가 이미 사망한 지금에 와서 구태여 피고와 A 사이의 혼인을 취소하여야 할 공익상의 필요도 없는 점 등을 종합적으로 참작한다면, 원고의 이 사건 혼인취소청구는 권리 본래의 사회적 목적을 벗어난 것으로서 권리의 남용에 해당한다고 아니할 수 없다(원래 청구를 기각하여야 하지만, 원심은 각하했고 각하보다 기각이 불리하므로 불이익변경금지원칙에 따라 상고기각을 하였다).

---

62 혼인의 취소는 소급효가 없어서 혼인중의 자가 혼인외의 자로 되는 것은 아니므로 이는 잘못된 논거이다.

사항색인

[저자 약력]
고려대학교 법과대학 및 동 대학원 졸업
법학박사(고려대학교)
고려대학교 법학연구원 연구교수
법무부 법무자문위원회 전문위원
현, 순천대학교 교수

제2판
민법총칙

초판 발행   2020년 2월 28일
제2판 발행   2024년 7월 10일

지은이   박영목
펴낸이   안종만 · 안상준

편 집   사윤지
기획/마케팅   최동인
표지디자인   이은지
제 작   고철민 · 조영환

펴낸곳   (주) 박영사
              서울특별시 금천구 가산디지털로2로 53, 210호(가산동, 한라시그마밸리)
              등록 1959. 3. 11. 제300-1959-1호(倫)
전 화   02)733-6771
f a x   02)736-4818
e-mail   pys@pybook.co.kr
homepage   www.pybook.co.kr
ISBN   979-11-303-4615-1 93360

정 가   24,000원